Normalização, Poder e Direito

Ana Christina Darwich Borges Leal
Bárbara Lou da Costa Veloso Dias
Loiane Prado Verbicaro
Coordenadoras

Normalização, Poder e Direito

2017

EDITORA JusPODIVM
www.editorajuspodivm.com.br

CESUPA Centro Universitário do Estado do Pará

EDITORA
*Jus*PODIVM
www.editorajuspodivm.com.br

Rua Mato Grosso, 175 – Pituba, CEP: 41830-151 – Salvador – Bahia
Tel: (71) 3363-8617 / Fax: (71) 3363-5050
Contato: https://www.editorajuspodivm.com.br/sac

Diagramação: Ideia Impressa *(ideiaimpressadesign@gmail.com)*

Capa: Ana Caquetti

N842 Normalização, poder e direito / coordenadoras Ana Christina Darwich Borges Leal, Bárbara Lou da Costa Veloso Dias e Loiane Prado Verbicaro – Salvador: Ed. JusPodivm, 2017.
480 p.

Vários autores.
Bibliografia.
ISBN 978-85-442-1415-2.

1. Deontologia jurídica. Direito Natural. Direito ideal. Direito racional. 2. Filosofia do Direito. I. Leal, Ana Christina Darwich Borges. II. Dias, Bárbara Lou da Costa Veloso. III. Verbicaro, Loiane Prado . IV. Título.

CDD 340.15

APRESENTAÇÃO

Foi Foucault quem mostrou que uma das formas de exercício de poder, o biopoder, está intimimante relacionado com a produção de formas de vida visando a uma nova conformação entre produção e consumo, associada ao par binário normal/patológico. A partir desse binarismo, a transformação dos problemas de controle e organização populacional vai se tornando um problema de gestão da vida, por meio de um controle sobre os corpos, sobre a esfera íntima e sobre o *bios* político. Foucault escreve em História da Sexualidade: "Pode-se dizer que o velho direito de causar a morte ou deixar viver foi substituído por um poder de causar a vida ou devolver à morte"(1977, p.130).

De certa forma, Foucault tinha entendido que a morte continuava sendo um objetivo dos Estados modernos, ainda que a meta de aniquilamento se torne hoje em dia mais sutil. Nas decisões políticas que administram os recursos tecnológicos, científicos e sociais os parâmetros estão insidiosamente circunscritos, as vidas a serem salvas estão diferenciadas das que se deixará morrer.

Agamben, por sua vez, vai argumentar que a diferença entre o mundo dos viventes e o dos que bem vivem funda-se no binômio bios/zoé aristotélico e se articula com uma perspectiva pseudouniversal de formas de vida que merecem ser vividas. Seria uma coincidência infeliz que, na modernidade, as formas de vida que merecem ser vividas sejam exatamente aquelas descritas como a do indivíduo possessivo, de Macpherson, ou também chamado de sujeito proprietário, de Locke?

Nesse sentido, o direito moderno como campo que produz um sentido simbólico importante para o exercício do poder também se ancora no binarismo para estabelecer as regras do exercício normativo de delimitação jurídica para definição e produção da vida que merece ser vivida.

Vale ressaltar que essa questão é prenhe de importância para um país como o Brasil que durante sua história promoveu ciclos de modernização econômica e política, forjada em torno de uma "lógica condominial" que no dizer de Christian Dunker "replica de maneira atualizada o impasse entre a apreensão falsamente universal de um particular e uma apreensão falsamente particular de um universal". Por exemplo, nos ciclos de modernização brasileira a universalização de igualdade e reconhecimento ficou retida aos que pertencem ao clube condominial e suas regras de darwinismo social autoimpostas a partir de padrões de normalidade étnica, racial, de gênero e de origem social. Ou seja, a modernidade aqui foi operada a partir de uma seletividade bastante perversa que se evidencia nas relações sociais e nas formas jurídicas.

Nos diversos artigos que compõem a presente obra – **Normalização, Poder e Direito** – aparece uma série de reflexões em torno da normalidade como recurso de poder simbólico nos campos político e jurídico.

Importante mencionar que a presente obra é resultado das leituras e debates realizados no Grupo de Pesquisa cadastrado junto ao CNPQ intitulado Acesso à Justiça e Democracia que abrigava três linhas: Normalização e Direito (coordenado pelas professoras Ana Darwich e Bárbara Dias e composto pela professora Patrícia Freitas, os mestrandos: Farah Malcher, Thiago Galeão e os graduandos: Melissa Paz, Gabriela Cunha e Roberta Damasceno), a linha denominada de: Judicialização da Política (coordenado pela professora Loiane Verbicaro e a graduanda: Juliana Coelho de Souza) e Sociologia Jurídica Disposicional (coordenado pela professora Bárbara Dias). O grupo de pesquisa nasceu a partir das orientações do Programa de Pós-graduação em Direito – PPGD do Centro Universitário do Pará – Cesupa e dos debates promovidos entre o grupo e o Centro de Estudos sobre Instituições e Dispositivos Punitivos – CESIP/UFPA, coordenado pelo professor Jean-François Deluchey e composto pelos professores Farah Malcher, Ana Celina Hamoy e Rômulo Morais, como também dos debates junto ao grupo de pesquisa de estudos institucionais do Programa de Pós-graduação de Ciência Política da UFPA, coordenado pelo professor Carlos Augusto Souza e composto pela professora Maria Dolores da Silva e dos mestrandos: Luã Gabriel dos Santos, Fidel Terenciano e Hailton Guiomarino.

Gostaríamos de agradecer também aos nossos convidados que sempre estiveram de algum modo como participes da pesquisa, seja através de orientação, como o professor José Antônio Pascua (Universidade de Salamanca), seja através de diálogos como com as professoras Daniela Dias (UFPA), Tamara Campos (UniRio) e o professor Ronaldo Castro (UERJ).

Sem cair na ilusão biográfica pontuada por Bourdieu, que pressupõe que contar um fato da vida constitui um todo coerente e orientado como expressão de uma intenção, seja ela subjetiva ou objetiva, gostaríamos de pontuar que a criação do grupo e dos debates entre os grupos surgiram de um desejo comum em torno do tema sobre o excesso de normalização. A partir do pressuposto de que as patologias modernas estariam articuladas não à indeterminação e sim ao excesso de determinação. E nos mantivemos interessados pela possibilidade de pensar as patologias do social não como desvio da lei, ou como um fracasso de um universal falsamente formal. Mais rico nos pareceu observar essas "patologias" como formas de incapacidade de reconhecer a alteridade no interior do sujeito e como exteriorização do que não pode ser reconhecido como próprio no sujeito.

Partindo desse lugar combinamos uma agenda de pesquisa com professores e alunos da pós-graduação e graduação e começamos a nos pautar pelas seguintes perguntas: o excesso de determinação gera a redução das possibilidades de formas de vida e das formas de sofrimento social? O sofrimento não é necessariamente um fato social? Como o discurso jurídico serve de dispositivo para gerar falta de reconhecimento? A anomia social se dá pelo excesso de determinação de discursos diagnósticos, dentre eles o jurídico?

O livro **Normalização, Poder e Direito** sugere uma série de respostas a essas importantes perguntas. Não nos cabe aqui antecipá-las. Dentro de poucas páginas, o leitor poderá encontrá-las de viva voz. Devemos dizer, apenas, que, com o presente livro, temos mais uma razão para justificar a reflexão sobre a relação dos conceitos binários normal/patológico e a norma jurídica a partir de uma leitura que serve não só de reflexão teórica mas também de importante instrumento de crítica.

Por fim, o livro pretende trazer vitalidade à pesquisa no campo da teoria social do direito e da política entre nós. Diante de tempos sombrios, esse motivo já merece comemoração.

Bárbara Veloso Dias

Ana Christina Darwich Borges Leal

Loiane Prado Verbicaro

PREFÁCIO

Os artigos reunidos nesta coletânea giram em torno do tema da normalização. Tal como definida por Foucault, normalização é o processo pelo qual um tipo ideal de conduta, para todos ou certa categoria de indivíduos, é elevado a parâmetro "normal" de avaliação e exigência, com base no qual se avaliam condutas concretas, se organizam os programas de educação e treinamento e se distribuem incentivos e punições. É, assim, uma das estratégias de disciplina, que visa ao máximo de controle com o mínimo emprego de força.

Como seria de esperar, o direito positivo desempenha um papel central no processo de normalização. Embora nem toda normalização precise dar-se por meio de normas jurídicas, o papel que o direito assume em sociedades modernas, com sua prioridade simbólica sobre outras determinações normativas e seu monopólio do uso legítimo da força, o torna a instância ao mesmo tempo mais óbvia e mais grave de normalização. Se a expressão da subjetividade é reprimida e reformatada com vista à máxima docilidade e ao melhor desempenho, o direito tem considerável parcela de responsabilidade sobre isso.

Em contraste com essa centralidade do direito para a normalização, o estudo dos modos através dos quais as normas e práticas jurídicas servem a esta estratégia estão ainda longe de ser uma das preocupações principais entre os pesquisadores da área. Em parte, esta negligência é compreensível, ainda que lamentável. Afinal, nos departamentos de Direito, a sociologia, a história e a filosofia (as três áreas em que Foucault eventualmente chega a ser estudado no direito, entre as várias de que ele se ocupa e pelas quais ele poderia ser) ocupam papel marginal, relegadas a disciplinas propedêuticas que livram o currículo da graduação da confissão de superespecialização ou a curtas disciplinas de formação numa pós-graduação que não pode desfazer o estrago de um campo acadêmico e profissional inteiro. Além disso, parte da razão por que o direito desempenha papel tão destacado para a normalização é que ele a reveste de uma aura de legitimidade conectada com nobres princípios e propósitos sociais, um feitiço de persuasão que seria ameaçado ou mesmo desfeito quanto mais se investisse nos incômodos questionamentos foucaultianos. Como aponta o filósofo francês, o exercício do poder só se torna tolerável quando consegue encobrir seus rastros. Assim, a raridade de estudos sobre normalização nos departamentos de Direito fica longe de ser surpreendente ou inexplicável.

Esta coletânea visa contribuir para o preenchimento desta lacuna editorial. Reúne estudos com diversos graus de aproximação às temáticas jurídicas tradicionais, todos com viés orientado pela provocação da ideia de normalização. Neste prefácio, gostaria de apresentar o conceito de normalização de forma mais introdutória e didática possível ao leitor menos familiarizado com Foucault, antes que ele tenha contato com os usos deste conceito em temáticas mais avançadas e aplicadas nos artigos que se seguem.

Na segunda fase de seu pensamento, Foucault dedicou-se a um projeto teórico e modelo metodológico chamado *genealogia*. O termo evoca seu uso na obra *Genealogia da Moral*, de Nietzsche, que neste autor tem o sentido de uma investigação que mostre como as idealizações extramundanas e categorias universais que dominam a caracterização tradicional da moralidade podem ser remontadas a interesses e reações bastante mundanas e particulares, contando uma nova história da moral, que trouxesse à tona sua faceta humana e desfizesse o feitiço de sua santidade ou inalterabilidade. Trata-se, portanto, já desde seu uso em Nietzsche, de um exercício de suspeita para fins de desmascaramento.

Em Foucault, contudo, genealogia ganha um sentido mais específico. Trata-se da investigação de como certos saberes, científicos ou pragmáticos, quando emergiram e se desenvolveram, criaram regimes particulares de verdade e falsidade (*regimes de veridição*) a partir dos quais se tornou possível legitimar e eficiente exercer certas formas de poder. Trata-se, pois, do estudo ao mesmo tempo de como diferentes práticas de exercício de poder se tornaram possíveis à luz de saberes que pretenderam fixar as condições e limites da verdade e de como saberes que emergiram em momentos históricos bem particulares desempenharam o papel de tornar possíveis e aceitáveis novos regimes de poder. A genealogia é um estudo da história de como saber e poder estiveram intrincados entre si, é o desfazimento do feitiço que tornava o poder invisível sob apoio da verdade do saber.

Esta preocupação levou Foucault a investigar um nível de exercício do poder que tinha escapado da atenção da filosofia política tradicional. Foucault dá preferência a um conceito relacional em vez de instrumental de poder: concebe o poder circulando numa relação entre sujeitos, tal que ambos afetam e são afetados por ele, em vez de uma coisa que um dos polos possui e exerce sobre o outro para impor ou fazer cumprir a sua vontade.

Além disso, investiga a genealogia de formas específicas de exercício do poder, os mecanismos ou tecnologias de poder que se desenvolveram nas sociedades modernas, particularmente três tipos: poder soberano, poder disciplinar e biopoder.

O poder soberano é o mecanismo ou tecnologia de poder do tipo mais tradicional, típico do início dos Estados modernos. Caracteriza-se pela centralidade da figura do Rei e de seus oficiais e funcionários, que concentram em suas pessoas o poder e o exercem de modo discreto (isto é, um ato de poder de cada vez) e intermitente, visível e demarcável. A preocupação do poder soberano é expressa na fórmula "fazer morrer e deixar viver", isto é, ameaçar e intervir na vida dos cidadãos ou súditos por meio da violência e da morte, mas, de resto, nas situações não previstas pela lei e não diretamente controladas pelo poder, deixar que cada um viva como achar melhor. Além disso, o poder soberano se reveste da forma legal, da qual extrai não apenas sua legitimidade enquanto poder mas também sua forma mais visível e habitual de exercício: obrigações e proibições, prêmios e sanções.

Já o poder disciplinar se desenvolveu como um mecanismo ou tecnologia de poder a partir de transformações do poder soberano. Ele deixa de ser uma forma visível e discreta de uso do poder para tornar-se invisível e constante. No poder disciplinar, em vez de o poder intervir na vida, ele se apodera dela e, a formata e a reforma segundo seus objetivos. A disciplina, sua tecnologia principal, consiste em regular a organização do espaço, do tempo, das ações e dos processos por meio dos quais os indivíduos se dedicam às mais diversas atividades. Ela também funciona por prêmio e sanção, como o poder soberano, mas estes são apenas seus dispositivos mais visíveis e secundários, pois os menos visíveis e principais envolvem a vigilância, o controle e a normalização. Como esta última é o tema que orienta esta coletânea, convém explicá-la um pouco melhor.

A normalização explora dois sentidos do termo normal: o normal que é conforme uma norma estabelecida, e o normal que é bom e saudável, oposto ao doentio e patológico. O primeiro é o sentido legal; o segundo, o sentido médico. Pois bem, quando se fala do dispositivo de normalização no poder disciplinar, faz-se referência ao processo pelo qual certo modo de ser ou de fazer é eleito como desejável e ideal, depois convertido no que obrigatoriamente todos devem reproduzir ou aspirar (transformado na norma), para em seguida ser tratado como referencial com que se distingue modos de ser e de fazer que sejam normais e modos patológicos. Estes últimos são os que devem ser registrados, controlados, confinados, reeducados, revertidos e transformados. O objetivo final deste processo é que cada indivíduo assimile e internalize o modo de ser e de fazer "normal" e se torne o primeiro e principal fiscalizador de si mesmo e dos outros.

Como eu disse antes, há ainda um terceiro tipo de poder, que sucede o poder disciplinar. Trata-se do biopoder. O biopoder é um poder exercido não sobre indivíduos, mas sobre populações. Compromete-se com ideias de segurança, saúde, longevidade e bem-estar e, em nome destas ideias, traça metas a serem alcançadas e regras a serem observadas na grande escala, a fim de produzir os resultados desejados. Ele inverte o lema do poder soberano: não mais fazer morrer e deixar viver, mas antes fazer viver e deixar morrer, isto é, para aqueles que este mecanismo ou tecnologia de poder elege como prioritários, implementar o conjunto de medidas de segurança, saúde e bem-estar mais detalhista e severo possível (fazer viver), enquanto, para aqueles que elege como irrelevantes, excluí-los sistematicamente do alcance destas medidas, tornando-os vítimas impotentes e contumazes seja da insegurança, seja da doença, seja da pobreza (deixar morrer).

Em tese, o biopoder corresponde ao tipo de poder que se exerce nas sociedades neoliberais atuais, mas na prática muitos aspectos de nossas sociedades são governados ainda por estruturas remanescentes do poder soberano e do disciplinar. A normalização é precisamente uma dessas estruturas.

Os artigos desta coletânea se dedicam ao tema da normalização. Eles exploram como, em vários aspectos e campos do direito, o direito se torna instrumento por excelência da normalização de certos modos de ser e de fazer e da normalização de indivíduos cujos modos de ser e de fazer são vistos como anormais ou patológicos.

André Coelho

Outubro de 2016

SOBRE OS AUTORES

COORDENADORAS E AUTORAS

Ana Christina Darwich Borges Leal

Bacharel em Direito pela Universidade Federal da Bahia - UFBA. Mestre e Doutora em Ciências Humanas e Sociais pelo Instituto Universitário do Rio de Janeiro - IUPERJ. Professora do Programa de Pós-Graduação em Direito do Centro Universitário do Pará - CESUPA. Coordenadora Editorial da Revista Eletrônica Saber Jurídico.

Bárbara Lou da Costa Veloso Dias

Professora da Universidade Federal do Pará do Programa de Pós-graduação em Ciência Política do IFCH. Doutora em Ciência Política - IUPERJ e Mestre em Direito e Teoria do Estado - PUC/RJ.

Loiane Prado Verbicaro

Doutora em Filosofia do Direito pela Universidade de Salamanca, Mestre em Direitos Fundamentais e Relações Sociais pela Universidade Federal do Pará - UFPA. Mestre em Ciência Política pela Universidade Federal do Pará - UFPA. Graduada em Direito pela Universidade Federal do Pará - UFPA. Coordenadora e Professora da Graduação e do Programa de Mestrado em Direito do Centro Universitário do Pará - CESUPA. Graduanda em Filosofia na Universidade Federal do Pará - UFPA.

AUTORES

Adrian Barbosa e Silva

Professor do Centro Universitário do Pará - CESUPA. Mestre em Direito pela Universidade Federal do Pará - UFPA. Especialista em Direito Penal e Criminologia pelo Instituto de Criminologia e Política Criminal - ICPC. Coordenador do Grupo Cabano de Criminologia. Advogado.

Ana Celina Bentes Hamoy

Mestra em Direitos Humanos pela Universidade Federal do Pará - UFPA. Especialista em Instituições Jurídicas e Sociais da Amazônia - UFPA. Advogada do Centro de Defesa da Criança, Professora de Direito Penal e Direito da Criança e do Adolescente - ESMAC.

Carlos Augusto da Silva Souza

Doutor em Ciência Política pelo Instituto Universitário de Pesquisas do Rio de Janeiro - IUPERJ. Professor e Coordenador do Programa de Pós-Graduação em Ciência Política da Universidade Federal do Pará - UFPA.

Daniella Maria dos Santos Dias

Bacharel em Direito pela Universidade Federal do Pará - UFPA. Especialização em Direito Ambiental pela Universidade Federal do Pará - UFPA. Especialização em Educação Ambiental pela Universidade Federal do Pará - UFPA. Especialização em Direito Agrário pelo Centro Universitário do Pará - CESUPA e Doutorado em Direito pela Universidade Federal de Pernambuco - UFPE e Investigação Pós-Doutoral na Universidade Carlos III de Madri na Espanha, junto ao Departamento de Direito Público Comparado e ao Instituto Pascual Madoz. Atualmente é Promotora de Justiça do Ministério Público do Estado do Pará e Professora da Universidade Federal do Pará e UNIFESSPA (Graduação e Pós-Graduação).. Tem experiência na área de Direito, com ênfase em Direito Público, atuando principalmente nos seguintes temas: Direito Ambiental, Direito Urbanístico, Direitos Humanos e Introdução à Ciência do Direito.

Farah de Sousa Malcher

Doutoranda do Programa de Pós-graduação em Direito da Universidade Federal do Pará - UFPA. Mestre em Direito, Políticas Públicas e Desenvolvimento Regional pelo CESUPA. Analista Judiciário do Tribunal de Justiça do Pará - TJPA.

Fidel Terenciano

Mestre pelo Programa de Pós-Graduação em Ciência Política da Universidade Federal do Pará - UFPA.

Gabriela Teixeira Cunha

Advogada. Bacharela em Direito pelo Centro Universitário do Estado do Pará - CESUPA. Email: tcunhagabriela@gmail.com.

Hailton Felipe Guiomarino

Graduado em Filosofia pela Universidade Federal do Pará - UFPA. E-mail: hailton_50@hotmail.com

Jean-François Y. Deluchey

Doutor em Ciência Política/ Políticas Públicas pela Universidade da Sorbonne Nouvelle (Paris 3). Professor Adjunto da Universidade Federal do Pará, Coordenador do Grupo de Pesquisa do Centro de Estudos sobre Intervenção Penal - CESIP

José Antonio Ramos Pascua

Doutor em Direito. Professor Titular de Filosofia do Direito na Universidade de Salamanca. Autor de vários artigos jusfilosóficos e dos livros *La regla de reconocimiento en la teoría jurídica de H. L. A.* Hart, Madrid, Tecnos, 1989 e *La ética interna del Derecho*, Bilbao, Desclée, 2007, entre outros. E-mail: ascua@usal.es.

Juliana Coelho dos Santos

Graduada em Direito pelo Centro Universitário do Estado do Pará - CESUPA. Ex-integrante da Clínica de Direitos Humanos do Centro Universitário do Estado do Pará - CESUPA. Advogada.

Luã Gabriel dos Santos

Mestre pelo Programa de Pós-Graduação em Ciência Política da Universidade Federal do Pará - UFPA.

Maria Dolores Lima da Silva

Doutora em Ciência Política pelo Instituto Universitário de Pesquisas do Rio de Janeiro - IUPERJ. Professora do PPGCP em Ciência Política da Universidade Federal do Pará - UFPA. Coordenadora do DINTER/UFPA/UnB de Relações Internacionais.

Melissa Mika Kimura Paz

Bacharel em Direito pelo Centro Universitário do Pará - CESUPA.

Patrícia Marques Freitas

Doutoranda em Filosofia do Direito pela Pontifícia Universidade Católica de São Paulo - PUC/SP, Mestre em Direito Constitucional pela Pontifícia Universidade Católica de São Paulo - PUC/SP, Especialista em Direitos Difusos e Coletivos pelo Centro Universitário do Pará - CESUPA. Advogada e Professora de Direito.

Roberta Damasceno

Bacharel em Direito pelo Centro Universitário do Pará - CESUPA.

Rômulo Fonseca Morais

Mestre em Direito pelo Programa de Pós-graduação em Direito da Universidade Federal do Pará - UFPA. Coordenador e Membro-Fundador do Grupo Cabano de Criminologia - GCCRIM. Pesquisador do Centro de Estudos sobre Instituições e Dispositivos Punitivos - CESIP vinculado ao CNPq/PPGD/UFPA. Colaborador do Centro de Defesa da Criança e do Adolescente - CEDECA/PA.

Ronaldo Oliveira de Castro

Doutor em Sociologia pelo Instituto Universitário de Pesquisas do Rio de Janeiro - IUPERJ. Professor do Instituto de Ciências Sociais da Universidade do Rio de Janeiro - UERJ.

Tamara de Souza Campos

Doutora em Memória Social pela Universidade Federal do Estado do Rio de Janeiro - UNIRIO. Professora de Comunicação Social da Universidade Estácio de Sá - UNESA.

Thiago Augusto Galeão de Azevedo

Mestre em Direito, Políticas Públicas e Desenvolvimento Regional pelo Centro Universitário do Estado do Pará - CESUPA. Professor do Centro Universitário do Estado do Pará - CESUPA. Advogado.

SUMÁRIO

Capítulo 1

POR UM RESGATE DO POLÍTICO E DA AGONÍSTICA NO ENSINO DO DIREITO

Ana Christina Darwich Borges Leal[1]

SUMÁRIO: Introdução: o sistema jurídico e os interesses conflitantes numa sociedade em transformação - 1. A perspectiva mítica e tecnicista do direito - 2. Por uma perspectiva agonística no ensino do direito - 3. Considerações finais - 4. Referências.

INTRODUÇÃO: O SISTEMA JURÍDICO E OS INTERESSES CONFLITANTES NUMA SOCIEDADE EM TRANSFORMAÇÃO

O acelerado processo de industrialização e urbanização da sociedade brasileira ocasionou o surgimento de novas questões sociais contextualizadas no sistema judicial brasileiro, seguidas de novos formatos de conflitos e lides os quais passaram a exigir dos profissionais do direito, em especial da magistratura, uma nova conformação das suas práticas. A isto somou-se o fato de uma inadequação de códigos e leis caducos e ultrapassados, a maioria dos quais editados em condições sociais e políticas bastante distintas e distanciadas do novo contexto e que se mostravam insuficientes para a solução judicial dos novos conflitos emergentes.

A urgência de uma resposta aos novos embates surgidos das contradições socioeconômicas trouxeram à tona as mazelas das instituições

1. Bacharel em Direito pela Universidade Federal da Bahia - UFBA. Mestre e Doutora em Ciências Humanas e Sociais pelo Instituto Universitário do Rio de Janeiro - IUPERJ. Professora do Programa de Pós-Graduação em Direito do Centro Universitário do Pará - CESUPA. Coordenadora Editorial da Revista Eletrônica Saber Jurídico.

judiciais brasileiras. Entre os paradoxos e limitações confrontados pelos profissionais do direito, Faria (2010) lista três situações que podem ser consideradas como emblemáticas: do ponto de vista organizacional um crescente enrijecimento das instituições judiciais; do ponto de vista de sua cultura técnico profissional a permanência e reprodução de matrizes teóricas arcaicas e anacrônicas; do ponto de vista processual e procedimental, práticas excessivamente ritualísticas e formalistas.

De acordo com Faria (2010) as dificuldades oriundas da incapacidade de uma resposta imediata por parte das instâncias do judiciário dada à progressão acelerada das transformações sociais criou, de maneira transversa, uma instabilidade no que tange a efetividade de seus códigos e de suas leis. Tal ausência de efetividade também se expressou na incapacidade das instituições de direito de influírem no controle e na direção das mudanças sociais:

> (...) o fosso cada vez mais profundo entre o sistema jurídico e os interesses conflitantes numa sociedade em transformação, exponenciado pelas tradicionais dificuldades encontradas pelo judiciário para se adaptar aos novos tempos, conduziu a uma progressiva desconfiança tanto na objetividade das leis, como critério de justiça, quanto na sua efetividade, como instrumento de regulação e direção da vida socioeconômica. Decorre daí certa banalização da ilegalidade e da impunidade que passou a caracterizar a 'imagem' do Brasil contemporâneo – a imagem de que os códigos teriam sido covertidos em simples ficção e de que sua violação sistemática teria sido convertida em regra geral, expressando a falência de instituições jurídico-judiciais, tornadas anacrônicas por não terem sabido renovar-se. (FARIA, 2010, p. 17)

O descompasso entre os fundamentos da ordem jurídica vigente e os novos conflitos sociais, somando-se o anacronismo dos códigos e leis e a incapacidade de uma atuação efetiva dos profissionais do direito, ainda presos ao velho modelo, reforçou uma imagem de ineficiência de um sistema que se erigiu sob os auspícios de uma técnica consagrada em nome da certeza e da segurança, da mesma forma que perversamente disseminou um sentimento de incredulidade nas instituições, por parte da população em geral.

Do ponto de vista ideológico, duas foram as respostas que o judiciário ofereceu aos dilemas a ele atribuídos: de um lado, a maioria dos juízes manteve e até reforçaram as suas práticas tradicionais, reforçando também o caráter exegético da aplicação das normas jurídicas, de outro, uma minoria optou seguir os caminhos de uma "hermenêutica heterodoxa" mais afeita a uma política pontuada pela crítica de caráter político e sensível às questões socais.

Todavia, a resposta por meio de um movimento ideológico não foi suficiente para atender a uma demanda que cada vez mais colocava em xeque a dogmática tradicional e assinalava a necessidade de uma reforma epistêmica estrutural dos cânones consagrados e por meio dos quais a maioria daqueles profissionais havia sido formados. Tal demanda reverberava em uma releitura e reformulação da natureza e nos sentidos atribuídos a uma significação da função do direito e dos seus preceitos epistemológicos. Novos saberes "extra dogmáticos" e "extrajurídicos" passaram a fazer parte das exigências de novas especializações funcionais e técnicas na formação destes profissionais. É sintomático deste movimento o fato de muitos profissionais do direito passarem a assumir, no exercício de suas funções, uma postura eminentemente política frente a um engajamento cada vez mais acentuado em movimentos sociais, populares e comunitários "valendo-se dos aspectos ambíguos e contraditórios do direito positivo para expandir uma '*práxis* libertadora' das estruturas normativas em prol de uma efetiva justiça material" (FARIA, 2010, p.19)

Por outra via, a orientação dogmática de uma formação técnico legalista impôs os limites de uma atuação arbitral inserida em uma realidade marcada por conflitos e contradições que configuram um contexto social em permanente ebulição e onde a ausência de uma maior flexibilidade criativa contém o avanço de um movimento modernizador necessário à reforma e adequação de códigos e leis ultrapassados.

Esta dualidade não reflete apenas as dificuldades de uma *práxis* pontuada pelos antagonismos sociais, políticos e econômicos, como também ilustra uma crise de caráter epistemológico acerca de um questionamento mais amplo sobre os fundamentos que definem, ou deveriam definir, as funções que o direito passa a assumir frente às contradições propulsoras deste movimento de transformação.

Tudo isto em um momento em que a grande quantidade de "cláusulas indeterminadas" finda por reverter uma prática dogmática tradicionalmente sustentada pelo pressuposto de que a jurisprudência representa o último estágio da "operação jurídica", para outra, onde o processo de positivação do direito passa a ocorrer no momento mesmo de sua aplicação, dada a progressiva atividade discricionária dos interpretes.(FARIA, 2010; CAPILONGO, 2010)

Por sua vez, no ensino do direito tal dualidade é figurada por duas perspectivas epistemológicas que traduzem duas concepções antitéticas do direito e que apontam para a necessidade de sua superação: de um lado aquela que pensa o direito a partir de uma concepção mítica e tecnicista; de outro, uma perspectiva que visa o resgate do caráter político e uma prática política dos seus pressupostos motivado por um ideal de justiça social onde o direito passa a ser concebido como um instrumento de promoção social e redução das desigualdades.

1. A PERSPECTIVA MÍTICA E TECNICISTA DO DIREITO

Muito já se falou e discutiu sobre as implicações que as limitações e as lacunas referentes aos pressupostos do positivismo jurídico equivocadamente acarretaram e acarretam para o ensino do Direito. Acreditamos que a questão crucial para a elaboração de um contraponto substancial ao positivismo normativo e ao tecnicismo jurídico requer um entendimento que atenda ao desafio do resgate de uma perspectiva política do Direito e de um questionamento que verse sobre: como os interesses antagônicos estruturais das relações sociais podem originar consensos hegemônicos? E de que maneira essa hegemonia se traduz e constitui uma ordem jurídica eficaz e legítima?

Toda a mítica do Direito erige-se na crença de um consenso *apriorístico* e de uma harmonia social estruturada e formalizada sob a égide do "espírito do legislador". Tal crença, não menos mítica, supõe que a hegemonia de uma racionalidade jurídica típica teria a sua gênese na aplicação objetivada dos pressupostos do tecnicismo jurídico, cuja máxima seria a sustentação de uma premissa fundamental, cuja lógica instrumental reduz a lei ao Estado e o Direito à lei, favorecendo e reforçando, assim, a consolidação de uma formação positivo normativa consagrada no ensino do Direito.

Warat (1994) trata deste tema estabelecendo uma relação direta entre a racionalidade moderna e o mito. Este autor afirma que o mito é uma forma específica de manifestação ideológica no plano discursivo: ele pode demonstrar "algumas das formas em que esse complexo ideológico ausentou um sentido linguístico para reproduzir formas sociais hegemônicas" (WARAT, 1994 p.103). A função do mito atenderia, pois, a legitimação de discursos ideológicos os quais resultariam na reprodução e reificação de formas sociais hegemônicas e de um tipo de ordem ou racionalidade dominante.

A instrumentalidade prática de todo e qualquer mito visa a uma compreensão do mundo e da realidade a ele circunscrito. Ela consiste na narrativa de uma sucessão de fábulas que se sobrepõem ao contexto histórico e temporal onde tais realidades estão inscritas, de tal forma que os acontecimentos e ações aludidos em suas narrativas passam a ser apresentados e entendidos como "protótipos eternos, ritualmente alcançados". A história passa a ser entendida como um fato da natureza, um resultado "*apriorístico* de uma razão universal". Daí o seu caráter reificador, cujo efeito mais imediato se traduz em narrativas que se apresentam fora e acima do tempo.

Neste sentido, o mito esvazia o real de seu contexto, pacifica as consciências quando aliena o caráter conflituoso dos processos sociais, exercendo, de tal ordem, uma função socializadora, onde os valores são apresentados como universalmente válidos. Desta maneira, o mito apazigua o conflito e despolitiza o político das relações sociais, neutralizando a possibilidade de leituras reflexivas e críticas das formas de poder e dominação impostas socialmente. "É um discurso de neutralização, onde não existe espaço para polarizações. Politiza-se, roubando o caráter político de toda a fala sobre o mundo". (WARAT, 1994, p.111)

Esse viés político do mito aponta, segundo Warat (1994), para sua identificação com a racionalidade moderna. Nela, percebemos uma desconexão entre os emissores de mensagem e os grupos e setores sociais os quais fazem parte, característico de uma racionalidade anômica e racional que opera como lei universal.

Ferreira (2012) chama atenção para a ideia deste emissor universal poder ser identificado, no Direito, com o "culto do espírito do legislador". Neste caso, o legislador corporifica a neutralidade das contradições sociais quando estas são escamoteadas pela ideologia das relações consensuais e não excludentes sustentadas por relações necessárias e esquemas ideais que as pessoas devem seguir. Sob este aspecto, o discurso mítico do Direito reforça a lógica mítica que "simplifica as complexidades, universaliza o contingente, neutraliza as valorações e universaliza a história" (FERREIRA, 2012). As consequências destas crenças projetam-se tanto sobre a *práxis* jurídica, quando forma profissionais alienados das contradições políticas e sociais que envolvem as lides por eles dirimidas, o que não contribui, em um plano macro, para a consolidação de um ideal de justiça e cidadania; quanto sobre os discursos que envolvem e sustentam o ensino do Direito calcado em uma tradução do Direito que não exige explicações, uma vez que fundada em premissas *apriorísticas* produzidas por meio de certezas e dogmas elaborados em função de meras constatações.

2. POR UMA PERSPECTIVA AGONÍSTICA NO ENSINO DO DIREITO

Mouffe e Laclau (1985) propõem o resgate de um modelo democrático capaz de apreender a natureza do político, isto requer o fortalecimento de uma abordagem que inscreve a questão do poder e do antagonismo no seu centro. A tese central é a de que a objetividade social é constituída através de atos de poder. Isto implica que qualquer objetividade social é, em última instância, política e que tem que mostrar os traços de exclusão que governam a sua constituição. Os autores concluem que os pontos de convergência ou divergência entre a objetividade e o poder é justamente aquilo que podemos entender por hegemonia.

De maneira análoga, o que aqui analisamos e propomos em termos de uma "doutrina efetiva do Direito" é a compreensão de que a ordem jurídica é uma instância da ordem política e social e esta é estruturada por uma dimensão conflituosa e excludente. Para tanto, é necessário não abstrairmos o fato de que as relações de poder são constitutivas do social e de que a questão principal para a compreensão do fenômeno jurídico e daquilo que ensinamos ser ou dever ser o Direito desloca-se de um movimento teórico que anula o poder por meio de sua concepção mítica, para o questionamento de como instrumentalizar uma nova concepção do Direito que possa constituir formas de poder mais compatíveis com certo ideal de justiça e cidadania. Isto implica abandonar a concepção mítica do Direito como a realização de um ordenamento jurídico harmonioso e transparente e que elege atores sociais limitados como representantes legítimos de uma totalidade:

> Esta função de harmonização, esse ritual simbólico, aparece no direito mediante a constituição de conceitos fetichistas tais como 'direito natural','dever jurídico','ato antijurídico' etc. ou como 'natureza jurídica', Estado', 'soberania','legalidade', sendo que as últimas três citações são noções ontológicas reificantes que se sustentam sobre a invocação dos pressupostos da noção da '*mala in se*', ou do '*dever in se*', ou do direito subjetivo inerente (visto como atributo do homem). (WARAT, 1994, p.105)

O modelo clássico que ilustra e exemplifica estes discursos que se fundam na perspectiva mítica da harmonia e do consenso é aquele em que a realidade social é despida de toda a sua complexidade para ser apresentada como uma dualidade que cinde o mundo social entre sociedade civil e Estado. Sob esta lógica dual a sociedade civil é apresentada:

> (...) como um espaço do dissenso, o espaço dos particularismos, o espaço do exterior onde se chocam os antagonismos; é o estado do entendimento, da razão analítica, para a qual as coisas são aprendidas na sua exterioridade; quantitativamente apenas; que supera as oposições pela conveniência, ou seja, sem numa referência à eticidade fundada na cidadania. (GRAU, 2004, p.42)

Enquanto que o Estado é representado como sendo:

> (...) a forma mais elevada, o *lócus* do consenso, o *lócus* da universalidade, onde se garante a unidade na diversidade, a igualdade na diferença (...) o momento do Estado, manifesta-se o estado da razão, da racionalidade como razão efetiva; racionalidade para a qual o que dá sentido às partes é a totalidade. (GRAU, 2004, p.42)

Percebe-se nesta narrativa uma função ritualística de traços apoteóticos onde o Estado representa a consagração dos desejos coletivos e a redenção última de todos os antagonismos sociais, conferindo-se a ele o poder mágico de se constituir em uma totalidade harmoniosa e consensual capaz de abstrair todos os conflitos e divergências de maneira universal.

Para prosseguirmos com o argumento de que o resgate da política possa ser um caminho viável para a produção de uma nova perspectiva do Direito e da promoção do seu ensino, faz-se necessário apresentar uma distinção entre as dimensões da "política" e do "político".

Chantal Mouffe (1996) é quem melhor nos oferece o recorte desta distinção. Para a autora, "o político" refere-se à dimensão conflituosa das relações humanas proveniente dos antagonismos produzidos pelo embate dos diversos interesses divergentes que regulam as relações entre os homens. Estes antagonismos podem assumir variadas formas e emergir de diferentes tipos de relações sociais. O político pode ser compreendido como um elemento ontológico de nossa própria condição humana. Por sua vez, "a política" aponta para um conjunto de práticas, discursos e instituições que serve como um instrumento mediador dos antagonismos constitutivos das relações humanas e que tem por finalidade oferecer condições mínimas para se estabelecer certa ordem e organização para a coexistência humana que, por sua vez, é sempre atravessada pela dimensão do político. Assim, a política consiste em um processo de domesticação das hostilidades presentes nas relações humanas estruturadas sob o viés dos antagonismos.

Nietzsche (2007) argumenta que a negação da agonística que envolve a realidade das relações humanas, conflituosa e desarmônica, atende à necessidade de um tipo de existência caracterizado pela necessidade de um tipo de existência marcado pela necessidade de estabilidade. O tipo vital que necessita de estabilidade é fraco, sua fraqueza advém da impossibilidade de um confronto com o real, o que resulta na negação do caráter agonístico da condição humana:

> Aqueles que não conseguem, ou não podem, empreender uma luta pela existência com chifres e presas afiadas, isto é, aqueles que não suportam o embate inerente `a dinâmica da própria natureza, estes necessitam do intelecto para sustentar de algum modo a vida que vivem. A missão do intelecto não é outra que ser um meio para a preservação do indivíduo (NIETZSCHE, 2007, p. 27)

Para Nietzsche (2007), o intelecto é um meio de estabilização do real, diante da fragilidade humana frente uma natureza violenta e conflituosa, o intelecto desenvolve-se como um instrumento de auto conservação de um tipo que não suporta o peso de uma existência cindida pelo conflito. O intelecto organiza as suas principais forças na dissimulação, pois esta constitui, segundo Nietzsche, o meio pelos quais os indivíduos mais fracos e menos vigorosos conservam-se. Ao invés de combater, o intelecto visa a conservação. É por meio da dissimulação do conflito que os mais fracos se estabilizam. A fraqueza humana diante do real da sua existência necessita de estabilidade e harmonia as quais só podem ser alcançadas por meio da sociabilidade de uma vida gregária. A estabilidade só pode ser alcançada coletivamente. É na vida gregária o lugar onde o intelecto desenvolve a sua missão:

> Porque o homem quer, ao mesmo tempo, existir socialmente e em rebanho, por necessidade ou tédio, ele necessita de um acordo de paz e empenha-se para que a mais *bellum omninum contra omnes* (a guerra de todos contra todos) ao menos desapareça de seu mundo (2007, p.29)

O pacto de paz e o *phatos* da verdade surgem diante da necessidade de um tipo de existência marcado pela fraqueza. A finalidade do acordo de paz visa gerar a estabilidade em uma vida que não suporta o seu caráter agonístico. É assim que, segundo Nietzsche, a estabilidade das relações humanas passam a se sustentar sobre a dissimulação e a hipocrisia de crenças fundadas na ideia da paz e da verdade.

A hipocrisia para Nietzsche (2207, p.48) não é sinônimo da mentira, o hipócrita não é aquele que apenas mente, não é o contrário do que detém verdades inquestionáveis, o hipócrita é o que possui pouco poder. Mas, o poder para Nietzsche não se reduz ao controle de algo ou alguém, trata-se do que em português chamamos de vigor ou potência , a máscara que oculta o que ele é. Todo hipócrita vive do mascaramento de sua face. Sabe-se impotente , mas, finge-se altivo. Hipocrisia é, então, a máscara do impotente e a crença na verdade sustentada pela proposta de um conhecimento capaz de apreendê-la, o seu lastro de sustentação.

O conceito de poder elaborado por Michel Foucault (1994) aponta-nos a ideia que serve como substrato de nossa discussão. Para Foucault todas as relações humanas, quaisquer que sejam elas, são atravessadas pelo poder. Não como algo que possa ser apreendido como coisa ou mesmo um atributo, mas entendido como uma estratégia ou um efeito de uma ação sobre a ação dos outros, os quais encontram- se em permanente relação. Assim, Foucault define o poder como relação de poder, ou seja, como um exercício ou como um jogo de forças permanente e instável entre indivíduos ou grupos mobilizados por essas relações.

O que irá distinguir as relações de poder das relações de violência ou de dominação é a possibilidade de resistência. Onde não houver brecha para a oposição ou a resistência, ali teremos a violência e a dominação. É na ideia de resistência, ancorado no pressuposto da liberdade, que se fundamenta a agonística foucaultiana.

A agonística em Foucault deve ser compreendida mais como confronto permanente de forças oponentes, onde os agentes em oposição visam governar a ação do outro em um contexto onde a liberdade permite a resistência das partes confrontadas, do que como uma luta entre vencedores e vencidos.

Aqui já se percebe uma subversão à Teoria Jurídica Clássica do poder, onde:

> (...) no caso da Teoria Jurídica Clássica do poder, o poder é considerado um direito do qual se seria possuidor como de um bem, e que se poderia, por conseguinte, transferir ou alienar, de uma forma total ou parcial, por um ato jurídico ou um ato fundador do direito – pouco importa por hora – que seria da ordem da cessão ou do contrato. O poder é aquele concreto que todo indivíduo detém e que viria a ceder, total ou parcialmente, para constituir um poder, uma soberania política. A constituição do poder político se faz, portanto nesta série, neste conjunto teórico a que me refiro, com base no modelo de uma operação jurídica que seria da ordem da troca contratual. Analogia por conseguinte, manifesta, e que corre ao longo de todas essas teorias, entre o poder e os bens, o poder e a riqueza.(FOUCAULT 1997, p.17-18).

Ao abandonar a concepção jurídica do poder político, a questão que se torna pertinente já não é mais aquela sustentada por uma oposição entre o legítimo e o ilegítimo, mas a oposição entre luta e submissão:

> Trata-se, em suma, de orientar-se de uma concepção do poder que substitui o privilégio da lei pelo ponto de vista do objetivo, o privilégio do interdito pelo ponto de vista da eficácia tática, o privilégio da soberania pela análise de um campo múltiplo e móvel de relações de força, onde se produzem efeitos globais, mas nunca totalmente estáveis de dominação, o modelo estratégico ao invés do modelo do direito. E isso, não por escolha especulativa ou preferência teórica; mas porque, de fato, um dos traços fundamentais das sociedades ocidentais é que as relações de força, que por muito tempo, tinham encontrado na guerra, em todas as forma de guerra, sua expressão principal, pouco a pouco se investiram na ordem do poder político.(FOUCAULT, 1975, p. 175)

É nesta direção que Foucault aponta a relação intrínseca sobretudo quando afirma que o exercício do poder consiste em "conduzir condutas" (FOUCAULT, 1994, p,237). O significado do termo conduta é, segundo Foucault, o que melhor traduz as relações de poder, isto porque "o poder é menos da ordem do enfrentamento entre dois adversários, ou do compromisso de um com o outro, do que a ordem do 'governo' (FOUCAULT, 1994,p.237). O conceito de governo se reporta a uma maneira singular de dirigir a conduta de indivíduos e de grupos:

> (...) a palavra 'governo' não se referia apenas às estruturas políticas e à gestão do Estado; mas designava a maneira de dirigir a conduta de indivíduos ou de grupos: o governo das crianças, das almas, das comunidades, das famílias, dos doentes. Ela não recobria simplesmente formas instituídas e legítimas de sujeição política ou econômica; mas modos de ação mais ou menos refletidos e calculados, mas todos destinados a agir sobre as possibilidades de ação de outros indivíduos. Governar, nesse sentido, é estruturar o campo de ação eventual dos outros. O modo de relação próprio ao poder não teria de ser buscado do lado da violência e da luta, nem do lado do contrato e da ligação voluntária (...): mas do lado

> desse modo de ação singular – nem guerreiro nem jurídico – que é o governo. (FOUCAULT, 1994, p.237).

É assim pois que, para Foucault, o poder é da ordem do governo e governar significa estruturar o campo de ação dos outros, é um modelo de ação singular onde um quer dirigir a ação do outro, não por meio da dominação e da violência, uma vez que a relação de força que mobiliza as relações de poder está sempre mediada pela liberdade e garantida pela possibilidade de resistência das forças em ação. O poder, diz ele, "só se exerce sobre 'sujeitos livres' e na medida em que são livres" (FOUCAULT, 1994, p.237). Essas relações se manifestam de diversas formas e em diversos níveis.

> (...) só pode haver relações de poder na medida em que os sujeitos são livres. Se um dos dois estivesse completamente à disposição do outro e se tornasse sua coisa, um objeto pelo qual pudesse exercer sua violência infinita e ilimitada não haveria relações de poder. É necessário, portanto, para que se exerça relação de poder, que haja sempre dos dois lados pelo menos uma certa forma de liberdade. Mesmo quando a relação de poder é completamente desequilibrada, quando verdadeiramente podemos dizer que um tem o poder sobre o outro, um poder só pode exercer-se sobre o outro, na medida em que resta a este último a possibilidade de se matar, de se jogar pela janela, ou de matar o outro. Isso quer dizer que se não houvesse possibilidade de resistência (...) não haverá de modo algum relação de poder. Se há relação de poder em todo campo social é porque há liberdade em todo lugar. (FOUCAULT 1994, p.720)

O que não significa dizer que as relações de poder anulam ou tornam inexistentes as relações de dominação e de violência, mas que a margem para a distinção entre a dominação e o poder é definida pelos limites impostos à liberdade e à resistência:

> De fato, o que define uma relação de poder, é um modo de ação que não age diretamente e imediatamente sobre os outros, mas que age sobre a sua ação própria. Uma ação sobre a ação (...) Uma

> relação de violência age sobre um corpo, sobre coisas; ela força, ela dobra, ela quebra, ela destrói, ela fecha todas as possibilidades, ela não tem, portanto, junto dela, nenhum polo a não ser a da passividade; e se ela encontra uma resistência, ela não tem outra escolha a não ser a de reduzir esta resistência. Uma relação de poder, ao contrário, articula-se sobre dois elementos indispensáveis para que ela seja, justamente, uma relação de poder: que o 'outro' (aquele sobre quem ela se exerce) seja bem reconhecido e mantido até o fim como sujeito da ação; e que se abra, frente à relação de poder, todo um campo de respostas, reações, efeitos, invenções possíveis. (FOUCAULT, 1994, p.236)

A compreensão da resistência só pode ser articulada por meio da ideia de poder como governo, o entendimento do governo como modos de poder estratégicos, regulados e racionalizados que precisam ser legitimados, no intuito de dirigir a ação dos outros por meio de formas de conhecimento e *a priori* históricos discursivos. Logo, "governar não é determinar a conduta de objetos passíveis. Envolve oferecer razões pelas quais os governados deveriam fazer o que lhes é dito, e isso significa que eles podem também questionar essas razões" (OKSALA, 2011, p.108). Eis o fundamento de toda a agonística das relações de poder em Foucault, ela visa apresentar a mediação e o ponto de equilíbrio entre as relações de poder, a liberdade e a dominação. Aqui não se busca a utopia ou mito de uma ordem harmoniosa, racional e inteiramente consensual, tampouco destitui dos agentes a sua capacidade plena de ação, seja por meio da conduta de uma arte de governar, seja por meio da resistência a formas não legítimas de governo.

Como bem adverte Calvet de Magalhães (2013, p.38), é importante sublinhar que quando Foucault afirma que todas as relações humanas são atravessadas pelo poder deva ser entendido como um sistema de dominação que exerce um controle sobre tudo e sobre todos sem que haja alguma margem para a liberdade. Quando ele diz que não existe sociedade sem relações de poder, não quer dizer que as formas de poder atuante nela sejam permanentes e imutáveis, ou mesmo uma "fatalidade incontornável". Não se trata, todavia, de buscar a dissolução destas relações por meio da negação do conflito e do dissenso na "utopia de uma comunicação perfeitamente transparente". A tarefa política consiste na análise crítica permanente das diversas formas manifestas das relações de poder. Este ponto parece ser fundamental para a compreensão da importância da atuação crítica filosófica como um instrumento indispensável à análise do fenômeno da dominação, ou para uma mediação entre poder e violência; o mesmo estendido ao aporte das Ciências Sociais e Humanas.

O sentido de crítica ganha um lugar de destaque. A filosofia surge como um instrumento de liberdade e resistência, uma forma de mostrar aquilo que é, não foi sempre; e como aquilo que é podia ser diferente. Isto porque, para a perspectiva filosófica e as disciplinas humanísticas que a acompanham, aquilo que é apresentado como sendo da ordem da necessidade, apresenta-se como fugaz e arbitrário e as situações que muitas vezes são dadas como óbvias passam a ser compreendidas como práticas humanas contingentes, abrindo assim, um espaço para transformar modos de viver, de pensar, relações de poder e identidades .Não à toa a história ter sido um recurso permanente para a análise filosófica de Foucault, pois, por meio dela, podemos questionar a inevitabilidade de nossas práticas e compreender que aquilo que é já foi e pode ser diferente.

Podemos também apontar uma implicação política nesses pressupostos: a ideia de que mudar a ordem social e política das coisas, ocasiona a mudança de tal coisa. Entendemos que esta seja atuação política da filosofia e das ciências humanísticas e, por sua vez, que advenha daí também a necessidade do resgate do sentido do político para a análise filosófica, principalmente aquela que considera e não afasta a agonística das relações e da realidade humana em todas as suas instâncias, inclusive aquela que se reporta à crítica da ordem jurídica e aos pressupostos de sua dogmática. A ordem jurídica passa a ser compreendida como uma instância entre tantas instâncias, o resultado dos acordos sempre provisórios das relações de poder que estão mediando interesses múltiplos e quase nunca convergentes. A técnica passa ser compreendida como instrumento, porém, também ela, como contingente e historicamente elaborada.

3. CONSIDERAÇÕES FINAIS

As teorias de Mouffe (1985; 1996), Laclau (1985) e Foucault (1975; 1994; 2001) quando instrumentalizadas para pensarmos uma nova perspectiva do ensino do Direito podem ser traduzidas no sentido de uma inversão epistemológica, pois, não se trata mais de partir da premissa fundadora de uma ordem jurídica alicerçada sob a égide de um consenso sem exclusão, uma vez que isto acarreta a anulação do político, mas o resgate da dimensão da política como pressuposto teórico e metodológico pertinente à compreensão de uma ordem jurídica que se institui a partir de uma unidade que não ignora os aspectos de um contexto social marcado pelos conflitos, pela diversidade e as relações de poder.

Mas não apenas isto, abstrair da realidade e das relações sociais o seu aspecto conflituoso e antagônico seria esvaziar das relações humanas aquilo que nos é "humano, demasiadamente humano", seria negar a diversidade e a divergência constitutivas de nossa condição. O que transcenderia o seu aspecto de mera mudança epistemológica para uma impossibilidade de caráter mesmo ontológico. "Levar o pluralismo a sério requer que se abra mão do sonho de um consenso racional que acarreta a fantasia de que poderíamos escapar de nossa forma de vida humana". (MOUFFE, 1996, p.55).

Todavia, abdicar de uma visão que toma o consenso como o centro de sua doutrina, não significa dizer que nenhum acordo seja possível, mas tomar como postulado o fato de que dado o pluralismo de valores, não há uma solução procedimental para o conflito – daí a sua dimensão antagônica. Cada consenso passa a ser entendido como uma hegemonia provisória, como uma estabilização também provisória do poder e que sempre ocasiona alguma exclusão. Os pactos são possíveis, do contrário não poderíamos falar em modelos democráticos, tampouco em ordem jurídicas legítimas e eficazes, no entanto, é importante pensá-los como partes integrantes de práticas políticas e como tais deveriam ser tomados como interrupções provisórias de confrontações e embates contínuos e permanentes.

É neste contexto que os procedimentos devem ser entendidos como um conjunto de práticas e para que haja acordos de opinião, deve haver acordos sobre formas de vida. Não basta concordarmos quanto à definição de um termo, é necessário um acordo sobre a forma que o utilizamos. Para que sejam aceitos e seguidos, os procedimentos devem estar inscritos em acordos sobre juízos e formas de vida socialmente compartilhadas. Eles não são efetivos quando se constituem sobre regras que são elaboradas com base em princípios e aplicadas a casos específicos. Regras são sempre projeções de práticas, procedimentos estão sempre condicionados à compromissos éticos e não há procedimentos puramente neutros. Distinções estritas entre 'procedimental' e 'substancial' ou entre 'moral' e 'ética' não podem se sustentar. Daí o fundamento da reflexão acerca do distanciamento entre o Direito formalmente vigente e o Direito socialmente eficaz.

Na atuação política democrática aqueles interesses que foram excluídos da ordem hegemônica vigente tornam-se elementos de um novo embate político que visará a sua implementação legítima em uma nova ordem que tentará se tornar hegemônica por meio dos instrumentos práticos da política, mobilizando processos de conversão e reconversão dos valores políticos e sociais em questão. Neste ponto, a lógica "agonística" passa a perceber aqueles que não foram beneficiados pela ordem dominante, não mais como inimigos, mas como adversários. Os adversários não são inimigos, eles atendem a distinção conceitual entre antagonismo e agonismo: "o antagonismo é a luta entre inimigos, o agonismo é a luta entre adversários" (MOUFFE, 1996). Na lógica de uma justiça democrática fundada na ideia de cidadania, os adversários não devem ser percebidos como inimigos a serem destruídos, porém como opositores legítimos com quem partilhamos uma base comum de uma adesão compartilhada dos princípios éticos-políticos democráticos: liberdade e igualdade . Em uma concepção de justiça fundada em bases políticas democráticas cumpre pensarmos e ensinarmos o Direito tendo como parâmetro o seu caráter agonístico, do contrário estaremos na contramão dos ideais democráticos erguidos e sustentados sob os auspícios da alteridade e da diversidade.

Deste modo, acreditamos que o aporte teórico das Ciências Sociais, apresenta-se, juntamente com a filosofia, como um instrumental pertinente aos esforços intelectuais acadêmicos no sentido de apresentar a compreensão dos novos postulados que ensejam a compreensão deste novo Direito que desejamos discutir e (re) construir, muito mais reflexivo e consciente de suas práticas e de seus fundamentos.

4. REFERÊNCIAS

CAPILONGO, Celso Fernandes. Os desafios do judiciário: um enquadramento teórico In: FARIA, José Eduardo (org). **Direitos humanos, direitos sociais e justiça**. São Paulo: Malheiros, 2010

_________________. O judiciário e o desenvolvimento sócio-econômico. In: FARIA, José Eduardo (org). **Direitos humanos, direitos sociais e justiça**.São Paulo: Malheiros, 2010

FERREIRA, Rafael. Direito, razão e poder: o saber jurídico como segredo da dominação. **Revista Eletrônica Sociologia Jurídica.** n. 8. Jan/jun 2009. Site: www.sociologiajurídica.net.br, acessado em 10-05-2014.

FOUCAULT, MICHEL. **Dits et écrits**. Paris: Galimard, 1994. v. IV

_________________. **Il faut défendre La societé**. Cours au Collège de France. Paris: Seuil/ Galimard, 2001.

_________________. **Surveiller et Punir**: naissance de la prison. Paris: Galimard, 1975.

GRAU, Eros. O direito posto, o direito pressuposto e uma doutrina efetiva do direito. In: O que é filosofia do direito? In: COMPARATO, Fábio Konder. **O que é a filosofia do Direito?** São Paulo: Manole, 2004.

LACLAU, Ernesto; MOUFFE, C. **Hegemony and socialist strategy:** towards a radical democratic politics. London: Verso, 1985.

MOUFFE, Chantal. **O regresso do político.** Lisboa: Gradiva, 1996.

MAGALHÃES, Maria Theresa Calvet de. Violência e /ou política**.** In:PASSOS, Izabel C. Friche (org). **Poder, normalização e violência:** incursões foucaultianas para a atualidade. 2. ed. Belo Horizonte: Autêntica, 2013. Coleção Estudos Foucaultianos

NIETZSCHE, Friedrich. **Sobre verdade e mentira no sentido extra moral.** São Paulo: Medra, 2007.

OKSALA, Johanna. **Como ler Foucault.** Tradução de Maria Luiza Borges. Rio de Janeiro: Jorge Zahar, 2011.

WARAT, Luis Alberto. **Introdução Geral ao Direito:** interpretação da lei, temas para uma reformulação. Porto Alegre: Sergio Antonio Fabris Porto, 1994.

Capítulo 2

AS ESTRATÉGIAS DE REPRODUÇÃO SOCIAL FAMILIAR E SEU CARÁTER DE NORMALIZAÇÃO

Bárbara Lou da Costa Veloso Dias[1]

SUMÁRIO: Introdução - 1. Referencial metodológico: sociologia disposicional - 2. Ficção bem fundamentada - 3. Família: o lugar de concentração de estratégias de reprodução social - 4. Referências.

INTRODUÇÃO

O presente texto parte de reflexão, ainda embrionária, iniciada durante o grupo de pesquisa sobre Direito e Normalização no Centro Universitário do Pará (Cesupa) e da pesquisa realizada para o projeto "Radiografia do Brasil Contemporâneo", desenvolvido no Instituto de Pesquisa Econômica Aplicada – IPEA[2]. No entanto, aqui não estão incluídos os resultados da análise do material empírico que foi produzido na pesquisa acima mencionada. No presente texto está incluído somente o pressuposto teórico que serviu de parâmetro para a análise empírica do projeto.

Pretendemos apresentar os resultados finais em outro artigo (ainda a ser publicado), lá pretendemos sustentar que a ralé estrutural, a classe ba-

1. Professora da Universidade Federal do Pará do Programa de Pós-graduação em Ciência Política do IFCH. Doutora em Ciência Política - IUPERJ e Mestre em Direito e Teoria do Estado - PUC/RJ.
2. É importante esclarecer que mesmo sem a exposição dos dados obtidos no projeto "Radiografia do Brasil Contemporâneo" /IPEA (2015), as premissas teóricas trazidas à baila também foram feitas a partir desse projeto.

talhadora, a classe média e a elite se distinguem fundamentalmente por se apropriarem e desfrutarem de vantagens estratégicas de reprodução social familiar de maneira desigual. Tendo a classe média o papel de defesa normativa de tais estratégias. Pudemos observar também que o par distinção/reconhecimento social se dá tanto na ascensão social interclasse, como intraclasse, tendo variação diretamente proporcional com a capacidade de internalização das disposições, por parte dos indivíduos, de tais estratégias, que servem como referenciais de hierarquização de normalidade social.

Mesmo sem a exposição dos dados empíricos, vale mencionar pequenas considerações sobre a metodologia utilizada na pesquisa.

1. REFERENCIAL METODOLÓGICO: SOCIOLOGIA DISPOSICIONAL

No projeto "Radiografia do Brasil Contemporâneo" entendemos que tínhamos que levar em consideração o campo da percepção e interpretação das conduções de vida, peculiares a cada ambiente social específico, utilizando-se do procedimento de análise empírica com os recursos daquilo que poderíamos nomear como uma "hermenêutica das disposições", de modo a dar conta do desafio de reconstruir o "patrimônio de disposições pré-reflexivas" que permitem esclarecer o comportamento efetivo dos sujeitos para além de sua dimensão consciente e mais superficial.

O método escolhido foi o de realização de entrevistas semi-estruturadas a partir de um amplo questionário que abordava diversos contextos sociais dos indivíduos (em torno de 9 "ambientes", como: prática de esportes, cultura, vida familiar, religião, etc) e após a coleta dos dados realizados através das entrevistas (30 entrevistas realizadas por 25 pesquisadores espalhados por todo Brasil).

Os questionários e as entrevistas foram articulados a partir do pressuposto epistemológico de que há diferença entre conteúdos "conscientes" e explícitos e conteúdos "latentes", pré-reflexivos e inarticulados. Sociologicamente isso significa uma tomada de posição a favor da "sociologia disposicionalista", que percebe o sentido da ação social como uma "prática" (Wittgenstein), e contra as concepções que interpretam, cartesianamente, o sentido da ação social como um "conteúdo" explícito nas nossas cabeças.

Nessas duas dimensões de análise procura-se precisamente separar o conteúdo manifesto – das pessoas e suas práticas – do conteúdo latente, ou seja, sua prática cotidiana efetiva. Esse conteúdo latente é possibilitado, no primeiro caso, pelo acesso à dimensão pré-reflexiva nas pessoas, pelo trabalho tanto com a "resistência" – ou seja, aquilo que as pessoas mais desejam esconder – nas entrevistas como também pela observação do abismo entre o que é dito e o que é praticado.

É nessa inarticulação exposta pelos sujeitos que percebemos os processos invisíveis e naturalizados de classificação/desclassificação social e seus efeitos devastadores em indivíduos e classes sociais inteiras sem qualquer possibilidade de defesa cognitiva e emocional ao processo de marginalização social do qual se sentem culpados como indivíduos "fracassados".

De certo modo, o tema da pesquisa para ser compreensível do modo mais amplo, exige o conhecimento do modo como o mecanismo de "classificação/desclassificação" é tanto constituído quanto codificado – ou seja, tornado invisível – na sociedade como um todo. Parte-se do pressuposto que não ter consciência dessa necessidade e dessa articulação ou fazer de conta de conta que ela não é imprescindível, é se limitar a análises meramente descritivas do fenômeno social ou se alimentar dos falsos pressupostos da sociologia espontânea do senso comum. É ser condenado a perceber, para citar um exemplo em moda no Brasil de hoje, o comportamento do agente social como sendo universal e não perpassado diferencialmente por violências materiais e simbólicas de todo tipo, variando apenas a partir do nível de renda do agente.

Para detectar essa arquitetura implícita nos esquemas de classificação social, a realização das entrevistas são acompanhadas pela explicitação dos esquemas de interpretação e, em geral, pelas perguntas que permitiram a construção da pesquisa em campos específicos (como família, escola, trabalho, lazer etc.). Tal opção metodológica busca deixar claro que é através da busca pelo fundamento da produção sobre as narrativas pessoais que podemos revelar as próprias trajetórias sociais.

Ademais se funda na crença de que ao captar as razões das variações individuais dos comportamentos e a complexa articulação dos patrimônios de disposições individuais e dos contextos de seu desencadeamento, compreenderemos o que muitas vezes é inexplicável no senso comum. Como esclarece Lahire (1997, p.148) "não há nada mais social, mais compartilhado por todos, do que os problemas ditos pessoais". O mundo social está tanto dentro de nós como fora de nós. Na origem de nossas desgraças e de nossa felicidade, tanto individuais como coletivas. O mundo social se diferenciou e se tornou tão complexo que produziu o sentimento de que o íntimo, o singular e o pessoal, se distinguiriam por natureza da sociedade (como dois objetos claramente distintos) e até mesmo se contraporiam a ela. Teríamos a sensação por causa de um estado de diferenciação avançado de que temos uma vida subjetiva extra-social ou não-social. Nada mais comum e menos correto (Lahire,2002, p.17). Esse espaço íntimo ou foro subjetivo como local da liberdade primordial é um dos grandes mitos contemporâneos. A questão é que "Podemos apreciar os mitos ou podemos desejar nos vermos livres deles" (LAHIRE, 2002, p.22).

Este programa, que responde à questão de por que as pessoas agem, pensam, sentem etc. da maneira como o fazem, pode ser resumido em uma fórmula científica bastante simples: Passado incorporado + Contexto presente de ação = Práticas observáveis. Ela condensa a intenção investigativa de pensar as práticas na intersecção entre disposições e competências incorporadas (produzidas pela frequência mais ou menos assídua a quadros passados de socialização) e os sempre específicos contextos de ação (LAHIRE, 2012, p. 12).

As práticas mais individuais, todas elas, sejam conscientes, semiconscientes ou inconscientes, podem ser entendidas, de acordo com Lahire (2012), pela referência a uma miríade de processos de socialização (na família, na escola, pelos pares, no trabalho etc.) que encontram suas sedimentações corporais, mentais e emocionais em um estoque de disposições (tendências, inclinações, hábitos, capacidades, competências etc.) de diversos tipos (corpóreas, mentais, discursivas, perceptivas, avaliativas etc.). Tais disposições podem ser ativadas ou inibidas, desencadeadas ou suspensas, reproduzidas ou transformadas em determinados contextos de ação (espaços sociais, sistemas de ação, situações de interação etc.). Um indivíduo tem normalmente múltiplas disposições; em certas ocasiões, estas podem trabalhar em sentidos opostos e inapropriados à situação, causando fricções, fraturas e mesmo crises radicais.

Enquanto as disposições incorporam o passado e se referem a tendências internas ao indivíduo, os contextos de ação representam influências restritivas e capacitadoras externas ao indivíduo que desencadeiam e ativam, ou inibem e desativam, as disposições que produzem as práticas. "Contextos" é uma espécie de conceito guarda-chuva, no entanto, que abarca tudo com que os atores se deparam no seu ambiente e que impinge sobre suas ações no presente e a partir do exterior (classe, poder, organizações, instituições etc). A noção pode designar espaços sociais abstratos que são vertical e hierarquicamente estruturados em termos de classe e de diferenciais de poder (o sistema de classes de Marx, o campo do poder de Weber, o espaço social de Bourdieu) e domínios institucionais ou funcionais horizontalmente diferenciados em sociedades complexas (as esferas de valor de Weber, os campos de Bourdieu, os mundos de Becker, os subsistemas de Luhmann etc.), mas também é ocasionalmente usada para se referir mais concretamente aos microcontextos (famílias, escolas, fábricas, clubes esportivos etc.) e situações (as sociações de Simmel, as ordens da interação de Goffmann, as quididades de Garfinkel etc.) que formam o pano de fundo imediato da ação. Juntos, os contextos estruturais, institucionais e interativos de ação que engatilham ou inibem as disposições, de um lado, e as próprias disposições, de outro, são suficientes, segundo Lahire, para explicar plenamente por que os atores agem como agem (ou se abstêm de fazê-lo), pensam como pensam (ou não), falam como falam (ou não), sentem como sentem (ou não) – em suma, por que são como são.

Para Souza (2011, p.56) foi fundamental politicamente que o campo das ciências sociais no Brasil afirmasse a *illusio* de que a subjetividade, o livre arbítrio e singularidade são espaços construídos sem qualquer influencia do mundo social. Por isso que a presente pesquisa se justifica para que se redimensione as categorizações sociais produzidas por análises que não levam em conta essa articulação e para que possamos perceber que as forças internas (disposicionais) e externas (contextuais), às quais estamos constantemente submetidos desde o nosso nascimento e que nos fazem sentir o que sentimos, pensar o que pensamos e fazer o que fazemos, representa precioso conhecimento e ferramenta de reflexão que pode nos guiar de maneira mais precisa sobre os nossos problemas de compreensão social.

Bourdieu (2001, p.93), por exemplo, pensa tal relação entre forças externas e internas, como dialética entre *habitus* (o social como subjetividade, encarnado em indivíduos) e campo (o social como objetividade, estrutura de relações no interior das quais os atores se constituem e atuam). A noção de *habitus* refere-se ao conjunto de propensões práticas de conduta subjetivamente internalizadas pelos agentes, a partir de suas experiências socialmente situadas e recursivamente mobilizadas por eles na produção das práticas pelas quais o mundo social se reproduz ou se transforma. E o conceito de campo, por sua vez, constitui a peça analítica fundamental por meio do qual Bourdieu (2001, p.231) procura operacionalizar metodologicamente a transposição de um modo de pensamento relacional para as ciências humanas, o que implica em uma tentativa de superar a imprecisão e vacuidade da noção de "sociedade" pelo desenvolvimento uma abordagem topológica de formações sociais.

Essa abordagem encontra-se firmada na caracterização das formações sociais como espaços objetivamente estruturados de relações entre agentes diferencialmente posicionados segundo uma distribuição desigual de recursos materiais e simbólicos, isto é, de capitais múltiplos que operam como meios socialmente eficientes, e por essa razão objetos de incessante disputa. Assim os atores sociais engajam-se em arenas de competição por certos tipos específicos de lucros materiais e/ou simbólicos, fazendo uso estratégico, para tanto, de certos meios ou "capitais" socialmente legitimados pela disputa, capitais cujas formas são particularmente variadas na sociedade moderna em função da diversidade de jogos competitivos nascidos no bojo de seu acentuado processo de diferenciação social e institucional. (BOURDIEU, 2001, p.233).

Essa disputa em cada arena permite uma "cumplicidade ontológica" que permite a naturalização do ambiente social com sua distribuição desigual de recursos econômicos, culturais e simbólicos. Assim como também o reconhecimento social coletivo (o capital simbólico) aparece como meta existencial fundamental pela qual os indivíduos buscam produzir justificações e razões que forneçam sentido às suas vidas e, ao mesmo tempo, como fonte de infindável competição simbólica que mantém em movimento a vida social.

Tais justificações e razões existem sob a forma de certificados sócio-simbólicos de identidade social por meio dos quais indivíduos biológicos são imbuídos de funções ou missões coletivas. Como um ser internamente habitado por uma necessidade de justificação e submetido a uma "dependência universal do juízo dos outros" (BOURDIEU, 2000, p.100), o agente humano só pode cultivar o sentimento íntimo de estar "justificado em existir como existe" (Bourdieu, 2001a, p.290) caso a legitimidade de sua existência seja asseverada por um veredicto social. (p.141).

Se o ser humano está condenado a ser definido em sua verdade pela percepção dos outros, o sentimento mais íntimo de que a própria existência não é absurda e insignificante, mas justificada e imbuída de sentido, necessita de um certificado de aprovação social.

Esses certificados são uma ilusão da *illusio* que ganham sua força pelo suporte de mecanismos simbólicos e institucionais coletivos. A aparente coisificação de si, por assim dizer, sobrevive com base na reificação do mundo social, na experiência intersubjetivamente partilhada de seu modo de organização conforme a ordem (e a natureza das coisas).

Esse arranjo institucional organizado e garantido faz com que os sentidos e valorações reproduzidos nas condutas dos atores, não sejam vividos como contingentes construções e reconstruções práticas, mas como atualizações de habilidades objetivas de sentidos e valorações presentes no próprio mundo.

Um campo só pode funcionar se encontra indivíduos socialmente predispostos a se comportarem como agentes responsáveis, a arriscarem seu dinheiro, seu tempo, às vezes sua honra ou sua vida, para perseguir os objetivos e obter proveitos decorrentes, que, vistos de um outro ponto de vista, podem parecer ilusórios, o que afinal sempre são, na medida em que repousam sobre aquela relação de cumplicidade ontológica entre o hábito e o campo que está no princípio da entrada no jogo, da adesão ao jogo, da *illusio*. (BOURDIEU, 2001b, p.174).

É na relação entre o jogo e o sentido do jogo que se engendram os objetivos e se constituem valores que, mesmo que não existam fora dessa relação, impõem-se, no interior da mesma, com uma necessidade e uma evidência absolutas.

Para os agentes socialmente imbuídos de funções ou missões simbolicamente valorizadas e expressões através de toda sorte de emblemas objetivados (diplomas acadêmicos, posses materiais) e incorporados (conhecimentos, habilidades, modos de falar, andar e gesticular), a naturalização dóxica dos seus papéis sociais e de toda a engrenagem institucional que o sustenta opera como uma fonte de "teodicéia societária" ou na expressão de Raymond Aron, "sociodicéia". Em vez de enxergar seu desempenho de papel, seu modo socialmente treinado de ser no mundo, como uma performance ontologicamente contingente, levado a cabo com outros indivíduos também expostos à morte e ao absurdo,os agentes socialmente estimados baseiam-se na "cumplicidade ontológica" entre seu sentido subjetivo do jogo e a reprodução objetiva deste para vivenciarem a si próprios e ao próprio jogo como necessários. Isto não significa, entretanto, que as funções de "teodicéia" desempenhadas pelas esferas de atividade no mundo social estejam abertas a todos. Muito pelo contrário juntando a *Weltanschaung* ("visão de mundo") agonística e conflitual das suas influências marxistas ao postulado estruturalista segundo o qual a identidade só pode ser definida de modo diferencial e distintivo, Bourdieu não se cansou de sublinhar que a busca de capital simbólico se processa em jogos de soma zero nos quais a conquista de uns implica necessariamente a derrota de outros (BOURDIEU, 2001, p.56-58).

Os mecanismos de naturalização ideológica de uma estrutura de relações objetivas entre indivíduos diferencialmente posicionados, ao definirem as posições mais ou menos valiosas de modo inerentemente opositivo e relacional, se estendem ao valor como o desvalor social, à significância como à insignificância. Ao serem atribuídas aos indivíduos, classificações sócio-simbólicas como rico, pobre, branco e negro se produzem poderosos efeitos performativos sobre suas condutas e experiências, efeitos cotidianamente reforçados por seus ambientes sociais sob a forma da experiência de "portas" abertas ou fechadas, privilégios ou privações, vantagens ou desvantagens, acessos ou proibições de acesso a determinados bens, práticas e cenários coletivos.

A exposição prolongada às condições sócio-históricas de existência em que os agentes se veem imersos contribui para inculcar-lhes as disposições subjetivas de um *habitus* tacitamente ajustado às demandas da posição que ocupam no seio daquelas condições.

Nesse sentido, os rótulos sócio-simbólicos que materializam o juízo dos outros dão ensejo a uma pletora de reiterados tratamentos sociais ordinários que operam performativamente como uma "profecia autorealizadora" (MERTON, 1968, p.479), transformando aquelas classificações exteriores em autoclassificações tacitamente vividas e sustentadas. As expectativas e anseios subjetivos são gradual e inconscientemente calibrados seguindo um senso prático que instrui probabilidades e chances objetivas de ganho.

O juízo alheio torna-se autojuízo. As identidades e diferenças coletivamente instituídas passam a moldar as propensões mentais e corporais dos agentes de modo tal que vêm a "provar sua validade" para classificadores e classificados. Os rótulos produzem performativamente os tipos de atores que nomeiam.

Como afirma Gabriel Peters (2012, p. 258) à "busca de sentido" se torna necessariamente uma "busca de poder", precisamente o poder desigualmente distribuído e ferrenhamente disputado de se imbuir a própria vida de uma justificação coletivamente sancionada, um veredicto social quanto à "legitimidade de uma existência" atado de forma indissolúvel à possibilidade de que o agente sinta-se "justificado em existir como existe".

Bourdieu (2014, p.36) vai utilizar uma expressão de Durkheim "a sociedade é Deus" para evidenciar que o mundo social é uma instancia mundana na qual os indivíduos buscam através do reconhecimento coletivo uma justificação existencial que está necessariamente imbricada a um poder atribuído cognitiva/afetivamente.

Vale afirmar que o modo de reconhecimento social só pode ser obtido de modo diferencial e distintivo, o que produz uma competição que condena necessariamente diversos indivíduos a um tipo particular de miséria sóciosimbólica oriunda da invisibilidade/estigmatização. E institui, ao mesmo tempo, a sacralidade dinástica dos que acumulam o capital simbólico.

Nesse sentido, a família é um capital simbólico fundamental para garantir através de suas estratégias de reprodução social a justificação social e existencial dos indivíduos. A família como microcosmos do social é peça fundamental na condenação ou na sacralização dos modos de vida produzidos socialmente. Quanto mais o indivíduo aparecer agregado ao capital familiar mais reconhecimento social obterá.

Por essa razão escolhemos tratar do campo social familiar e das suas estratégias de reprodução social, pois acreditamos que esse é um lócus de observação especial da fábrica de estigmatização ou sacralização sociosimbólica do indivíduo.

2. FICÇÃO BEM FUNDAMENTADA

Segundo Bourdieu (2008, p.137) a família é uma palavra, mas uma palavra de ordem, um princípio coletivo de construção e de categorização da realidade coletiva. Uma ficção coletiva que cria conceitos classificatórios comuns a todos os agentes socializados. Por isso que tal ficção é fundamental como reprodutora de valores particulares que se pretendem tornar universais. Porque a família é um princípio comum de *nomos*. Esse princípio de construção é um dos elementos constitutivos de nosso *habitus*, uma estrutura mental que, tendo sido inculcada em todas as mentes socializadas, de certa maneira, institui uma lei tácita de percepção e da prática que fundamenta o consenso sobre o sentido do mundo social (e da palavra família em particular). A família é a nossa primeira fábrica de construção imaginária do mundo, como uma *doxa* aceita por todos como dada.

Como um princípio transcendente a família aparece inscrita na objetividade das estruturas sociais e na subjetividade das estruturas mentais objetivamente orquestradas. Nada parece mais natural do que a família. Está destinada por isso a fornecer o modelo de todos os corpos sociais, um esquema classificatório e princípio de construção do mundo social e da família como corpo social específico, adquirido no próprio seio de uma família como ficção social realizada.

Esse lócus de *nomos* pressupõe a operacionalização de um princípio transcendente que concebe a família como uma realidade que transcende seus membros, uma personagem transpessoal dotada de uma vida e de um espírito coletivos e de uma visão específica de mundo. Supõe-se também que a família exista como um universo social separado e orientado pela idealização do interior como sagrado, *sanctum*, secreto, de portas fechadas sobre sua intimidade por oposição ao exterior pela barreira simbólica da soleira. Supõe-se também a casa como lugar estável, lugar onde há a suspensão de interesses egoístas. A família se constituiria no lugar da confiança e da doação em oposição ao mercado e a dádiva retribuída.

A família é baseada em uma série de pressupostos cognitivos e de prescrições normativas sobre a maneira correta de viver as relações domésticas. A sua maneira ela vai apagando os conflitos que dentro dela se constituem em torno da crença que os seus membros estão unidos por intensos laços afetivos. Para o sociólogo interessado na família é preciso levar em conta todo o trabalho simbólico e prático que tende a transformar a obrigação de amar em disposição amorosa e a doar cada um de seus membros da família de um espírito de família, princípio afetivo de coesão.

Em razão de possuir esse poder simbólico de nomeação, a família precisa produzir ritos de instituições estáveis como estratégias de reprodução do seu valor social. Interessante notar que o Estado nasce como resultado da instituição familiar. Aponta Bourdieu (2014, p.329) que o Estado Moderno constitui-se a partir das estratégias de reprodução dinástica e da tensão entre os ritos da "casa"e os ritos das instituições escolares.

Assim, tanto a família moderna como o Estado, surgem ancorados na tensão entre o sangue e o mérito. Entre o dinástico e o técnico. Entre a moralidade e a racionalidade. Nessa tensão surge o modelo de família nuclear e a sua capacidade de servir como campo de estratégias de capitais que forneçam ao indivíduo capacidade de incorporar as exigências do mundo técnico e meritocrático do mercado e da burocracia racional.

No modelo de reprodução dinástica já se observa uma mudança nas estratégias sucessórias familiares fundadas na proteção da propriedade privada e redefinindo a concentração de bens no homem – o patriarca. A mulher perde toda a gerência sobre seus bens e a hereditariedade desses, primeiro ao primogênito, depois aos filhos "talentosos". Cria-se uma estrutura cada vez mais centrada nos filhos, especialmente em sua formação (capital escolar), uma vez que eles se tornam os responsáveis pela reprodução da classe no tempo. Tais estratégias por sua vez vão gerando problemas relacionados à justificativa de herdar e tais justificativas são cada vez mais produzidas pelos técnicos ou teóricos da burocracia que criam a razão pela qual "aquilo em nome do que eu te justifico me justifica para dizer que tu não tens justificativa de fazer isso".

Os detentores de um poder dinástico para triunfarem sobre seus rivais dinásticos, são obrigados a contar com os serviços de detentores de competências militares, técnicas, militares; portanto são obrigados, para defender o princípio dinástico, a se apoiar em pessoas cuja existência repousa sobre o princípio não dinástico (BOURDIEU, 2014, p.345).

Pontua Bourdieu (2014, p.320) que o Estado "como ampliação da casa" sempre terá momentos de regressão e de tensão entre o modo de reprodução familiar e o modo de reprodução escolar/funcional. Assim, entre a competência pela autoridade e pelo mérito, haverá uma tensão entre um modo de reprodução familiar e suas estratégias de apropriação do público/estatal. Isso significa que haverá um gradiente de variação significativa nas principais instituições modernas (Estado e Mercado) entre sangue/ hereditariedade versus Vitaliciedade/direito, assim como uma tensão constante entre herdeiros e recém-chegados (daí que se torne banal a classificação normativa das teorias da modernização de Estados patrimonialistas).

Vale ressaltar que o aparecimento do discurso da razão de Estado é baseado na ruptura do discurso da casa. E é nessa ruptura que está à gênese da autonomia da esfera política e da família moderna. Note-se que o discurso se funda na apropriação/patrimonialização do público. Na defesa de um tipo particular de vida familiar e social como universal e coletiva. A lógica da casa tem algo que lhe cria uma afinidade com a lógica do Estado.

Nesse sentido as estratégias educativas irão se associar as estratégias de reprodução e a filiação irá ganhar um novo sentido de investimento tanto afetivo quanto educacional. A formação que outrora era baseada no aprendizado prático passa a ser baseada no conhecimento abstrato e especulativo. A família passa então a ser o núcleo de um conjunto de estratégias reprodutivas voltadas para a acumulação de patrimônio material (econômico), intelectual (social e cultural) e moral (a família se torna sagrada).

A família como o Estado passa a concentrar o capital simbólico que a legitima para estabelecer o jogo de categorizações do mundo social. A família se torna esse lugar de concentração de estratégias reprodutivas porque se universaliza enquanto modelo normatizador, modelo que guiará toda a sociedade, que guiará mesmo e, principalmente, aqueles que não dispõem das condições de existência para vivenciá-la, e só a experimentam pela negação.

Sabe-se que a universalização de uma condição particular é o princípio fundamental para a legitimação do privilégio e para o estabelecimento da dominação simbólica, sem a qual todo outro tipo de dominação se torna instável. A partir da universalização do modelo familiar nuclear se oculta a sua origem particular, se torna invisível os interesses específicos que este modelo possui e ele é transformado num modelo abstrato de completude humana, sendo retirado de seu contexto concreto e necessariamente conflitivo.

A família na modernidade se torna, em todas as classes, a instituição mais próxima dos corpos, a instituição que liga de forma mais intensa os indivíduos afetivamente. Portanto, cabe a ela uma dupla função, que outrora coube a outras instituições: reproduzir, em cada indivíduo – de forma durável e insconciente – a ordem do mundo, ou seja, a dominação impessoal, que ultrapassa sempre os limites da própria família; e, ao mesmo tempo, dotar o indivíduo da racionalidade prática, de um sentido prático da classe, capaz de antecipar a ordem do mundo, ou seja, a capacidade de agir no mundo em compatibilidade com suas estruturas, antecipando essas estruturas e sobrevivendo a elas(Berg, Tábata. O Batalhador e sua família in Souza, Jessé, 2012, p.127).

3. FAMÍLIA: O LUGAR DE CONCENTRAÇÃO DE ESTRATÉGIAS DE REPRODUÇÃO SOCIAL

Argumentamos que a família nuclear, ideal de família universalizado, foi produzida e reproduzida conjuntamente com a lógica estatal e desta forma sempre receberá do Estado, meios de subsistir e existir. Assim como as próprias famílias vão lutar para se apropriar do Estado. Aqui já valeria colocar em questão o discurso das ciências sociais sobre a modernização estatal. Já que é o pensamento estatizado que faz parte das condições de funcionamento da família e essa realidade é dita privada de origem pública.

Mas esse não é o objeto do presente texto, o objetivo é perceber como as estratégias de reprodução social do corpo familiar são reconstituídas como forma de dominação impessoal e natural nos corpos dos indivíduos de cada classe social e como estes corpos reproduzem as estratégias familiares que lhes foram inculcadas e as reproduzem em seus contextos práticos. Vale afirmar também que aqueles indivíduos mais capazes de assumir, consciente ou inconscientemente, nos seus corpos tais estratégias de reprodução se distinguem não só na relação interclasse, mas intraclasse.

Bourdieu (1989, p.185) nos presenteia com a indicação das estratégias familiares dinásticas que dão ensejo ao formato de família nuclear moderno. Segundo Bourdieu, o objetivo da família nuclear moderna é conjugar suas estratégias de reprodução para gerar o interesse da casa que é a pureza do nome, pois este deve permanecer livre de qualquer mácula, deve escapar da degradação e da perda de nobreza. Ainda, de acordo com Bourdieu (2014, p.246), podemos classificar as estratégias de reprodução social familiar em **Estratégias de fecundidade e sucessórias**: estratégias que visam antecipar os perigos com a partilha, aqui estão incluídas as preocupações com a quantidade da prole, a honra das mulheres e seus casamentos e a nomeação afetiva dos escolhidos. **Estratégias educativas e profiláticas:** preocupações com o capital escolar e com a educação corporal, preocupações com a disciplina do corpo (obviamente incluída a mente aqui), preocupações com etiqueta social e preocupações com a capacidade de herdar. **Estratégias de investimento social:** preocupações econômicas como de poupança, investimento, patrimônio material, estratégias de perpetuação da casa não existem sem estratégias de entesouramento, de investimento e de acumulação. Aqui se incluem as estratégias de investimento e de acumulação de capital social, isto é, estratégias visando manter as relações já estabelecidas, como visitas, troca de dons, presentes, reuniões e festas são exibições importantes como aquilo que perpetua o capital simbólico da família. **Estratégias de sociodicéia:** explica Bourdieu (2014, p.332) que se trata de uma palavra que ele forjou a partir de Leibniz, a teodicéia em Leibniz é a justificação da vontade de Deus e a sociodicéia a justificação da vontade da sociedade. Essas estratégias têm como função justificar as coisas pelo fato de serem o que são. Há nas famílias todo um trabalho destinado a justificar a família por ser o que ela é, há uma ordem simbólica da família que é, sem parar, mantida por um discurso, por uma mitologia, há mitos de fundação oficiais e também lendas familiares e álbuns de família.

A família nuclear surge no momento em que se universaliza, como regra moral, naturalizada na própria essência humana. Assim não possuí-la ou não se enquadrar em seus parâmetros morais é estar fora da própria humanidade. Assim, a naturalização do arbitrário social, tem como efeito, fazer com que se esqueça que para que essa realidade que chamamos de família seja possível, é preciso que se encontrem reunidas condições sociais que nada têm de universal e que, em todo caso, não são distribuídas de maneira uniforme.

É preciso dizer que a família nuclear é um privilégio instituído como norma. E que a família como uma corporação que se constituiu a partir de estratégias de reprodução que buscam acumular capital simbólico/material tem como objetivo principal vincular-se ao volume e à estrutura dos capitais que seus diferentes membros possuem.

Dessa forma é fundamental para a família, como campo de disputa que busca produzir efeito de nomeação e verdade no mundo social, que haja o apagamento ou o esquecimento dos conflitos ou fracassos dos membros do grupo. O limite disso é inclusive o desligamento ou apagamento do sujeito como membro familiar.

Como uma corporação, uma empresa, a família tem um papel considerável não apenas na transmissão, mas também na gestão do patrimônio econômico. As dinastias familiares devem funcionar como clubes seletos; elas são lugares de acumulação e de gestão de um capital que é igual à soma dos capitais de cada um de seus membros e que as relações entre os diferentes detentores permitem mobilizar, ainda que parcialmente, em favor de cada um deles.

Assim, a família estruturada, adequada e integrada é vista como um capital simbólico de grande densidade de reconhecimento social. E obter um lucro da normalidade é constantemente um objetivo observável na fala dos indivíduos que precisam antes de tudo serem reconhecidos e justificados como sujeitos estruturados.

E é na família que se constituem as primeiras condições de acumulação e de transmissão de privilégios, econômicos, culturais e simbólicos. Como lugar de *nomos*, a família tem papel determinante na reprodução social. Ela é, assim por dizer, o sujeito principal das estratégias de reprodução. Uma espécie de vontade transcendente.

Observamos que a família nuclear é a primeira instituição social que produz segurança ontológica, tanto do ponto de vista cognitivo, como afetivo. A ansiedade de nomeação humana por experimentar seus ambientes de ação e experiência como confiáveis e seguros manifesta-se desde a mais tenra infância na relação com as figuras parentais. E são os mecanismos de interação com os agentes de socialização primária que ensejam cognitivo/afetivamente o senso de que a realidade dos objetos e de si próprio estão linguística e socialmente ancoradas.

Podemos também observar na fala dos indivíduos que a falta de solidez cognitivo/afetiva familiar cobra um preço de vulnerabilidade física e emocional do sujeito que tenderá a reproduzir ao longo da sua vida esse déficit existencial/experimental. Por exemplo, a reprodução do capital sociocultural familiar permite a criança, a capacidade de concentração, pois se sentindo segura e confortável pode conceder atenção a um domínio específico da realidade. Ao contrário, se ela não se sente segura tenderá a ser dispersa, pois precisará estar atenta a toda contingência situacional.

Vale afirmar que boa parte da configuração libidinal do sujeito dependerá de como essas estratégias reprodutivas da família incidiram sobre seu corpo. Observamos que os sujeitos investem intensamente seus recursos, seu tempo e seus corpos a uma "posição" que lhes é imputada nesse contexto de socialização familiar. Podemos observar também à constante "presentificação" de um passado incorporado que esposa respostas ou confirmações desse drama construído no campo social familiar. Nesse sentido a família funda o sujeito neurótico que tem como mito o seu eu construído e consolidado nas narrativas familiares. Assim, todos esses efeitos simbólicos da família buscam apagar o seu capital simbólico (que é por isso objeto de disputa) que é o nome do capital social familiar que sabemos ser a condição e o efeito de uma gestão bem sucedida do capital coletivo dos membros da unidade doméstica.

Assim, a partir da ideia de família como lugar que conjuga diversas estratégias de reprodução social que visam à acumulação que analisamos as falas de sujeitos vinculados a modos específicos de classes sociais e sua vinculação narrativa ao conjunto de estratégias reprodutivas trazidas a baila por Bourdieu (2014). A partir dessas narrativas que percebemos as disposições e seus contextos de ação específicos, notando as singularidades dos movimentos tanto interclasse, como intraclasse.

4. REFERÊNCIAS

BOURDIEU, P. **La nobless d'Etat**: grandes écoles et sprit de corps. Paris: Editions de Minuit.1989

BOURDIEU, P. **O campo econômico**: a dimensão simbólica da dominação. Campinas: Papirus.2000

BOURDIEU, P. **O poder simbólico**. Rio de Janeiro: Bertrand Brasil. 2001a

BOURDIEU, P. **Meditações pascalinas**. Rio de Janeiro: Bertrand Brasil.2001b

BOURDIEU, P. **Razões práticas**: sobre a teoria da ação. Campinas: Papirus. 2008

BOURDIEU, P. **Sobre o Estado**. São Paulo: Companhia das Letras. 2014

LAHIRE, Bernard **Sucesso escolar nos meios populares.** As razões do improvável, São Paulo: Ática. 1997

LAHIRE, Bernard **Portraits sociologiques**. Dispositions et variations individuelles. Paris: Nathan. 2002

MERTON, Robert **Social theory and social structure**. New York: Free Press.1968

PETERS, Gabriel O social entre o céu e o inferno: a antropologia filosófica de Pierre Bourdieu**. Tempo Social**, 24, 1, p.229-261, 2012.

SOUZA, Jessé **A ralé brasileira**. Quem é e como vive. Belo Horizonte: UFMG.2011

SOUZA, Jessé **Os Batalhadores brasileiros**. Nova classe média ou nova classe trabalhadora? Belo Horizonte: Humanitas/UFMG. 2012

VANDENBERGUE, F. **Teoria social realista**: um diálogo franco-britânico. Belo Horizonte: UFMG. 2010

VANDENBERGUE, F. A sociologia na escala individual. Margaret Archer e Bernard Lahire. **Cadernos Sociofilo**, Quarto caderno. 2013

VESTER, Michael. Social structure of class.

Capítulo 3

A PROIBIÇÃO DO USO DO VÉU ISLÂMICO, O REPÚDIO À DIFERENÇA E A NEGAÇÃO DA SUBJETIVIDADE DA MULHER: UMA ANÁLISE DO CASO S.A.S VS. FRANÇA, DA CORTE EUROPEIA DE DIREITOS HUMANOS

Loiane Prado Verbicaro[1]

Juliana Coelho dos Santos[2]

1. Doutora em Filosofia do Direito pela Universidade de Salamanca, Mestre em Direitos Fundamentais e Relações Sociais pela Universidade Federal do Pará - UFPA. Mestre em Ciência Política pela Universidade Federal do Pará - UFPA. Graduada em Direito pela Universidade Federal do Pará - UFPA. Coordenadora e Professora da Graduação e do Programa de Mestrado em Direito do Centro Universitário do Pará - CESUPA. Graduanda em Filosofia na Universidade Federal do Pará - UFPA.

2. Graduada em Direito pelo Centro Universitário do Estado do Pará - CESUPA. Ex-integrante da Clínica de Direitos Humanos do Centro Universitário do Estado do Pará - CESUPA. Advogada.

INTRODUÇÃO

Negar o "outro" e repelir as diferenças são, de acordo com Agnes Heller (1972, p. 55), atitudes que se manifestam desde os primórdios da história humana, ou seja, antes mesmo de se ter estruturas sociais complexas, já eram rechaçadas as práticas e costumes que destoavam daquilo que convencionalmente se considerava normal e aceitável.

Desta forma, é natural que os indivíduos de uma determinada sociedade considerem os seus próprios costumes como os melhores, como exemplos a serem seguidos, e, assim, aqueles que não adotam essas mesmas práticas e possuem um padrão de comportamento diferente passam a personificar a figura do "outro".

O ato de rechaçar as diferenças, enaltecer os próprios costumes e, ao mesmo, inferiorizar a cultura do "outro", é intrínseco ao conflito entre o "eu" e o "outro". Entretanto, a depender do contexto, tal conflito pode assumir diferentes níveis de exclusão, que variam desde a repulsa das diferenças até o extermínio do "outro", nos casos mais extremos.

Com efeito, no intuito de demonstrar as nuances acerca do referido conflito, bem como visando delimitar o alcance deste estudo, o presente trabalho trouxe a lume um debate polêmico no cenário mundial: a proibição do uso do véu islâmico integral no espaço público.

Buscou-se delinear o tema em apreço a partir da análise do caso S.A.S vs. França, julgado pela Corte Europeia de Direitos Humanos no ano de 2014, o qual trata da insurgência da requerente, muçulmana devota que reside na França, em relação à Lei nº 1.192, em vigor no país francês desde 2011, a qual, em seu artigo 1º, assevera que: "Ninguém poderá, em qualquer espaço público, usar roupas destinadas a dissimular o rosto.".

Segundo entendimento majoritário da Corte, a interferência perpetrada pelo Estado francês é legítima, porquanto este tem ampla margem de apreciação para definir as regras de convivência em seu território, de modo que, nesse caso, não houve qualquer violação de direitos humanos.

Entretanto, o presente trabalho não anui com a decisão majoritária da Corte Europeia, mas sim com os juízes dissidentes, à medida que será demonstrado de que forma a lei em referência viola direitos humanos protegidos pela Convenção Europeia de Direitos Humanos, notadamente os direitos da mulher muçulmana.

Para uma melhor compreensão da controvérsia em debate, o presente trabalho, inicialmente, dedicou-se ao estudo crítico e detalhado do aludido caso, com a apresentação dos principais argumentos da peticionária e do Estado francês. Foram ressaltados também os pontos mais relevantes presentes na decisão da Corte Europeia e, por fim, as arguições constantes nos votos dos juízes dissidentes.

Posteriormente, com base no caso em questão e nas polêmicas por ele suscitadas, buscou-se analisar, sob um enfoque interdisciplinar, a visão dos teóricos da antropologia a respeito da cultura e da diferença, as quais representam o principal eixo de conflituosidade entre os povos. A cultura é o fator que influencia diretamente no modo de vida, de pensamento e de agir do homem. Aquilo que destoa de sua cultura, portanto, lhe causa estranheza, e, muitas vezes, pode chegar à repulsa.

A extrema valorização do "eu" conduz à ilação de que o problema está no "outro", ou seja, o "outro" representa o mal, enquanto o "eu" representa o bem, o equilíbrio. Nesse contexto, a proibição do uso do véu islâmico no espaço público francês é resultado dessa intolerância diante da diferença, que, no fim das contas, ocasiona a negação do "outro".

Nesse contexto, tendo em vista que a principal vítima desta medida extrema adotada pelo país francês é justamente a mulher, o presente trabalho vislumbrou a negação da subjetividade da mulher muçulmana como uma das consequências – senão a mais – atrozes resultantes da proibição do uso do véu islâmico integral.

Por derradeiro, almejou-se evidenciar a necessidade de superação da referida dicotomia existente entre o "eu" e o "outro". A resposta defendida pelo presente trabalho é justamente a promoção do diálogo intercultural enquanto instrumento necessário para amenizar ou superar esse verdadeiro conflito cultural.

Nesse sentido, buscou-se estabelecer as premissas para a construção do diálogo, em especial, nos moldes da hermenêutica diatópica de Boaventura Santos (1997), bem como à luz da teoria de Habermas (2003). Vale ressaltar que o propósito de ambos os autores é consagrar a compreensão e o reconhecimento mútuo entre os povos.

O presente trabalho objetiva contribuir, portanto, a partir de uma visão não apenas jurídica, mas, sobretudo, antropológica, para a reflexão acerca da necessidade do diálogo entre as culturas, da compreensão do "outro" enquanto semelhante e não inferior, da alteridade para enxergar o "outro" como sujeito de direitos e não objeto, e da capacidade de conviver com as diferenças, com o pluralismo e com o exótico, porquanto estas são características irrenunciáveis e inerentes à própria natureza humana.

1. ESTUDO DO CASO S.A.S VS. FRANÇA, DA CORTE EUROPEIA DE DIREITOS HUMANOS: A POLÊMICA PROIBIÇÃO DO USO DO VÉU ISLÂMICO INTEGRAL

Antes de se adentrar nas especificidades do caso, é importante analisar a contextualização do tema ora estudado, a fim de ratificar o caráter atual da presente pesquisa e compreender as nuances que envolvem o caso em apreço.

1.1 Contextualização do tema

O caso S.A.S vs. França, submetido à Corte Europeia de Direitos Humanos (CEDH) no ano de 2011 e sentenciado em julho de 2014, trata da insurgência da requerente em relação à Lei nº 1.192, em vigor na França desde 2011, a qual, em seu artigo 1º, assevera que: "Ninguém poderá, em qualquer espaço público, usar roupas destinadas a dissimular o rosto.".

Nesse ínterim, é importante salientar que antes da aludida lei entrar em vigor, o país francês já demonstrava preocupação com a presença muçulmana em seu território. Em 2004, já era vigente na França a Lei nº 228, que proíbe o uso de símbolos religiosos nas escolas, a qual também foi objeto de discussão perante a Corte Europeia de Direitos Humanos, em razão do julgamento do caso Dogru vs. França[3], em março de 2009.

3. Em breve síntese, no ano de 2005, Belgin Dogru recorreu à Corte Europeia, alegando que seu direito de religião, garantido pelo artigo 9º da Convenção Europeia de Direitos Humanos, foi violado pelo Estado francês. A requerente relatou que estudava em uma escola secundária na França e utilizava o véu islâmico. Contudo, em uma aula de educação física, o professor requisitou que a mesma retirasse o

Para melhor compreender a relação entre a França e os muçulmanos, vale destacar alguns aspectos fáticos contidos na decisão do caso Dogru vs. França (2009). Segundo o relatório da Corte Europeia (2009, p.4), em virtude do aumento considerável de incidentes envolvendo o uso do véu e de símbolos religiosos, o presidente da república francesa, à época (julho/2003), solicitou um estudo a respeito da aplicação da laicidade no país.

A comissão responsável por este estudo apresentou, em dezembro de 2003, um relatório afirmando que o uso do véu islâmico no âmbito escolar é contrário ao papel da escola, pois esta é uma instituição neutra onde as faculdades críticas são desenvolvidas, bem como o uso do véu também viola princípios como o da igualdade entre homens e mulheres. Assim, o relatório em questão, por conseguinte, ensejou a promulgação da citada Lei nº 228.

Ademais disto, impera mencionar que não apenas o Estado tem adotado medidas que visam conter os muçulmanos, mas também a própria população francesa. Segundo dados divulgados pelo Jornal Folha de São Paulo (BERCITO, 2015), atualmente vivem na França aproximadamente seis milhões de muçulmanos, sendo que no ano de 2013, houve 691 (seiscentos e noventa e um) atos contra muçulmanos na França, o que representa um aumento de 47,3% em relação a 2012, conforme pesquisa feita pelo Observatório da Islamofobia.

Como se nota, são crescentes o preconceito e a discriminação perpetrados contra os muçulmanos tanto pelo Estado quanto pela população francesa. Contudo, não é apenas na França que essa hostilidade se faz presente, mas também em outros países europeus, tais como a Bélgica[4] e

---

véu, explicando que esta vestimenta era incompatível com a atividade. A aluna, no entanto, recusou-se a tirar o véu e após queixa dos professores e decisão do comitê escolar, fora expulsa da escola. A Corte Europeia decidiu que não houve violação ao direito de religião da requerente, eis que a interferência estatal se deu de forma proporcional e em consonância com os direitos e liberdades de terceiros e com a ordem pública. De acordo com os juízes, essa proibição legal é abrangida pela margem de apreciação do Estado e foi feita com base naqueles princípios e não na objeção à crença religiosa da requerente. (CEDH, 2009).

4. A Bélgica foi o primeiro país da União Europeia a aprovar lei que proíbe o uso do véu islâmico em local público. Em abril de 2010, aprovou-se no país belga lei que proíbe toda pessoa a circular "em locais públicos com o rosto coberto ou dissimu-

Espanha[5], e nos Estados Unidos, desde o ataque terrorista às torres gêmeas norte-americanas, ocorrido no dia 11 de setembro de 2001, pois, tal como afirma Collares (2011, p.01), após este fatídico ataque, começou-se a debater, em quase todos os países europeus, a proibição do uso do véu e de outros símbolos islâmicos.

Certamente, o massacre terrorista perpetrado por extremistas islâmicos ao jornal *Charlie Hebdo*, localizado na capital francesa, em 07 de janeiro de 2015, fomenta ainda mais dois fenômenos presentes no continente europeu, a saber, a xenofobia (aversão aos estrangeiros) e, mais recentemente, a islamofobia (repúdio aos muçulmanos).

Conforme noticiado em todo o mundo (TEIXEIRA; CARNEIRO, 2015), o jornal *Charlie Hebdo*, alvo do ataque terrorista, é conhecido por satirizar o Islã, o Catolicismo, políticos franceses, dentre outros. No dia do atentado ao jornal (07/01/2015), em uma ação friamente calculada, os irmãos Chérif e Said Kouachi, franceses descendentes de argelinos, invadiram a redação, munidos com fuzis automáticos AK-47, proferindo mensagens como "Alá é grande" e "Vamos vingar o profeta Maomé". Procuraram por Stéphane Charbonnier (Charb), diretor do tabloide, e dentro da redação do jornal encontraram jornalistas e cartunistas reunidos. Neste momento, chamando os profissionais pelo nome, separaram homens de mulheres e atiraram nos homens. No total, doze pessoas morreram.

Após intensa mobilização de militares e policiais do país, os terroristas fugitivos foram capturados e mortos pela polícia francesa em 09/01/2015, sob o prisma de uma justiça privada, em modo semelhante no qual se deu a morte de Osama Bin Laden, em 02/05/2011.

Segundo o Observatório contra a Islamofobia do Conselho Francês do Culto Muçulmano (CFCM), menos de uma semana após o ataque terrorista ao jornal *Charlie Hebdo* já haviam sido registrados mais de 50 (cinquenta) atos contra os muçulmanos na França, evidenciando, deste modo, o fenômeno da islamofobia neste país (OGLOBO, 2015).

lado total ou parcialmente, de maneira que não seja identificável", inclusive com imputação de multa e, caso haja reincidência, há previsão de detenção (IG, 2010).

5. Vigorou na Espanha, entre os anos de 2010 a 2013, medida que proibia o uso do véu islâmico e trajes religiosos muçulmanos. Tal medida foi revogada pela Suprema Corte da Espanha em 2013, sob a justificativa de que esta proibição limitava o exercício da liberdade religiosa. (EBC, 2013).

Contextualizado o cenário em que se situa o caso, serão demonstrados a seguir os principais argumentos sustentados pelas partes e pela Corte (votos majoritários e dissidentes).

1.2 Alegações da peticionária

A demandante, cujo nome foi mantido em segredo de justiça, é cidadã francesa, reside na França, mas nasceu no Paquistão e sua família pertence a uma tradição cultural sunita. Deste modo, a requerente acusa o Estado francês de ter interferido gravemente no exercício de seus direitos, uma vez que a referida lei a impede de utilizar o véu islâmico integral, de acordo com sua fé religiosa, cultura e convicções.

Segundo a requerente (CEDH, 2014, p.03), a proibição legal do uso de roupas destinadas a esconder o rosto em lugares públicos privou-a da possibilidade de utilizar o véu integral em público, violando, assim, uma série de direitos previstos na Convenção Europeia de Direitos Humanos (Convenção Europeia).

Primeiramente, no que se refere à alegada violação do dever de proibição de tortura (artigo 3º da Convenção Europeia), a requerente afirmou que a proibição do uso do véu em público a expunha não apenas a uma sanção penal, mas também a assédio e discriminação, o que constitui um tratamento degradante (CEDH, 2014, p.32).

Segundo a demandante, a proibição contida na referida lei ainda feriu o seu direito à liberdade de reunião e associação, consagrado no artigo 11 da Convenção Europeia (CEDH, 2014, p. 32-33), bem como violou o direito ao respeito pela sua vida privada, direito de liberdade de manifestar sua religião ou suas crenças e seu direito à liberdade de expressão, juntamente com a proibição de discriminação (CEDH, 2014, p. 33-34).

Em resumo, a peticionária observou que esta interferência estatal não tinha como objetivo legítimo a segurança pública, pois não era uma medida destinada a resolver questões específicas de segurança em locais de alto risco, como aeroportos, mas uma proibição geral, aplicada a quase todos os lugares públicos, exceto nos locais de culto abertos ao público.

A requerente contrapôs, ainda, o argumento do Estado de que o ato das mulheres de cobrir seus próprios rostos era incompatível com o princípio da igualdade entre os sexos. Segundo a peticionária, o uso do véu, na realidade, representa para as mulheres a emancipação, autoafirmação e participação feminina na sociedade.

Quanto ao objetivo de garantir o respeito à dignidade humana, a peticionária sustenta que deve haver uma ponderação entre os interesses em conflito: de um lado, os interesses dos membros da população que desaprovam o uso do véu e, de outro lado, os interesses das mulheres que, como a requerente, foram forçadas a escolher entre agir de forma contrária às suas crenças, ficar em casa ou violar a lei. Segundo a peticionária, os direitos destas últimas foram muito mais seriamente afetados do que os dos primeiros.

Com efeito, acrescenta que a proibição em comento também implicava em uma violação do direito ao respeito à vida privada, nos termos do artigo 8º da Convenção Europeia, por três razões (CEDH, 2014, p. 36): primeiro, porque a possibilidade de usar o véu integral era um aspecto importante de sua identidade social e cultural; em segundo lugar, porque a própria CEDH já havia decidido em outras ocasiões que a proteção da vida privada pode ir além do círculo familiar e incluir uma dimensão social, e, por fim, porque a requerente era obrigada a viver como uma prisioneira, pois se saísse de sua casa utilizando o véu integral encontraria hostilidade e ainda sofreria a aplicação de sanções penais.

1.3 Alegações do Estado francês

A França (CEDH, 2014, p. 37-39), em sua defesa, alega que apesar de ter sido escrita em termos gerais, a proibição legal em apreço consiste em uma limitação permitida pelo artigo 9º, item 2, da Convenção Europeia, à manifestação da religião e suas crenças, sendo que tal restrição persegue objetivos legítimos e é necessária em uma sociedade democrática.

O primeiro destes objetivos, segundo o Estado, é a segurança pública, pois a proibição possibilita a identificação dos indivíduos, de modo a evitar qualquer perigo para a segurança das pessoas e bens e combater a fraude de identidade. O segundo objetivo é a proteção dos direitos e liberdades de terceiros, garantindo respeito para o conjunto mínimo de valores de uma sociedade aberta e democrática.

Consoante entendimento do governo, a face possui um papel importante na interação humana, pois representa a existência do indivíduo como pessoa única, pelo que o ato de esconder o rosto em lugares públicos é quebrar o laço social, recusar a fraternidade, o que constitui a negação do contato com outras pessoas e a flagrante violação do princípio francês de interação entre os indivíduos, denominado de "viver juntos" (*le "vivre ensemble*"), que seria essencial para a expressão do pluralismo, tolerância e abertura de espírito.

Em terceiro lugar, a proibição também procurou proteger a igualdade entre homens e mulheres, pois ao ser obrigada a esconder seu rosto nos espaços públicos, é negado à mulher o direito de existir como indivíduo, bem como é reservada a expressão de sua individualidade apenas para o espaço privado da família ou para um espaço exclusivamente feminino.

Os argumentos esposados pelo Estado francês, no entanto, demonstram, claramente, a postura etnocêntrica em face dos muçulmanos, eis que sempre utiliza como parâmetro de julgamento a cultura francesa, tipicamente ocidental, e não a cultura islâmica. Com efeito, o etnocentrismo consiste no "julgamento do valor da cultura do 'outro' nos termos da cultura do grupo do 'eu'." (ROCHA, 1991, p.13).

Quanto à necessidade e à proporcionalidade da limitação questionada, o Estado alega que a lei em questão foi aprovada tanto na Assembleia Nacional quanto no Senado por unanimidade de votos, após uma ampla consulta democrática envolvendo a sociedade civil.

Entretanto, malgrado o Estado francês ter o apoio da maioria da população francesa quanto à adoção de medidas como a proibição do uso do véu islâmico, é importante ressaltar que, historicamente, já se presenciou consequências negativas da ditadura da maioria em relação às minorias.

Agnes Heller (1972, p.54) sustenta que grande parte dos preconceitos provém da maioria dominante, haja vista que "as classes dominantes desejam manter a coesão de uma estrutura social que lhes beneficia [...]", ou seja, as maiorias, muitas vezes, são movidas pelo desejo de conseguir aquilo que sirva a seus próprios interesses, que lhe traga benefícios e privilégios, ainda que sejam sacrificados direitos de outros grupos menos favorecidos.

No que se refere à alegação de violação do direito ao respeito pela vida privada e familiar, previsto no artigo 8º da Convenção Europeia, o Estado alega que a proibição do vestuário concebido para cobrir o rosto refere-se apenas aos locais públicos e, assim, não se deve considerar que a integridade física ou a privacidade de um indivíduo estejam em risco.

Deste modo, o Estado conclui aduzindo que a afirmação de que a referida lei tenha sido baseada em um estereótipo segundo o qual as mulheres muçulmanas são submissas é infundada e caricatural. Primeiramente, porque a lei não tem como alvo as mulheres muçulmanas, haja vista que a proibição legal aplica-se independentemente do sexo do indivíduo, bem como alheio ao fato de haver ou não uma motivação religiosa para cobrir o rosto; em segundo lugar, porque o apagamento social, manifestado pelo uso da *burqa* e do *niqab,* é dificilmente compatível com a afirmação de uma existência social.

No entanto, impera destacar que os argumentos acima são duvidosos e tendenciosos, pois a partir do momento em que o Estado francês faz um juízo de valor sobre o significado do uso do véu para as mulheres muçulmanas, incorre em um erro de julgamento, pois é evidente que a interpretação feita pelo Estado é tipicamente etnocêntrica, porquanto tem como base os valores da cultura ocidental e não da cultura islâmica.

1.4 Síntese da decisão da Corte Europeia

Quanto às razões da decisão da Corte (CEDH), verifica-se, em primeiro lugar, que quanto à alegação de violação ao dever de proibição da tortura, a CEDH (2014, p.32) salientou que o nível mínimo de gravidade para a configuração de maus-tratos não é alcançado no presente caso, julgando, assim, improcedente o pedido da autora nesse ponto.

Quanto às alegações de violação ao direito contido no artigo 11 da Convenção Europeia (liberdade de reunião e de associação), a Corte asseverou que a recorrente não indicou como a proibição imposta pela aludida lei violaria este direito (CEDH, 2014, p.33).

Acerca da violação referente ao direito ao respeito pela vida privada e familiar (artigo 8º) e ao direito de pensamento, consciência e de religião (artigo 9º), a CEDH subdividiu a análise destes artigos em três aspectos:

1) Se houve uma "limitação" ou "interferência" no exercício deste direito; 2) Se a medida é prevista em lei e 3) Se há um objetivo legítimo.

Na análise do primeiro aspecto suscitado, a Corte conclui que há de fato uma limitação ou interferência no exercício do direito previsto no 9º da Convenção. Quanto ao segundo aspecto analisado, a Corte considera que esta limitação está disposta nos artigos 1º, 2º e 3º da Lei nº 1.192/2010. Por fim, quanto ao terceiro aspecto, a Corte dispõe que para o legislador francês a prática de esconder o rosto também representa um perigo para a segurança pública em determinadas situações, ou seja, tal limitação visava proteger a segurança pública, o que está previsto no artigo 9º da Convenção europeia.

Contudo, a Corte (2014, p.55) entende que o Estado francês não demonstrou que esta restrição do uso de roupas destinadas a esconder o rosto pode ser enquadrada no contexto de ameaça geral à segurança pública.

Outro objetivo reputado como legítimo pelo Estado francês foi a "garantia do respeito ao conjunto mínimo de valores de uma sociedade aberta e democrática" (CEDH, 2014, p.37). Nesse ponto, o governo refere-se ao respeito à igualdade entre homens e mulheres, o respeito à dignidade humana e aos requisitos mínimos da vida em sociedade.

De todos estes objetivos alegados, a Corte restringiu a análise apenas ao último: respeito para os requisitos mínimos da vida em sociedade, uma vez que este corresponde a um objetivo legítimo contido no artigo 9º da Convenção Europeia: "proteção dos direitos e liberdades de outrem".

Em sua análise, a CEDH asseverou que o Estado francês possui ampla margem de apreciação no momento de impor este tipo de medida em benefício da convivência social (2014, p.58). Assim, o Tribunal não rechaça o entendimento do Estado de que o uso do véu integral é incompatível com as regras básicas de convivência em sociedade.

Com efeito, em vez de reconhecer a postura equivocada perpetrada pelo Estado francês, a Corte Europeia, de forma não unânime, concluiu que a limitação impugnada pela requerente pode ser considerada necessária em uma sociedade democrática, pelo que se infere que não houve violação dos artigos 8º e 9º da Convenção europeia (CEDH, 2014, p. 58).

Nesse sentido, o Tribunal decidiu, por quinze votos a dois, que não houve violação dos artigos 8º (direito ao respeito pela vida privada e familiar) e 9º (liberdade de pensamento, de consciência e de religião) da Convenção Europeia, e manteve, por unanimidade, que não houve violação do artigo 14 (proibição de discriminação) e que nenhuma questão separada decorre do artigo 10 (liberdade de expressão) da Convenção, considerado isoladamente ou em conjunto com o artigo 14 da Convenção (CEDH, 2014, p. 59-60).

1.5 Síntese dos votos dissidentes

Conforme demonstrado acima, não houve unanimidade na Corte Europeia quanto à violação dos artigos 8º (direito ao respeito pela vida privada e familiar) e 9º (liberdade de pensamento, de consciência e de religião) da Convenção Europeia. Assim, constata-se 15 (quinze) votos contra a condenação do Estado francês quanto à violação dos referidos artigos e, por outro lado, 2 (dois) votos a favor, estes últimos denominados de votos dissidentes.

Deste modo, importante ressaltar os principais aspectos suscitados pelos juízes que proferiram os votos dissidentes (2014, p. 61-69). Primeiramente, os juízes minoritários suscitam que a decisão prevalecente subverte direitos individuais concretos garantidos pela Convenção Europeia ao priorizar princípios abstratos, tais como o princípio francês "viver juntos" (*le "vivre ensemble"*), tolerância e pluralismo, diversas vezes alegados pelo Estado. Isto porque os direitos e liberdades garantidos pela CEDH (2014, p. 63) não possuem uma relação direta com o princípio geral, vago e abstrato de "viver juntos", ou seja, aqueles direitos não podem ser inferidos deste princípio.

Cumpre destacar que os juízes dissidentes explicam claramente qual é o verdadeiro significado da não tolerância quanto ao uso do véu integral, a qual não é causada pelo véu em si mesmo, mas pelas interpretações acerca de seu significado simbólico. Além disso, o véu islâmico também é associado à ideia de autoconfinamento (CEDH, 2014, p.62).

Nesse diapasão, vale mencionar mais três aspectos que são refutados pelos juízes dissidentes: primeiro, sustentam que enquanto a comunicação é, reconhecidamente, essencial para a vida em sociedade, o direito ao respeito pela vida privada compreende também o direito de não se comunicar e não entrar em contato com outras pessoas em locais públicos contra sua vontade (CEDH, 2014, p. 62).

O segundo ponto refere-se ao fato de que, muito embora a face seja importante para a interação humana, não se pode afirmar que o contato social seria impossível se o rosto inteiro estivesse coberto. Corroborando esse argumento, os juízes exemplificam com as atividades de esqui, motociclismo e o uso de trajes de carnaval, que são situações nas quais ninguém diria que os requisitos mínimos da vida em sociedade não são respeitados. (CEDH, 2014, p. 62).

Em terceiro lugar, os juízes dissidentes, diferentemente dos majoritários, sustentam que não deve ser dada uma ampla margem de apreciação ao Estado no presente caso. Isto porque a proibição legal tem como alvo um código de vestimenta intimamente ligado à fé religiosa, cultura e convicções pessoais (CEDH, 2014, p. 65).

Pelo exposto, os juízes dissidentes (CEDH, 2014, p. 66-67) asseveram que a criminalização do uso do véu que cobre o rosto inteiro é uma medida desproporcional em relação ao objetivo de proteger a ideia de "viver juntos", pelo que concluem que houve a violação dos artigos 8º (direito ao respeito pela vida privada e familiar) e 9º (liberdade de pensamento, de consciência e de religião) da Convenção Europeia.

2. O REPÚDIO À DIFERENÇA E A NEGAÇÃO DA SUBJETIVIDADE DA MULHER À LUZ DO CASO EM ANÁLISE

Tendo em vista as especificidades do caso em comento, bem como as discussões que o permeiam, busca-se demonstrar no tópico em apreço as problemáticas decorrentes da proibição do uso do véu islâmico, escamoteadas pelo discurso francês de liberdade e proteção da mulher muçulmana. São estas: o repúdio à diferença existente na tensão entre a valorização do "eu" e a exclusão do "outro"; o etnocentrismo, etnocídio e o genocídio enquanto perigosos reflexos dessa tensão, bem como a negação da subjetividade da mulher.

2.1 Valorização do "eu" x exclusão do "outro"

A postura da França de julgar os hábitos culturais do povo muçulmano e, além disso, de proibi-los, paulatinamente, no seu território, revela a contraposição entre o "eu" e o "outro". O "eu" pertencente à cultura ocidental, civilizada e respeitadora de direitos, e o "outro", atrelado à cultura oriental, selvagem e desrespeitadora de direitos.

Acerca deste dilema, afirma Roque de Barros Laraia (2011, p. 73), "a projeção desta dicotomia para o plano extragrupal resulta nas manifestações nacionalistas ou formas mais extremadas de xenofobia", é dizer, a partir do momento em que o "eu" passa a enxergar o "outro" não como um indivíduo em si considerado, mas como um grupo, uma categoria, corre-se o risco de manifestações como a xenofobia, que é o repúdio aos estrangeiros.

Segundo Leandro Karnal (2013), o ato de enxergar o "outro" como categoria ("os gays", "os negros", "os muçulmanos"), reverbera uma incapacidade de reflexão, o que, por sua vez, representa a primeira ação daquele que é preconceituoso. O preconceito, aduz Karnal, consiste em uma concepção anterior à experiência, ou seja, é *a priori.*

Por ser *a priori*, o preconceito induz ao julgamento errôneo e irrefletido presente na maioria dos discursos perpetrados contra os muçulmanos, por exemplo. O islamismo, sob a ótica ocidental, é frequentemente visto como incentivador de atos terroristas e, do mesmo modo, é considerado a principal fonte do fundamentalismo. Para Karnal (2013), o fundamentalista acredita que sua religião representa a visão total do mundo e é a única capaz de revelar a vontade expressa e legítima de Deus. Trata-se, desta forma, de uma manifestação radical de uma determinada crença religiosa.

Inobstante a isto, o famigerado massacre terrorista ao jornal *Charlie Hebdo*, na capital francesa, em 07 de janeiro de 2015, arquitetado por extremistas islâmicos, representou uma manifestação inegavelmente fundamentalista da religião islâmica, eis que o mundo testemunhou indivíduos radicais que, através de uma leitura literal e até deturpada da religião, praticaram atos extremos.

Ademais disto, é preconceituosa a afirmação de que toda mulher muçulmana utiliza o véu islâmico porque é obrigada, pois não há qualquer tipo de reflexão e de experiência que possa justificar tal assertiva. Desta feita, o discurso utilizado pelo Estado francês para justificar a proibição do uso do véu islâmico está inequivocamente maculado pelo preconceito.

A criminalização de uma prática cultural, tal como ocorreu no presente caso, ressoa na dicotomia entre o "eu" e o "outro". Segundo Clastres (2004, p.83), a rejeição do "outro" conduz a uma identificação a si, isto é, o "eu" ao negar o "outro", ao desprezar suas peculiaridades, não está apenas discriminando-o, mas está, sobretudo, autoafirmando-se.

Nesse sentido, Edward Said (1990, p. 13-14) ilustra essa realidade ao afirmar que "o Oriente ajudou a definir a Europa (ou o Ocidente), como sua imagem, ideia (*sic*), personalidade e experiência de contraste", isto é, se o oriente é inferior porque irracional e subdesenvolvido, significa que o ocidente é superior, porquanto racional e desenvolvido. Há, portanto, uma lógica de contraste, por meio da qual, em termos gerais, o ocidente nega o oriente para poder autoafirmar-se, para ratificar sua hegemonia.

Essa autoafirmação é reflexo da ameaça que o "outro" representa à coesão e à integração social do "eu" (HELLER, 1972), haja vista que para manter essa coesão, faz-se necessário rejeitar o "outro", o que, consequentemente, leva à valorização do "eu". Em cotejo com o caso e conforme supracitado, no momento em que a expansão muçulmana passou a representar uma ameaça ao secularismo francês, o Estado adotou medidas não apenas para contê-la, mas também para preservar a coesão de sua estrutura social (HELLER, 1972).

Infere-se do exposto o quão problemática é a contraposição entre o "eu" e o "outro", refletida no caso em estudo a partir da proibição do uso do véu islâmico. Negar ao "outro" a titularidade dos direitos que lhe são devidos significa, ao fim e ao cabo, negar a própria humanidade do "outro".

Assim sendo, a construção de direitos humanos é de suma importância para demonstrar que o "eu" e o "outro" estão, na realidade, no mesmo patamar, eis que são titulares dos mesmos direitos. Nesse passo, o "Eu precisa romper-se em si mesmo em busca do Outro" (VIEIRA, 2011, p.115), pois, a partir do momento em que o "eu" reconhece que o "outro" também é destinatário desses mesmos direitos, o "eu" rompe-se de si mesmo, ou seja, transcende uma visão meramente limitada a si para uma visão que resgata o "outro".

O conflito entre o "eu" e o "outro", entretanto, a depender do contexto, pode assumir diferentes níveis de exclusão, que variam desde a repulsa das diferenças até o extermínio do "outro", nos casos mais extremos, como se verá no tópico subsequente.

2.2 Etnocentrismo, etnocídio e genocídio: diferentes graus de rejeição da diferença

O repúdio à diferença pode alcançar níveis diferentes de projeção: pode partir do etnocentrismo, qualificar para o etnocídio e, nos casos mais graves, pode chegar ao genocídio. Compreender as nuances de cada uma dessas manifestações contrárias ao "outro" é fundamental para justificar a urgência do diálogo entre as culturas.

O etnocentrismo representa o julgamento da cultura do "outro" com base na cultura do "eu" (ROCHA, 1991), ou seja, a cultura do "outro" é interpretada não à luz do contexto em que surgiu, mas sim à luz da cultura daquele que julga, o "eu".

Nesse sentido, afirmar que a cultura islâmica é fundamentalista por natureza, bem como que todos os muçulmanos são radicais e terroristas em potencial, como muitos acreditam, são expressões preconceituosas e *a priori*, como já visto, mas também etnocêntricas, pois a percepção sobre o "outro" está centrada no "eu" (ROCHA, 1991, p. 75).

Pierre Clastres (2004) esclarece, no entanto, que o etnocentrismo é uma característica inerente a todas as culturas, sem exceção, pois todas tendem a se considerar como a cultura por excelência. Entretanto, Clastres (2004, p. 86) é categórico ao afirmar que "se toda cultura é etnocêntrica, somente a ocidental é etnocida".

Para o etnocida, não basta apenas admoestar a cultura do "outro", deve-se também forçar a integração desse indivíduo à cultura do "eu", de modo que as diferenças culturais sejam, a médio e longo prazo, extirpadas. O objetivo, portanto, é tornar a cultura do "eu" cada vez mais hegemônica.

De acordo com Clastres, forçar a integração do "outro" à cultura do "eu" configura um "projeto de redução do outro ao mesmo" (CLASTRES, 2004, p. 87), ou seja, busca-se impor ao "outro" a cultura do "eu", por ser "superior", a fim de que este "outro", após certo tempo, deixe de ser um diferente e passe a ser um igual, seguidor do mesmo modo de vida, dos mesmos gostos e da mesma cultura.

No caso alhures, perceptivelmente, a proibição do uso do véu islâmico no contexto francês é resultado de uma conduta tipicamente etnocida, haja vista que a medida extrema adotada pelo Estado tem como finalidade forçar a integração das mulheres muçulmanas, incorporando-as ao padrão europeu de existência e, aos poucos, tornando-as cidadãs francesas comuns e não mais cidadãs francesas muçulmanas.

Ademais, se o etnocídio já se manifesta enquanto prática devastadora no contexto da repulsa às diferenças, o genocídio, por sua vez, mostra-se muito mais cruel e atroz. Segundo Clastres (2004, p. 83), tanto o genocídio quanto o etnocídio possuem em comum a mesma visão em relação ao "outro", pois este representa a má diferença, porém, a distinção entre essas duas práticas consiste no fato de que a conduta genocida visa a total negação e o extermínio do "outro", ao passo que a conduta etnocida objetiva suprimir os costumes e a cultura do "outro", considerados inferiores, para torná-lo adepto do modelo superior que lhe é conferido.

O holocausto é um dos exemplos mais contundentes de genocídio ocorrido na história da humanidade. Nesse período histórico estarrecedor, o mundo inteiro foi testemunha da destruição sistemática e friamente arquitetada de milhões de pessoas pelo simples fato de pertencerem a grupos sociais distintos dos nazistas.

Pierre Clatres (2004, p. 83) consagra em uma única frase o quão nefastas são as práticas extremas supracitadas: "o genocídio assassina os povos em seu corpo, o etnocídio os mata em seu espírito". Como se vê, tanto o genocídio quanto o etnocídio são atitudes cruéis e atrozes: em ambos o resultado é o extermínio do "outro", ou seja, o "outro" deixa de existir.

Desta forma, assim como o choque entre o "eu" e o "outro", abordado no tópico anterior, todas estas manifestações contrárias ao "outro", desde o etnocídio até o genocídio, corroboram a necessidade da promoção do diálogo entre as culturas, especialmente nos casos que envolvem os direitos das minorias, como no presente caso, eis que, conforme amplamente demonstrado ao longo deste trabalho, é justamente a mulher muçulmana que tem sofrido, sobremaneira, com a proibição do uso do véu na França.

2.3 A negação da subjetividade da mulher

O uso do véu islâmico, especialmente o véu integral, é uma prática cultural reiteradamente questionada e alvo de críticas, conforme amplamente demonstrado no presente trabalho. Entretanto, para as mulheres muçulmanas, tal prática representa um elemento sagrado para a própria expressão da crença religiosa que possuem.

Da mesma forma, outras religiões também fazem uso de símbolos, mas não são criticados, pelo menos não tanto quanto o véu islâmico. Nesse sentido, Julia Dietrich (2007, p. 68) exemplifica tal realidade da seguinte forma:

> Assim como no judaísmo se utiliza o kipá, as freiras católicas vestem hábito e muitas mulheres evangélicas não cortam os cabelos e usam saias abaixo dos joelhos, as mulheres muçulmanas portam o véu e evitam mostrar o desenho do corpo publicamente.

Como se vê, o uso de símbolos é uma prática comum em quase todas as religiões e cada uma, a seu modo, pode ser manifestada publicamente através desses símbolos. Porém, cabe indagar: Por que o uso do véu islâmico é o que mais gera controvérsias? A resposta a esta pergunta reside nas inúmeras interpretações acerca de seu significado, sendo que a maioria delas resume-se na ideia de que o véu islâmico representa a opressão e a imposição de subserviência sobre as mulheres muçulmanas, o que restou evidente nas argumentações do Estado francês.

Interessante notar que, segundo a teórica feminista Loiusa Acciari (2012, p. 2), à época da proibição do uso de símbolos religiosos na França através da Lei nº 228/2004, supracitada, a justificativa para tal medida era justamente a defesa do secularismo e da laicidade. Porém, tal argumento foi perdendo força à medida que se tornou claro que o principal objetivo do Estado francês não era a defesa da laicidade em si, mas o enfraquecimento da religião muçulmana, eis que surgiram constatações de que o próprio Estado liberava verbas públicas para a manutenção de escolas católicas privadas (ACCIARI, 2012, p. 2).

Com efeito, indubitavelmente, tal postura do Estado francês mostra-se contrária ao próprio sentido de Estado laico, uma vez que, de acordo com Piovesan (2011, p. 48), "No Estado laico, marcado pela separação entre Estado e religião, todas as religiões merecem igual consideração e profundo respeito". Assim, ao invés de garantir igual respeito a todas as religiões, o Estado francês promoveu a rejeição da cultura islâmica, a pretexto de defender o princípio do secularismo e os valores contidos em sua constituição democrática.

Deste modo, Acciari (2012, p. 2) aduz que o argumento para justificar a proibição do véu islâmico deixou de ter como foco a tese da laicidade e passou a centralizar a questão da igualdade de gênero. Dentre os argumentos pautados nesse novo enfoque, vale ressaltar aquele que considera o véu islâmico integral um instrumento de despersonalização da mulher, ou seja, o véu, nesse contexto, é interpretado como uma forma de suprimir a subjetividade da mulher.

No caso objeto de estudo, tal argumento se fez presente no momento em que o Estado francês (2014, p. 37-38), em suas alegações, afirmou que a lei questionada pela requerente visava proteger, além da segurança pública e dos valores básicos pertencentes a uma sociedade democrática, a igualdade entre homens e mulheres, uma vez que, segundo o Estado, as mulheres são obrigadas a usar o véu islâmico e, assim, lhes é negado o direito de existir como indivíduos.

À luz desse entendimento, portanto, o uso do véu islâmico integral ensejaria a objetificação da mulher muçulmana, retirando, assim, a sua própria subjetividade, autonomia e individualidade.

No entanto, longe de representar a negação da subjetividade da mulher, o uso do véu, na realidade, representa a expressão dessa subjetividade, pois resulta não apenas da liberdade de escolha da mulher, mas também de sua liberdade cultural. Ademais, negar essa prática cultural e religiosa, além de tolher a liberdade da mulher nas duas acepções supracitadas, também significa negar a diversidade cultural existente no âmbito daquela sociedade.

Para Amartya Sen (2015, p. 127), a relação entre liberdade cultural e diversidade reside no fato de que quanto maior a diversidade, maiores serão as opções de escolha dos indivíduos no exercício de sua liberdade cultural. Assim, é, no mínimo, contraditório o Estado francês proibir o uso do véu islâmico sob a justificativa de que a mulher deve exercer plenamente a sua liberdade e autonomia, porquanto não é respeitada a escolha da mulher muçulmana de portar o véu quando assim o desejar.

Vale destacar, ainda, que os defensores da proibição do uso do véu islâmico utilizam essa argumentação relativa à suposta objetificação e supressão da subjetividade da mulher apenas como um pretexto para escamotear o verdadeiro propósito dessa medida, que seria justamente restringir cada vez mais a prática da religião muçulmana no país francês.

Elena Schuck (2014, p. 33), nesse ponto, desconstrói a alegação relativa à objetificação da mulher nos seguintes termos:

> A sujeição e a "objetificação" das mulheres é facilmente identificável nas sociedades contemporâneas. O tratamento vulgar e degradante dado às mulheres nos anúncios midiáticos ou o encorajamento às formas perigosas de cirurgia plástica para se adequar aos interesses masculinos são práticas comuns nas sociedades ocidentais. Os proponentes da burca, no entanto, não sugerem o banimento destas práticas de "objetificação da mulher". O que se percebe, então, é que há uma condenação restrita às práticas de uma cultura minoritária na França. O Estado francês, portanto, não age de forma a combater as desigualdades de gênero e a opressão da mulher; ele age, especificamente, contra uma prática cultural minoritária, discriminando os cidadãos muçulmanos, e não trata a todos com igual respeito.

Nesse passo, é perceptível o fato de que os ideais feministas defendidos no discurso do Estado quanto à proteção dos direitos da mulher e à promoção da igualdade de gênero, através da proibição do uso do véu islâmico, serviram apenas para legitimar as condutas estatais de exclusão social dessa parcela da população, eis que a referida lei não trouxe qualquer benefício às mulheres muçulmanas.

Cumpre destacar que, segundo Camila Andrade (2014, p. 61), a polêmica proibição do uso do véu não confere à mulher muçulmana apenas o papel de vítima salientado acima, mas também o de ameaça. Tal se dá porque, por um lado, a mulher muçulmana é tida como vítima ao ser "obrigada" a utilizar o véu islâmico, enquanto que, por outro lado, é vista como ameaça, especialmente com base no argumento de preservação da ordem pública, pois, como já salientado, um dos argumentos do Estado francês para justificar a referida proibição é o de que o véu não permite a identificação da pessoa que o utiliza, o que representaria uma ameaça à segurança pública.

O discurso mudou de foco, de acordo com a autora (2014, p. 61), em razão do fato de que antes se discutia o consentimento da mulher acerca do uso do véu, ou seja, o importante era saber se a mulher muçulmana consentia ou não com o uso da referida vestimenta. Ocorre que o papel de vítima outrora imputado às mulheres muçulmanas foi, aos poucos, perdendo força, eis que a problemática passou a ser não mais o consentimento, mas a mulher em si, pois é ela quem faz uso de um instrumento que representa, na visão dos críticos, opressão, violência e fundamentalismo.

Perceptivelmente, os críticos do uso do véu islâmico buscam, a qualquer preço, justificar a proibição desta prática cultural e religiosa, seja utilizando a laicidade e, posteriormente, a suposta promoção da igualdade de gênero como argumento, seja utilizando a mulher muçulmana como vítima e, logo em seguida, como ameaça.

De qualquer forma, é evidente o fato de que o objetivo da lei era, desde o início, reduzir a expansão da religião islâmica no território francês, porém foram diversas as consequências dessa medida extrema, desde a marginalização da população muçulmana na França, aumento da islamofobia e, sobretudo, violação da liberdade de escolha, liberdade cultural, autonomia e religiosidade da mulher muçulmana.

3. DIÁLOGO ENTRE AS CULTURAS E O RESPEITO À DIVERSIDADE

Para que seja possível pensar no estabelecimento de um consenso entre os povos, o primeiro passo é fomentar o diálogo. François Jullien (2009, p. 200, grifo do autor) afirma que "[...] todo diálogo é uma estrutura eficiente – operante – que obriga *de facto* a reelaborar suas próprias concepções para entrar em comunicação e, logo, também a se refletir".

Nesse sentido, através do diálogo, os indivíduos têm que repensar suas opiniões e pô-las à prova para que seja criado o ambiente propício ao entendimento. Além disso, o diálogo também permite que o indivíduo, ao ser confrontado com a opinião do outro, reflita sobre suas próprias convicções. Assim, trata-se de um exercício necessário para a compreensão.

A lição da Antropologia é de significativa importância nesse desígnio, eis que um de seus grandes méritos é justamente a busca pela relativização e pela compatibilização de ideais contrastantes. Assim, através de uma análise interdisciplinar, o presente trabalho pretende promover uma reflexão acerca de outro olhar sobre a diversidade cultural, de modo que esta não seja vista como uma ameaça, mas como um componente de riqueza da sociedade.

Consoante Rocha (1991, p. 93), "A Antropologia reflete, no jogo de seus movimentos, conjuntos de ideias (*sic*), conceitos, métodos e técnicas que, na tensão do relacionamento entre o 'eu' e o 'outro', procuram a relativização como possibilidade de conhecimento.". Assim, recorre-se a essa ciência antropológica, porquanto um de seus grandes méritos é justamente a busca pela relativização e pela compatibilização de ideais contrastantes.

Inicialmente, vale destacar que, segundo Boaventura Santos (1997), todas as culturas são incompletas. Nas palavras do autor: "a incompletude provém da própria existência de uma pluralidade de culturas, pois se cada cultura fosse tão completa como se julga, existiria apenas uma só cultura." (SANTOS, 1997, p.114). Assim sendo, apesar do fato de que os povos tendem a considerar a sua própria cultura como perfeita e completa, é importante compreender que, na realidade, a noção de incompletude está presente em todas as culturas.

Por derradeiro, salienta-se que uma das muitas contribuições da Antropologia nesse processo é a de demonstrar que as culturas não são herméticas, estanques, mas pelo contrário, são dinâmicas, estão sempre em processo de mutação. Assim, é importante a reflexão antropológica acerca tanto da incompletude quanto da dinamicidade das culturas, uma vez que, desse modo, propicia-se um ambiente de maior abertura para o diálogo intercultural.

Amartya Sen (2015, p. 124-125), a seu turno, também defende que a cultura não é imóvel, pois está sujeita a mudanças, bem como assevera que a cultura interage com outros fatores da percepção social, como, por exemplo, a globalização econômica. Segundo o autor (SEN, 2015, p. 124) "nossas identidades culturais podem ser extremamente importantes, mas não permanecem completamente isoladas e isentas de outras influências sobre nossa compreensão e nossas prioridades".

Com efeito, a partir dessas premissas, salienta-se que o método defendido por Boaventura Santos (1997) para estabelecer o diálogo entre as culturas é a "hermenêutica diatópica". Para a compreensão desse método, primeiramente, é necessário analisar os *topoi*, que são "os lugares comuns retóricos mais abrangentes de uma determinada cultura" (SANTOS, 1997, p. 115), logo, cada cultura tem os seus próprios *topoi*.

Tendo em vista que as culturas são incompletas, os *topoi* também o são. No entanto, conforme salientado acima, sob a ótica interna da cultura não é possível enxergar essa incompletude nem dos *topoi*, tampouco da própria cultura, pois cada cultura tende a enxergar-se como completa.

Em razão disso, Boaventura (1997) sugere que os *topoi* de uma cultura sejam analisados sob a perspectiva de outra cultura, no exercício do diálogo entre essas culturas, haja vista que ao serem postos em contexto diverso daquele ao qual pertencem, os *topoi* mostram-se incompletos e, assim, suas falhas são evidenciadas.

Nesse sentido, o objetivo da hermenêutica diatópica é "ampliar ao máximo a consciência de incompletude mútua através de um diálogo que se desenrola, por assim dizer, com um pé numa cultura e outro, noutra". (SANTOS, 1997, p.116). Assim, tal método tem como finalidade fomentar o reconhecimento da incompletude das culturas, de modo que seja propiciado o caminho para o diálogo entre essas culturas.

Assim, através desse diálogo, é possível promover um novo olhar sobre o "outro", de modo a enxergá-lo como titular de direitos e não objeto, reconhecê-lo como um semelhante e, como tal, destinatário dos mesmos direitos. Esse novo olhar é fundamental no mundo em que se vive, haja vista que, conforme visto nos tópicos anteriores, a contraposição entre o "eu" e o "outro", dependendo da circunstância, pode ensejar condutas extremas como o etnocídio e o genocídio.

Nesse diapasão, vale destacar que Habermas (2003) também defende o diálogo entre os povos, na busca pelo consenso racional. Para tanto, o autor (2003, p. 82) afirma que os participantes devem afastar as suas convicções, pois só dessa forma pode-se chegar a um consenso. Ainda, faz-se necessário um reconhecimento mútuo, a partir do qual as partes estejam dispostas a aprenderem umas com as outras, buscando, inclusive, enxergar suas próprias tradições sob a perspectiva do "outro".

Assim, levando-se em consideração as teorias de Boaventura e Habermas, pode-se conceber uma interação entre as culturas, a qual se dará por meio do diálogo intercultural, buscando-se, assim, evitar que atitudes como a proibição do uso do véu islâmico se perpetuem, ou, ainda, que sejam fomentadas em outros países. Para Collares (2011, p.13), a lei francesa impõe um monólogo. Assim, ao invés de monólogos, propõem-se diálogos, como uma forma de promover a tolerância e o respeito mútuo entre as culturas.

4. CONSIDERAÇÕES FINAIS

O caso S.A.S vs. França, sentenciado pela Corte Europeia de Direitos Humanos no ano de 2014, demonstra os desdobramentos da polêmica proibição do uso do véu islâmico no espaço público e traz à baila questões relevantes do ponto de vista da proteção dos direitos da mulher e, ainda, do respeito à diversidade cultural.

Os teóricos antropológicos ensinam que o homem é o resultado de sua cultura, é dizer, cada sociedade tem a sua própria estrutura complexa de significados, a qual delineia o seu modo de vida, de pensar e de agir. A cultura, portanto, é um fator que dá forma à visão de mundo de cada pessoa.

Em virtude disso, todo indivíduo tende a acreditar que o seu modo de vida é o mais adequado, o mais correto, o melhor. Esta forma de pensamento é um dos primeiros passos que levam ao etnocentrismo, o qual consiste em um julgamento da cultura do "outro" a partir do ponto de vista da cultura do "eu".

O principal problema em relação à diferença é justamente o olhar sobre a mesma. Muitos a veem como uma ameaça à coesão social, como um fator que causará desordem e poderá desintegrar a identidade cultural da sociedade. À luz do caso objeto deste estudo, nota-se que a proibição do uso do véu islâmico reflete, justamente, o temor do Estado francês quanto à manutenção de sua coesão social ante a crescente expansão muçulmana em seu território.

Assim, para restringir essa expansão, o país francês adotou a proibição do uso do véu, porém, utilizou justificativas diversas, notadamente: proteção à ordem pública, defesa dos valores básicos em uma sociedade democrática e proteção aos direitos da mulher muçulmana através da promoção da igualdade entre homens e mulheres. Nesse sentido, um dos argumentos utilizados pelo Estado para embasar a proibição dessa prática cultural e religiosa foi o de que o véu retira o direito da mulher muçulmana de existir como indivíduo, ou seja, o uso do véu é uma forma de negar a subjetividade da mulher.

No entanto, o uso do véu islâmico representa a expressão dessa subjetividade e não a sua negação, pois resulta, precipuamente, da liberdade de escolha da mulher. Assim sendo, nota-se que o discurso defendido pelo Estado quanto à proteção dos direitos da mulher e à promoção da igualdade de gênero, através da proibição do uso do véu islâmico, serviu apenas de pretexto para o Estado escamotear o verdadeiro propósito da lei em questão, consoante delineado acima.

A polêmica medida adotada pela França evidencia que o choque entre o "eu" e o "outro" é deveras problemático. Negar ao "outro" os direitos dos quais é titular significa negar-lhe a própria condição de ser humano. Como consequência disso, há, cada vez mais, uma necessidade premente de se promover instrumentos para o alcance do entendimento e reconhecimento mútuos entre os povos.

Com efeito, Boaventura Santos (1997) fornece as premissas necessárias para o estabelecimento do diálogo, com base no método da hermenêutica diatópica e através da noção de incompletude das culturas. Do mesmo modo, Habermas (2003) estabelece de que forma pode-se ter este diálogo: através do reconhecimento mútuo entre os povos, de modo que um possa aprender com o outro. Não se trata, portanto, de uma imposição de uma cultura sobre a outra, ou seja, não se trata de um monólogo, mas de um verdadeiro diálogo, a partir do qual se busca uma maior aceitação da diversidade social, cultural e religiosa existente no mundo.

As lições da Antropologia são de suma importância nesse processo. Tanto no que se refere ao novo olhar sobre o "outro", o qual passa a ser visto como um ser igual em direitos e deveres, quanto à reflexão acerca da incompletude e da dinamicidade das culturas. Um dos objetivos precípuos dos antropólogos é, portanto, através de uma análise alheia a juízos pré-concebidos, demonstrar a riqueza da diferença.

Por derradeiro, cumpre mencionar que, muito embora se reconheça que a promoção do diálogo intercultural seja um verdadeiro desafio (e para alguns, uma utopia), o presente trabalho esforçou-se em demonstrar que não se pode admitir, de forma alguma, a acomodação social ante as violações sistemáticas de direitos humanos perpetradas mundo afora, tais como a violação ao direito da mulher de portar o véu islâmico, uma vez que, nos dizeres de Boaventura (1997, p.122), "Seja como for, o importante é não reduzir o realismo ao que existe, pois, de outro modo, podemos ficar obrigados a justificar o que existe, por mais injusto ou opressivo que seja.".

5. REFERÊNCIAS

ACCIARI, Louisa. Féminisme et religion, entre conflits et convergences: le cas des femmes syndicalistes au Brésil. **Contretemps**, oct. 2012. Disponível em: <http://www.contretemps.eu/interventions/f%C3%A9minisme-religion-entre-conflits-convergences-cas-femmes-syndicalistes-br%C3%A9sil-0>. Acesso em: 26 jul. 2016.

ANDRADE, Camila Sombra Muiños de. **Direitos humanos, imigração e diversidade**: um estudo de caso sobre o uso do véu na França. 2014. 187f. Dissertação (Mestrado em Direito), Universidade de São Paulo, São Paulo, 2014.

BERCITO, Diogo. Muçulmanos franceses criticam estereótipo. **Folha de S. Paulo**, São Paulo, Folha Mundo, p. 12, 11 jan. 2015.

CLASTRES, Pierre. **Arqueologia da violência**: pesquisas de antropologia política. São Paulo: Cosac & Naif, 2004.

COLLARES, Valdeli Coelho. O véu depois do 11 de setembro: A identidade e o direito das mulheres islâmicas. **AURORA**, ano V, número 9, dez. 2011. Disponível: <http://www2.marilia.unesp.br/revistas/índex.php/aurora/>. Acesso em: 22 abr. 2015.

CORTE EUROPEIA DE DIREITOS HUMANOS. **Case S.A.S v. France**. Sentença de 01/07/2014. Nº 43835/11. Disponível em <http://hudoc.echr.coe.int/sites/eng/pages/search.aspx?i=001-145466>. Acesso em 22 ago. 2014.

________. **Case of Dogru v. France.** Sentença de 04/03/2009. Nº 27058/05. Disponível em: <http://hudoc.echr.coe.int/sites/eng/pages/search.aspx?i=-001-90039#{"itemid":["001-90039"]}>. Acesso em 14 abr. 2015.

DIETRICH, Júlia Nader. **De Bob Sponja a Maomé**: breve relato sobre o ensino islâmico na São Paulo metropolitana. 2007, 107f. Trabalho de Conclusão de Curso de Comunicação Social com habilitação em Jornalismo, Pontifícia Universidade Católica de São Paulo, São Paulo, 2007.

EBC. Suprema Corte da Espanha revoga proibição do uso de véu islâmico e trajes religiosos muçulmamos. Disponível em: <http://www.ebc.com.br/noticias/internacional/2013/02/suprema-corte-da-espanha-revoga-proibicao-do-uso-de-veu-islamico-e>. Acesso em 04 abr. 2015.

HABERMAS, Jürgen. Sobre a legitimação pelos direitos humanos. In: MOREIRA, Luiz; MERLE, Jean-Christophe (orgs.). **Direito e legitimidade**. São Paulo: Landy, 2003.

HELLER, Agnes. **O Cotidiano e a História**. Rio de janeiro: Paz e Terra, 1972.

IG. Bélgica aprova lei que proíbe véu islâmico em lugares públicos. Disponível em: <http://ultimosegundo.ig.com.br/mundo/bbc/belgica-aprova-lei-que-proibe-veu-islamico-em-lugares-publicos/n1237600276114.html>. Acesso em 04 abr. 2015.

JULLIEN, François. **O diálogo entre as culturas**: do universal ao multiculturalismo. Rio de Janeiro: Zahar, 2009.

KARNAL, Leandro. **Confrontos religiosos e fundamentalismos**: entrevista. [19 de abril, 2013].

LARAIA, Roque de Barros. **Cultura**: um conceito antropológico. Rio de Janeiro: Zahar, 2011.

OGLOBO. França registra mais de 50 atos antimuçulmanos desde ataque a jornal. Disponível: <http://oglobo.globo.com/mundo/franca-registra-mais-de-50-atos-antimuculmanos-desde-ataque-jornal-15030896>. Acesso em: 02 abr. 2015.

PIOVESAN, Flávia. **Direitos Humanos e Justiça Internacional:** um estudo comparativo dos sistemas regionais europeu, interamericano e africano. 2.ed. São Paulo: Saraiva, 2011.

ROCHA, Everardo. **O que é etnocentrismo**. 8.ed. São Paulo: Brasiliense, 1991.

SAID, Edward. **Orientalismo**: o Oriente como invenção do Ocidente. trad. Tomás Rosa Bueno. São Paulo: Companhia das Letras, 1990.

SANTOS, Boaventura Sousa. Uma concepção Multicultural de Direitos Humanos. **Revista Lua Nova**, v. 39, São Paulo, 1997.

SCHUCK, Elena de Oliveira. Feminismos, justiça e a proibição do uso da burca na França. **Revista Feminismos**, vol. 2, n. 1, jan.-abr. 2014. Disponível em: <http://www.feminismos.neim.ufba.br/index.php/revista/article/view/108/91>. Acesso em: 27 jul. 2016.

SEN, Amartya. **Identidade e violência**: a ilusão do destino. 1.ed. São Paulo: Iluminuras, 2015.

TEIXEIRA, Duda; CARNEIRO, Felipe. Contra as Trevas. **Veja**, São Paulo, p. 56-75, 14 jan. 2015.

VIEIRA, Hector Luís C. **Os entraves de aplicação das normas universais de Direitos Humanos frente às particularidades culturais**. 2011. 233f. Dissertação (Mestrado em Direito), Universidade de Brasília, Brasília, 2011.

Capítulo 4

O SUJEITO DO DIREITO NORMALIZADO-NORMALIZADOR

Farah de Sousa Malcher[1]

SUMÁRIO: Introdução - 1. O normal e o patológico - 2. Saber, poder e subjetivação - 3. A normalização do sujeito de direito - 4. Considerações finais - 5. Referências.

INTRODUÇÃO

> *[...] o sujeito de direito é por definição um sujeito que aceita a negatividade, que aceita a renúncia a si mesmo, que aceita, de certo modo, cindir-se e ser, num certo nível, detentor de um certo número de direitos naturais e imediatos e, em outro nível, aquele que aceita o princípio da renúncia a eles e vai com isso se constituir como um outro sujeito de direito superposto ao primeiro. A divisão do sujeito, a existência de uma transcendência do segundo sujeito em relação ao primeiro, uma relação de negatividade, de renúncia, de limitação entre um e outro, é isso que vai caracterizar a dialética ou a mecânica do sujeito de direito, e é aí, nesse movimento, que emergem a lei e a proibição. (p. 374).*
>
> NASCIMENTO DA BIOPOLÍTICA – *Michel Foucault.*

Em suas últimas obras e entrevistas, mais precisamente, nos cursos do *Collège de France* de 1981 a 1984, fase denominada de "Ética", Fou-

1. Doutoranda do Programa de Pós-graduação em Direito da Universidade Federal do Pará - UFPA. Mestre em Direito, Políticas Públicas e Desenvolvimento Regional pelo CESUPA. Analista Judiciário do Tribunal de Justiça do Pará - TJPA.

cault teria afirmado que foi o sujeito e não o poder o tema geral de sua pesquisa, o lugar central de suas investigações.

O filósofo explicitou seu projeto da seguinte forma:

> Queria ver como esses problemas de constituição podiam ser resolvidos no interior de uma trama histórica, em vez de remetê-los a um sujeito constituinte. É preciso se livrar do sujeito constituinte, livrar-se do próprio sujeito, isto é, chegar a uma análise que possa dar conta da constituição do sujeito na trama histórica. É isso que eu chamaria de genealogia, isto é, uma forma de história que dê conta da constituição dos saberes, dos discursos, dos domínios de objeto etc., sem ter que se referir a um sujeito, seja ele transcendente com relação ao campo de acontecimentos, seja perseguindo sua identidade vazia ao longo da história. (FOUCAULT, 2012, p. 43).

Em outras palavras, o propósito de Foucault segundo ele próprio foi pensar a subjetividade moderna como resultado dos agenciamentos de poder, isto é, como as relações de saber/poder, os jogos de verdade e as práticas de poder repercutem na constituição dos sujeitos.

A partir do problema subjetividade e verdade, procurou saber como o homem entrava nos jogos de verdade, tivessem estes a forma de ciência ou ainda encontrados nas instituições e nas práticas de controle, a fim de verificar de que modo, nos discursos científicos, o sujeito se define como indivíduo falante, vivo, trabalhador. Esta teria sido a problemática enfatizada nos cursos do *Collège de France*.

Em suma, o problema foucaultiano foi o das relações entre sujeito e verdade, em que procurou mostrar como o sujeito se constituía – normal ou anormal, delinquente ou não – através de um certo número de práticas que eram os jogos de verdade e todas as relações possivelmente existentes entre a constituição das diferentes formas de sujeito e as práticas de poder.

Sua investigação levou-o a concluir que o sujeito não é substância, mas forma, e que essa forma nem sempre é idêntica a si mesma. Há relações e interferências entre essas diferentes formas do sujeito, que se exercem sobre o sujeito e também se estabelecem consigo mesmo. Para isso, partiu de uma perspectiva não essencialista do sujeito, segundo a qual, o sujeito é fruto do assujeitamento a uma relação de poder, que ao mesmo tempo em que o subjuga, o torna sujeito.

Foucault (1995a) refuta a ideia de universalidade que circunda a noção moderna de sujeito, compreendido como um ser essencial. Rompe com a ideia de sujeito enquanto essência, substância, ente. Para o filósofo, somos produtos de uma constituição histórica, atravessada por relações de saber/poder, em que o sujeito aparece como resultado de uma operação de assujeitamento a um dispositivo.

Refuta, assim, o sujeito tradicionalmente concebido na Modernidade como essência, forma fixa e imutável, dotado de razão, como o "eu pensante" cartesiano, isto é, o sujeito absoluto e totalizado, autônomo e autossuficiente, o sujeito soberano da filosofia iluminista. Não toma o sujeito como uma essência pré-histórica ou a-histórica, nem como condição primeira de todas as coisas, o sujeito como núcleo central e a partir do qual seriam construídos todos os outros conceitos.

Em sua investigação acerca dos diferentes modos pelos quais os seres humanos transformaram-se sujeitos, Foucault (1995b) lidou, em um primeiro momento, com o que chamou de "modos de objetivação", entendidos como as diferentes maneiras pelas quais os indivíduos foram nomeados e assim reconhecidos em épocas e em circunstâncias distintas, através da atribuição coercitiva de uma identidade específica.

O primeiro modo de objetivação referido pelo autor foi o da investigação, das práticas epistêmicas, que tentaram atingir o estatuto de ciência, com a objetivação do sujeito do discurso na gramática geral, erigindo-o como um duplo empírico/transcendental: o homem, sujeito da razão kantiana, e ao mesmo tempo, como sujeito das ciências empíricas, que vive, fala e trabalha.

Um segundo modo estudado pelo autor foi a objetivação do sujeito em práticas divisórias, em que é dividido no seu interior e em relação aos outros. Trouxe como exemplos desse modo de objetivação, as separações entre o louco e o são, o doente e o sadio, o criminoso e o "bom-menino".

Tendo como base a filosofia do sujeito empreendida por Foucault, o presente artigo visa refletir sobre a figura do "sujeito de direito", a partir das implicações entre direito e norma[2] que resultaram na imagem de um direito normalizado-normalizador, cada vez mais identificado com a norma.

Para tal, procurou-se desvencilhar-se de uma postura essencialista em relação ao direito e pensá-lo em sua historicidade e a partir de um plano das práticas, das estratégias, da trama de relações entre os campos do saber, poder e as formas de subjetivação às quais o direito não escapa. Recusou-se a ideia do direito encarnado como essência num dado sistema jurídico, como ordem normativa abstrata e indiferente à história.

Adotou-se perspectiva de Fonseca, segundo o qual:

> A imagem de um direito normalizado-normalizador em Foucault, encontrada em tantos momentos de seus trabalhos, não corresponde à invenção de uma realidade nova. Tal imagem não cria um "mundo" independente do "mundo da lei", apenas relembra que o mundo da lei não constitui um mundo independente. Mas além disso, a imagem de um direito normalizado-normalizador que encontramos em seu pensamento mostra que, nas sociedades modernas, a "lei funciona cada vez mais como norma". (FONSECA, 2002, p. 239).

Fonseca (2002) em referência a François Ewald (1986), afirma que o direito não existe e aquilo a que se denomina 'direito' é uma categoria de pensamento que não designa uma essência, mas serve para qualificar certas práticas normativas, de coação e sanção social, ou seja, prática política, prática da racionalidade, sendo que o direito está em cada uma delas, sem que se suponha a permanência de uma essência indiferente à história.

De igual modo, buscou-se superar a imagem do direito como "legalidade" em que este aparece como lei, como o conjunto das estruturas da legalidade e órgãos responsáveis pela produção e aplicação da lei, que o atrela exclusivamente ao modelo jurídico-discursivo da soberania.

Segundo Foucault (2010), estamos presos a essa representação do direito como poder-lei e poder-soberania. Critica a teoria da soberania

2. A noção de norma neste artigo foi adotada no sentido foucaultiano e não no sentido jurídico.

ou o modelo jurídico da soberania – centrado na ideia do contrato social pactuado entre Estado e cidadãos, sob a forma de um vínculo jurídico – como parâmetro de análise e compreensão do direito e de suas práticas.

Para o autor, a teoria clássica da soberania não se adapta a uma análise concreta da multiplicidade das relações de poder que se estabelecem entre o soberano e seus respectivos súditos. É que na tentativa de constituir um ciclo do sujeito identitário moderno, o contratualismo encobriu, de um lado, como o sujeito, entendido como o indivíduo capaz de direitos e obrigações, pode e deve se tornar o sujeito, mas desta vez, entendido como um elemento sujeitado em uma relação de poder.

Pela visão foucaultiana, a teoria jurídica da soberania estaria pautada em um tríplice primitivismo: o sujeito que deve ser sujeitado; o da unidade do poder que decorre de uma lei geral; e o da consequente legitimidade, que deve ser respeitada. Sujeito, unidade do poder e lei. Esses seriam os elementos da teoria clássica da soberania. Ao desatrelar a análise do poder soberano dessa tríplice preliminar, visou fazer emergir as relações de dominação e seus operadores, no que elas têm de factual e efetivo.

É sob tais perspectivas que se pretende pensar o sujeito de direito como construção de um direito normalizado-normalizador.

Embora as noções de norma e normalização em Foucault, conforme observa Fonseca (2002), não gozem de uma continuidade e de uma unidade de sentido, implicando em diversas imagens e figuras, não se deve buscá-las, prioritariamente, do lado do direito, da lei, das regras postas por um poder constituído e legítimo para tal. Devem, ao contrário, serem associadas ao campo dos saberes, das ciências que têm por objeto a vida, tais como a medicina e a psiquiatria.

"A norma em Foucault remente antes ao funcionamento dos organismos e aos domínios de saber e de práticas que lhes correspondem e não exatamente às categorias formais do direito". (FONSECA, 2002, p.37).

Na concepção daquele autor, por norma e normalização, entende-se como os domínios ou os campos definidos por um conjunto de estados e situações que implicaram na formação da subjetividade moderna. O termo "norma" caracteriza a forma que determinados saberes assumiram na modernidade, tendo como traço distintivo o caráter normativo que define e separa os objetos e sujeitos por eles estudados nas categorias normal/anormal, normal/patológico.

Em *Michel Foucault e o Direito,* Fonseca (2002) reflete sobre o direito na obra do filósofo francês a partir de dois planos: o teórico e o das práticas. No primeiro, campo meramente conceitual, haveria uma oposição entre direito e norma, resultante na imagem do direito como "legalidade". No segundo, há uma intensa implicação entre normalização e direito, que não se excluem, ao contrário, apelam-se mutuamente, caracterizando uma outra imagem do direito em Foucault: o direito normalizado-normalizador, produzido e produtor de práticas de normalização.

"Essa nova figura do direito, em vez de o descrever como algo oposto à norma, procura mostrá-lo como um 'veículo' da normalização, como o 'envelope' dessa mesma normalização, e ainda, como um dos instrumentos das disciplinas e das artes de governar". (FONSECA, 2002, p. 29).

Pretende-se, em suma, neste artigo, refletir sobre como as implicações de um poder normalizador no direito influenciaram na formação da subjetividade moderna, em especial, na figura de um sujeito de direito normalizado, constituído por critérios e mecanismos de normalização, e mais além, como tais implicações justificam uma série de enquadramentos normativos-punitivos específicos, presentes na contemporaneidade.

1. O NORMAL E O PATOLÓGICO

O tema da norma em a *História da Loucura* aparece intrinsecamente relacionado à descoberta da loucura pela medicina e sua categorização como doença mental pela psiquiatria, na medida em que, a partir daí, se instituiu um critério normativo de classificação e de separação das subjetividades humanas em torno das categorias fixas do normal e do patológico, de onde se infere que o "normal" veio antes da norma, ou que a norma foi dele deduzida.

Sobre a forma como a norma é abordada naquela obra, Fonseca, reportando-se a Pierre Macherey, afirma que:

> [...] a norma aparece como um princípio de exclusão ou de integração, ao mesmo tempo que revela a implicação de duas formas

> que assume historicamente, ou seja, a forma de 'norma de saber', anunciando critérios de verdade cujo valor pode ser restritivo ou constitutivo, e a forma de 'norma de poder', fixando para o sujeito as condições de sua liberdade, segundo regras externas ou leis internas . (FONSECA, 2002, p. 49).

Ao final da Idade Média, com o desaparecimento da lepra do mundo ocidental, uma nova encarnação do mal e do medo passou a habitar os antigos leprosários, assumindo o papel abandonado pelo lazarento. A lepra regrediu, mas fez permanecer valores e imagens intrínsecos à personalidade do leproso, os quais cerca de dois ou três séculos mais tarde, justificaram jogos de exclusão de figuras temidas, tais como o louco e toda espécie de incuráveis e degenerados. A loucura foi a herança da lepra.

Mas antes de a loucura ser dominada por volta da metade do século XVII, suscitando reações de divisão, de exclusão e de purificação, esteve ligada a todas as experiências maiores da Renascença. No século XVI, quando não expulsos, os loucos vagavam livremente pelas cidades, onde conviviam em sociedade.

O fenômeno da loucura foi retratado através das artes, da literatura e da pintura, cujo objeto simbólico desse período foi a *Nau dos Loucos*, construção literária reproduzida pela realidade. Devido à existência errante, era comum que os loucos identificados em "estado de vagabundagem" fossem expulsos para cidades vizinhas. O transporte se dava por meio desses barcos, que levavam a carga insana de uma cidade para outra.

Mas os loucos não eram corridos das cidades de modo sistemático. Escorraçavam-se apenas os estrangeiros e cada cidade aceitava tomar conta dos seus cidadãos. A expulsão representava uma espécie de purificação, pois a navegação entregava o homem à sua própria sorte, ao encontro do seu destino, ao encontro da razão.

A Renascença fez da loucura uma experiência no campo da linguagem, uma forma relativa da razão, que a esta se integrava como uma de suas forças secretas, em uma forma paradoxal de tomar consciência de si mesmo.

Nas palavras de Foucault:

> [...] loucura e razão entram numa relação eternamente reversível que faz com que toda a loucura tenha sua razão que a julga e a controla, e toda razão sua loucura na qual ela encontra sua verdade irrisória. Cada uma é a medida da outra, e nesse movimento de referência recíproca elas se recusam, mas uma fundamenta a outra. (FOUCAULT, 2012a, p. 30).

Mas ao final do século XVII, a própria razão reduzirá as vozes da loucura ao silêncio. Descartes encontra a loucura ao lado de todas as formas de erro, pois o "eu que pensa" não pode estar louco! A loucura, para a filosofia cartesiana, é condição de impossibilidade do pensamento, é tudo aquilo que representa o erro, a ilusão.

A marca desse período foi a relação estabelecida entre loucura e razão, aquela entendida como uma ameaça a esta. Loucura era sinônimo de ausência de razão, de desrazão. Formula-se, portanto, uma consciência crítica da loucura, fundamentada mais em uma percepção moral que em um conhecimento científico.

Tem início o processo de dominação da loucura pela razão. Ou, no dizer de Machado (2009, p.55), "Significa a destruição da loucura como saber que expressa a experiência trágica do homem no mundo em proveito de um saber racional e humanista centrado na questão da verdade e da moral".

Opera-se a cisão do louco dos sujeitos "normais", face à sua insubmissão à identidade de sujeito moral fixada pela filosofia moderna. O louco é associado aqueles que, de alguma forma, transgridem as normas sociais estabelecidas, assim como o criminoso. Forma-se uma consciência médico-jurídica da loucura associada à experiência da pessoa como sujeito de direito, capaz de deveres e obrigações.

Para Fonseca (2002), a loucura passa a ser analisada pelas implicações que pode causar no sistema de obrigações e o internamento justifica-se pela incapacidade do indivíduo como ser social e jurídico. O louco e a loucura são percebidos a partir de uma referência fundamental ao sujeito de direito. Na mesma medida em que se busca delimitar as capacidades do sujeito de direito, tendo como parâmetro o critério do normal/anormal definido pela razão, delimita-se, de modo preciso, a personalidade jurídica do alienado.

Essa época é marcada pelo início do Grande Enclausuramento, representado pela inauguração do Hospital Geral em Paris, cujo fenômeno se dissipou por toda a Europa ocidental. A hospitalização do louco revelou pretensões repressivas, não se tratando de uma instituição essencialmente médica, mas antes, segundo Foucault (2012a, p. 50) "[...] uma estrutura semijurídica, uma espécie de entidade administrativa que, ao lado dos poderes já constituídos, e além dos tribunais, decide, julga e executa".

As estruturas da legalidade desempenharam papel fundamental na prática da internação. O Hospital Geral é um estranho poder estabelecido pelo rei entre a polícia e a justiça, nos limites da lei, inaugurando uma terceira ordem da repressão. É uma instância da ordem monárquica e burguesa.

A loucura passa a ser concebida como uma ameaça à ordem moral, social e jurídica, o que justifica a exclusão do louco da sociedade com a reclusão nestes estabelecimentos. O louco passou a ser visto como um estrangeiro, aquele que destoa da sociedade homogênea, um criador de distúrbios que deve ser reprimido, sendo a internação a proposta estatal para a correição. O louco, assim como o criminoso, destaca-se sobre um fundo formado por um problema de polícia, referente à ordem dos indivíduos na cidade.

Na segunda metade do século XVIII, a concepção da loucura como desrazão dissipa-se, marcando o início do processo de inserção da loucura na ordem do patológico, de sua categorização como doença mental e, por conseguinte, do surgimento da psiquiatria.

Machado (2009) afirma que a psiquiatria como ciência é resultado de um processo histórico mais amplo que, de modo algum, diz respeito à descoberta de uma natureza específica, de uma essência da loucura, mas à sua progressiva dominação e integração à ordem da razão.

As transformações sociais que possibilitaram a ressignificação do conceito de loucura como alienação, bem como, das razões para a internação do louco, abriram caminho para a consolidação da psiquiatria como ciência e da patologização da loucura como doença mental.

Nesse contexto, o louco, assim como o criminoso, é o sujeito de direito alienado, marcado pelo reconhecimento jurídico da irresponsabilidade e da incapacidade como sujeito de obrigações dentro de uma ordem social dada. A loucura, como doença mental, é uma unidade patológica analisável em termos de direito.

Segundo Fonseca:

> Com a busca por delimitar as capacidades do sujeito de direito é que esta sensibilidade médico-jurídica da loucura preparará o surgimento de uma psicologia ou uma ciência médica das doenças mentais, que por sua vez, também se veem implicadas com o problema da conduta do homem social, relacionando-se assim, igualmente com a outra sensibilidade da loucura (sensibilidade de caráter social), que marcou o internamento nos Hospitais Gerais. Para Foucault, a Doença Mental, tratada pela medicina positivista do século XIX, constituiu-se lentamente como a 'unidade mítica do sujeito juridicamente incapaz e do homem reconhecido como perturbador do grupo'. Na Época Moderna, a medicina admitirá como dada, no interior da 'realidade' Doença Mental, a coincidência entre a alienação do sujeito de direito e a loucura do homem social. (FONSECA, 2002, p. 112).

Ainda conforme aquele autor, o homem livre, o cidadão normal, enquanto único soberano do estado burguês, torna-se o juiz primeiro da loucura. O louco e o criminoso representam a alienação do sujeito social, posto que vistos como estranhos pela sociedade burguesa. Eles representam o erro, o delírio, a imaginação, o irreal, o inexistente. Manifestam o desumano, o insensato, aquilo que a consciência de todos não consegue reconhecer-se, aquilo que não está baseado nela, portanto, aquilo que não tem o direito de existir, o não-ser.

Opera-se a objetivação da figura do louco e do criminoso como objetos – ao invés de sujeitos – e formas objetivantes da psiquiatria, da criminologia e do direito, na medida em que, enquanto objetos, podem ser apreendidos por aqueles saberes.

Em a *História da Loucura,* Foucault nos mostra que a condição histórica de possibilidade dos objetos de saberes como a medicina, a psiquiatria e também o direito, não foi outra coisa senão o homem enquanto sujeito racional, marcado em sua finitude. E a norma, nesse contexto, foi o componente do modo de ser dos saberes classificados como ciências humanas na Modernidade.

Conforme aduz Fonseca (2002), na Época Moderna, tais saberes normatizaram as funções do homem como ser vivente, de modo a regulamentar os conflitos aos homens inerentes e a sistematizar as significações do homem que se expressa pelas diversas formas da linguagem.

Nas palavras daquele autor:

> [...] A 'norma', a 'regra' e o 'sistema', não deixam de remeter aqui à ideia de separação, de bipolaridade do normal e do patológico. Se de um lado as ciências humanas somente foram possíveis a partir da afirmação de uma negatividade fundamental (o homem face à sua finitude), de outro, o seu caráter singular se deve à positividade que situam como norma. (FONSECA, 2012a, p. 61-62).

No interior desses saberes, a norma possui duas instâncias: uma negativa, que permite, com base no critério do normal/patológico, separar sujeitos; e a positiva, em que se especificará conforme estratégias, mecanismos e tecnologias positivas de poder resultantes na constituição de sujeitos. É nesse instante que, para Fonseca (2002-p.60): "A norma se desubstantiva e se torna verbo. Mais pertinente do que se falar em 'norma', será falar em normalização".

Os procedimentos de normalização, em suma, não implicam unicamente em exclusão ou repressão. Tendo como foco os processos inerentes à vida, têm como forma de atuação uma biopolítica e implicam em uma certa arte de governar ou governamentalidade. É que as práticas discursivas consubstanciadas em saberes normalizadores, tais como a medicina e a ciência jurídica, que permitem segregar e constituir sujeitos, não são independentes das práticas de poder, mas antes, constituídas por estas.

A norma, nesse sentido, é um mecanismo de intervenção do poder que se exerce através de mecanismos de normalização (disciplinantes e biopolíticos). Não pode ser remetida, tão somente, à ideia de restrição ou exclusão, mas, sobretudo, à imposição de limites por meio de uma ordem do normal, do aceitável e do desejável, de forma a engendrar a produção das condutas esperadas. A normalização produz condutas, gestos, discursos e subjetividades.

Neste cenário, importante pensar nas implicações decorrentes entre direito e norma e em que medida o direito atua como vetor de normalização, ao passo em que ele mesmo é normalizado.

Para isso, importante desatrelar a análise do direito única e exclusivamente do modelo jurídico-discursivo, em que aparece como lei pura, regra de proibição que divide o lícito do ilícito, o legítimo do ilegítimo, para também raciociná-lo pela grade de inteligibilidade da normalização, enquanto modelo de poder que produz relações de força na constituição de objetos, saberes e sujeitos, dentre eles, o próprio sujeito de direito.

Em outras palavras, precisamos desviar o foco da noção unicamente conceitual do direito e privilegiar sua análise no plano das práticas sociais, entendendo que lei e normalização não podem ser pensadas de maneira independente. Não se tratam de planos contraditórios, mas complementares: a legitimidade e a normatividade da lei e a normalização. O "legal" e o "normal" com suas mútuas implicações na constituição dos sujeitos, na normalização das condutas e na configuração de enquadramentos normativos-punitivos específicos.

2. SABER, PODER E SUBJETIVAÇÃO

A experiência da loucura, assim como a da criminalidade, no projeto filosófico foucaultiano, foram investigadas a partir de três eixos distintos, porém intrinsecamente articulados: os saberes historicamente constituídos que estabeleceram matrizes normativas sobre o comportamento humano; os agenciamentos de poder aos saberes relacionados, resultantes em práticas e em contextos de poder específicos e, por fim, os modos de existência possíveis que permitiram aos indivíduos se constituírem como sujeitos.

Foucault afirma que (1995b) em sua investigação acerca dos diferentes modos pelos quais os seres humanos transformaram-se sujeitos, lidou, em um primeiro momento, com o que chamou de "modos de objetivação", em que a objetivação do sujeito ocorreu através de três modos distintos.

Embora não tenha apresentado uma definição específica, por modos de objetivação, entendemos como as diferentes maneiras pelas quais os indivíduos foram nomeados e assim reconhecidos em épocas e em circunstâncias distintas, através da atribuição coercitiva de uma identidade específica, como é o caso do louco, do criminoso e do homossexual, por exemplo, ou ainda por processos de subjetivação, dos quais o indivíduo participa ativamente.

O primeiro modo de objetivação referido pelo autor foi o da investigação, das práticas epistêmicas, que tentaram atingir o estatuto de ciência, com a objetivação do sujeito do discurso na gramática geral, erigindo-o como um duplo empírico/transcendental: o homem, sujeito da razão kantiana, e ao mesmo tempo, como sujeito das ciências empíricas, que vive, fala e trabalha.

O segundo modo foi a objetivação do sujeito em termos de "práticas divisórias", em que é dividido no seu interior e em relação aos outros. São exemplos as separações entre o louco e o são, o doente e o sadio, o criminoso e o "bom-menino".

O terceiro modo de objetivação são as práticas de si, consistentes na maneira pela qual um ser humano toma-se a si próprio como objeto de saber e de poder, construindo uma experiência de si como um sujeito de desejo, como o domínio de sua sexualidade, por exemplo, em que, segundo Foucault (1995b), os homens aprenderam a se reconhecer como sujeitos da sexualidade.

No entendimento de Pez (2014), em que pese Foucault referir-se a mecanismos de objetivação e de subjetivação como processos de constituição do indivíduo, acredita que o uso de tais conceitos na obra foucaultiana não têm sentido único. Por vezes, parecem designar fenômenos semelhantes, em outras, diferentes aspectos de um mesmo fenômeno, ou ainda fenômenos distintos.

Seja como for, a nosso ver, ao referir sobre os modos de objetivação e aos modos de subjetivação aos quais os sujeitos são submetidos, Foucault quis demonstrar a fragilidade da concepção de sujeito concebido pela filosofia moderna.

No entender de Birman, 2005, *apud* Lima, 2008:

> [...] a desconstrução da filosofia do sujeito sempre esteve em pauta no projeto teórico de Foucault. Não por acaso as problemáticas da loucura, da linguagem, da punição e do erotismo foram escolhidas na linha de investigação construída por Foucault, pois colocavam criticamente em questão a tradição do sujeito moderno. Em vez de aceitar que o sujeito é sempre dado, como uma entidade que preexiste ao mundo social, Foucault dedicou-se a pesquisar como se constituiu essa noção de sujeito, assim como a maneira pela qual nós nos constituímos como sujeitos modernos. (LIMA, 2008, p. 47-48).

Em *Subjetividade e Verdade*, Foucault (1994) ratifica o propósito de traçar uma história da subjetividade paralelamente a uma análise das formas de governamentalidade. A história da subjetividade foi por ele empreendida ao estudar as separações operadas na sociedade em nome da loucura, da doença e da delinquência, em torno da constituição de um sujeito racional e normal. Isto é, ao objetivar o louco, objetivou-se, de outro lado, o sujeito considerado normal. Nem por isso, tal sujeito deixou de ser objeto dos saberes atinentes à linguagem, ao trabalho e à vida.

Quanto ao estudo da governamentalidade, buscou, duplamente, fazer uma crítica às conceituações correntes do poder, como também, analisar as relações estratégicas entre indivíduos e grupos, cuja questão central é a conduta do outro ou dos outros, orientadas por técnicas e procedimentos diversos, como o enclausuramento dos loucos e dos delinquentes, as disciplinas e as técnicas totalizantes.

Prado Filho (2005) *apud* Lima (2008), afirma que Foucault provocou um deslocamento do sujeito para a subjetividade, que se opõe à ordem das essências e substâncias. A subjetividade, assim, é uma experiência histórica, coletiva, referindo-se a toda a multiplicidade de práticas sociais. O foco de análise, neste caso, passa do sujeito para as práticas sociais.

Neste trabalho, adotaremos o entendimento de Lima (2008) acerca da obra foucaultiana, segundo a qual, talvez seja mais apropriado falar em modos de subjetivação como prática de constituição de si, ou produção de subjetividade, ou mesmo, em processos de subjetivação.

Nas palavras daquela autora:

> [...] enquanto o termo sujeito remete a algo já dado, os processos de subjetivação perguntam, antes, pelas condições de produção do ser humano. Ou seja, são algumas condições de possibilidade que permitem o surgimento de determinados modos de subjetivação. (LIMA, 2008, p. 48).

Na investigação acerca dos modos de subjetivação enquanto prática de constituição dos sujeitos, Foucault (1994), em um primeiro momento, buscou traçar a história da subjetividade através da separação entre loucos e não loucos, doentes e sadios, delinquentes e não delinquentes, através da constituição do que chamou de campos de objetividade científica, dando lugar ao sujeito que vive, que fala e que trabalha.

Em um segundo momento, debruçou-se sobre o estudo do "cuidado ou técnicas de si", que não nos interessa aprofundar neste trabalho, cujo estudo se concentra no modo de constituição do indivíduo louco por meio de práticas divisórias, que o separaram dos sujeitos normais/racionais (assujeitados à lei), tornando-o, simultaneamente, sujeito e objeto do saber psiquiátrico. O louco, assim como o criminoso, foi assujeitado por exclusão de um discurso que o coloca fora do assujeitamento de inclusão.

Na análise dos modos pelos quais o ser humano torna-se sujeito, Foucault (1995b) afirma ter se utilizado das relações de poder como instrumento de trabalho e de estudo, buscando pensar o poder com base em modelos legais e questionando acerca do que o legitima, de acordo com um modelo institucional como o Estado. Em outras palavras, buscou estudar os processos de dominação que antecedem à constituição do sujeito, o que nos leva a inferir que a investigação foucaultiana não começou pelo sujeito.

Nessa esteira, estendeu as dimensões de uma definição de poder, a fim de usá-la no estudo dos modos de constituição dos sujeitos. Para o autor, não bastava a análise do objeto conceituado como único critério de uma boa conceituação, como por exemplo, o estudo do louco. Ao contrário, buscou conhecer as condições históricas que motivaram tal conceituação, a fim de obter uma consciência histórica da situação presente.

Sentiu a necessidade de também investigar o tipo de realidade com a qual estava lidando, o que o levou ao estudo do que chamou de "economia das relações de poder", em outras palavras, ao estudo da racionalidade política.

Para Foucault:

> Seria mais sábio não considerarmos como um todo a racionalização da sociedade ou da cultura, mas analisá-la como um processo em vários campos, cada um dos quais com uma referência a uma experiência fundamental: loucura, doença, morte, crime, sexualidade, etc. Considero a palavra racionalização perigosa. O que devemos fazer é analisar racionalidades específicas mais do que evocar constantemente o progresso da racionalização em geral. (FOUCAULT, 1995b, p. 233).

Sugeriu uma investigação do poder sob o ponto de vista de sua racionalidade interna, buscando analisar as relações de poder através do antagonismo das estratégias (1995b, p. 234), "[...] para descobrir o que significa, na nossa sociedade, a sanidade, talvez devêssemos investigar o que ocorre no campo da insanidade; e o que se compreende por legalidade, no campo da ilegalidade".

Partiu, pois, do estudo das oposições na sociedade, como o poder do psiquiatra sobre o doente mental e o poder do Estado sobre os modos de vida das pessoas, pois o objetivo dessas lutas são os efeitos de poder sobre as ações das pessoas, sobre os corpos, a saúde, a vida e a morte.

Tais lutas, assim, levariam ao questionamento do estatuto do indivíduo, pois, se de um lado afirmam o direito de ser diferente, enfatizando o que torna os indivíduos verdadeiramente individuais; de outro, atacam tudo aquilo que separa o indivíduo, fragmentando a vida comunitária e forçando-o a voltar para si, à sua identidade, de um modo coercitivo.

Para Foucault:

> [...] todas essas lutas contemporâneas giram em torno da questão: quem somos nós? Elas são uma recusa a estas abstrações, do estado de violência econômico e ideológico, que ignora quem somos individualmente, e também uma recusa de uma investigação científica ou administrativa que determina quem somos. (FOUCAULT, 1995b, p. 235).

O poder perpassa pela questão do sujeito foucaultiano na medida em que, por meio de suas relações e técnicas diversas, acaba por categorizar o indivíduo, marcando-o em sua individualidade, ligando-o a uma identidade e impondo-lhe uma verdade que, segundo Foucault (1995b), devemos reconhecer, assim como os outros devem reconhecê-la em nós.

A nosso ver, para Foucault, o poder objetiva o indivíduo, atribuindo-lhe uma espécie de identidade de maneira coercitiva, que o separa do seu "eu próprio" – da sua subjetividade – produzindo sobre ele e sobre a sociedade um efeito de verdade.

Finalmente, quanto ao sentido de sujeito, Foucault (1995b) atribui dois significados distintos, porém correlatos: 1) Quem se sujeita a alguém, pelo controle e dependência. 2) De sujeito preso à sua própria identidade, por uma consciência ou autoconhecimento, sendo que (1995b, p. 235), "ambos sugerem uma forma de poder que subjuga e torna sujeito a".

É que entre as formas de dominação existentes, há aquela que vai contra aquilo que liga o indivíduo a si mesmo, à sua subjetividade, e desse modo, o submete aos outros, desencadeando lutas contra a sujeição e às formas de subjetivação e submissão.

Essa forma de dominação que determina a forma de subjetividade, ou ainda, a atribuição coercitiva de uma identidade ao indivíduo, de modo a objetivá-lo, é a que tem prevalecido, segundo Foucault (1995b), em nossa sociedade desde o século XVI, em razão da nova forma de estrutura política, cujo poder desenvolveu-se de modo contínuo, e que ignora os indivíduos ao ocupar-se apenas com os interesses da totalidade, ou de uma classe ou grupo de pessoas dentre as demais. Para o autor, essa nova forma de estrutura política é o Estado.

Uma das razões para a força dominadora do Estado estaria no poder tanto individualizante como totalizante, combinado no interior das estruturas políticas, exercido por meio de técnicas de individualização e procedimentos de totalização.

O reflexo de tais processos e de suas relações de poder recai sobre as ações dos indivíduos, operando sobre o campo de possibilidade onde se inscreve o comportamento dos sujeitos ativos, incitando, induzindo, desviando, facilitando ou tornando mais difícil, ampliando ou limitando, coagindo ou impedindo em absoluto, sempre uma maneira de agir sobre um ou vários sujeitos ativos. Trata-se de um conjunto de ações sobre ações.

Para ilustrar o funcionamento das relações de poder sobre as ações dos indivíduos, Foucault (1995b) cita como exemplo o termo "conduta", de natureza equívoca, significando tanto o ato de conduzir os outros, segundo mecanismos de coerção, como a maneira de se comportar num determinado campo de possibilidades, (1995b, p. 244) "O exercício do poder consiste em 'conduzir condutas' e em ordenar a probabilidade".

Como o poder recai sobre ações, influenciando-as, só existe dominação onde há liberdade. E os mecanismos de sujeição, que não podem ser estudados fora das relações de exploração e dominação, determinam a forma de subjetividade (1995b, p. 242), "O exercício do poder não é simplesmente uma relação entre 'parceiros' individuais ou coletivos; é um modo de ação de alguns sobre outros".

Para o autor o poder não é da ordem do consentimento, uma renúncia da liberdade, mas a transferência de direito, do poder de todos e de cada um delegado a alguns. Mais que o efeito de um consentimento, a relação de poder é a manifestação de um consenso. E para haver consenso, necessário haver liberdade, pois o poder só se exerce sobre sujeitos livres, entendendo-se por isso, os sujeitos que têm diante de si um campo de possibilidades em que diversas condutas, reações e modos de comportamento podem acontecer. É por isso que, nas relações de escravidão, não há dominação, mas mera sujeição e passividade, violência física de coação que acorrenta o homem.

Nas palavras do autor:

> Uma relação de poder, ao contrário, se articula sobre dois elementos que lhes são indispensáveis por ser exatamente uma relação de poder: que o 'outro' (aquele sobre o qual ela se exerce) seja inteiramente reconhecido e mantido até o fim como o sujeito de ação; e que se abra, diante da relação de poder, todo um campo de respostas, reações, efeitos e invenções possíveis. (FOUCAULT, 1995b, p. 243).

Define, em síntese, o exercício do poder como um modo de ação sobre as ações dos outros, que inclui um elemento importante: a liberdade. Voltando ao exemplo da escravidão, não há, portanto, um confronto entre poder e liberdade, mas uma relação de exclusão: onde o poder se exerce, a liberdade desaparece.

No entender de Paliosa (2014), o sujeito foucaultiano é problemático, pois dividido numa dupla composta por: o sujeito-objeto e o sujeito-livre. Sobre o primeiro, há acordo unânime de que é produto de relações de poder (objetificado pelo poder). O segundo está na possibilidade da insubmissão, da liberdade, o mesmo que resiste ao assujeitamento mediante as relações de confronto.

A liberdade do sujeito, assim, seria calculada a partir da sua não-identidade, isto é, à capacidade de resistir à identidade a ele coercitivamente atribuída pelos dispositivos de poder. O louco e o criminoso, nesse raciocínio, recusam a identidade de sujeito racional e autônomo. Como não se assujeitam à norma, a lógica a eles imposta é a da exclusão social e do controle.

A partir da filosofia foucaultiana acerca do sujeito e dos modos pelos quais este se constitui, é possível tecer algumas considerações.

Primeiramente, devemos adotar uma postura de ceticismo em relação aos universais antropológicos encontrados em uma prática discursiva qualquer, produtora de sentidos. Mas isso não implica em recusá-los, e sim, em suspeitar das verdades por eles proclamadas, de forma a desconstruí-los.

Implica em:

> [...] se interrogar sobre as condições que permitem, conforme as regras do dizer verdadeiro ou falso, reconhecer um sujeito como doente mental ou fazer com que um sujeito reconheça a parte mais essencial dele própria na modalidade do seu desejo sexual. (FOUCAULT, 2004, p. 237).

Ao invés de aceitarmos a ideia de um sujeito constituinte, essencial, unitário, entidade preexistente ao mundo social, conforme a noção de sujeito moderno, devemos concebê-lo dentro de um determinado contexto histórico, marcado por diferentes circunstâncias e por uma trama de saberes e de relações de poder, que ao mesmo tempo em que o constituíram sujeito, o tornaram objeto de um corpo de saberes, na forma de um conhecimento legítimo.

No entender de Weinmann:

> Foucault observa ser necessário estudar as práticas concretas, mediante as quais objetiva-se um sujeito, a fim de descrever as formas de racionalidade estratégica que lhes concernem e por meio das quais se delineia, simultaneamente, um certo domínio de experiências possíveis e o modo como um sujeito deve fazer a experiência de si próprio neste campo. Afirmar que essas práticas fazem de um sujeito o seu objeto é apontar para além de uma relação epistêmica, que constrói um saber sobre esse sujeito. Trata-se de analisar uma operação de assujeitamento que, ao mesmo tempo em que enuncia uma verdade de um sujeito, o liga, coercitivamente, a uma determinada identidade. (WEINMANN, 2006, p. 17).

Em suma, o problema foucaultiano sempre foi o das relações entre sujeito e verdade. Nas suas palavras:

> Meu primeiro problema foi: o que ocorreu, por exemplo, para que a loucura tenha sido problematizada a partir de um certo momento e após um certo número de processos, como uma doença decorrente de uma certa medicina? Como o sujeito louco foi situado nesse jogo de verdade definido por um saber ou por um modelo médico? E fazendo essa análise me dei conta de que [...] não se podia certamente dar conta daquele fenômeno simplesmente falando da ideologia. Havia, de fato, práticas – basicamente essa grande prática da internação desenvolvida desde o início do século XVII e que foi a condição para a inserção do sujeito louco nesse tipo de jogo de verdade – que me remetiam ao problema das instituições de poder, muito mais do que ao problema da ideologia. Assim, fui levado a colocar o problema saber/poder, que é para mim não o problema fundamental, mas um instrumento que permite analisar, da maneira que me parece mais exata, o problema das relações entre sujeito e jogos de verdade. (FOUCAULT, 2004, p. 07).

O filósofo procurou mostrar como o sujeito se constituía – louco ou são, delinquente ou não – através de um certo número de práticas, que eram os jogos de verdade e todas as relações possivelmente existentes entre a constituição das diferentes formas de sujeito e as práticas de poder.

Sua investigação levou-o a concluir que o sujeito não é substância, mas forma, e essa forma nem sempre é idêntica a si mesma. Há relações e interferências entre essas diferentes formas do sujeito, que se exercem sobre o sujeito e também se estabelecem consigo mesmo.

O interesse de Foucault está precisamente na constituição histórica das diferentes formas do sujeito em relação aos jogos de verdade. Mas para isso, necessitou saber como os jogos de verdade podem se situar e ligarem-se a relações de poder.

Nessa linha, procurou mostrar como a medicalização da loucura e a organização de um saber médico em torno de indivíduos designados loucos, está relacionada a uma série de processos sociais, de ordem econômica, como também a instituições e a práticas de poder, fato que, segundo Foucault (2004b, p. 11): "não abala de forma alguma a validade científica ou a eficácia terapêutica da psiquiatria: ele não a garante, mas tampouco a anula".

Difere jogos de verdade de práticas de poder, ao afirmar que aqueles correspondem ao conjunto de regras de produção da verdade, o conjunto de procedimentos que conduzem a um certo resultado, que pode ser considerado válido ou não.

Admite que nem sempre os jogos de verdade estariam numa relação de dominação-submissão com as práticas de poder. Contudo, a realidade mostra que a verdade é dita por indivíduos livres que organizam um certo consenso e estão inseridos em uma certa rede de práticas de poder e de instituições coercitivas.

A partir da problematização do sujeito em Foucault associada à análise sobre a existência de um direito normalizado-normalizador, penetrado e investido pelas práticas da norma e, ao mesmo tempo, agente e vetor de normalização, passemos a refletir sobre a influência da norma na construção do sujeito jurídico – o sujeito de direito – e suas implicações na formação da subjetividade moderna.

3. A NORMALIZAÇÃO DO SUJEITO DE DIREITO

O advento da Era Moderna marca a ascensão do homem enquanto ser dotado de razão, distinto dos demais animais em virtude da sua racionalidade e capacidade de pensamento, exclusivas da natureza humana. A razão torna-se autônoma e desvincula-se do que antes era atribuído ao Divino, como forma de explicar os problemas terrenos de maneira científica e racional.

Opera-se a transferência do sujeito de Deus ao homem, o ser racional cujo atributo da razão lhe é inerente, nascendo assim, o sujeito da filosofia moderna, que teve em Descartes e Kant a base de seu constructo filosófico. Na filosofia moderna, é a tradição racionalista que atribui ao sujeito o papel central como fundamento do conhecimento.

Japiassú e Marcondes (2006), em seu *Dicionário Básico de Filosofia,* assim definem o sujeito cartesiano:

> Em teoria do conhecimento, principalmente a partir de Descartes e do pensamento moderno, o sujeito é o espírito, a mente, a consciência, aquilo que conhece, opondo-se ao objeto, como aquilo que é conhecido. Sujeito e objeto definem-se, portanto, mutuamente, como polos opostos da relação de conhecimento. (JAPIASSÚ E MARCONDES, 2006, p. 261).

O sujeito cartesiano é o sujeito do conhecimento, que pensa, duvida e existe, o "eu" consciente de si. Para Bomfim (2003), ao afirmar a existência do "eu" enquanto ser pensante, Descartes condicionou a existência do homem à capacidade de pensar. Essa é a ideia contida nos aforismos: "Penso, logo existo". E: "Se deixasse de pensar, deixaria totalmente de existir".

Ainda segundo Bomfim (2003), a concepção de sujeito de direito advém de todo esse processo filosófico que caracteriza o surgimento do sujeito moderno. As teorias, os escritos, os estudos que marcam os caminhos desse homem que usa a razão para descobrir, construir, formular e discutir a formação do mundo, são indispensáveis à elaboração de tal conceito.

É que o ser pensante vai utilizar sua liberdade para a elaboração de uma constituição jurídica. Tal liberdade, em Kant, seria a liberdade de agir conforme leis. E os homens são livres quando causados a agir. A causa das ações nos seres racionais é o livre-arbítrio.

Ao discorrer sobre o dever moral em Kant, Safatle (2013) afirma que o dever kantiano representa uma noção central para a avaliação de ações que se queiram morais. Representa a consciência de uma norma a partir da qual as ações particulares devem ser avaliadas. Em outras palavras, é a consciência de que as ações só podem ser consideradas morais quando reportadas a uma norma de avaliação, a partir de uma normatividade exterior à ação.

Para Safatle (2013), Kant caracteriza o dever a partir de um conjunto de procedimentos formais, procedendo a uma sistematização do dever, que serve como critério de avaliação das práticas pelos seres humanos ligados pela razão. A ação como realização do dever deverá ser categórica, absoluta e universalizável, no sentido de que não pode ser realizada de outra forma.

Tal noção será fundamental ao aparecimento do sujeito moderno, pois, segundo Safatle (2013), a definição do dever visava também dar forma às exigências individuais de autonomia, atributo fundamental da subjetividade moderna, na medida em que forneceu uma definição possível do que se entende por "sujeito livre".

> Da mesma forma que o dever será definido como uma norma que me permite tomar distância de minhas próprias ações a fim de avaliá-las, a autonomia será definida como uma lei que dou para mim mesmo em condição de liberdade, transformando-me assim em agente moral capaz de me autogovernar e avaliar meus próprios desejos. (SAFATLE, 2013, p. 14).

A articulação entre dever e autonomia inaugura a dimensão do "dever-ser", como o exercício contínuo de autoexame e comparação entre as ações individuais e os valores e normas que se assumem como ideais. Mas a estrutura procedural do dever proposta por Kant a partir da sistematização de juízos morais, preleciona que estes independem das experiências pessoais e singularidades, e sim, dar-se-iam previamente a estas, como condições de possibilidade para a experiência da liberdade.

A noção moderna de autonomia possui, assim, duas características que lhes são fundamentais. A primeira é a sua definição como norma, dotada de universalidade, categoricidade e incondicionalidade, cujo imperativo inspira-se no modelo da norma jurídica. A segunda seria a autonomia como expressão de uma vontade que submete outras vontades. É a capacidade reflexiva de autocontrole que funda a identidade do sujeito autônomo.

A vontade que expressa a autonomia é a expressão do vínculo do sujeito a uma lei incondicional, fundadora do dever. Disso tudo decorre uma importante noção: de autodeterminação, que conforme Safatle (2013), é a ideia de que somos legisladores de si próprios, o movimento de ser causa de si mesmo, *causa sui.* O sujeito autônomo pode se autodeterminar porque a causa de sua ação é fruto de sua própria liberdade. Nas palavras daquele autor:

> Diferentemente da perspectiva voluntarista, Kant lembra que o homem tem no seu interior a ciência da Lei devido a uma espécie de luz natural da razão partilhada por todos: 'Todo homem, como um ser moral, possui em si mesmo, originalmente, uma tal consciência' [...]. (SAFATLE, 2013, p. 26).

Assim, para Kant, se a razão não pudesse postular uma realidade objetiva de uma Lei, se a vontade livre visasse apenas à satisfação dos instintos e das necessidades físicas, se os indivíduos seguissem somente a suas explicações fisiológicas sem respeitar o imperativo categórico, não se distinguiria o homem do animal, pois, (Kant *apud* Safatle, 2013, p. 27) "seria então a natureza que forneceria a lei".

Tal distinção entre liberdade e natureza remete à distinção entre seres humanos e animais, como se o homem livre fosse aquele capaz de pensar e dominar seus instintos, e todos os que divergem deste padrão não podem ser considerados homens, e sim, animais.

É por essa razão que, conforme Safatle (2013), para Kant, os indivíduos para quem o desejo particular e os impulsos irracionais dominam a vontade podem ser denominados de "patológicos", por se tratar de desejos que se impõem ao indivíduo como um *páthos,* os quais não se pode determinar de maneira autônoma.

Na conclusão de Safatle:

> Dessa forma, se os desejos patológicos e impulsos sensíveis são uma ameaça à minha liberdade e autonomia, então o preço da liberdade será o afastamento daquilo que, em mim, se guia a partir da contingência dos sentimentos, da inconstância das inclinações, do acaso dos encontros com objetos que não são deduzidos de uma lei que dou para mim mesmo. (SAFATLE, 2013, p. 28-29).

O modelo kantiano de autonomia divide internamente o sujeito entre vontade e desejo, liberdade e natureza, transcendental e psicológico, em uma concepção clivada da natureza humana.

Safatle (2013) observa que tal clivagem subjetiva ainda permanece como referência na filosofia moral contemporânea. Refere ao filósofo Harry Frankfurt (1929), para o qual a diferença essencial entre os seres humanos e as outras criaturas, seria a existência, nos primeiros, de "desejos de segundo nível", que seriam aqueles decorrentes da capacidade de autoavaliação reflexiva, atributo determinante de um ser dotado de autonomia.

Ainda conforme aquele autor, não há dever sem culpa. A experiência da culpa, isto é, a consciência da culpabilidade, é indissociável do sentimento de ser virtualmente observado por alguém a quem reconhecemos autoridade legítima, a quem nos fornece uma norma capaz de explicar o que devemos fazer para sermos reconhecidos como sujeitos dignos.

"Saber-se culpado é, assim, uma forma de nos certificarmos de que a Lei é para nós, que temos um lugar assegurado diante da porta da Lei". (SAFATLE, 2013. p. 44).

A consciência da culpabilidade é um entendimento que, para Kant, em sua *Crítica da razão prática,* não requer grandes dificuldades, podendo ser exercitado até pela mente mais comum, sem experiência do mundo, ou, no dizer de Safatle, (2013, p 63): "o entendimento ordinário, este do homem maduro, que ultrapassou a infância e não caiu em loucura, sempre sabe qual é o seu dever".

A exposição sumária acerca da concepção de sujeito para os pensadores da filosofia moderna, associada ao que, até o presente momento, foi exposto acerca da imagem de um direito normalizado-normalizador, cada vez mais identificado com a norma, tem como finalidade demonstrar a influência que os mecanismos de normalização, calcados precipuamente na definição do homem em torno do normal/anormal, exerceram sobre a construção do sujeito de direito, titular de direitos e possuidor de deveres na ordem social, isto é, o sujeito que se sujeita incondicionalmente à norma (disciplinar ou de consumo), independentemente do seu desejo (distinto da vontade e da razão).

Dentre os mecanismos de normalização, podemos citar as disciplinas, dentre elas, o aparelho punitivo do direito e o seu papel na classificação, especificação, distribuição dos indivíduos em torno de uma norma que os hierarquiza uns em relação aos outros, estabelecendo desqualificações e fazendo funcionar assimetrias, que segundo Fonseca (2002), permitem ligações entre os indivíduos segundo critérios de uma obrigação contratual, em que são considerados a partir de sua qualificação comum de sujeitos de direito.

"Enquanto o 'laço contratual' não pode estar dissociado do estabelecimento de limites ao exercício do poder legítimo, o 'laço disciplinar' põe em funcionamento um mecanismo que sustenta, reforça e multiplica a assimetria dos poderes". (FONSECA, 2002, p. 187).

Bomfim (2003) entende que com todas as transformações ocorridas na Modernidade, que mudaram a concepção de homem, fazendo com que passasse de ser dominado (objeto) para o centro da dominação (sujeito), tudo aquilo que não era racional, ou que, em outras palavras, não passava pelo crivo da norma, passou a ser visto como objeto.

É que a liberdade de pensar gerou responsabilidade perante os outros, assim como a exigência, por parte dos outros, do cumprimento de seus deveres. A noção de dever, por seu turno, foi delineada com base em um forte apelo moral. A relação jurídica foi definida como um direito-dever entre seres humanos e o sujeito de direito é aquele capaz de obrigações.

Em suas palavras:

> Existe, dessa forma, um ponto de conformidade entre a concepção de Kant e a dogmática jurídica positivista, pois ambos consideram

> apenas o homem, devido à sua condição de Ser racional, como único capaz de estabelecer uma relação direito-dever. Nesse contexto, nada além do Ser racional pode ser considerado como Sujeito de Direito, pois são apenas objetos, se levado em consideração o fato de que, numa relação jurídica são incapazes de estabelecer comportamento jurídico com os homens. Entretanto, tal raciocínio não impede que o direito exerça proteção, por exemplo, em relação ao meio ambiente ou aos animais, prevendo, inclusive, sérias penalizações contra aqueles que descumprirem essas regras. Todavia, o que se deve levar em conta [...] é o fato de que tais normas vão se referir a Objetos e não a Sujeitos de Direito. A incapacidade por parte de outras categorias em contrair direitos e obrigações faz com que se tornem não Sujeitos, e sim Objetos de Direito. Diante do exposto, pode-se perceber que é possível a existência de um Direito sem sujeito (BOMFIM, 2003).

Nesse raciocínio, podemos inferir que tanto o louco como o criminoso não se enquadram à definição de sujeito racional e pensante cartesiano, perspectiva adotada pela psiquiatria. De outro lado, representam a criatura incapaz de determinar-se conforme o imperativo categórico de Kant. São os irresponsáveis jurídicos, o retrato da alienação do sujeito de direito, estando excluídos da noção de sujeito autônomo. A subjetividade do louco e do criminoso é definida a partir do não assujeitamento à norma.

O louco nomeado pela psiquiatria é aquele que não domina seus desejos e impulsos irracionais, o ser destituído de vontade autônoma. Seus desejos representam o *páthos*, o patológico, pois não consegue colocar na cabeça o imperativo categórico. É o ser que não se guia pela vontade reflexiva, autogovernada, razão pela qual não é humano, é criatura.

Por conseguinte, também não é sujeito de direito, pois este, em verdade, é o sujeito da culpa, o sujeito consciente da Lei moral, possuidor da consciência da culpabilidade.

O louco, contudo, não tem o mesmo entendimento do homem ordinário de Kant, pois está aquém deste, uma vez que seu arbítrio não é livre, é, ao contrário, dominado pela loucura, pela irracionalidade, que o liga a um estado de natureza e o exclui da razão.

Vontade, autodeterminação e culpabilidade. A razão jurídica está impregnada pela noção filosófica de sujeito moderno. Basta analisarmos as palavras contidas no texto do artigo 26 do Código Penal, o qual versa sobre a inimputabilidade do doente mental:

> Art. 26 – É isento de pena o agente que, por doença mental ou desenvolvimento mental incompleto ou retardado, era, ao tempo da ação ou da omissão, inteiramente **incapaz de entender** o caráter ilícito do fato ou de **determinar-se** de acordo com esse entendimento. (Grifo nosso).

Ora, se a inimputabilidade atribuída ao louco infrator é a ausência de culpabilidade, e esta é entendida como o juízo de censurabilidade ou reprovação que recai sobre alguém que praticou um crime, conclui-se que, para o direito, os loucos são incapazes de sentir culpa, logo, de obedecer à Lei moral kantiana e à norma jurídica.

A inconsciência da culpabilidade advém da incapacidade de entender, de pensar, de raciocinar (vício de entendimento), ou ainda, da incapacidade de autodeterminar-se, de condicionar sua vontade a um padrão normativo (vício de vontade).

O louco, assim como o criminoso, o menor infrator e o dependente químico, afastam-se por completo da noção de sujeito de direito fruto do direito normalizado-normalizador, o que, a nosso ver, constitui-se em uma importante premissa para raciocinarmos a crescente difusão de dispositivos normativos-punitivos específicos, tais como, penas, medidas de segurança, medidas sócio-educativas e medidas de internação compulsória, cuja prática social aponta para a lógica da exclusão e do controle contínuo desses indivíduos, tratados como objetos, ao invés de sujeitos de direito.

O sujeito de direito é, pois, o sujeito "normal", normalizado, impossibilitado de ser livre e cuja individualidade foi marcada pela docilidade e pela utilidade em função da norma. É também fruto de uma prática discursiva da ciência jurídica, que determinou suas condições e possibilidades.

De outro lado, aqueles que se afastam desse perfil são rotulados como anormais e se encontram à margem do ordenamento jurídico, reificados pelo direito normalizador, uma vez que a norma é o direito sem sujeito, ou, no dizer de Adorno (2002-p. 14): "A norma é o direito anônimo, o sub-solo dos direitos, o infra-direito [...]".

Para o autor, a perspectiva do direito normalizado-normalizador consiste, justamente, em desmontar o sujeito de direitos e, por outro lado, simultaneamente, recompor esse direito anônimo que percorre subjetividades objetivadas pela norma e pela normalização, objetivo maior deste artigo.

4. CONSIDERAÇÕES FINAIS

O presente artigo buscou questionar a figura do sujeito de direito como o resultado de um direito normalizado-normalizador, a partir da desconstrução da filosofia do sujeito e de um certo modelo jurídico-discursivo legado pela Modernidade.

Pretendeu-se relacionar a construção da subjetividade moderna com os agenciamentos de poder que giraram em torno da norma e da normalização, e de como tal abordagem é indispensável para a compreensão das demandas dos seres humanos, pois que dizem respeito à história e à forma como são vistos e reconhecidos como sujeitos, em especial, de direito.

Por intermédio de Foucault, descobrimos que, na Modernidade, uma vontade de verdade apoiada em um suporte institucional, legou a um campo de saber específico – a psiquiatria –, a legitimidade de produzir enunciados normalizadores e verdadeiros sobre o seu objeto: a mente humana.

Paralelamente, estabeleceu-se todo um conjunto de normas diferenciadoras da normalidade e da anormalidade, calcadas na ideia de um sujeito fundador, autoidêntico e substancialmente determinado. A subjetividade foi definida a partir de uma normatividade. Formou-se uma consciência médico-jurídica da mente humana, em que sujeitos desviantes de normas jurídicas são os mesmos desviantes das normas de saúde psíquica do homem.

Mas o que estava em jogo por detrás da vontade de criar uma rede específica de enunciados científicos acerca das subjetividades, senão o desejo do poder? Assim, também através de Foucault, desviamos nosso foco da verdade (saber) para questionar a vontade dessa verdade (poder), tendo como referência os mecanismos de normalização disciplinantes e biopolíticos.

A questão do saber/poder é a chave interpretativa para compreendermos o modo singular de agir do direito e suas práticas, bem como, suas implicações com os dispositivos de normalização no que compete à constituição à sujeição de sujeitos.

A vontade de saber sobre as subjetividades esteve e está intrinsecamente ligada à vontade de poder disciplinar e totalizante (biopolítico), que opera no corpo social em nome da segurança e da defesa da sociedade. E nesse contexto, o direito não é indiferente, razão pela qual, em Foucault, foi analisado como vetor das práticas da norma, um direito produzido e produtor de normalização, imagem que, na visão de Fonseca (2002-p. 303), "foi identificada nas práticas e nos saberes jurídicos colonizados pelas normas de disciplina e de regulação da vida".

O sujeito de direito, assim como, a alienação desta figura representada pela personalidade jurídica do louco e do criminoso, foram pensados em oposição à categoria hegemônica de sujeito legada pelo pensamento moderno. Empreendeu-se uma crítica àquela categoria de sujeito, o que, conforme Safatle (2012, p. 02) "pode equivaler a criticar uma antropologia que nem sempre expõe seu verdadeiro alcance, mas acaba por colonizar as formas de nosso pensar [...] é tentar nos acordar daquilo que outros chamaram de 'sono antropológico'".

O sujeito de direito encontra-se preso à identidade do sujeito racional e absoluto, que existe porque pensa e é livre porque tem vontade autônoma subjacente à norma, ou, nas palavras de (Foucault, 1982, *apud* Chaves, 2014, p. 29): "uma razão cuja autonomia das estruturas traz consigo a história dos dogmatismos e despotismos – uma razão, por consequência, que só tem efeito de livramento com a condição de que consiga se liberar de si mesma".

A desconstrução da filosofia do sujeito empreendida por Foucault teve como instrumento analítico as relações de saber/poder, por meio das quais indagou o estatuto do sujeito, buscando traçar uma história da subjetividade paralela às formas de governamentalidade, relacionando a biopolítica ao projeto político do sujeito absoluto.

Foucault escreveu a história dos vencidos, dos homens infames e sem glória, condenados à exclusão e ao silêncio. A partir da divisão do homem em seu interior, do normal ao anormal, o homem foi definido pelo o que não é, pela sua negatividade. O projeto filosófico foucaultiano deu palavra aos que nunca puderam tomá-la, aos constrangidos pelos sistemas de dominação.

O critério de aferição do status de "sujeito de direito" é a maior ou a menor capacidade do indivíduo em exercer o controle sobre si, de reprimir desejos, impulsos vitais, isto é, do seu assujeitamento diante da norma, do comportamento considerado aceitável, desejável. O contrário é associado à anormalidade, critério justificador da segregação de pessoas, o que para Ribeiro (2013):

> [...] é um sinal de que a inteligibilidade das nossas sociedades contemporâneas continua, mais do que nunca, sedenta pela dissecação mais detalhada mais 'profunda', do coração humano; e mais ainda, do coração do criminoso (pois o perigo e o risco são intoleráveis). (RIBEIRO, 2013, p.182).

O direito, enquanto vetor da norma e veículo das relações de dominação e das técnicas de sujeição polimorfas, tem sede de normalização, de impor e de fazer consolidar modos de agir, de ser, de julgar, de desejar, de conhecer, o que diz muita coisa acerca da sua forma de tratar todos aqueles (não-sujeitos) que escapam aos domínios do *dever-ser* identificado com a norma, bem como, da disseminação de dispositivos normativos-punitivos específicos na contemporaneidade, cuja lógica é a exclusão, o controle contínuo e a morte social dos que não se enquadram.

Tal reflexão se faz necessária para que possamos trilhar o caminho de um "direito-novo" e "antidisciplinar", tal como apregoado por Foucault (2010), um direito "liberto do princípio da soberania", que ofereça formas de resistência e permita aos indivíduos o exercício de sua liberdade como legítimos sujeitos de direito.

5. REFERÊNCIAS

ADORNO, Sérgio. In: **Michel Foucault e o Direito**. São Paulo: Ed. Max Limonad, 2002.

BOMFIM, Thiago. **Sujeito de Direito e Direito sem Sujeito.** Jan. 2003. Disponível em:<http://www.unifacs.br/revistajuridica/arquivo/edicao_janeiro2003/convidados/convidado02.doc>. Acesso em: 25 Jul.2014.

CHAVES, Ernani. Foucault entre Nietzsche, Marx e Walter Benjamin. **Revista Cult**, nº 191, ano 17. São Paulo: Bregantini, 2014.

FONSECA, Márcio Alves de. **Michel Foucault e o Direito**. São Paulo: Max Limonad, 2002.

FOUCAULT, Michel. Subjetividade e verdade. **Resumo dos Cursos do Collége de France**. Rio de Janeiro: Zahar, 1994.

FOUCAULT, Michel. **Sobre a história da sexualidade**. In: M. Foucault, Microfísica do poder. Rio de Janeiro: Graal, 1995a.

FOUCAULT, Michel. **O Sujeito e o Poder**. In: DREYFUS, Hubert; RABINOW, Paul. Michel Foucault – Uma trajetória filosófica: para além do estruturalismo e da hermenêutica. Rio de Janeiro: Forense Universitária, 1995b.

FOUCAULT, Michel. Foucault. **Ética, Sexualidade, Política**. Rio de Janeiro: Forense Universitária, 2004a.

FOUCAULT, Michel. ***A ética do cuidado de si como prática da liberdade.*** In: Ditos & Escritos V – Ética, Sexualidade, Política. Rio de Janeiro: Forense Universitária, 2004b.

FOUCAULT, Michel. **Nascimento da Biopolítica.** São Paulo: Martins Fontes, 2008.

FOUCAULT, Michel. **Em Defesa da Sociedade**. São Paulo: Martins Fontes, 2010.

FOUCAULT, Michel. **História da Loucura**. São Paulo: Perspectiva, 2012a.

FOUCAULT, Michel. **Verdade e poder.** In: M. Foucault. Microfísica do Poder. São Paulo: Graal, 2012b.

JAPIASSÚ, Hilton; MARCONDES, Danilo. **Dicionário Básico de Filosofia**. Rio de Janeiro: Zahar, 2006.

LIMA, Maria Lúcia Chaves. **Homens no cenário da Lei Maria da Penha: entre (des)naturalizações, punições e subversões**. 2008. Dissertação de Mestrado (Programa de Pós-Graduação em Psicologia). Universidade Federal do Pará.

MACHADO, Roberto. **Foucault, a ciência e o saber**. Rio de Janeiro: Zahar, 2009.

MALCHER, Farah de Sousa. **"A dessubjetivação terapêutica: um estudo do dispositivo criminal-punitivo dos inimputáveis por doença mental".** Dissertação de Mestrado apresentada ao Programa de Pós-Graduação em Direito do Centro Universitário do Pará, 2014.

PALIOSA, Kelin. **A problematização do sujeito foucaultiano.** Disponível em: <*http://pt.scribd.com/doc/189856623/CH-00138* >. Acesso em: 11 Jul. 2014.

PEZ, Tiaraju Dal Pozzo. **Pequena análise sobre o sujeito em Foucault: a construção de uma ética possível.** Disponível em: http://www.uel.br/eventos/sepech/sepech08/arqtxt/resumosanais/TiarajuDPPez.pd. Acesso em: 11 Jul. 2014.

RIBEIRO, Felipe F.C. **Genealogia dos homens perigosos:** o dispositivo psiquiátrico criminal na contemporaneidade**.** 2013. Dissertação de Mestrado (Programa de Pós-Graduação em Psicologia). Universidade Federal do Pará.

SAFATLE, Vladimir. **O dever e seus impasses.** São Paulo: Martins Fontes, 2013.

SAFATLE, Vladimir. **Grande Hotel Abismo.** Por uma reconstrução da teoria do reconhecimento. São Paulo: Martins Fontes, 2012.

WEINMANN, Amadeu. Dispositivo: um solo para a subjetivação. **Revista Psicologia & Sociedade**, São Paulo, v. 18, n. 3, p. 16-22, set/2014.

Capítulo 5

A PERICULOSIDADE E A APLICAÇÃO DE MEDIDAS DE SEGURANÇA EM DOENTES MENTAIS INFRATORES POR PRAZO INDETERMINADO NO HOSPITAL DE CUSTÓDIA E TRATAMENTO PSIQUIÁTRICO DO ESTADO DO PARÁ - HCTP

MELISSA MIKA KIMURA PAZ[1]

INTRODUÇÃO

No presente estudo analisamos os critérios da manutenção da Medida de Segurança de internação em Hospital de Custódia e Tratamento Psiquiátrico (HCTP) aplicada aos doentes mentais infratores, apresentando dados do HCTP do Estado do Pará.

Quando os violadores das normas penais são considerados inimputáveis são aplicadas as medidas de segurança, as quais deveriam possuir

1. Bacharel em Direito pelo Centro Universitário do Pará - CESUPA.

finalidade terapêutica e curativa, em consonância com o disposto no art. 26 do Código Penal (CP):

> **Art. 26** - É isento de pena o agente que, por doença mental ou desenvolvimento mental incompleto ou retardado, era, ao tempo da ação ou da omissão, inteiramente incapaz de entender o caráter ilícito do fato ou de determinar-se de acordo com esse entendimento.
>
> **Parágrafo único** - A pena pode ser reduzida de um a dois terços, se o agente, em virtude de perturbação de saúde mental ou por desenvolvimento mental incompleto ou retardado não era inteiramente capaz de entender o caráter ilícito do fato ou de determinar-se de acordo com esse entendimento.

As medidas de segurança são cumpridas no Hospital de Custódia e Tratamento Psiquiátrico ou por meio de tratamento ambulatorial, sem necessidade de internação. Em princípio, o objetivo de tais medidas é que o indivíduo possa readaptar-se à coletividade.

Apesar de ser considerado um tratamento médico- psiquiátrico, Zaffaroni e Pierangeli (2013) defendem que as leis penais estabelecem sobre elas um controle formalmente penal. Essa forma penal faz com que a medida de segurança também, assim como a pena, possa restringir a liberdade dos indivíduos.

Diferente das penas cumpridas em estabelecimentos prisionais, que possuem limite máximo de 30 anos fixados pelo Código Penal em seu art.75, o prazo de duração da medida é indeterminado, persistindo enquanto houver a necessidade de tratamento. Podendo ser mantida até o falecimento do paciente. O critério utilizado para manutenção da medida de segurança é a determinação da cessação ou não cessação da periculosidade do indivíduo.

Este trabalho foi idealizado a partir da busca em compreender o por quê dos doentes mentais serem submetidos a um cumprimento perpétuo da medida de segurança via o argumento da periculosidade e também compreender os motivos que fazem com que a medida de segurança não realize a sua finalidade terapêutica e curativa.

> Preocupa, sobremaneira, a circunstância de não terem as 'medidas' um limite fixado na lei e ser a sua duração indeterminada, podendo o arbítrio do perito e dos juízes decidir acerca da liberdade de pessoas que, doentes mentais ou estigmatizadas como tais, sofrem privações de direitos, ainda maiores do que aquelas que são submetidas às penas. (ZAFFARONI e PIERANGELI, 2013, p. 761).

Diante dessa preocupação, percebemos que a realidade dos internos submetidos à medida de segurança no HCTP do estado do Pará é de exclusão e descaso. Eles não recebem um tratamento adequado, tendo o hospital mais uma função de cárcere do que de tratamento.

Assim, o trabalho dedicou-se a compreender **a medida de segurança utilizada no atual estado democrático de direito como um meio de exclusão social aceitável e o argumento da periculosidade como uma verdade imposta para manter afastados os sujeitos perigosos para a sociedade de consumo, uma vez que a relação entre doença mental, violência e pobreza é vista com um problema a ser combatido.**

Além de entender os critérios utilizados para a exclusão e o descaso social que sofrem os inimputáveis infratores, principalmente em relação à exigência da cessação da periculosidade dos sujeitos e busca pelo arrependimento, que dá a medida de segurança um caráter retributivo.

Propõem-se refletir a respeito da não efetivação da medida de segurança e da presença de um caráter retributivo em sua aplicação, analisando se é cabível manter um sujeito, por um critério incerto como o da periculosidade, em uma internação perpétua.

Por fim, intentamos através do pensamento Foucaultiano, compreender como foram as representações da loucura até se chegar ao pensamento da loucura como doença mental e uma razão deturpada que precisa ser tratada.

Discorremos sobre Foucault pensar nas práticas terapêuticas como um meio de controle e exercício do poder. E sobre a construção do pensamento eugênico que objetiva separar aqueles que consomem e os que não possuem essa capacidade.

1. INIMPUTABILIDADE E MEDIDA DE SEGURANÇA APLICADA AOS INFRATORES ACOMETIDOS DE DOENÇA MENTAL

A imputabilidade pode ser caracterizada pela capacidade do agente de entender o caráter ilícito do ato praticado e de determinar-se de acordo com esse entendimento. Por isso, para se punir alguém é necessário que ele consiga avaliar o valor do motivo do ato e a proibição penal. Por consequência, aqueles que não possuírem essa capacidade são considerados inimputáveis (GRECO, 2011).

Está determinado no art.26 do Código Penal Brasileiro que aqueles que tiverem doença mental ou desenvolvimento mental incompleto ou retardado e disto resultar a incapacidade de entendimento do ato praticado serão considerados inimputáveis.

A legislação penal, apesar de ter determinado as causas de exclusão da impunibilidade, não conceituou seu conteúdo. A doutrina conceitua as doenças mentais como patologias congênitas ou adquiridas do aparelho psíquico, que provocam alteração da saúde mental. Por outro lado, o desenvolvimento mental incompleto configura-se como "uma limitada capacidade de compreensão do ilícito ou da falta de condições plenas de autodeterminar-se em razão de não ter o agente atingido sua maturidade intelectual" (CRUZ, 2009, p.50).

A infração cometida pelo inimputável contém todos os requisitos e pressupostos de um crime, diferenciando-se apenas pela impunibilidade do autor. Pois se acredita, segundo Zaffaroni e Pierangeli (2013, p. 558-559), que "para que se possa reprovar uma conduta a seu autor, é necessário que ele tenha agido com um certo grau de capacidade, que lhe haja permitido dispor de um âmbito de autodeterminação."

Por não ser plausível que um sujeito seja submetido a uma pena quando sua incapacidade mental faz com que não consiga compreender o injusto que cometeu ou quando este compreende a ilicitude, porém não consegue autodeterminar-se diante desta, foi estabelecido no Código Penal Brasileiro o instituto da medida de segurança, cuja finalidade se diferencia da finalidade das penas.

Nesse sentido, comprovada a inimputabilidade total a pessoa será absolvida e a ela será aplicada uma medida de segurança, a sentença que a determina é chamada de sentença absolutória imprópria. Ademais, a medida igualmente pode ser aplicada nas situações onde o indivíduo era capaz no momento do crime, mas após a condenação advém um transtorno mental, quando a pena é convertida em medida de segurança, após o provimento do incidente de insanidade.

Não cabe ao direito penal e aos juízes penais a capacidade de distinguir o que seria um sujeito imputável e um inimputável, por isso, cabe aos psiquiatras estabelecerem as características psíquicas de compreensão do crime.

> Quanto maior for a perturbação da consciência observada pelo psiquiatra e pelo juiz, maior será o esforço que o sujeito deve ter feito para compreender a antijuridicidade e, consequentemente, menor há de ser a reprovabilidade. O objetivo da perícia psiquiátrica é, precisamente, dar ao tribunal uma ideia da magnitude deste esforço, que é o que cabe ao juiz valorar para determinar se excedia o marco do juridicamente exigível e, portanto, reprovável. (ZAFFARONI; PIERANGELI, 2013, p. 562).

Do mesmo modo que as penas, as medidas de segurança são empregadas após o cometimento de um ilícito penal. Porém, segundo Greco (2011) se diferenciam por possuírem finalidades diferentes.

As penas, nos termos do art. 59 do Código Penal, possuem a finalidade de reprovar e prevenir o crime, na reprovação encontra-se o caráter retributivo da pena, onde se condena o agente como uma forma de "pagamento" pelo fato cometido. Já o caráter preventivo mostra-se, pelo motivo do apenado transformar-se em exemplo social, para que outros não cometam o mesmo fato criminoso e para que ele próprio não venha a cometer outro delito. A pena pressupõe a culpabilidade, já a medida de segurança está baseada no juízo de periculosidade.

Em outra via, as medidas de segurança devem possuir uma finalidade terapêutica e curativa, destinando-se ao tratamento daquele que praticou o fato típico e ilícito.

> Tem-se que a pena encontra seu fundamento no valor *justiça*, atentando-se apenas para os fatos pretéritos; já a medida de segurança

> está fulcrada na premissa da utilidade, vislumbrando sempre o futuro: "as penas possuem sentido ético e só se impõem se reconhecida a responsabilidade do agente. Já as medidas orientam-se pelo princípio da defesa social, e podem ser impostas ainda que o agente não seja responsável (legitima-se pelo estado perigoso)". (CRUZ, 2009, p.43).

Para Foucault (2013, p. 22) as medidas de segurança "não se destinam a sancionar a infração, mas a controlar o indivíduo, a neutralizar sua periculosidade, a modificar suas disposições criminosas, a cessar somente após obtenção de tais modificações."

Todavia é notável que uma internação em um HCTP também representa um meio de privação e restrição de direitos. Podendo ser as limitações feitas no HCTP até mesmo mais graves do que as restrições feitas aos presos (BRASIL, 2013).

> A problemática da aplicação da medida de segurança envolve, portanto, uma questão de atenção psicossocial – o tratamento a ser dado à pessoa com transtorno mental que represente perigo para si e para outrem (toda a coletividade) – e outra atinente ao direito penal e à segurança pública – punição do mal causado e manutenção da ordem e da paz social. (BRASIL, 2013, p.46).

Esta punição do mal causado, na questão penal da Medida de Segurança, faz com que a medida também tenha o caráter retributivo, condena-se como forma de pagamento.

Como dito, o indivíduo inimputável por doença mental é mantido internado até a cessação de sua periculosidade, acontece que muitas vezes a perícia e o juiz associam a periculosidade ao ato ilícito cometido, o que gera uma contradição com a função da medida de segurança, uma vez que a manutenção da internação ocorre pelo crime cometido. Por conta disso, podemos considerar a medida de segurança igualmente retributiva, como as penas.

O caráter retributivo da pena não poderia estar presente nas medidas de segurança posto que os doentes mentais não possuem condições de ter consciência do crime, logo, a manutenção da internação não pode ocorrer com influência do ato ilícito.

Está posto na legislação penal que o tratamento através de medida de segurança deve durar no mínimo de um a três anos, tanto na forma de tratamento ambulatorial quanto de internação em Hospital de Custódia e Tratamento Psiquiátrico. Se após esse período ainda existir a periculosidade do agente, a medida passa a ser por prazo indeterminado, via o argumento da periculosidade.

1.1 A manutenção de medidas de segurança privativas de liberdade via o argumento da periculosidade

Os HCTPs foram os substitutos do Manicômio Judiciário, que eram hospitais-presídios que surgiram junto com as prisões e a psiquiatria. As pessoas internadas nos Manicômios eram aquelas que não obedeciam ao padrão social. Para que essas pessoas não "contaminassem" a sociedade e as gerações futuras, elas eram mantidas isoladas. (BRASIL, 2013).

Atualmente, no Brasil existem 23 HCTPs e cerca de 3.890 internos (BRASIL, 2013). O HCTP possui uma ambiguidade em sua natureza, por um lado é o local de tratamento para pessoas com transtornos mentais que cometeram ilícitos penais, sendo, portanto, um hospital. Por outra via, ele não faz parte do sistema de saúde brasileiro, integrando o sistema prisional. Há uma existência conjunta entre o modelo de intervenção social jurídico-punitivo e o modelo psiquiátrico- terapêutico.

Além do problema da ambiguidade, outro problema com relação aos HCTPs configura-se porque atualmente esses apresentam muitos problemas em relação aos recursos necessários para o seu funcionamento. Podendo ser considerado, dentre os serviços da saúde, como um dos mais prejudicados (BRASIL, 2013).

A construção do Hospital de Custódia de Tratamento Psiquiátrico do Pará iniciou-se em 2000, por iniciativa do governo estadual no Complexo Penitenciário de Americano, situado no município de Santa Izabel e por problemas com a empresa vencedora da licitação, somente foi concluído e passou a funcionar 7 (sete) anos depois. Então, o Estado do Pará até 2007 não possuía espaço adequado para a internação dos doentes mentais, sendo estes encaminhados para as penitenciárias, onde ficavam no mesmo ambiente que os presos, formando uma só população carcerária (MALCHER, 2014).

Já houve casos, segundo Malcher (2014), em que ao cumprirem a medida de segurança em estabelecimentos prisionais, convivendo com os presos, os doentes mentais foram usados como "escudos humanos" durantes as rebeliões. Somente em 1999, os inimputáveis foram encaminhados para um espaço isolado, um prédio desativado de um antigo presídio feminino.

No Pará, o HCTP foi inaugurado em 2007, possuindo em maio de 2014 uma população de 225 pessoas, sendo a capacidade do hospital de 78 internos. Dentre os internos apenas 88 cumprem medida de segurança, a maioria encontra-se em situação provisória.

Vale ressaltar que a situação provisória configura-se quando o sujeito está preso e existe dúvidas acerca de sua sanidade mental, assim, o art. 150 do CPP determina que este deverá aguardar a perícia internado no HCTP. O relatório de 2013 do Conselho Penitenciário do Estado do Pará informa que à época existiam pacientes com mais de 10 anos de internação provisória.

A população de internos é formada em sua maioria por homens negros, entre 31 e 40 anos, que são analfabetos ou semianalfabetos e provenientes do interior do Estado. São oriundos de famílias de baixa renda, comumente com conflitos familiares e casos de violência doméstica, alcoolismo e drogadição (MALCHER, 2014).

Outras características comuns entre os internos são as dificuldades de relacionamento interpessoal, existindo relatos de surtos na infância e ausência de qualquer tipo de tratamento. Quando adultos, em sua maioria, são desempregados ou trabalham em funções de baixa remuneração.

O HCTP no Estado do Pará nunca funcionou como um hospital, apesar de possuir todas as estruturas, visto que ele foi construído observando as normas de construções hospitalares. "O HCTP possui espaços para o funcionamento de centros cirúrgicos, enfermarias, laboratórios clínicos, consultórios médicos, lavanderia, salas de radiografia, ultrassonografia e outros" (MALCHER, 2014, p. 129).

Segundo o relatório, feito em 2013 pelo Conselho Penitenciário do Estado do Pará, dentre os problemas estruturais do HCTP do estado do Pará estão: ausência de sistema de esgoto, lixo a céu aberto, instalações elétricas improvisadas, fios elétricos expostos, calor excessivo, ausência de ventilação e infiltrações que causam a proliferação de limo e mofo.

Além disso, o Hospital não possui ambulância, nem sala de informática, a biblioteca encontra-se deteriorada. Não há camas e colchões suficientes para os internos. Igualmente não existe distribuição de uniformes, calçados, roupas de cama e toalhas.

Como consequência da superlotação do HCTP, não há alas separadas para os pacientes provisórios e os definitivos, para idosos ou para as mulheres. Isso quer dizer que a exigência legal de separação dos internos por idade e situação prisional não é respeitada.

> [...] o surgimento do **Hospital de Custódia no Pará apenas resultou na transferência dos loucos das chamadas casas penais ou penitenciárias**, para um espaço físico a eles exclusivo, já que o dito "hospital", até o onde verificamos, nunca chegou a funcionar como instituição de saúde, e sim, como instituição carcerária. O que antes era prisão converteu-se em internação, **persistindo o cárcere** e a dessubjetivação. (MALCHER, 2014, p. 136, grifos nossos).

A precariedade dos HCTPs faz com que o caráter terapêutico da medida de segurança fique prejudicado. A busca pela cura do transtorno mental já seria muito difícil em um ambiente com boas condições estruturais, onde os tratamentos fossem efetivos, eficazes e eficientes. Logo, torna-se praticamente impossível na realidade dos hospitais atuais.

1.1.1 Caráter indeterminado das medidas de segurança de internação

De acordo com o Código Penal, art. 97, §1º, a medida de segurança de internação durará enquanto o agente for considerado perigoso, neste caso, a periculosidade torna-se o fator decisivo para a duração e manutenção da internação. É válido ressaltar que a periculosidade traduz-se aqui como o perigo que o inimputável representa para os outros ou para si, (ZAFFARONI; PIERANGELI, 2013). Podendo ser considerada a periculosidade, segundo NUCCI (2009), como um estado de antisociabilidade.

O argumento da periculosidade utilizado como instrumento de manutenção da medida de segurança possui, historicamente, duas classificações: a periculosidade social e criminal. O Estado brasileiro, segundo Cruz (2009), com o intuito de prevenir as práticas criminosas, passou a reprimir os comportamentos julgados lesivos à sociedade, não levando em consideração a conduta do indivíduo, e sim, somente a sua personalidade.

Em outras palavras, o direito de punir não possuía justificativas precisas, aplicando-se um direito penal alheio ao ato praticado, levando em consideração as características das pessoas, e não suas condutas.

Aqueles que não se enquadravam à normalidade estabelecida pela sociedade poderiam ser diagnosticados e punidos por sua periculosidade. Assim, o cidadão perigoso socialmente poderia ser tanto um indivíduo isolado, quanto uma coletividade, que poderia ser enquadrada como perigosa por fugir do padrão pré-estabelecido. Como consequência, grupos sociais poderiam ser criminalizados pelos setores que detinham o poder.

Portanto, historicamente teve-se a formação de um grupo que possuía a hegemonia econômica e social e um grupo vulnerável socialmente que recebia a característica da periculosidade, tornando-se alvo do poder punitivo estatal. O direito penal foi usado como instrumento de acordo com os interesses do Estado para manutenção do *status quo*. Aqueles que não eram interessantes para Estado tinham sua liberdade limitada (CRUZ, 2009).

Desse modo, não havia segurança jurídica na sociedade. Com a promulgação da Constituição Federal Brasileira de 1988 a aplicação da periculosidade social e presumida foi extinta do ordenamento penal. A partir de então, passou a ser utilizada a periculosidade criminal, que não deve avaliar as características físicas e psicológicas do autor e sim a probabilidade deste vir cometer um novo delito (CRUZ, 2009).

Todavia, a noção do que seria uma pessoa perigosa não é descrita no código penal, ou em qualquer outra lei. Não há critérios pré-determinados para a avaliação da periculosidade, estes são subjetivos. Sendo o perito, em muitos casos, influenciado pela história de vida pregressa do indivíduo.

O pressuposto da periculosidade faz com que o perigo que o sujeito representa esteja conectado com a possibilidade de reincidência. No entanto, pode-se ponderar que o risco de um perigo futuro não é controlável, tampouco se pode pretender extingui- lo.

O direito penal, em relação ao instituto da medida de segurança, passa a assumir um papel de antecipação. Ocorre a "substituição de uma forma de controle *post factum* [...] por um modelo de antecipação do dano via medidas preventivas" (NETO, 2013).

Não há como se exigir que uma pessoa só seja liberada quando houver a certeza de que ela não irá mais cometer nenhum tipo de crime.

> [...] a agressividade é inerente ao ser humano e não apenas à pessoa com transtorno mental. Por isso todos somos potencialmente perigosos e não há conhecimento científico que saiba precisar, com absoluta segurança, quão se é perigoso, para quem se é perigoso, quando se é perigoso e quando se deixa de sê-lo. As respostas dadas a essas indagações, por intermédio de laudos técnicos são sempre provisórias, circunstanciais e dependentes do referencial que o perito adotar. (MUSSE, 2008, apud, BRASIL, 2013, p. 62).

A pena dada aos infratores imputáveis é voltada apenas para o pretérito, assim, não parece cabível que a medida de segurança seja remetida também para o futuro. "É uma exigência descabida que se faz ao perito, na medida em que o Poder Judiciário solicita uma *pré-visão*, um *pró-gnóstico*" (BRASIL, 2013, p. 62).

A busca pela cura dos inimputáveis muitas vezes justifica uma internação perpétua em um HCTP que não oferece nenhum tipo de tratamento, tendo característica asilar, que mais atende ao caráter retributivo da pena, em detrimento do caráter terapêutico e curativo. O que se percebe é que a referida procura pela cura, pela cessação da periculosidade, está muito aliada à ideia de arrependimento, visto que os peritos relacionam o arrependimento pelo ato ilícito praticado com a cura da doença mental.

Esse critério é muito questionável porque em que pese os sujeitos serem considerados inimputáveis, o que significa que eles não conseguem compreender o ato cometido, os peritos relacionam o arrependimento pelo ato à cura e, consequentemente, à cessação da periculosidade.

A cessação da periculosidade é uma condição legal para o fim à restrição da liberdade do infrator apenas quando se trata de uma pessoa com transtorno mental, fato que gera uma controvérsia no que tange a constitucionalidade da medida de segurança, visto que a Constituição Federal veda penas de caráter perpétuo, art.5º, XLVII, b.

Essa não limitação temporal da aplicação da medida de segurança representa um perigo aos direitos constitucionais do interno, uma vez que a internação se prolonga sempre que a perícia médica indicar uma não cessação de periculosidade. Diante do exposto, conclui-se que os inimputáveis não sabem por quanto tempo ficarão submetidos aos tratamentos. Não sabendo, desse modo, o tempo de restrição de sua liberdade.

Cabe ressaltar que a periculosidade como argumento de manutenção da internação é questionável, porquanto muitas vezes a perícia atesta a não cessação da periculosidade influenciada pela gravidade do crime cometido. O que atribui à medida um caráter retributivo, extremamente violador, visto que se o individuo não preenche os requisitos da culpabilidade, ele não pode ter sua liberdade cerceada motivada pelo ato ilícito, pois ele não pode responder por esse ato.

A medida de segurança, no plano do dever ser, possui finalidades preventivas, na medida em que evita a reincidência e as reações abusivas do Estado, como internar sem nenhum critério um doente mental. Porém, na prática, observa-se que a medida de segurança de internação por muitas vezes é abusiva e fere direitos constitucionais do interno, como a vedação a penas perpétuas.

Ademais, os longos períodos de internação, assim como a ausência de determinação da duração da medida, geram graves consequências para a vida do interno, muitas vezes provocando a perda da própria identidade e consciência como ser humano (DINIZ, 2010).

A reabilitação do interno é complicada pelo próprio ambiente dos HCTPs, como apresentado no tópico anterior, eles mais funcionam como um local de cárcere do que como hospital. Além disso, é um ambiente agressivo por ter características de uma instituição feita para pessoas consideradas perigosas.

Como exposto, a possibilidade de uma internação por prazo indeterminado fere a vedação constitucional exposta no art. 5º, XLVII, b, que constitui cláusula pétrea.

> Não é constitucionalmente aceitável que, a título de tratamento, se estabeleça a possibilidade de uma privação de liberdade perpétua, como coerção penal. Se a lei não estabelece o limite máximo, é o intérprete quem tem a obrigação de fazê- lo. [...] Se, [...], continuar a doença mental da pessoa submetida à medida, a solução é comunicar a situação ao juiz do cível ou ao Ministério Público, para que se proceda conforme o art. 1.769[2] do Código Civil em vigor e efetivar a internação nas condições do art. 1.777[3] desse mesmo Código. (ZAFFARONI, PIERANGELI, 2013, p.763-764).

Desse modo, a solução encontrada para os inimputáveis cujos laudos do psiquiatra ainda atestarem a periculosidade, após o prazo do art. 75 do CP, é que eles sejam encaminhados para instituições do Sistema de Saúde, onde receberão um tratamento adequado, que não possuiria um caráter retributivo. Após o limite de trinta anos, a questão é de saúde pública e por isso deve ser resolvida civilmente (NUCCI, 2009).

2. LOUCURA, VIOLÊNCIA E DESRAZÃO

Quase toda a trajetória intelectual foucaultiana, muitas vezes desconexa e polimorfa, encontra o seu ponto de encontro na problematização e questionamento sobre a constituição do sujeito: seja a história da loucura, seja a história da sexualidade, seja a história do cristianismo, estes temas acabam sempre se reportando a uma história do sujeito.

Assim, tanto a loucura, quanto a sexualidade e o poder pastoral são apresentados como forças e racionalidades que podem ser analisadas a

2. Art. 1.769. O Ministério Público só promoverá a interdição:
   I - em caso de doença mental grave;
3. Art. 1.777. Os interditos referidos nos incisos I, III e IV do art. 1.767 serão recolhidos em estabelecimentos adequados, quando não se adaptarem ao convívio doméstico.

luz dos processos contemporâneos de objetivação e novos horizontes de subjetivação. Forças cujas relações de poder podem ser organizadas a partir do viés de um poder disciplinar e normalizador.

As representações da loucura, neste contexto, surgem como um conjunto de sentidos que passam a estruturar uma nova modalidade de poder, onde a razão emerge como um instrumento central da produção da verdade tendo como seu contraponto excludente a desrazão. Este modelo se assenta particularmente em certa perspectiva e compreensão da condição humana como cindida entre uma natureza instintiva e violenta e outra racional e controlada.

Assim, a razão surge, em certo contexto histórico interpretativo, como um instrumento deslocado da própria natureza, que é capaz de servir como útil ao controle dos impulsos mais primitivos e animalescos de nossa condição.

A razão, neste contexto, emerge como o elemento chave da produção da verdade e de um conhecimento legítimo e ordenado que situa e qualifica as pessoas como seres normais e inofensivos. A loucura, pois, fruto da produção de uma verdade e de um conhecimento desordenados, seria a consequência mais imediata da desrazão, liberando em nós, na ausência de um controle racional, nossos instintos mais violentos.

Loucura, desrazão e violência, surgem, assim, na modernidade, como a combinação elementar de um sujeito não assujeitado aos critérios ordenadores do poder disciplinar. Tal poder, visava, sobretudo, a acomodação e assujeitamento dos corpos e das almas aos jogos de poder hegemônicos, especialmente aqueles guiados pelos sentidos da normalidade e da anormalidade, ou, a partir do viés da psiquiatria, do normal e do patológico.

Assim, os saberes dotados da racionalidade científica, ganham um status de verdade racional e passam a atuar nestas relações de poder e assujeitamento dos corpos e mentes indisciplinados como um instrumento de saber/poder.

Junto com o crescimento das teorias que defendiam a submissão da loucura à razão, ocorreu a construção da loucura como doença mental. “A loucura é a forma mais pura, a forma principal e primeira do movimento pelo qual a verdade do homem passa para o lado do objeto e se torna acessível a uma percepção científica” (FOUCAULT, 2013, p. 648).

Para compreender a relação entre violência e a razão, Foucault (2013) analisou o saber sobre a loucura através de um recorte histórico que vai deste a época do Renascimento, transcorrendo a Idade Clássica, até a modernidade do século XIX.

> A loucura não é apenas uma categorização pura, utilizada em certo momento das sociedades ocidentais, em certos contextos e formações científicas; antes disso, a loucura é uma *violação das normas* do pensamento e das emoções por processos similares de desvio, contranormas, transgressão manifesta da racionalidade [...]. (YAZBEK, 2013, p.127).

Durante muito tempo, os considerados "a encarnação do mal" foram os leprosos, que na Idade Média eram mantidos longe das comunidades, isolados no que se chamou de cidades malditas. Os leprosários eram ambientes tidos como de salvação da alma através da purgação. Ao final da Idade Média, a partir do séc. XIV, a lepra vai desaparecendo do mundo ocidental, não como uma vitória da medicina, e sim sendo uma consequência da segregação e do fim das cruzadas (FOUCAULT, 2013).

> A lepra se retira, deixando sem utilidade esses lugares obscuros e esses ritos que não estavam destinados a suprimi-la, mas sim a mantê-la a uma distância sacramentada. [...] nos mesmos locais, os jogos de exclusão serão retomados, estranhamente semelhantes aos primeiros, dois ou três séculos mais tarde. Pobres, vagabundos, presidiários e "cabeças alienadas" assumirão o papel abandonado pelo lazarento [...]. (FOUCAULT, 2013, p. 6).

A primeira representação dos doentes mentais é do ponto de vista cristão, ao tempo em que os leprosos deixam de ser os seres alvos da estigmatização social, os doentes mentais passam a ocupar esse lugar de estigma e passam a ser submetidos à mesma prática de sacralização antes destinada aos leprosos, que aliava a ideia de exclusão com a salvação (BASTOS; CABRAL; REZENDE, 2010).

O tratamento dado à loucura era basicamente a exclusão social para o pagamento do pecado e para uma reintegração espiritual. Seria agraciado pela salvação tanto o excluído pela loucura, quanto aquele que exclui. A loucura possuía um sentido místico, mas era um saber ambíguo, visto que eles eram considerados seres que possuíam um saber que estava além do saber do mundo, mas deveriam ser isolados para a salvação. "Ser louco, então, é ter o privilégio de não se coadunar com um saber que não transcende o caráter efêmero de um mundo cujo esteio é o pecado" (BASTOS; CABRAL; REZENDE, 2010, p. 21).

Durante o Renascimento a representação da loucura se modifica, a loucura torna-se uma obsessão imaginária. Era comum que as cidades expulsassem os loucos de sua região, um dos métodos utilizados era destinar aos marinheiros a competência de livrar as ruas das cidades dos loucos, assim, eles eram levados pelas embarcações, surgindo então a figura da Nau dos loucos (FOUCAULT, 2013).

Para o Renascimento, "a sabedoria trágica desvelada na loucura legitimava a ilusão, o delírio e o sonho" (BASTOS; CABRAL; REZENDE, 2010, p.23). A loucura passou a não mais ser vista como um vasto conhecimento do mundo, e sim criticada e condenada. Foucault (2007, p. 442) afirma que ela "não era sistematicamente internada e era essencialmente considerada uma forma do erro ou da ilusão".

O tipo de saber que os doentes mentais elaboravam era considerado como subjetivo e sem base na realidade. É durante o Renascimento que ela passa a ser submetida à razão e moralizada, tornando-se vil e perniciosa.

> A loucura torna-se uma forma relativa à razão ou, melhor, loucura e razão entram numa relação eternamente reversível que faz com que toda loucura tenha sua razão que julga e controla, e toda razão sua loucura na qual ela encontra sua verdade irrisória. (FOUCAULT, 2013, p.30).

A submissão da loucura à razão aumenta durante a época Clássica, quando ela é totalmente afastada da razão, assumindo então o papel da desrazão, a loucura e a capacidade de pensar tornaram-se coisas opostas.

O conhecimento da loucura se dava através de observações.

> A percepção refere-se sobretudo, às instituições socialmente engendradas. Isto mostra que a loucura não é somente uma questão

> médica, mas atravessa a política, a família, a Igreja, a moral, etc. Tais instituições são instâncias defensoras da razão, ao mesmo tempo que policiam e combatem os focos de transgressão dessa mesma razão. (BASTOS; CABRAL; REZENDE, 2010, p.24).

Um dos marcos da era Clássica foi a criação do Hospital Geral na França, em 1656, tal hospital não possuía ligação com a medicina, sendo mais uma "estrutura semijurídica", com um foco policial, jurídico e moral. Esse período também ficou conhecido como a Grande Internação. "Foucault percebeu que o *grande enclausuramento*, que é a denominação oficial do hospital, assinala a passagem de uma compreensão religiosa da pobreza para uma compreensão social moralizadora" (BASTOS; CABRAL; REZENDE, 2010, p.24).

Todos aqueles que causavam uma desordem moral, eram levados para os hospitais, classificados como "homens de desrazão". Diferentes dos leprosos, eles não possuíam um mal externo a ser combatido, por isso eram considerados a internalização do mal (BASTOS; CABRAL; REZENDE, 2010).

Porém, deve ser observado, que "a loucura era percebida como pertencente às quimeras do mundo; ela podia viver no meio delas e só tinha de ser separada dela quando adquiria formas extremas ou perigosas" (FOUCAULT, 2006, p. 443).

A internação não era vista negativamente, visto que excluía grupos sociais de uma sociedade que discriminava em razão da moral. Os doentes mentais nem mesmo eram considerados como tais, não eram internados para receber nenhum tipo de tratamento (BASTOS; CABRAL; REZENDE, 2010).

Os hospitais tanto serviam para acolher pessoas que lá chegavam para dormir e se alimentar, quanto para ser o lugar daqueles que a polícia recolhia nas ruas. Eles ocultavam esses dois "problemas", para esconder a miséria e evitar problemas políticos. Eram internados "os devassos, os pais dissipadores, os filhos pródigos, os blasfemadores, os homens que procuram 'se desfazer', os libertinos" (FOUCAULT, 2013, p.111).

No fim do séc. XIX, tem-se início a Modernidade, quando a loucura passa a ser tratada como doença mental e o conhecimento passa a se preocupar com as explicações sobre a consciência analítica da loucura, passando a classificar os atos dos doentes mentais como consequência da loucura, e por isso, irresponsáveis e inocentes.

> O louco não mais aparece como um daqueles que são moralmente julgados como pertencentes ao universo da desrazão. Como alienado, o louco pode ser cientificamente visto como doente mental. Sendo doente mental, a Psiquiatria, à luz das objetivações do seu conhecimento sobre a patologia, cria a verdade do homem e a sua antítese. (BASTOS; CABRAL; REZENDE, 2010, p. 26).

A modernidade determinou um conceito de normalidade para justificar suas ações com aqueles que possuíam uma incapacidade, assim, fundamentou a verdade e a delimitação do normal (VERMEREN, 2013). De acordo com Yazbek (2013) a loucura passa a ser sinônimo de impossibilidade de pensamento.

A visão da loucura como doença mental não trouxe a objetividade desejada para a psiquiatria, ela representou mais um confisco da loucura pela razão. Em outras palavras, "a linguagem da psiquiatria só pôde estabelecer-se *sobre* o silêncio imposto à loucura" (YAZBEK, 2013, p. 128).

> A loucura torna-se pensável [...], ela é uma razão desarrazoada. E então, se o louco não é mais impensável, ele torna-se suscetível de um discurso racional- a ciência psiquiátrica- e de práticas de redução do desvio em relação à norma- a terapêutica. [...] Tornou-se louco, com o nascimento da psiquiatria, aquele que é excluído a partir do desvio de um fundamento biológico típico, aquele ao qual, no sentido literal, falta um compartimento [...]. (VERMEREN, 2013, p. 15).

No pensamento de Foucault (2007, p. 443), no início do séc. XIX, quando se iniciou o grande internamento "a loucura é percebida menos em relação ao erro do que em relação à conduta regular e normal; em que ela já não aparece como juízo perturbado, mas como distúrbio na maneira de agir, de querer, de experimentar paixões, de tomar decisões e ser livre".

Com essa mudança de pensamento, a loucura passou a poder ser controlada e tratada, iniciando-se a busca pela cura e normalização desses doentes.

Para se compreender o conceito dado à loucura, é necessário compreender como os doentes mentais foram reconhecidos socialmente, como visto, eles foram excluídos, internados e tratados em instituições que os acolhiam, mas os detinham. "Todos os usos metafóricos da loucura, todos os lugares fechados onde a loucura poderia ter livre curso, são subordinados em última instância à forma asilar" (VERMEREN, 2013, p.13).

Com o surgimento da psiquiatria, a instituição asilar tornou-se o instrumento para efetivar as práticas terapêuticas, o asilo surgiu da união da ordem jurídica com a ordem médica. Podemos observar que a internação surgiu antes da classificação do louco como doente mental, é com a Idade Moderna que a internação passa a ser um ato terapêutico. A psiquiatria vislumbrou através da desalienação a instauração de uma ordem moral (BASTOS; CABRAL; REZENDE, 2010).

O asilo teve o objetivo de ser um meio para buscar a verdade das doenças mentais, tirar o doente de seu ambiente e isola-lo o máximo possível. Ser um lugar de diagnóstico e classificação, mas também um lugar para se mascarar a doença mental. Para Foucault o asilo possui duas funções principais: produzir e provar verdades, constatar e conhecer os fenômenos da loucura. Porém, ele também tornou-se um lugar de enfrentamento, onde os doentes mentais resistiam à vontade reta do médico, "por outro lado, a luta que se estabelece a partir dai deverá, se bem travada, levar à vitória da vontade reta, à submissão, à renúncia da vontade perturbada" (FOUCAULT, 2006, p. 444).

Então, com a Idade moderna e constituição da loucura como doença mental, a medicina se tornou um meio de salvação, como consequência, deu-se ao homem o poder de avaliação do outro. O médico tornou-se o senhor da loucura, aquele que conhece sua verdade, que a domina e que a cura. O diagnóstico de um sujeito passou a presumir uma verdade usada para regular e normalizar o outro (FOUCAULT, 2006).

> O poder que o asilo dá ao psiquiatra deverá portanto se justificar (e se mascarar ao mesmo tempo como superpoder primordial) pro-

> duzindo fenômenos integráveis à ciência médica. [...] O poder do médico lhe permite produzir a partir de então a realidade de uma doença mental cuja característica é reproduzir fenômenos inteiramente acessíveis ao conhecimento (FOUCAULT, 2006, p. 446).

3. A MEDIDA DE SEGURANÇA COMO UM MEIO DE EXCLUSÃO SOCIAL

Como exposto, desde o Renascimento se fortaleceu o pensamento de que a loucura deveria ser submetida a razão, assim, os doentes mentais seriam submetidos aos tratamentos estipulados pelos ditos racionais. Aqueles são taxados de irracionais, porque para os racionais, "ser humano em sentido pleno é ser capaz de dominar com o cabresto da razão as pulsões irracionais que animalizam seu ser" (BASTOS; CABRAL; REZENDE, 2010, p. 13).

Para a teoria de Foucault, "todo poder é intencional, fazendo-se partir de séries de objetivos e estratégias em confronto, no qual a subjetividade, a condição pessoal, as castas ou as classes dominantes são apenas um aspecto de grandes estratégias anônimas que constituem os lances de dados políticos" (BRANCO, 2013, p. 366).

Assim, Yazbek (2013) afirma que a medicalização da loucura nada mais foi do que a implementação de um controle social para a manutenção do ordenamento vigente.

As práticas terapêuticas funcionam como um instrumento de controle e poder, que podem objetivar o controle da produtividade, dos atos, da religiosidade ou até mesmo da moralidade. Desse modo, a psiquiatria funciona como uma instituição social e moral (BASTOS; CABRAL; REZENDE, 2010).

O isolamento ocorria em nome da segurança dos doentes e suas famílias, para protegê-los das más influências, ultrapassar suas resistências, submete-los a ordem médica e, por fim, impor novos costumes. Percebe-se que o poder fundamenta todos os objetivos, "dominar o poder do louco, neutralizar os poderes exteriores que podem se exercer sobre ele; estabelecer sobre ele um poder de terapêutica e de adestramento" (FOUCAULT, 2006, p. 451).

A psiquiatria, apesar de ter tido um reconhecimento científico através da medicina, foi com o reconhecimento político que se consagrou. A instituição psiquiátrica gerou a exclusão e a discriminação de determinados grupos no meio social. Visto que ao transformar a loucura em patologia, tornou-se necessário a reorganização do asilo, para que ele se transformasse em um espaço exclusivo dos doentes mentais, assim, os doentes mentais tornaram-se uma categoria social (YAZBEK, 2013).

Nessa lógica, a psiquiatria nasceu com a função de resolver o problema burguês: dar um destino para aqueles que não se enquadravam com a ordem proposta, mas também não poderiam ser postos como criminosos.

> [...] o mundo é um grande hospício onde os governantes são os psicólogos e o povo os pacientes. A cada dia que passa, o papel desempenhado pelos criminologistas, pelos psiquiatras e todos os que estudam o comportamento mental do homem torna-se cada vez maior. Eis a razão pela qual o poder político está em vias de adquirir uma nova função, que é a terapêutica. (FOUCAULT, apud, BRANCO, 2013, p. 368).

Segundo uma visão foucaultiana, durante a história, o ocidente demonstrou uma intolerância com a desrazão, criaram-se inúmeras formas de controle, para regularizar e normalizar o outro, isto é, existiram vários tipos de controle social dos desviantes. Essa forma de controle muitas vezes foi tão opressiva, que se pode afirmar estar a violência mais ligada à razão do que à irracionalidade. "Por sermos humanos, a violência não surge por falta de razão, mas por excesso. *Perdemos a razão por excesso de razão.* Não existe violência não racionalizada. Toda violência apoia-se em porquês e possui seus para quês" (BASTOS; CABRAL; REZENDE, 2010, p.33).

O controle atual exercido sobre o indivíduo impõe uma moldura, que dá origem a uma subjetividade assujeitada. Isto porque o poder cria modelos de subjetividades a serem seguidos e faz com que as pessoas se identifiquem com eles, como se a escolha de ser de determinada maneira partisse delas, essa falsa individualidade é um resultado de uma estratégia política (BRANCO, 2013). Tudo o que foge do padrão determinado é excluído.

As pessoas já nascem em um mundo pré-estabelecido, onde já foram determinadas quais coisas são importantes e quais não o são. Assim como, de acordo com o grupo que possui o poder, já foi definido quem pertenceria ao meio social e os que devem estar às margens da sociedade (BAUMAN, 1998).

É através do poder que se cria e se mantém instrumentos de exclusão social. Ademais, a relação do interno do HCTP com o perito também forma uma relação política, posto que o saber do terapeuta, possui o poder de definir o outro, no caso o paciente. O poder que tem o terapeuta para justificar a manutenção da periculosidade é o mesmo mecanismo de poder que possui os tribunais, que têm competência para decidir quem fica ou não encarcerado em prol do bem da sociedade.

> Como um domínio de relações estratégicas entre indivíduos ou grupos – relações que tem como questão central a conduta do outro ou dos outros, e que podem recorrer a técnicas e procedimentos diversos, dependendo dos casos, dos quadros institucionais em que ele se desenvolve, dos grupos sociais ou das épocas. (FOUCAULT, apud, SILVA, 2009, p. 34).

Como já exposto, o tratamento dos doentes mentais é uma relação de poder, há uma dominação por parte do Estado e da psiquiatria. O fundamento político é justamente uma derivação desse poder, visto que "diz respeito ao poder que temos sobre o próximo, ou o poder que o próximo tem sobre nós" (JUNIOR, 1987, p.31) e está presente em diversas instituições da sociedade atual, desde a família até a relação com o Estado.

O saber do terapeuta é baseado na objetividade em sua relação com o objeto, posto que o doente mental ganha uma qualidade de objeto, e na atividade terapêutica que se constrói "na distribuição dos corpos, dos gestos, dos comportamentos segundo um ordenamento que se inscreve no registro de uma disciplinarização dos indivíduos" (YAZBEK, 2013, p. 131).

Pode ser afirmado que todas as relações existentes na sociedade são políticas, segundo Silva (2009) o poder não deve ser relacionado apenas com o Estado, existem os poderes que pré-existem a ele, existem as relações que possuem "um poder instituído socialmente" (JUNIOR, 1987,

p. 32) e as que possuem um poder mais afetivo. Todas essas relações são fundamentadas em sentimentos, não sendo possível ter um ser completamente guiado pela razão.

Cabe ressaltar que o poder é capaz de produzir, tanto realidades e conhecimentos, quanto o modo de ser das pessoas (SILVA, 2009). Com base nisso, reafirma-se que a perícia psiquiátrica é influenciada por outros fatores, que fogem das classificações de doenças.

Quando a ordem constitucional e o Estado de direito não mais permitiram que o Estado agisse com arbitrariedade em relação aos indivíduos ditos "anormais", a psiquiatria foi a solução para mantê-los afastados (SERRA, 1979).

A falta de razão, no mundo contemporâneo, foi relacionada à violência. Por isso, certos grupos sociais "indesejados" são afastados com base em critérios incertos como o da periculosidade.

No pensamento de Serra (1979) podemos identificar a periculosidade como argumento para o caráter indeterminado das Medidas de Segurança, visto que

> sua potencialidade antissocial, pois a irracionalidade não apenas os coloca fora da lei, mas potencialmente contra ela. Do primeiro, deriva a necessidade de serem *tutelados,* da segunda, seu perigo, a si próprios ou "à sociedade"- embrião, aliás, da futura acusação de periculosidade inata dos alienados; da conjugação de ambas, finalmente, a imperiosa necessidade do sequestro e da clausura. Ou seja, àqueles que tão substancialmente se colocam fora da ordem racional-natural, só medidas de coerção e arbítrio podem dar conta. (SERRA, 1979, p. 24).

O Estado brasileiro, durante muito tempo, autorizou que os hospitais psiquiátricos fossem utilizados para abrigar os indesejáveis, dentre estes hospitais está o hospital Colônia, o maior hospício do Brasil no século XX, onde se estima que 70% dos pacientes internados não possuíam qualquer enfermidade mental (ARBEX, 2013).

> [...] destino de desafetos, homossexuais, militantes políticos, mães solteiras, alcoolistas, mendigos, negros, pobres, pessoas sem do-

> cumentos e todos os tipos de indesejados, inclusive os chamados insanos. A teoria eugenista, que sustentava a ideia de limpeza social, fortalecia o hospital e justificava seus abusos. Livrar a sociedade da escória, desfazendo-se dela, de preferência em local que a vista não pudesse alcançar. (ARBEX, 2013, p.25-26).

Essa prática eugenista, da busca da pureza social esteve presente nos maiores crimes contra a humanidade, visto que não era apenas uma exclusão social, buscava-se a aniquilação da parcela da população que não se encaixava no padrão. A pureza era esse padrão, o ideal buscado, que deveria ser protegido das *más-influências*. "Não há nenhum meio de pensar sobre a pureza sem ter uma imagem da 'ordem', sem atribuir às coisas seus lugares que elas não preencheriam 'naturalmente', por sua livre vontade" (BAUMAN, 1998, p. 14).

Os hospitais psiquiátricos cometiam um genocídio lícito, autorizado pelo Estado Brasileiro, apoiado por médicos, funcionários e, principalmente, pela sociedade brasileira. Atualmente, essa institucionalização da violência não condiz com o Estado democrático de direito em que vivemos, tampouco com a Lei 10.201/01, também chamada Lei da Reforma Psiquiátrica ou Lei Antimanicomial.

Entretanto, é inevitável questionar se estas práticas de eugenia realmente foram extintas, note-se que a maioria dos internados no Hospital de Custódia e Tratamento Psiquiátrico do estado do Pará são negros, pobres e analfabetos. A exclusão social que acontece atualmente, também é uma prática eugênica, visto que certos sujeitos não possuem um "lugar certo" em nenhuma parte do modelo econômico-social capitalista atual.

De acordo com Bauman (1998), todas as culturas, em diferentes tempos, possuem um padrão ideal, logo, um objetivo de pureza próprio. Em todas as sociedades existiram os que devem ser protegidos das disparidades dos defeituosos.

Todas as medidas eugênicas possuem um fundamento político e social, com graves consequências para o convívio em sociedade. É inobservado que todos os seres humanos possuem direito a igual respeito e proteção, os considerados a sujeira social

> [...] são *outros seres humanos* que são concebidos como um obstáculo para a apropriada "organização do ambiente"; em que, em outras palavras, é uma outra pessoa ou, mais especificamente, uma certa categoria de outra pessoa, que se torna "sujeira" e é tratada como tal (BAUMAN, 1998, p. 17).

Então, questiona-se se a verdadeira finalidade da medida de segurança seria terapêutico-curativa ou de exclusão. A psiquiatria pode ser usada para finalidades diversas do tratamento de doentes mentais, em nome do poder político "a psiquiatria enclausura e massacra seus pacientes, pode-se pedir mais 'humanidade', mas concorda-se que ela está agindo conforme suas finalidades" (SERRA, 1979).

É o instrumento ideal de controle social do Estado de Direito uma vez que "enquanto a justiça só pode agir sobre o delito quando este já estiver sido cometido, a psiquiatria aparece como capaz de prevê-lo em função de critérios de periculosidade definidos 'cientificamente'." (PEREIRA, 1979).

Quando as instituições asilares passaram a ser questionadas, surgiu então o movimento da Antipsiquiatria que tinha o objetivo de tornar tanto seus estudos, quanto suas ações, instrumentos de modificação das ideias e do exercício dessas instituições.

> A antipsiquiatria é uma tentativa de se compreender o comportamento humano de um ponto de vista diferente daquele utilizado pela psiquiatria e psicologia "tradicionais". Este ponto de vista recua até a visão mais geral sobre a organização político-econômica do mundo, onde estão inseridos os homens. Sendo uma maneira diferente de abordar a questão do comportamento humano e, por decorrência, a questão da "doença" mental, a antipsiquiatria é também uma proposta distinta de como se atuar junto aos indivíduos considerados "doentes", "desviantes" ou loucos". (JUNIOR, 1987, p. 13).

Uma das principais críticas da antipsiquiatria consiste na busca pela cura. Em números, as "curas" das doenças mentais são mínimas, com base nisso, entende-se que se a cessação da periculosidade for vinculada à cura do paciente, poucas decisões de desinternação serão concedidas. Então, se reafirma que a manutenção do modelo da psiquiatria tradicional ocorre por um fundamento político e econômico.

Segundo Vermeren (2013), os movimentos de reforma psiquiátrica e a antipsiquiatria tinham como objetivo, estabelecer uma psiquiatria que entendesse a loucura sem enquadra-la no padrão ideal imposto e aos mecanismos médicos estabelecidos. "No âmago da antipsiquiatria, a luta com, na e contra a instituição" (FOUCAULT, 2006, p.450).

A antipsiquiatria busca libertar o doente mental

> dando ao indivíduo a tarefa e o direito de levar a cabo sua loucura, levá-la até o fim, numa experiência para a qual os outros podem contribuir, mas nunca em nome de um poder que lhes seja conferido por sua razão ou por sua normalidade; destacando as condutas, os sofrimentos, os desejos do estatuto médico que lhes havia sido conferido, emancipando-os de um diagnóstico e de uma sintomatologia que não tinham simplesmente valor de classificação, mas de decisão e de decreto. (FOUCAULT, 2006, p. 452-453).

Contudo, no Pará, em que pese todo o movimento antipsiquiátrico contra à busca de normalização, em prol da liberdade de ser aceito os doentes mentais na sociedade e a nossa Constituição Federal de 1988 garantir direito à igualdade, à dignidade humana, proibir tratamento cruéis e degradantes e vedar penas de caráter perpétuo. Apesar de também existir a Lei 10.216/01 que visa garantir um tratamento mais humanitário aos doentes mentais, os inimputáveis do Estado do Pará continuam encarcerados, sem um tratamento digno e sem a garantia de um prazo determinado para sua internação.

O que se percebe é que o direito penal ainda é usado como um instrumento de controle social, isolando grupos que não se enquadram com o padrão de racionalidade imposto pela modernidade, tão pouco se enquadram no sistema capitalista vigente. Com o liberalismo burguês, o pensamento da sociedade era "se os loucos não conseguem trabalho, são imorais e devem ser enclausurados, para não corroborarem a corrupção moral na sociedade" (BASTOS; CABRAL; REZENDE, 2010, p. 25).

Ainda é possível observar esta lógica como mecanismo de exclusão atualmente, os submetidos à medida de segurança não se enquadram na lógica capitalista e na racionalidade que a pós-modernidade impõe.

O padrão atual de normalidade é o consumidor. A sociedade hoje está dividida entre os que consomem e os que não possuem capacidade, seja financeira ou cognitiva, para o consumo. A verdade seguida por todos é a imposta pelo sistema capitalista. Desse modo, o critério de exclusão social não é mais racial ou genético, como no passado. O critério utilizado para escolher os que estão aptos para o convívio social é o econômico-sociológico.

O teste de pureza na pós-modernidade, para que os indivíduos sejam admitidos na sociedade, é seguir a liberdade de ter estilos e padrões que possam acompanhar as renovações do mercado consumidor. As pessoas devem passar a vida buscando novos produtos, novas experiências para mover tal mercado. Os que não conseguem, são a "sujeira" a ser eliminada (BAUMAN, 1998).

> Uma vez que o critério de pureza é a aptidão de participar do jogo consumista, os deixados fora como um "problema", como a "sujeira" que precisa ser removida, são *consumidores falhos* – pessoas incapazes de responder aos atrativos do mercado consumidor porque lhes faltam os recursos requeridos, pessoas incapazes de serem "indivíduos livres" conforme o senso de "liberdade" definido em função do poder de escolha do consumidor. [...] Encarados a partir da nova perspectiva do mercado consumidor, eles são redundantes-verdadeiramente "objetos fora do lugar". (BAUMAN, 1998, p. 24).

Segundo esse critério utilitarista, os doentes mentais, que em maioria são desempregados, pobres e analfabetos, estão excluídos do sistema. E assim permanecem isolados, sob o argumento da não cessação da periculosidade, podendo permanecer encarcerados a vida inteira.

Bauman (1998) afirma que é muito mais barato e prático excluir e aprisionar os doentes mentais, do que criar políticas públicas de emprego e previdência, que permitam que estas pessoas possam tornar-se parte da sociedade de consumo.

Conclui-se então, que o destino dos doentes mentais é traçado por uma estratégia política, derivada do pensamento de que estes são incapazes de partilhar os direitos e deveres do Estado Democrático de Direito (SERRA, 1979).

Na sociedade de consumo, formam-se as classes perigosas para aqueles que consomem. Parte da população possui um bom padrão de vida e condições para fazer parte ativamente da roda do consumo, a outra parcela da população não possui a mesma capacidade contributiva e transforma-se em um perigo. Constantemente a mídia, principal incentivadora do consumo, relata e destaca os crimes cometidos pela parte da população com menor poder aquisitivo. A população consumerista elege governantes que prometem manter os perigosos isolados (BAUMAN, 1998).

Desse modo, a eugenia da sociedade atual concentra-se nas classes consideradas perigosas. A pós-modernidade incriminou os problemas sociais gerados pela sua própria estrutura social.

> A população perigosa não será exterminada, a não ser aqueles assassinados pela punição do capital. Mas são grandes os riscos de que aqueles considerados componentes fundamentais da população perigosa possam ser confinados, armazenados, amontoados e obrigados a viver seus anos mais produtivos como consumidores do controle. Isso pode ser feito democraticamente, e sob o controle estrito das instituições legais. (CHRISTIE, *apud*, BAUMAN, 1998, p.25).

De acordo com o exposto, conclui-se que todas as sociedades possuem aqueles que não pertencem à pureza almejada, porque não se encaixam no padrão pré-estabelecido. Historicamente, os estranhos foram selecionados por diferentes motivos, de cunho religioso, moral, racial etc. Atualmente, o critério utilitarista é adotado, excluindo-se as classes perigosas por meio do encarceramento. Logo, a medida de segurança tornou-se um instrumento de intervenção e controle social. O controle do indivíduo é a verdadeira proposta e função da medida.

> As práticas modernas, jurídicas ou não, têm como objetivo primordial produzir corpos dóceis. O controle da alma é o modo de tornar os corpos marionetes de um jogo de poderes e saberes que faz funcionar a maquinaria que estrutura toda a sociedade. Um corpo dócil não se rebela, mas obedece; não enlouquece, mas normatiza-se; não grita, pois silencia. [...] A violência emerge das possibilidades de alienação da singularidade dos seres. Assim, tanto o controle da alma quanto os suplícios do corpo são dois lados da mesma violência. (BASTOS; CABRAL; REZENDE, 2010, p. 19).

Por todo o exposto, o sistema da medida de segurança pode ser questionado, dado que é uma violência contra o interno. O estado enclausura pela periculosidade gerada por conta da enfermidade mental, mas não oferece meios para a cessação dessa periculosidade. Ora, se o HCTP, apesar de ter uma estrutura de um hospital, não funciona como tal. Quando os internos são considerados incuráveis, admite-se a ineficácia da própria medida de segurança pela busca da normalização (PEREIRA, 1979). Transforma-se a internação em uma prisão perpétua, disfarçada sob o título de tratamento, com o objetivo de deixar isolado da sociedade as classes perigosas para o sistema capitalista atual.

4. CONSIDERAÇÕES FINAIS

É notório que o HCTP do Estado do Pará não funciona como um verdadeiro hospital, fazendo com que as internações não alcancem o caráter terapêutico-curativo da medida, configurando-se somente como mais uma forma de cárcere, estando presente o critério retributivo.

A presença deste caráter retributivo e a falta de um tratamento médico efetivo, questiona a natureza da medida de segurança, visto que o sistema atual pune aqueles que por lei são isentos de culpabilidade, uma vez que se um sujeito é considerado inimputável, ele não possui capacidade de compreender o ato ilícito cometido.

A modernidade e a valorização da racionalidade associada ao crescimento econômico e à educação escolar, tornou mais forte a separação entre razão/desrazão, normais/estranhos, possuindo como grande consequência a exclusão.

Restou claro que a manutenção da internação no HCTP, fundamentada no critério da periculosidade, possui uma função política de exclusão social. A psiquiatria, através da internação no HCTP é utilizada para proteger a sociedade capitalista do "perigo".

As relações de poder que formam a prática da aplicação da medida de segurança no Pará, condicionam o próprio funcionamento desta, a relação perito-paciente e as formas de tratamento. Durante a história da civilização ocidental pode-se observar que o poder exercido pela medicina, pela psiquiatria e pela justiça penal produziram verdades que são reproduzidas socialmente.

Como explicado, a medida de segurança é resultado de um poder, que determina que os normais são os consumidores do sistema econômico atual. Existindo uma relação íntima entre economia e política.

Por isso, os doentes mentais infratores representam um duplo perigo para a sociedade do consumo, são estigmatizados por possuírem uma enfermidade que talvez impossibilite a eles contribuírem ativamente para o sistema econômico e por serem criminosos. Em uma lógica utilitarista, a exclusão é um caminho muito mais fácil do que a reinserção.

Por não ser determinado em nenhum dispositivo legal a fixação de um prazo máximo para a internação em HCTPs, a medida de internação causa graves violações aos direitos dos inimputáveis, visto que uma condenação a uma pena perpétua fere o direito à liberdade, à proporcionalidade, à igualdade e à dignidade humana.

Conclui-se, então, que atualmente ainda existe no Brasil uma prática eugenista, que exclui aqueles que não são consumidores do sistema econômico atual, quais sejam, os doentes mentais pobres, analfabetos e que trabalhavam em funções de baixa remuneração ou eram desempregados antes da internação.

Essa exclusão institucionalizada, confirma-se pelo fato dos doentes mentais não receberem nenhum tipo de tratamento adequado no HCTP do Pará e mesmo assim, ser utilizado como critério para a manutenção da internação o argumento da não cessação da periculosidade.

Por fim, cabe ressaltar, que o tratamento a ser garantido para os doentes mentais não deve objetivar o controle e a cura, e sim, apenas a reinserção do sujeito no meio social. Devendo a sociedade aprender a respeitar e conviver com as diferenças.

5. REFERÊNCIAS

ARBEX, Daniela. **Holocausto brasileiro.** 12 ed. São Paulo: Geração, 2014.

BASTOS, Aguinaldo de; CABRAL, Alexandre Marques; REZENDE, Jonas. **Ontologia da Violência:** o enigma da crueldade. Rio de Janeiro: Mauad X, 2010.

BAUMAN, Zygmunt. **O Mal- Estar da pós-modernidade.** Rio de Janeiro: Zahar.1998.

BRANCO, Guilherme Castelo. **Michel Foucault e a antipsiquiatria.** In: MUCHAIL, Salma Tannus; FONSECA, Márcio Alves da; NETO, Alfredo Veiga (org.). **O mesmo e o outro:** 50 anos de História da Loucura. Belo Horizonte: Autêntica, 2013.

BRASIL. Decreto 847, de 11 de outubro de 1890. Código Penal dos Estados Unidos do Brasil. Disponível em: <http://www2.camara.leg.br/legin/fed/decret/1824-1899/decreto-847-11-outubro-1890-503086-publicacaooriginal-1-pe.html> Acesso em: 15/05/2015

BRASIL. Lei 10.216/2001, de 06 de ABRIL de 2001. Lei Antimanicomial. Disponível em: <http://www.planalto.gov.br/ccivil_03/leis/leis_2001/l10216.htm> Acesso em: 01/09/2014.

BRASIL. Lei 7.210/1984, de 11 de JULHO DE 1984. Lei de Execução Penal. Disponível em: http://www.planalto.gov.br/ccivil_03/leis/l7210.htm Acesso em: 27/04/2015.

BRASIL. Ministério Público Federal. **Parecer sobre medidas de segurança e hospitais de custódia e tratamento psiquiátrico sob a perspectiva da Lei n. 10.216/2001**. Disponível em <http://pfdc.pgr.mpf.gov.br/temas-de-atuacao/saude-mental/docs-publicacoes/parecer_medidas_seguranca_web.pdf>. Acesso em: 05/09/2014.

COSTA, Jurandir Freire. **História da psiquiatria no Brasil.** 3 ed. Rio de Janeiro: Campus, 1980.

CRUZ, Marcelo Lebre. **A inconstitucionalidade da medida de segurança face a periculosidade criminal.** 2009. Dissertação (Mestrado em Direito). Faculdades Integradas do Brasil, Curitiba, 2009. Disponível em <http://www.unibrasil.com.br/sitemestrado/_pdf/marcelo_lebre.pdf>. Acesso em: 27/04/2015.

DINIZ, Maria Helena. **O estado atual do biodireito.** 7 ed. São Paulo: Saraiva, 2010.

FOUCAULT, Michel. **História da Loucura.** 9 ed. São Paulo: Perspectiva, 2013.

FOUCAULT, Michel. **O poder psiquiátrico.** São Paulo: Martins Fontes, 2006.

FOUCAULT, Michel. **Vigiar e Punir.** 41 ed. Petrópolis: Vozes, 2013.

GRECO, Rogério. **Curso de direito penal:** parte geral. 13 ed. Niterói: Impetus, 2011.

JUNIOR, João Francisco Duarte. **A política da loucura:** A Antipsiquiatria. 3 ed. Campinas: Papirus, 1987.

MALCHER, Farah de Sousa. **A dessubjetivação terapêutica:** estudo do dispositivo criminal-punitivo dos inimputáveis por doença mental. 2014. Dissertação (Mestrado em Direito), Centro Universitário do Estado do Pará, Belém, 2014.

NUCCI, Guilherme de Souza. **Código Penal comentado.** 9 ed. São Paulo: Revista dos tribunais, 2009.

PARÁ. CONSELHO PENITENCIÁRIO DO ESTADO DO PARÁ. **Relatório da inspeção no hospital de custódia e tratamento psiquiátrico.** Belém: 2013

PEREIRA, Cristina Rauter. **Os carreiristas da indisciplina.** Rio de Janeiro: Achiame, 1979.

SERRA, Antônio A. **A psiquiatria como discurso político.** Rio de Janeiro: Achiame, 1979.

SILVA, Alyne Alvarez. **Modos de subjetivação e estratégias de governamentalidade:** a constituição de um "sujeito infrator" nas tramas de um dispositivo jurídico.2009. Dissertação (Mestrado em Psicologia social), Universidade Federal do Pará, Belém, 2009. Disponível em <http://www.ppgp.ufpa.br/dissert/Alyne.pdf>. Acesso em: 01/05/2015.

SOALHEIRO, Nina Isabel; AMARANTE, Paulo Duarte. Reflexões em torno da temática da política e das reformas no campo da psiquiatria, a partir de Michel Foucault e do movimento de usuários dos serviços de saúde mental. In: PASSOS, Izabel Friche (org.). **Poder, normalização e violência:** incursões foucaultianas para a atualidade. 2 ed. Belo Horizonte: Autêntica, 2013.

TAVARES, André Ramos. **Curso de direito constitucional.** São Paulo: Saraiva, 2012.

VADE MECUM. 9 ed. São Paulo: Saraiva, 2013.

NETO, Agostinho Ramalho Marques. A censura da expressão linguageira e a hipertrofia do direito penal a serviço do "politicamente correto". In: VESCOVI, Renata Conde (org.). **Psicanálise e direito: uma abordagem interdisciplinar sobre Ética, Direito e Responsabilidade.** Rio de Janeiro: Companhia de Freud; Vitória: Escola Lacaniana de Psicanalise de Vitória, 2013.

VERMEREN, Patrice. O que é o louco?. In: MUCHAIL, Salma Tannus; FONSECA, Márcio Alves da; NETO, Alfredo Veiga (org.). **O mesmo e o outro:** 50 anos de História da Loucura. Belo Horizonte: Autêntica, 2013.

YAZBEK, André Constantino. Da arqueologia da loucura à genealogia da psiquiatria. In: MUCHAIL, Salma Tannus; FONSECA, Márcio Alves da; NETO, Alfredo Veiga (org.). **O mesmo e o outro:** 50 anos de História da Loucura. Belo Horizonte: Autêntica, 2013.

ZAFFARONI, Eugenio Raúl, PIERANGELI, José Henrique. **Manual de direito penal brasileiro.** 10 ed. São Paulo: Revista dos Tribunais, 2013.

Capítulo 6

BIODIREITO COMO DIREITO NORMALIZADOR

Patrícia Marques Freitas[1]

SUMÁRIO: Introdução - 1. A biopolítica de Michel Foucault - 2. Paradoxos do biopoder e racismo biológico - 3. Por que biodireito? - 4. Direito, disciplinas e "artes de governar": 4.1 Sociedade disciplinar - 5. Conclusão - 6. Referências.

INTRODUÇÃO

O presente trabalho tem por objetivo abrir uma linha de reflexão a respeito da disciplina do Biodireito: ora, se o direito é normalizador, o que o biodireito visa normalizar? Sob a perspectiva da imagem do direito como vetor dos mecanismos de normalização, proposta por Michel Foucault, foram feitos dois recortes, o primeiro se trata da aula de 17 de março de 1976, na qual Foucault explica claramente o fenômeno da biopolítica. Já o segundo versa sobre a abordagem que Márcio Alves da Fonseca faz a respeito da obra de Foucault e seu estudo e visão do direito, justamente na imagem do direito normalizado-normalizador.

Ademais, o que se verifica é que ao tratar do tema do biodireito, uma disciplina que faz parte das novas temáticas jurídicas que se propõe a abordar a proteção dos direitos conhecidos como difusos e coletivos, como o Direito Ambiental, Direito Eletrônico, Direito à Paz, por exemplo, muitos são os autores e estudiosos do assunto que acabam por citar

---

1. Doutoranda em Filosofia do Direito pela Pontifícia Universidade Católica de São Paulo - PUC/SP, Mestre em Direito Constitucional pela Pontifícia Universidade Católica de São Paulo - PUC/SP, Especialista em Direitos Difusos e Coletivos pelo Centro Universitário do Pará - CESUPA. Advogada e Professora de Direito.

a biopolítica de Michel Foucault. Contudo, estes mesmos autores não aprofundam o tema da biopolítica, ou sequer estabelecem a relação entre biodireito e biopolítica.

Com isso, aqui há o objetivo de estudar uma pequena e inicial parte da biopolítica de Michel Foucault, mais especificamente, o texto *Em defesa da sociedade (1975-1976)*, que corresponde a um dos Cursos ministrados no Collège de France, e é seguido por outros cursos também do Collège de France, que são *Segurança, Território, População (1977-1978), O nascimento da Biopolítica (1978-1979)* e *O Governo dos vivos (1979-1980)*, procurando estabelecer, a partir da análise desta parte da biopolítica, alguma correlação existente com a disciplina do biodireito.

Finalmente, buscou-se também iniciar um estudo crítico sobre o direito como normalizador e pertencente à sociedade disciplinar e a função de controle que exerce nela, juntamente com as demais instituições, seja a escola, a prisão e os hospitais psiquiátricos.

1. A BIOPOLÍTICA DE MICHEL FOUCAULT

Em defesa da sociedade foi um curso ministrado de 7 de janeiro a 17 de março de 1976, entre o lançamento de *Vigiar e punir* (fevereiro de 1975) e o de *A vontade de saber* (outubro de 1976). Para Mauro Bertani e Alessandro Fontana, apesar de 30 anos transcorridos, o curso continua atual e necessário:

> É o descarte das teorias jurídicas e das doutrinas políticas, incapazes de explicar bem as relações de poder e as relações de força no enfrentamento dos saberes e das lutas reais; é uma releitura da época das Luzes em que se deveria ver a desqualificação dos saberes "menores" em proveito da centralização, da normalização, do disciplinamento de saberes dominantes, em vez do progresso da Razão; é a crítica da ideia segundo a qual a história seria uma invenção e uma herança da burguesia ascendente do século XVIII; é o elogio acentuado do "historicismo", dessa história que fala de conquistas e de dominações, uma "história-batalha", no verdadeiro sentido da palavra, que se construiu a partir da luta das raças em oposição ao direito natural; é, enfim, desde a transformação dessa

> luta no século XIX, a formulação de um problema, aquele da regulamentação biopolítica dos comportamentos, aquele, como memória recente e horizonte próximo, do nascimento e do desenvolvimento do racismo e do fascismo. (FOUCAULT, 2010, pp.245 e 246).

Pode-se perceber que, no curso *Em defesa da sociedade*, Foucault trata do poder não como algo que se estabeleça de modo vertical, como um objeto que possa ser possuído pelo governante, para ele, o poder está na relação, de maneira horizontal, nas relações mais capilarizadas. Ele fala também que vai fundamentar sua crítica a partir de "saberes sujeitados", ou seja, aqueles desqualificados, hierarquicamente inferiores, abaixo do nível da cientificidade exigida, por isso fora da centralização, da normalização, do disciplinamento de saberes dominantes.

Portanto, *Em defesa da sociedade* descortina uma visão que passa a criticar as concepções do direito natural que efetivamente naturaliza conceitos e direitos que seriam próprios do ser humano desde o seu nascimento. Resumindo o curso, Bertani e Fontana concluem que:

> Para realizar a análise concreta das relações de poder, deve-se abandonar o modelo jurídico da soberania. Este, de fato, pressupõe o indivíduo como sujeito de direitos naturais ou de poderes primitivos; propõe-se o objetivo de explicar a gênese ideal do Estado; enfim, faz da lei a manifestação fundamental do poder. Dever-se-ia tentar estudar o poder não a partir dos termos primitivos da relação, mas a partir da própria relação na medida em que ela é que determina os elementos sobre os quais incide: em vez de perguntar a sujeitos ideais o que puderam ceder de si mesmos ou de seus poderes para deixar-se sujeitar, deve-se investigar como as relações de sujeição podem fabricar sujeitos. Assim também, em vez de buscar a forma única, o ponto central do qual derivariam todas as formas de poder por consequência ou desenvolvimento, deve-se primeiro deixá-las valer em sua multiplicidade, em suas diferenças, em sua especificidade, em sua reversibilidade: estudá-las, pois, como relações de força que se entrecruzam, remetem umas às outras, convergem ou, ao contrário, se opõem e tendem a anular-se. Enfim, em vez de conceder um privilégio à lei como manifestação de poder, é preferível tentar localizar as diferentes técnicas de coerção por ele empregadas. (FOUCAULT, 2010, p.225).

Há, no excerto acima destacado, uma clara crítica aos contratualistas e sua ideia de que cada ser humano teria cedido parte de seu poder individual em prol do Estado, para que este exercesse o poder sobre a coletividade. Desse modo, a doutrina jurídica do Estado soberano passa a predominar, bem como a concepção de que é a partir do direito natural que as leis são positivadas, notadamente, na Revolução francesa com a Declaração de Direitos do Homem e do Cidadão. Nesse sentido, na análise da genealogia do Estado, é preciso abandonar a ideia de soberania, para dar lugar ao que Foucault chama de biopolítica.

Assim, na aula de 17 de março de 1976 (*Em defesa da sociedade*), ao iniciar o tema da biopolítica, Foucault (2010, p.201) revela que um dos fenômenos fundamentais do século XIX foi a "estatização do biológico". Para que se possa entender melhor, Foucault explica que uma das transformações mais significativas do direito político do século XIX foi o surgimento de um direito novo que veio complementar o velho direito da soberania, que segundo o autor, este último consistia em "fazer morrer e deixar viver", ou seja, na teoria clássica da soberania o soberano tem direito de vida e de morte sobre seu súdito, significando que ele pode fazer morrer e deixar viver, portanto, a vida e a morte não são desses fenômenos naturais, que possam ser entendidos absolutamente fora do campo do poder político. Assim, o direito novo, mencionado acima, a qual Foucault (2010, p.202) faz referência, além de completar o direito antigo de soberania, traz justamente o inverso deste, posto que instaura o direito de "fazer viver e deixar morrer".

Ocorre que para estabelecer essa transformação, acima descrita, do direito de fazer morrer e deixar viver, próprio do antigo direito de soberania, para o do direito novo de fazer viver e deixar morrer, o nível que Foucault pretende alcançar não se encontra na teoria política, mas sim no nível dos mecanismos, das técnicas, das tecnologias de poder. Dessa forma Foucault (2010, p.203) esclarece:

> Então, aí, topamos com coisas familiares: é que, nos séculos XVII e XVIII, viram-se aparecer técnicas de poder que eram essencialmente centradas no corpo, no corpo individual. Eram todos aqueles procedimentos pelos quais se assegurava a distribuição espacial dos

> corpos individuais (sua separação, seu alinhamento, sua colocação em série e em vigilância) e a organização, em torno desses corpos individuais, de todo um campo de visibilidade. Eram também as técnicas pelas quais se incumbiam desses corpos, tentavam aumentar-lhes a força útil através do exercício, do treinamento, etc. Eram igualmente técnicas de racionalização e de economia estrita de um poder que devia se exercer, da maneira menos onerosa possível, mediante todo um sistema de vigilância, de hierarquias, de inspeções, de escriturações, de relatórios: toda essa tecnologia, que podemos chamar de tecnologia disciplinar do trabalho. Ela se instala já no final do século XVII e no decorrer do século XVIII.

A partir deste trecho, Foucault trata do início da tecnologia disciplinar do trabalho, abordando a tecnologia de poder. Contudo, o filósofo declara que durante a segunda metade do século XVIII, aparece outra tecnologia do poder, diferente da disciplinar do trabalho, porém que, por outro lado, não exclui esta última. Dessa forma, a nova técnica de poder não disciplinar se dirige não ao homem-corpo, mas sim, ao homem-espécie, homem vivo, homem ser vivo.

Esmiuçando o assunto, Foucault (2010, p.204) explica: mais precisamente, eu diria isto: a disciplina tenta reger a multiplicidade dos homens na medida em que essa multiplicidade pode e deve redundar em corpos individuais que devem ser vigiados, treinados, utilizados, eventualmente punidos. E, depois, a nova tecnologia que se instala se dirige à multiplicidade dos homens, não na medida em que eles se resumem em corpos, mas na medida em que ela forma, ao contrário, uma massa global, afetada por processos de conjunto que são próprios da vida, que são processos como o nascimento, a morte, a produção, a doença, etc. Logo, depois de uma primeira tomada de poder sobre o corpo que se fez consoante o modo da individualização, temos uma segunda tomada de poder que, por sua vez, não é individualizante, mas que é massificante, se vocês quiserem, que se faz em direção não do homem-corpo, mas do homem-espécie. Depois da anatomopolítica do corpo humano, instaurada no decorrer do século XVIII, vemos aparecer, no fim do mesmo século, algo que já não é uma anatomopolítica do corpo humano, mas que eu chamaria de uma biopolítica da espécie humana.

Assim Foucault introduz o tema da biopolítica, entendendo que seus primeiros objetos de saber são um conjunto de processos como a proporção dos nascimentos e dos óbitos, a taxa de reprodução, a fecundidade de uma população, ou seja, os processos de natalidade, de mortalidade, de longevidade, que surgem na segunda metade do século XVIII. Para a biopolítica o que importa é também o problema da morbidade, não mais como as epidemias da Idade Média, mas algo diferente que são as endemias:

> Aquilo que se poderia chamar de endemias, ou seja, a forma, a natureza, a extensão, a duração, a intensidade das doenças reinantes numa população. Doenças mais ou menos difíceis de extirpar, e que não são encaradas como as epidemias, a título de causas de morte mais frequente, mas como fatores permanentes (...) de subtração das forças, diminuição do tempo de trabalho, baixa de energias, custos econômicos, tanto por causa da produção não realizada quanto dos tratamentos que podem custar. Em suma, a doença como fenômeno de população: não mais como a morte permanente, que se introduz sorrateiramente na vida, a corrói perpetuamente, a diminui e a enfraquece. (FOUCAULT, 2010, p.205).

A doença como fenômeno de população, como no caso das endemias estava ligada a uma preocupação com a baixa produtividade. Foucault (2010, p.205) afirma que a partir de então, surge uma medicina com a função maior da higiene pública, "com organismos de coordenação dos tratamentos médicos, de centralização da informação, de normalização do saber, e que adquire também o aspecto de campanha de aprendizado da higiene e de medicalização da população".

Outro campo de atuação da biopolítica está relacionado com o que não era possível evitar como as doenças, como os acidentes e a própria velhice, o que faz com que sejam criadas as instituições de assistência, bem como outros mecanismos mais sutis e mais racionais, de seguros, de poupança individual e coletiva e de seguridade.

Além disso, Foucault (2010, p.206) aponta o que chama de elementos fundamentais relativos à biopolítica. O primeiro seria o aparecimento da noção de população: "A biopolítica lida com a população, e a população como problema político, como problema a um só tempo científico e político, como problema biológico e como problema de poder, acho que aparece nesse momento". Ainda no campo da população, surge o segundo elemento importante que são os acontecimentos aleatórios que ocorrem numa população. Já o terceiro elemento, Foucault (2010, p.207) revela:

> Vai ser preciso modificar, baixar a morbidade; vai ser preciso encompridar a vida; vai ser preciso estimular a natalidade. E trata-se sobretudo de estabelecer mecanismos reguladores que, nessa população global com seu campo aleatório, vão poder fixar um equilíbrio, manter uma média, estabelecer uma espécie de homeostase, assegurar compensações; em suma, de instalar mecanismos de previdência em torno desse aleatório que é inerente a uma população de seres vivos, de otimizar, se vocês preferirem, um estado de vida: mecanismos, como vocês veem, como os mecanismos disciplinares, destinados em suma a maximizar forças e a extraí-las, mas que passam por caminhos inteiramente diferentes.

Portanto, como acima descrito, o poder absoluto da soberania que consistia no poder de fazer morrer e deixar viver passa então, sob a perspectiva da tecnologia do biopoder, com a tecnologia do poder sobre a população, sobre o homem enquanto um ser vivo, a consistir no poder de fazer viver e deixar morrer, um poder que Foucault (2010, p.207) chama de regulamentação.

É possível verificar que os mecanismos de poder disciplinar e o outro regulamentador se articulam um com o outro, por isso podem aparecer juntos em diversas situações, alguns exemplos são: sistemas de seguro-saúde ou de seguro-velhice; regras de higiene que garantem a longevidade; pressões sobre a procriação, sobre a higiene das famílias; cuidados com as crianças.

Foucault (2010, p.211-212) ainda traz um exemplo crucial para tratar do aparecimento simultâneo das tecnologias de poder disciplinar e regulamentador:

> Considerem um outro domínio – enfim, não inteiramente outro – considerem, noutro eixo, algo como a sexualidade. No fundo, por que a sexualidade se tornou, no século XIX, um campo cuja importância estratégica foi capital? Eu creio que, se a sexualidade

> foi importante, foi por uma porção de razões, mas em especial houve estas: de um lado, a sexualidade, enquanto comportamento exatamente corporal, depende de um controle disciplinar, individualizante, em forma de vigilância permanente (e os famosos controles, por exemplo, da masturbação que foram exercidos sobre as crianças desde o fim do século XVIII até o século XX, e isto no meio familiar, no meio escolar, etc., representam exatamente esse lado de controle disciplinar da sexualidade); e depois, por outro lado, a sexualidade se insere e adquire efeito, por seus efeitos procriadores, em processos biológicos amplos que concernem não mais ao corpo do indivíduo mas a esse elemento, a essa unidade múltipla constituída pela população. A sexualidade está exatamente na encruzilhada do corpo e da população. Portanto, ela depende da disciplina, mas depende também da regulamentação.

É da análise de Foucault sobre a extremada valorização médica do sexo a partir do século XIX que surge a teoria da degenerescência que se liga às concepções do movimento de eugenia que aparece no século seguinte nos Estados Unidos. O indivíduo de sexualidade desregrada, ou seja, indisciplinada e irregular está sujeito a toda espécie de doenças transmissíveis sexualmente, de modo a castigar seu corpo. Por outro lado, ele ainda representa um mal para a população na medida em que herdou esse comportamento pervertido e irá disseminá-lo por meio de suas próximas gerações, essa é a teoria da degenerescência.[2]

Sobre a medicina, Foucault (2010, p.212) esclarece:

> E vocês compreendem então, nessas condições, por que e como um saber técnico como a medicina, ou melhor, o conjunto constituído por medicina e higiene, vai ser no século XIX um elemento, não o mais importante, mas aquele cuja importância será considerável

2. Nesse ponto abre-se uma nota para explicar a teoria da degenerescência, que seria uma teoria criada na França, em meados do século XIX, pelos alienistas, como Morel, Legrain e Magnan (FOUCAULT, 2010, p.222): "essa teoria da degenerescência, fundamentada no princípio da transmissibilidade da tara chamada hereditária, foi o núcleo do saber médico sobre a loucura e a anormalidade na segunda metade do século XIX. Muito cedo adotada pela medicina legal, ela teve efeitos consideráveis sobre as doutrinas e as práticas eugênicas e não deixou de influenciar toda uma literatura, toda uma criminologia e toda uma antropologia".

> dado o vínculo que estabelece entre as influências científicas sobre os processos biológicos e orgânicos (isto é, sobre a população e sobre o corpo) e, ao mesmo tempo, na medida em que a medicina vai ser uma técnica política de intervenção, com efeitos de poder próprios. A medicina é um saber-poder que incide ao mesmo tempo sobre o corpo e sobre a população, sobre o organismo e sobre os processos biológicos e que vai, portanto, ter efeitos disciplinares e efeitos regulamentadores.

No que diz respeito à disciplina do biodireito, a medicina é sua pedra de toque, tanto que em Portugal era conhecida como direito da medicina, podendo representar, portanto, uma das correlações entre biopolítica e biodireito.

Contudo, há um elemento, além da medicina, que vai circular entre os poderes disciplinar e regulamentador, que se aplica tanto ao corpo, quanto à população, que é a norma. A sociedade de normalização para Foucault (2010, p.213): "é uma sociedade em que se cruzam, conforme uma articulação ortogonal, a norma da disciplina e a norma da regulamentação". Isto quer dizer, que as normas se encontram em uma posição perpendicular, de modo que toda a sociedade é abarcada por elas. Foucault (2010, p.213) continua e explica:

Dizer que o poder, no século XIX, tomou posse da vida, dizer pelo menos que o poder, no século XIX, incumbiu-se da vida, é dizer que ele conseguiu cobrir toda a superfície que se estende do orgânico ao biológico, do corpo à população, mediante o jogo duplo das tecnologias de disciplina, de uma parte, e das tecnologias de regulamentação, de outra.

No século seguinte, surge a bioética e, por conseguinte, o biodireito, portanto, após o momento em que o poder se encarregou da vida, do controle do corpo e da população, fazendo nascer um biopoder. Assim como o biopoder, a bioética e o biodireito também tratam da vida, estabelecendo princípios e regras de conduta que propiciem a sobrevivência, ou seja, o fazer viver. Entretanto, cabe uma observação de que quando se trata de assuntos polêmicos, não, necessariamente, se escolhe a sobrevivência. Exemplos são os casos relacionados ao aborto, eutanásia e uso de células tronco embrionárias.

2. PARADOXOS DO BIOPODER E RACISMO BIOLÓGICO

Apesar de tudo que foi exposto a respeito do biopoder, há paradoxos que propiciam questionamentos. É o caso da bomba atômica, pois no poder de lançar a bomba há tanto o poder de soberania que mata, mas há também o poder de matar a própria vida. Desse modo, a utilização da bomba atômica representa o poder soberano e não biopoder, então seria o direito soberano sobre o biopoder. Porém, pode ocorrer o inverso, que é o excesso de biopoder sobre o direito soberano, que aparece quando da possibilidade de se fabricar vírus incontroláveis e que possam destruir a humanidade.

Aqui vale destacar uma correspondência com o biodireito no tocante à biotecnologia, esta entendida como a tecnologia aplicada às ciências da vida (medicina, biologia, etc.). Isto porque, a biotecnologia que apresenta um desenvolvimento considerável a partir da segunda metade do século XX, tornou o ser humano capaz de fabricar vírus com intuitos bélicos. Contudo, o feito que chamou atenção da comunidade científica, foi a criação de uma célula viva, inteiramente feita em laboratório, pela equipe de Craig Venter em 2010. O cientista Craig Venter se tornou famoso em 2000, quando anunciou que havia finalizado o Projeto Genoma e, com isso, mapeado o genoma humano.

A fabricação da vida sintética no laboratório significou uma grande promessa para a biotecnologia porque a partir de então, seria possível utilizá-la com variados fins: combustível, fonte de energia, agente de limpeza do meio ambiente (como uma bactéria que se alimentasse do óleo que vaza das embarcações em desastres com navios), além de fármaco (agente capaz de se infiltrar no organismo humano e destruir vírus). Todas as possibilidades envolvendo vultosas quantias de investimento financeiro. Contudo, há riscos, um deles é se a vida sintética for utilizada para fins bélicos, outro, por exemplo, é caso os cientistas criem um vírus e de alguma forma ele escape do laboratório, dando origem a um novo tipo de doença de caráter epidêmico.

Outro questionamento a respeito dos paradoxos do biopoder que Foucault faz é: por que um poder que se preocupa em fazer viver, acaba por matar? É nesse momento que Foucault (2010, p.214) entende que surge o racismo, que o define como:

> É, primeiro, o meio de introduzir afinal, nesse domínio da vida de que o poder se incumbiu, um corte: o corte entre o que deve viver e o que deve morrer. No contínuo biológico da espécie humana, o aparecimento das raças, a distinção das raças, a hierarquia das raças, a qualificação de certas raças como boas e de outras, ao contrário, como inferiores, tudo isso vai ser uma maneira de fragmentar esse campo do biológico de que o poder se incumbiu; uma maneira de defasar, no interior da população, uns grupos em relação aos outros. Em resumo, de estabelecer uma cesura que será do tipo biológico no interior de um domínio considerado como sendo precisamente um domínio biológico.

Foucault (2010, p.215) apresenta ainda, uma segunda função para o racismo:

Mas o racismo faz justamente funcionar, faz atuar essa relação de tipo guerreiro – "se você quer viver, é preciso que o outro morra" – de uma maneira que é inteiramente nova e que, precisamente, é compatível com o exercício do biopoder. De uma parte, de fato, o racismo vai permitir estabelecer, entre a minha vida e a morte do outro, uma relação que não é uma relação militar e guerreira de enfrentamento, mas uma relação do tipo biológico: "quanto mais as espécies inferiores tenderem a desaparecer, quanto mais os indivíduos anormais forem eliminados, menos degenerados haverá em relação à espécie, mais eu – não enquanto indivíduo, mas enquanto espécie – viverei, mais forte serei, mais vigoroso serei, mais poderei proliferar". A morte do outro não é simplesmente a minha vida, na medida em que seria minha segurança pessoal; a morte do outro, a morte da raça ruim, da raça inferior (ou do degenerado, ou do anormal), é o que vai deixar a vida em geral mais sadia; mais sadia e mais pura.

As funções do racismo se coadunam com a concepção de eugenia. Para o movimento eugênico seria possível, através da seleção criteriosa de casais, fazer com que só nascessem crianças com a melhor constituição genética, com o fim de construir uma raça pura.

Compreende-se, dessa forma, que a tese científica do evolucionismo de Darwin vai representar o fundamento teórico do racismo, no plano da biopolítica. Assim, a concepção evolucionista, não propriamente a teoria evolucionista, mas o conjunto de suas noções, tais como, a hierarquia das espécies, a luta pela sobrevivência entre as espécies, a seleção que só mantém aqueles que melhor se adequam ao meio, se naturalizou no século XIX e serviu de justificativa para: "pensar as relações da colonização, a necessidade das guerras, a criminalidade, os fenômenos da loucura e da doença mental, a história da sociedade com suas diferentes classes, etc". (FOUCAULT, 2010, p.216). Nesse sentido, o evolucionismo serviu para dar um caráter científico ao discurso político, ou seja, transcrevendo em termos biológicos o discurso político, o que na verdade, proporciona uma suposta credibilidade ao discurso.

Foucault (2010, pp.216 e 217) reflexiona sobre o racismo na biopolítica: o racismo vai se desenvolver *primo* com a colonização, ou seja, com o genocídio colonizador. Quando for preciso matar pessoas, matar populações, matar civilizações, como se poderá fazê-lo, se se funcionar no modo do biopoder? Através dos temas do evolucionismo, mediante um racismo. (...) Na guerra, vai se tratar de duas coisas, daí em diante: destruir não simplesmente o adversário político, mas a raça adversa, essa [espécie] de perigo biológico representado, para a raça que somos, pelos que estão à nossa frente. (...) Poderíamos dizer a mesma coisa a propósito da criminalidade. Se a criminalidade foi pensada em termos de racismo, foi igualmente a partir do momento em que era preciso tornar possível, num mecanismo de biopoder, a condenação à morte de um criminoso ou seu isolamento. Mesma coisa com a loucura, mesma coisa com as anomalias diversas. Nesse sentido, enquanto a soberania tinha o poder de fazer morrer e deixar viver, o biopoder ao contrário, tem o poder de fazer viver e deixar morrer. No entanto, restava a pergunta, como a morte era exercida no sistema político do biopoder? Ao que Foucault responde, dizendo que a morte se daria por meio do racismo, não baseado em ideologia, ou no ódio entre as raças, na verdade seria um racismo ligado a uma tecnologia de poder, de modo que aquele assegura a função de morte na economia do biopoder, baseado no princípio de que a morte do outro significa o fortalecimento biológico da própria pessoa, enquanto pertencente a uma raça diversa do outro.

Portanto, Foucault (2010, p.218) observa sobre o Estado nazista: vocês compreendem então, nessas condições, como e por que os Estados mais assassinos são, ao mesmo tempo, forçosamente os mais racistas. É claro, aí temos de tomar o exemplo do nazismo. Afinal de contas, o nazismo é, de fato, o desenvolvimento até o paroxismo dos mecanismos de poder novos que haviam sido introduzidos desde o século XVIII. Não há Estado mais disciplinar, claro, do que o regime nazista; tampouco há Estado onde as regulamentações biológicas sejam adotadas de uma maneira mais densa e mais insistente. Poder disciplinar, biopoder: tudo isso percorreu, sustentou a muque a sociedade nazista (assunção do biológico, da procriação, da hereditariedade; assunção também da doença, dos acidentes). Não há sociedade a um só tempo mais disciplinar e mais previdenciária do que a que foi implantada, ou em todo caso projetada, pelos nazistas. O controle das eventualidades próprias dos processos biológicos era um dos objetivos imediatos do regime.

A obsessão do regime nazista pelo extermínio dos judeus era tal que foram feitas toda sorte de experimentos para transformar as pessoas no que eles entendiam por raça superior, inclusive injetando tinta azul nos olhos das crianças para tentar fazer com que seus olhos ficassem azuis. Era um regime biopolítico por excelência, no qual o movimento eugenista dos Estados Unidos encontra em Adolf Hitler um grande admirador e passa a colocá-lo em prática. O racismo manifestado na Alemanha nazista é justamente aquele que defende a ideia de que uma raça deve ser exterminada para que a outra possa sobreviver.

Além disso, há uma especificidade nesse regime, apontada por Foucault (2010, p.218):

> Esse poder de matar, que perpassa todo o corpo social da sociedade nazista, se manifesta, antes de tudo, porque o poder de matar, o poder de vida e de morte é dado não simplesmente ao Estado, mas a toda uma série de indivíduos, a uma quantidade considerável de pessoas (sejam os SA, os SS, etc.). No limite, todos têm o direito de vida e de morte sobre o seu vizinho, no Estado nazista, ainda que fosse pelo comportamento de denúncia, que permite efetivamente suprimir, ou fazer suprimirem, aquele que está ao seu lado.

A possibilidade que as pessoas tinham de entregar até os seus próprios vizinhos fazia com que tivessem poder de morte uns sobre os outros, dessa forma, o controle se tornava ainda maior, favorecendo o próprio regime nazista. Alguns alemães que se solidarizavam com os judeus tinham que empreender esquemas espetaculares para poder esconder ou ajudar na fuga de judeus e até mesmo de crianças judias.

Contudo, Bertani e Fontana (2010, p.236) a respeito dos regimes fascistas e stalinistas:

> O fascismo e o stalinismo utilizaram e ampliaram os mecanismos já presentes na maioria das outras sociedades. Não somente isso, mas apesar de sua loucura interna, eles utilizaram, numa larga medida, as ideias e os procedimentos de nossa racionalidade política.

Os comentadores acima, ainda afirmam que um dos objetivos essenciais é a verificação da utilização de biopolíticas raciais pelo fascismo e o stalinismo, que dizem aparecer na aula de 17 de março de 1976 que se estuda aqui:

Continuidade também do fascismo e do stalinismo nas biopolíticas de exclusão e de exterminação do politicamente perigoso e do etnicamente impuro – biopolíticas introduzidas já no século XVIII pelo policiamento médico e assumidas, no século XIX, pelo darwinismo social, pelo eugenismo, pelas teorias médico-legais da hereditariedade, da degenerescência e da raça. (FOUCAULT, 2010, p.236).

Bertani e Fontana (2010, p.244) ainda revelam que:

> Quanto ao racimo, foi um tema que apareceu e que foi abordado nos seminários e nos cursos sobre a psiquiatria, sobre as punições, sobre os anormais, sobre todos esses saberes e práticas em que, em torno da teoria médica da "degenerescência", da teoria médico-legal do eugenismo, do darwinismo social e da teoria penal da "defesa social", elaboram-se, no século XIX, as técnicas de discriminação, de isolamento e de normalização dos indivíduos "perigosos": a aurora precoce das purificações étnicas e dos campos de trabalho (que um criminalista francês do final do século XIX, J. Léveeillé,

> por ocasião de um Congresso Internacional Penitenciário em São Petersburgo, aconselhava a seus colegas russos construírem na Sibéria, como lembra o próprio Foucault. Nasceu um novo racismo quando o "saber da hereditariedade" – ao qual Foucault planejava consagrar suas futuras pesquisas, em seu texto de candidatura ao Collège de France – se acoplou com a teoria psiquiátrica da degenerescência. Dirigindo-se a seu auditório, ele dizia no fim de sua última aula (18 de março de 1975) do curso de 1974-1975 sobre *Os anormais*: "Vocês veem como a psiquiatria pôde efetivamente, a partir da noção de degenerescência, a partir das análises da hereditariedade, ligar-se, ou melhor, dar azo a um racismo. " E o nazismo – acrescentava ele – nada mais faria que "ligar", por sua vez, esse novo racismo, como meio de defesa interna da sociedade contra os anormais, ao racismo étnico que era endêmico no século XIX.

Em *Os anormais*, Foucault, logo no início apresenta relatórios psiquiátricos, dados em julgamentos de indivíduos que haviam cometido assassinatos ou roubos em a homossexualidade era considerada doença. Em um dos casos, o fato de um dos réus ter sido criado apenas pela mãe, sem ter conhecido o pai já seria suficiente para condená-lo a uma vida de crime.

3. POR QUE BIODIREITO?

Dando continuidade à linha de raciocínio de Foucault, assistiu-se a olhos vistos o desenvolvimento tecnológico e científico que permeou a segunda metade do século XX e pôde desenhar um novo cenário, seja no campo da biologia, seja no campo da medicina, seja com relação às pesquisas com seres humanos, que possibilitou aos cientistas uma nova era nas pesquisas, principalmente, com o despontar da engenharia genética.

A clonagem de animais, o mapeamento do genoma humano, a manipulação do embrião, o bebê de proveta, os alimentos transgênicos, a elaboração de novos remédios, até mesmo para a AIDS, tratamentos para o câncer, criaram o que alguns cientistas chamam de a terceira grande revolução da sociedade, sendo antecipada pela revolução da agricultura, e a revolução industrial.

No aspecto do racismo próprio da biopolítica, esse avanço científico só vem a contribuir e aprimorar a cultura do racismo que pode se desenvolver com elementos ainda mais eficientes de eliminação dos degenerados. Será, justamente, com o fulcro de evitar essas possibilidades de pesquisas com seres humanos baseadas em critérios de racismo, que surge em 1970 a bioética e mais tarde o biodireito.

No campo jurídico, o biodireito surge para dar uma resposta do direito às atrocidades que foram cometidas em nome do avanço científico, notadamente, no que se refere à segunda grande guerra. Influenciado pela bioética, está diretamente relacionado à relação médico-paciente, à pesquisa com seres humanos, abortamento, uso de células tronco, clonagem, trangênicos e eutanásia. Esses são alguns dos assuntos tratados pela disciplina do biodireito, daí porque tanto correlaciona-lo ao estudo da biopolítica de Michel Foucault.

Com o surgimento do biodireito foram criados vários princípios e regras, derivados de tratados internacionais, códigos de postura, protocolos e resoluções, a maioria baseados nas noções relativas aos direitos humanos.

4. DIREITO, DISCIPLINAS E "ARTES DE GOVERNAR"

Em um momento de seu livro, *Michel Foucault e o Direito*, Márcio Alves da Fonseca (2012, p.151) propõem analisar a imagem do direito sob a perspectiva de mecanismos de normalização, ou seja, um direito normalizado-normalizador. Com isso, o autor revela que a primeira forma de normalização que Foucault estuda é a disciplina, sendo que esta deve ser entendida como uma tecnologia de poder.

O tema da disciplina surge na obra de Foucault entre *A ordem do discurso* e *Vigiar e punir*, mais precisamente, segundo Fonseca (2012, p.153), nos três primeiros cursos do *Collège de France*: *Leçons sur la volontè de savoir* (1971), *Théories et instituitions pénales* (1972) e *La société punitive* (1973); além das conferências proferidas no Brasil intituladas *As verdades e as formas jurídicas* (1973).

Sobre *A ordem do discurso* Fonseca (2012, p.154) esclarece:

> Vimos que em *A ordem do discurso*, além de sintetizar os principais procedimentos pelos quais os discursos são produzidos e controlados, Foucault aponta para o procedimento genealógico de análise dos saberes que seus trabalhos futuros deveriam seguir. Com a genealogia, buscar-se-ia restituir os discursos em sua existência própria, enquanto "acontecimentos", ou seja, pesquisar as condições reais de seu aparecimento, sempre determinado no interior de tramas e lutas de poder. Pensar o discurso como "acontecimento" não seria buscar a origem, o sentido, a verdade, mas antes perceber que na raiz de todo saber e de todas as práticas estaria o confronto, estariam as lutas e as relações de força. O "acontecimento", em que se constituem os discursos, seria o resultado de conformações de poder que, ao atravessar os outros discursos e práticas que lhes são contemporâneos, colocá-los-ia em relação, geraria efeitos, permitiria que outras práticas discursivas se formassem.

Interessante anotar aqui a conceituação que Foucault (2008, p.07) faz sobre a genealogia em *Microfísica do Poder*:

> Queria ver como estes problemas de constituição podiam ser resolvidos no interior de uma trama histórica, em vez de remetê-los a um sujeito constituinte. É preciso se livrar do sujeito constituinte, livrar-se do próprio sujeito, isto é, chegar a uma análise que possa dar conta da constituição do sujeito na trama histórica. É isto que eu chamaria de genealogia, isto é, uma forma de história que dê conta da constituição dos saberes, dos discursos, dos domínios de objeto, etc., sem ter que se referir a um sujeito, seja ele transcendente com relação ao campo de acontecimentos, seja perseguindo sua identidade vazia ao longo da história.

E continua, dessa vez trazendo Nietzsche (FOUCAULT, 2008, p.17 e 18):

> Por que Nietzsche genealogista recusa, pelo menos em certas ocasiões, a pesquisa da origem (*Ursprung*)? Porque, primeiramente, a pesquisa, nesse sentido, se esforça para recolher nela a essência exata da coisa, sua mais pura possibilidade, sua identidade cuidadosamente recolhida em si mesma, sua forma imóvel

> e anterior a tudo o que é externo, acidental, sucessivo. Procurar uma tal origem é tentar reencontrar "o que era imediatamente", o "aquilo mesmo" de uma imagem exatamente adequada a si; é tomar por acidental todas as peripécias que puderam ter acontecido, todas as astúcias, todos os disfarces; é querer tirar todas as máscaras para desvelar enfim uma identidade primeira. Ora, se o genealogista tem o cuidado de escutar a história em vez de acreditar na metafísica, o que é que ele aprende? Que atrás das coisas há "algo inteiramente diferente": não seu segredo essencial e sem data, mas o segredo que elas são sem essência, ou que sua essência foi construída peça por peça a partir de figuras que lhe eram estranhas. A razão? Mas ela nasceu de uma maneira inteiramente "desrazoável"- do acaso. A dedicação à verdade e ao rigor dos métodos científicos? Da paixão dos cientistas, de seu ódio recíproco, de suas discussões fanáticas e sempre retomadas, da necessidade de suprimir a paixão – armas lentamente forjadas ao longo das lutas pessoais. E a liberdade, seria ela, na raiz do homem o que o liga ao ser e à verdade? De fato, ela é apenas uma invenção das classes dominantes. O que se encontra no começo histórico das coisas não é a identidade ainda preservada da origem – é a discórdia entre as coisas, é o disparate.

Nesse sentido, o que se percebe é que o procedimento da genealogia não visa desvendar uma origem pura que algo a ser pesquisado teria, como o discurso, por exemplo, como se o tempo fosse capaz de corromper a essência das coisas. A genealogia busca analisar sob a perspectiva do real surgimento do que se pesquisa, considerando que qualquer saber surge a partir de uma relação de forças, e não de maneira romântica e pura.

Desse modo, após *A ordem do discurso*, os primeiros cursos que se seguiram no *Collège de France* trataram das relações entre verdade e poder. Assim, para Fonseca (2012, p.155): "pode-se dizer que a genealogia será a análise de uma política da verdade". É na Grécia arcaica (X a VII a.C.) que Foucault vai estudar no discurso e nas práticas judiciárias a verdade a partir de um "sistema de provas". Já no período da Grécia Clássica (VI a.C.), foi em Édipo-rei, de Sófocles, que se percebeu a mudança no sistema de produção da verdade, que passa a exigir o testemunho. Sobre a peça, Fonseca (2012, p.162), assim se pronuncia:

> Foucault procura mostrar que a tragédia de Édipo seria representativa de um tipo de relação entre saber e poder de que nossa civilização ainda não teria se libertado. A peça explicita uma forma de pesquisa pela verdade, a forma do inquérito, que em substituição às formas de estabelecimento da verdade anteriores, representadas pelo sistema das "provas" (Grécia Arcaica), estariam fundadas no aparecimento da figura do testemunho, daquele que tendo presenciado os fatos os atualizaria no interior do jogo de estabelecimento da verdade por meio de suas declarações. Seguindo uma "lei das metades" – a sucessão de justaposições entre informações que se completam duas a duas –, a verdade seria estabelecida. Tal estabelecimento, entretanto, não pode ser separado das lutas pela manutenção do poder de Édipo.

A peça foi usada por Foucault para que fosse demonstrada a simbologia do mito que ela representa, que estaria presente em nossa sociedade até hoje, o mito de que saber e poder são desassociados, e de que é possível um saber purificado das tramas do poder. Entretanto, mesmo diante das duas formas de verdade (a verdade arcaica e a verdade clássica), Fonseca (2012, p.156) entende que:

Persiste a tese de que não há discurso judiciário sem que nele esteja implicado algo como a verdade, e mais, a tese de que, quando o discurso judiciário faz apelo à verdade, não o faz no sentido de constatar algo que lhe seria exterior, ou seja, o discurso judiciário não se ordenaria primariamente a uma verdade que lhe seria anterior, mas sempre a uma verdade estabelecida segundo as regras e as formas que seriam interiores ao próprio discurso judiciário.

Ora, o que parece é que a verdade não seria algo a ser descoberto. Fonseca (2012, p.156) entende que: "saber e poder não se encontram dissociados, e a verdade seria uma função no interior de seu jogo". É aqui que o procedimento da genealogia passa a fazer sentido, pois busca a constituição de um saber a partir do entendimento do seu acontecimento e não de uma pureza de surgimento, ou seja, o saber jurídico, o discurso jurídico não está dissociado do poder. Com isso, a bioética, enquanto saber, não está apartada do poder, bem como, o biodireito, enquanto saber jurídico, não está separado do poder, e no meio desses discursos, a verdade não será revelada, pelo contrário, ela atua como uma peça dentro desse jogo de poder.

4.1 Sociedade disciplinar

Como mencionado acima, que a primeira forma de normalização estudada por Foucault é a disciplina, passa-se então a analisar o que Foucault chama de sociedade disciplinar. Segundo Fonseca (2012, p.163), a sociedade disciplinar de Foucault:

> É o nome que pode ser dado às sociedades ocidentais modernas (séculos XIX e XX). Elas se caracterizam pela formação de uma rede de instituições no interior das quais os indivíduos são submetidos a um sistema de controle permanente. Esse tipo de sociedade é que irá permitir a fixação dos indivíduos aos aparelhos produtivos em funcionamento num modo de produção capitalista.

Assim, pode-se perguntar qual o papel do direito no interior da sociedade disciplinar? E mais, pergunta-se, ainda, qual o papel da bioética e do biodireito na sociedade de controle disciplinar? A instituição jurídica visa controlar a sociedade e manter a produção. O braço jurídico do biodireito pretende controlar o quê? Posto que sua função é proteger a vida, ou pelo menos se propõe a isso, ou será que o objetivo do biodireito seria, sob essa perspectiva de manter a produção, criar regras que propiciem ao cientista realizar suas pesquisas e desenvolver a biotecnologia sem maiores entraves éticos.

Foucault explica que na sociedade disciplinar capitalista há três funções desempenhadas pelas instituições disciplinares, as quais ele chama de funções de sequestro, que seriam as seguintes:

> <u>Ajustamento do tempo da vida dos indivíduos ao tempo da produção</u> – essa primeira função de sequestro visa tomar todo o tempo do trabalhador, ela se caracteriza pelo fato de ocupar o tempo do indivíduo de forma total, ou seja, quando a pessoa não está no horário de trabalho, que já a ocupa bastante, ela deve estar em outra atividade como as atividades de lazer, por exemplo. Atividades que sempre propiciam o consumo;

Plurifuncionalidade das instituições disciplinares – ainda que as instituições pareçam desempenhar apenas uma função, no fundo, elas têm o papel de direta ou indiretamente, controlar toda a existência. Assim, a função da escola não seria apenas instruir, nem da prisão ressocializar e da usina produzir.

Instância de julgamento – aqui, a função é a apreciação, a punição e a concessão de recompensas. Ao contrário do que se imagina, a instituição jurídica não visa a distribuição da justiça, mas efetivar "o controle total da existência e do tempo dos indivíduos" (FONSECA, 2012, p.164). Além disso, a instância de julgamento "incluirá também a formação de uma discursividade, de um sistema de notações e contabilidade sobre as individualidades inseridas nesses espaços" (FONSECA, 2012, p.164).

Aldous Huxley falava de um *Admirável mundo novo*, onde através das técnicas de reprodução humana assistida (Processo Bokanovsky)[3], bem como da clonagem humana, seria possível produzir em laboratório, seres humanos que, manipulados desde o processo embrionário fariam parte de castas pré-definidas na sociedade. Todos eram controlados por uma entidade equivalente ao Estado. Nessa utopia não existia autonomia dos indivíduos, para os momentos de tristeza havia o "soma", que era um medicamento capaz de devolver a alegria, as mulheres não engravidavam e todas eram controladas por doses mensais de anticoncepcionais. As pessoas não se uniam afetivamente, era proibido formar relacionamentos duráveis, a sexualidade sem limites era estimulada desde o período infantil e não haviam famílias, os bebês eram totalmente produzidos em laboratório, sem a necessidade de úteros e quando nasciam, o Governo cuidava deles.

Além disso, a entidade que controlava a população forçava o consumo a todo instante, livros e flores eram proibidos, porque as pessoas não podiam refletir sobre a realidade em volta. As flores aproximam os indivíduos da natureza, e a natureza não é um bem consumível, o que não era interessante para a entidade controladora, as pessoas deveriam

3. Método criado pela imaginação do autor, o qual aplicado a um ovo ou zigoto humano permitiria que este se dividisse, gerando de oito a noventa e seis outros ovos que se transformariam em embrião e, portanto, em seres humanos, nada mais é do que a clonagem humana, que ainda não foi totalmente desenvolvida até 2016.

consumir incessantemente, com isso, eram estimulados a atividades de lazer que propiciassem o consumo, como esportes em que se usavam aparelhos e utensílios a serem comprados. Aqui vale a citação introdutória da obra que Huxley faz de Nicolas Berdiaeff:

> Les utopies apparaissent comme bien plus réalisables qu'on ne le croyait autrefois. Et nous nous trouvons actuellement devant une questions bien autrement agoissante: Comment éviter leur réalisation définitive? ... Les utopies sont réalisables. La vie marche vers les utopies. Et peut-être un siècle nouveau commence-t-il, un siècle où les intellectuels et la classe cultivée rêveront aux moyens d'éviter les utopies et de retourner à une société non utopique, moins 'parfaite' et plus libre.[4]

Seria possível então evitar as utopias? O que me parece é que já vivemos o Admirável mundo novo, já estamos inseridos nessa utopia, algo para o qual Foucault nos abre os olhos, a sociedade disciplinar e suas formas de controle total da existência. Ainda com relação as instituições na sociedade disciplinar, Fonseca (2012, p.165 e 166) revela que:

Relativamente às práticas jurídicas, a forma coextensiva à sociedade disciplinar, e que servirá de modelo para a análise dos mecanismos e instrumentos da disciplina, é a forma da prisão. Efetivamente, o aprisionamento, a reclusão, que aparecem no início do século XIX, terão por função fixar os indivíduos. Enquanto forma punitiva maior das sociedades contemporâneas, a prisão tem a mesma finalidade que diversas outras instituições modernas: fixar os indivíduos em um aparelho de normalização das condutas. Todas essas instituições não têm por finalidade primeira "excluir", mas fixar os indivíduos. A fábrica não os exclui, mas os vincula a um aparelho de produção. A escola não os exclui, mas os fixa em um aparelho de transmissão do saber. O hospital psiquiátrico não os exclui, mas os liga a um aparelho

4. As utopias parecem muito mais realizáveis do que acreditávamos anteriormente. E nós nos encontramos, atualmente, frente a uma questão senão mais assustadora: Como evitar sua realização definitiva?...As utopias são realizáveis. A vida marcha em direção às utopias. E pode ser que um novo século comece, um século no qual os intelectuais e a classe culta sonharão com os meios de evitar as utopias e de voltar à uma sociedade não utópica, menos perfeita e mais livre. (Tradução livre da autora).

de correção. E a prisão, para Foucault, é uma forma concentrada, exemplar, simbólica de todas as instituições de sequestro criadas no século XIX.

A partir do século XVIII, aparece uma nova forma de acumulação do sistema capitalista que é chamada por Foucault de materialidade da riqueza. Nesse tipo de acúmulo, a riqueza passa a ser representada pelas mercadorias, pelos estoques, pelas máquinas, oficinas e matérias-primas, logo, é preciso proteger esses bens da população que não os possui e pode vir a depredá-los. Assim, a sociedade disciplinar surge como consequência do modelo de acumulação de capital que se diferencia do que havia nos séculos anteriores (XVI e XVII), o qual se caracterizava pela posse da terra e de espécies monetárias. Proteger os bens de capital era o que importava a partir do século XVIII, com isso nascem as instituições de controle e manutenção do capital.

Para Fonseca (2012, p.170), Foucault define a disciplina:

> Como uma anatomia política do detalhe. Anatomia política no sentido em que o corpo é que se constitui no principal alvo de um investimento político realizado por uma série de mecanismos. E tal anatomia política pode ser considerada uma anatomia do detalhe, porque os mecanismos que a compõem têm seu ponto de aplicação nas minúcias e sutilezas da existência física dos indivíduos. O estudo sobre as disciplinas será, segundo Foucault, necessariamente um estudo sobre os corpos investidos capilarmente pelo poder.

Corroborando aquilo que foi dito anteriormente a respeito da biopolítica como um fenômeno que se desenvolve por meio de tecnologias de poder disciplinar e regulamentadora, a anatomia política do detalhe demonstra o controle exercido sobre os indivíduos, seja no ser humano corpo, quanto, o ser como espécie. Assim também no que se refere ao poder e seu exercício na capilaridade, ou seja, para Foucault o poder está na relação, em que se expressão o controle sobre os corpos dos indivíduos.

5. CONCLUSÃO

Pelos caminhos que Foucault traça a respeito do direito e do poder, verifica-se, a partir do século XVIII, o surgimento da biopolítica, fenômeno esse que se caracteriza pela estatização do biológico, em que há o controle sobre os corpos dos indivíduos e no qual o ser humano passa a ser considerado enquanto espécie.

O controle é exercido por meio de duas formas de tecnologias de poder: disciplinar e de regulamentação. O disciplinar atua pela definição que se faz do comportamento exemplar a ser seguido, ao passo que o regulamentador está relacionado a evitar as situações previstas e imprevistas na sociedade como mortes e acidentes, por exemplo, com a criação de instituições de assistência.

Nesse momento, o direito soberano perde lugar para a biopolítica e a sociedade que fazia morrer e deixava viver, agora faz viver e deixa morrer, a lógica muda e o ser humano passa a ser controlado em seus mínimos detalhes. Mas restava a pergunta, como uma sociedade que faz viver era capaz de matar? A resposta está no racismo biológico, no qual as características genéticas, muito mais do que a cor da pele define a hierarquia entre os indivíduos.

Este racismo faz coro com as ideias eugênicas disseminadas no início do século XX e servem de base para o surgimento de uma das sociedades mais biopolíticas, a sociedade nazista. Ora, aí surge o Biodireito como uma disciplina jurídica que pretende delimitar regras e princípios para atuação dos cientistas nas pesquisas com seres humanos, na relação médico-paciente e em todas as situações limítrofes que envolvam a vida e o direito.

Contudo, Foucault fala de uma imagem do direito normalizador, como uma das instâncias de controle da sociedade disciplinar, na qual toda a existência das pessoas é controlada. Nesse sentido, como fica a função do biodireito? Esta foi a reflexão proposta nesse trabalho, aguçar a análise do discurso jurídico sobre esse ramo do direito. Além de aprofundar ainda mais a biopolítica e a visão trazida por Foucault sobre um direito que normaliza, que controla e que, principalmente serve à sociedade disciplinar para a manutenção do funcionamento do sistema capitalista.

6. REFERÊNCIAS

CASTELO BRANCO, Guilherme. **Michel Foucault:** filosofia e biopolítica. Belo Horizonte: Autêntica , 2015

DINIZ, Maria Helena. **O estado atual do biodireito**. 9 ed. São Paulo: Saraiva, 2014

FONSECA, Márcio Alves da. **Michel Foucault e o direito**. 2 ed. São Paulo: Saraiva, 2012

FOUCAULT, Michel. **A ordem do discurso**: aula inaugural no Collège de France, pronunciada em 2 de dezembro de 1970; trad. Laura Fraga de Almeida Sampaio. 23 ed. São Paulo: Loyola, 2013

__________. **A verdade e as formas jurídicas**; trad. Eduardo Jardim e Roberto Machado. Rio de Janeiro: Nau, 2013

__________. **Em defesa da sociedade**: curso no Collège de France (1975-1976); trad. Maria Emantina Galvão. 2 ed. São Paulo: Martins Fontes, 2010

__________. **Microfísica do poder**; trad. Roberto Machado. 25 ed. Rio de Janeiro: Graal, 2008

__________. **Os anormais**: curso no Collège de France (1974-1975); trad. Eduardo Brandão. São Paulo: Martins Fontes, 2010

HUXLEY, Aldous. **Admirável mundo novo**; trad. Lino Vallandro e Vidal Serrano. São Paulo: Globo, 2003

LOUREIRO, Cláudia Regina Magalhães. **Introdução ao biodireito**. São Paulo: Saraiva, 2009

SANDEL, Michael J. **Contra a perfeição:** ética na era da engenharia genética. Trad. Ana Carolina Mesquita. Rio de Janeiro: Civilização Brasileira, 2013

SILVA, Reinaldo Pereira e. **Biodireito:** a nova fronteira dos direitos humanos. São Paulo: LTr, 2003

Capítulo 7

VERSÕES DE ÉDIPO: FOUCAULT E AS TRANSIÇÕES DO SABER-PODER AO GOVERNO

Ronaldo Oliveira de Castro[1]

Tamara de Souza Campos[2]

INTRODUÇÃO: DO PODER DISCIPLINAR PARA AS TÉCNICAS DE SI

Na aula de 16 de janeiro de 1980, no Collège de France, Foucault retoma um objeto do qual já havia tratado algumas vezes no início dos anos 1970, inclusive na segunda conferência da série *A verdade e as formas jurídicas*, proferidas em 1973 na PUC-Rio. No início dos anos 1970 Foucault abordava *Édipo-rei* mostrando que esta peça contava a história de uma pesquisa da verdade que obedecia aos procedimentos das práticas judiciárias gregas. Toda a análise que Foucault realizou da peça nos anos 70 se encaminhava para estabelecer a conexão entre saber e poder. Contra o "mito" de que poder e saber se excluem, que poder político e verdade se contrapõe, a discussão da tragédia de Sófocles por Foucault

1. Doutor em Sociologia pelo Instituto Universitário de Pesquisas do Rio de Janeiro - IUPERJ. Professor do Instituto de Ciências Sociais da Universidade do Rio de Janeiro - UERJ.

2. Doutora em Memória Social pela Universidade Federal do Estado do Rio de Janeiro - UNIRIO. Professora de Comunicação Social da Universidade Estácio de Sá - UNESA.

tinha como objetivo mostrar que "o poder político não está ausente do saber, ele é tramado com o saber" (Foucault, [1973] 2003, 51).

Esse entrelaçamento entre saber e poder é central para os estudos de Foucault nos anos 70 e culmina em *Vigiar e punir*. Logo no início desse livro há uma discussão de alterações nas formas de poder, que estão envolvidas em mudanças na constituição dos sujeitos. Uma análise rápida do livro poderia concluir que o tema de Foucault é o poder: a conexão entre saber e poder, as mudanças no regime de visibilidade do poder, a constituição do sujeito como efeito do poder.

Mas num artigo intitulado *O sujeito e o poder* que foi escrito para figurar como apêndice ao livro que Dreyfus e Rabinow, Foucault afirma que o objetivo do seu trabalho não foi elaborar os fundamentos de uma análise do poder, mas realizar uma história das diferentes formas pelas quais os seres humanos tornaram-se sujeitos na cultura ocidental. Na verdade, Foucault entre 1980 e 1984 repete em diferentes ocasiões a ideia de que sua "obra" poderia ser pensada como uma história dos processos através dos quais o sujeito se constitui no Ocidente. Esta recorrência permite que se diga que o autor está transformando o tema do sujeito num operador que atravessando todo o seu trabalho dá a ele coerência. Foucault oferece uma chave de leitura que permitiria encontrar uma questão transversal aos seus textos, e ao fazê-lo constitui uma coerência que tornaria cada um de seus trabalhos como parte de uma obra coerente. Em outras palavras, Foucault está assumindo a função-autor. O autor aparece regendo a obra, mostrando a coerência entre seus diferentes trabalhos, apontando por trás dos diferentes temas, uma recorrência.

Vejamos como em *O sujeito e o poder* Foucault apresenta essa chave de leitura para seus textos. O objetivo do autor ao longo do tempo teria sido em sua visão retrospectiva criar essa história da constituição dos seres humanos como sujeitos. E teria cumprido esse objetivo investigando "três modos de objetivação que transformam os seres humanos em sujeitos" (Foucault, [1982] 1995, p. 231). Esses três modos de objetivação corresponderiam não exatamente a três momentos, a três formas distintas de abordagem. O primeiro modo de objetivação corresponderia ao projeto arqueológico como encontrado em *As palavras e as coisas*:

> O primeiro é o modo da investigação, que tenta atingir o estatuto de ciência, como, por exemplo, a objetivação do sujeito do discurso na *grammaire générale*, na filologia e na linguística. Ou ainda, a objetivação do sujeito produtivo, do sujeito que trabalha, na análise das riquezas e na economia. Ou um terceiro exemplo, a objetivação do simples fato de estar vivo na história natural ou na biologia (Foucault, [1982, 1995, p. 231).

Note-se que Foucault está justamente falando do conjunto de saberes que articulados constituem o espaço em que pode surgir, segundo a análise de *As palavras e as coisas*, "o homem" como um problema, como um duplo, ao mesmo tempo objeto e sujeito de conhecimento científico, permitindo a invenção das ciências humanas (que correspondem ao "modo da investigação" com pretensões de ciência mencionado no início da citação). Nesta retrospectiva, portanto, "o homem" converteu-se numa objetivação do sujeito.

> Na segunda parte do meu trabalho, estudei a objetivação do sujeito naquilo que eu chamarei de "práticas divisoras". O sujeito é dividido no seu interior e em relação aos outros. Esse processo o objetiva. Exemplos: o louco e o são, o doente e o sadio, os criminosos e os "bons meninos" (Foucault, [1982] 1995, p. 231).

Com esta segunda objetivação constata-se que esta retrospectiva não está operando de forma meramente cronológica: *História da loucura* e *O nascimento da clínica* são anteriores a *As palavras e as coisas*, mas aparecem articuladas aqui com *Vigiar e punir*. Nesses três livros o processo de constituição do sujeito ocorreria através dessas práticas divisoras, num jogo de contraposições no qual a normalidade resulta justamente da exclusão do outro. Por exemplo, as transformações na prática de encarceramento dos loucos no final do século XVIII irão produzir não apenas a loucura, mas também a normalidade. O internamento em instituições médicas permitiu a constituição de um saber sobre a loucura, uma objetivação da loucura enquanto doença mental. Esta objetivação não é apenas uma fabricação de um objeto novo, mas a constituição de um saber sobre o ser humano, que passa a ser entendido pela psiquiatria e pela psicologia como um agente dotado de profundidade, movido por pulsões que no caso dos loucos teriam saído de controle, mas que estariam presentes também nos sujeitos normais: o Homo psychologicus nasce do Homo mentecaptus, diz Foucault na *História da loucura*.

A terceira objetivação que corresponderia ao trabalho que Foucault realizava no momento seria o estudo do "modo pelo qual o ser humano torna-se um sujeito. Por exemplo, eu escolhi o domínio da sexualidade – como os homens aprenderam a se reconhecer como sujeitos de 'sexualidade'" (Foucault, [1982], 1995, p.232).

Como dissemos, essa trajetória que Foucault traça de sua própria carreira é recorrente. No verbete *Foucault* que o próprio escreve sob pseudônimo de **M**aurice **F**lorence (atenção para as iniciais: MF) para o *Dictionnaire des philosophes* reencontra-se reconstituída a mesma trajetória, e também a ideia de que o objeto central de Foucault seria o sujeito:

> A questão é determinar o que deve ser o sujeito, a que condições ele está submetido, qual o seu status, que posição deve ocupar no real ou no imaginário para se tornar sujeito legítimo deste ou daquele conhecimento; em suma, trata-se de determinar seu modo de "subjetivação" (Foucault, [1984] 2006, p. 235).

Então, não se trata apenas de constituir histórias dos diversos modos de constituição do sujeito, trata-se de analisar a posição que o sujeito deve ocupar para se tornar sujeito legítimo de um determinado tipo de conhecimento. A conexão fundamental seria aquela entre o sujeito e o conhecimento, ou com maior precisão, em geral, nessas retrospectivas dos anos 80 Foucault apresenta como conexão fundamental que teria orientado todo o seu trabalho a articulação entre o sujeito e a verdade. Foucault se interessa pelos jogos de verdade "em que o próprio sujeito é colocado como objeto de saber possível" (Foucault, [1984] 2006, p. 235).

Para pensar essa conexão entre o sujeito e a verdade, entre o sujeito e o conhecimento, Foucault nos anos 80 elabora ou modifica alguns conceitos. Se em *Vigiar e punir* os conceitos de saber-poder, disciplina, exame davam conta do processo de constituição do sujeito e sua vinculação ao campo de saber das ciências humanas e sociais, agora um novo repertório conceitual será elaborado. Pois não se trata mais de analisar como o poder se imprime sobre os sujeitos constituindo-os, não se trata mais de apreender a questão do sujeito "a partir do estudo das instituições que fizeram de certos sujeitos, objetos de saber e de dominação: os asilos, as prisões..." (Foucault, [1981] 2006 p. 94).

Neste momento de sua carreira, Foucault não apenas tenta articular sua trajetória intelectual numa narrativa coerente. Essa narrativa é ela mesma estruturada a partir da reorientação teórica que Foucault estava elaborando desde que no final dos anos 1970 quando introduziu o tema da governamentalidade nos seus cursos no *Collège de France.*

Neste sentido, por mais que o autor busque articular seus textos mostrando como eles se encaixam numa problemática comum, não deixa de fazer certa autocrítica. Em *Sexualidade e* solidão, de 1981, o autor contrapõe técnicas de dominação e técnicas de si:

> Se quisermos analisar a genealogia do sujeito na civilização ocidental, é preciso considerar não apenas as técnicas de dominação, mas também as técnicas de si. Devemos mostrar a interação que se produz entre os dois tipos de técnicas. Talvez eu tenha insistido demais, quando estudava os hospícios, as prisões etc., nas técnicas de dominação. É verdade que aquilo que chamamos de "disciplina" é algo que tem uma importância real nesse tipo de instituições. Porém ela não passa de um dos aspectos da arte de governar as pessoas em nossas sociedades (Foucault, [1981], 2006).

Em *Vigiar e punir* a disciplina não é apenas uma técnica de dominação presente em algumas instituições. Estando presente nas instituições de vigilância ela configura, no argumento do livro, uma característica fundamental das sociedades ocidentais tais que começaram a se desenvolver a partir do século XVIII e se consolidaram no XIX. Em *Vigiar e punir* Foucault não fazia apenas uma história do "nascimento" das prisões, ou mostrava como as ciências humanas emergiam num jogo de saber-poder, mas fazia a história da constituição da sociedade disciplinar. Era a gênese da sociedade contemporânea que estava em questão, pois as práticas de poder que estavam presentes em instituições como as prisões, na verdade eram disseminadas por toda a sociedade, definiam a sociedade contemporânea como sociedade disciplinar.

Nos textos mais recentes a "disciplina" aparece como algo fundamental em determinadas instituições, é uma técnica de dominação que coexiste com outras formas de governar pessoas nas sociedades ocidentais. São dois os conceitos fundamentais nessa mudança e que podem ser percebidos na citação acima: a disciplina é uma técnica de dominação que tem que ser pensada em relação às técnicas de si. Técnicas de dominação e técnicas de si são aspectos da arte de governar pessoas. Governo e técnicas de si são conceitos através dos quais Foucault repensa sua trajetória e muda a forma como problematizava o sujeito. Pode-se dizer que através da conjunção saber-poder e da disciplina o autor investigava o modo como o sujeito se constituía no interior de processos de sujeição. Através da ideia de técnicas de si focaliza-se os processos através dos quais os sujeitos constituem-se a si mesmos em interação com os outros. Trata-se de processos de subjetivação, e não de sujeição. Mas, enfim, o que são as técnicas de si?

> Fui me dando conta [...] de que existe um outro tipo de técnicas [diferentes das técnicas de dominação]: aquelas que permitem aos indivíduos realizar por eles mesmos, um certo número de operações em seu corpo, em sua alma, em seus pensamentos, em suas condutas, de modo a produzir neles uma transformação, uma modificação, e a atingir um certo estado de perfeição, de felicidade, de pureza, de poder sobrenatural. Chamaremos a essas técnicas de técnicas de si (Foucault, [1981] 2006, pg. 95).

Numa conferência proferida em 1982, *A tecnologia política dos indivíduos* Foucault compara novamente o trabalho que realizava no momento com sua produção anterior e afirma que em *História da loucura*, *Nascimento da Clínica* e *Vigiar e punir* estudou "como nos constituímos indiretamente através da exclusão de alguns outros: criminosos, loucos etc" e que seu trabalho atual tratava de "como constituímos diretamente nossa identidade por meio de certas técnicas éticas de si" (Foucault, Ditos V, 302). Logo, as técnicas de si são práticas através das quais os sujeitos constituem a si mesmos. E nesse sentido se contrapõem à perspectiva da disciplina como exposta em *Vigiar e punir*. Pois a partir desse livro seria possível extrair a conclusão de que os sujeitos são um efeito do poder, basta lembrar que um dos objetivos do livro é fazer "uma história da alma moderna e de um novo poder de julgar" (Foucault, [1975] 2000, p. 23). E o que está alma moderna é não se dissocia das técnicas de dominação que visam a produção de corpos dóceis, dos esquemas de vigilância do panoptismo e sobretudo do poder da norma que aparece através das disciplinas:

> O poder de regulamentação obriga à homogeneidade; mas individualiza, permitindo medir os desvios, determinar os níveis, fixar as especialidades e tornar úteis as diferenças, ajustando-as umas às outras. Compreende-se que o poder da norma funcione facilmente dentro de um sistema de igualdade formal, pois dentro de uma homogeneidade que é a regra, ele introduz, como um imperativo útil e resultado de uma medida, toda a gradação das diferenças individuais (Foucault, [1975] 2000, p. 154).

Individualização e homogeneização se articulam num sistema de poder que busca promover uma espécie de ortopedia social. O indivíduo se constitui pelo grau de aproximação ou desvio da norma. O sujeito se constitui através do grau de interiorização da norma, que coage os indivíduos no sentido de sua integração a um corpo social homogêneo, que comporta graus de "classificação, de hierarquização e distribuição de lugares" (Foucault, [1975] 2000, p. 153-4). Neste sentido, a partir de *Vigiar e punir* encontra-se o tema da constituição do sujeito através do poder, da norma, das técnicas de dominação. Em suma, trata-se do sujeito como efeito do poder, pois mesmo aqueles que se contrapõe à norma são definidos por ela. Quem não interioriza a norma, dela desvia, e enquanto desviante será compreendido através da lógica do poder disciplinar.

Pode-se dizer que através das técnicas de si Foucault busca compreender processos de constituição do sujeito que não o reduzam a um efeito do poder. Isso não significa que na década de 80 o autor tenha abandonado suas conclusões, ou esteja rejeitando esses textos. Pelo contrário, como temos insistido desde o início, Foucault repetidas vezes tentou justamente propor uma leitura de sua obra que a integra através da questão do sujeito ou da conexão entre sujeito e verdade. As técnicas de si não substituem as disciplinas, estas são um aspecto ou uma possibilidade da arte de governar, dizia Foucault. Trata-se, através das técnicas de si, de buscar para além das tecnologias de constituição do sujeito pelo poder, as práticas de autoformação do sujeito. Ou seja, buscar os processos de subjetivação que se contrapõem aos processos de sujeição. Cremos que o ponto de partida para a elaboração do conceito de técnicas de si foi a temática do governo que Foucault começou a desenvolver a partir do final da década de 70. Esse artigo será dedicado a discussão do tema do governo como um prelúdio que contribui para a explicação da virada em direção à problematização das técnicas de si.

1. GOVERNO E GOVERNAMENTALIDADE

Nos anos 80 Foucault orienta seus estudos para a problemática das técnicas de si. É possível acompanhar como se dá essa mudança de foco de Foucault através de conceitos que se tornam recorrentes no autor desde 1978 pelo menos: governo, arte de governar, governamentalidade. Contudo, a própria recorrência do conceito de governo comporta alterações, pois os problemas aos quais o conceito será aplicado vão se modificando com o tempo, até que governo e técnicas de si se tornam conceitos associados:

> O governo de si se integra a uma prática do governo dos outros. São, em suma, duas vias de acesso inversas para uma mesma questão: como se constitui uma "experiência" em que estão ligadas a relação consigo mesmo e a relação com os outros (Foucault, [1984] 2006, p.242-3).

Neste sentido, vamos acompanhar o tema do governo nos cursos de Foucault no Collège de France para compreendermos essa segunda via de acesso para a questão do sujeito.

No curso de 1978, *Segurança, território e população* Foucault na primeira aula enquadra o curso retomando a questão do biopoder, que já havia sido apresentada no curso de 1976, *Em defesa da sociedade*, e no final de *A vontade de saber*. O curso deveria ser uma retomada do estudo deste tema, "como a sociedade, as sociedades ocidentais modernas, a partir do século XVIII, voltaram a levar em conta o fato biológico fundamental de que o ser humano constitui uma espécie humana" (Foucault, [1978] 2008, p.3). Este tema seria estudado através dos eixos formados pelas questões da segurança, do território e da população.

No entanto, já na terceira aula a abordagem do tema da população no século XVIII coloca em cena a emergência de uma nova tecnologia política que seria destinada justamente ao governo das populações. A necessidade de uma nova tecnologia política decorre do fato da população aparecer no pensamento do século XVIII como um personagem político inteiramente novo. Até então esse personagem não havia sido reconhecido. Desde Maquiavel, o pensamento político preocupava-se com a segurança do príncipe, a questão da soberania era a questão de como o poder do príncipe poderia ser mantido, como seu território poderia ser preservado. Uma alteração fundamental no pensamento (e na prática) política ocorreu quando ao invés de se pensar o problema da segurança como a questão da segurança do príncipe e de seu território passou-se a pensar na segurança da população e dos que a governam (cf. Foucault, [1978] 2008, p.85).

Assim, o tema da população trouxe para Foucault o problema do governo. E o problema do governo para onde o conduz? Se a conexão entre os problemas da segurança e da população no século XVIII leva Foucault ao tema do governo, este tema havia surgido antes, a partir da metade do século XVI e se manteria presente até o final do século XVIII. O problema do governo que eclode no século XVI e é um problema múltiplo, é o problema do governo de si, do governo dos filhos e do governo do Estado pelo príncipe: "como se governar, como ser governado, como governar os outros" (Foucault, [1978] 2008, p. 118). Esse problema do governo, no século XVI, em suas diferentes dimensões decorreria, segundo Foucault, de dois movimentos. O primeiro seria a dissolução das estruturas feudais pelo processo de instauração dos grandes Estados territoriais, administrativos e coloniais, em suma, o processo de concentração estatal. O segundo movimento corresponderia a dissidência religiosa provocada pela Reforma Protestante e a resposta católica através da Contra-Reforma que "põe em questão a maneira como se quer ser espiritualmente dirigido na terra, rumo à salvação pessoal" (Foucault, [1978] 2008, p.119).

Concentrando-se na questão do Estado, Foucault busca então expor como a arte do governo foi entendida no período que iria de sua emergência na metade do século XVI até o final do século XVIII. Examinando a literatura da época encontra-se uma formulação mais ou menos recorrente e sintética:

> no fundo há três tipos de governo que pertencem cada um a uma forma de ciência ou reflexão particular: o governo de si mesmo, que pertence à moral; a arte de governar uma família que pertence à economia; e enfim a "ciência de bem governar" o Estado que pertence à política (Foucault, [1978] 2008, p. 125).

Na literatura sobre a arte de governo desses séculos analisada por Foucault esses três tipos de governo, de si, da família e do Estado não são excludentes, mas formam uma linha ascendente, na perspectiva do governo do Estado. Para bem governar o Estado seria necessário saber governar a si mesmo, sua família (e seus bens). O governo da família, definido como a economia num sentido bem distinto que esta palavra tem hoje, aparece como central, pois a arte de governar teria como objetivo responder a seguinte questão: como introduzir a economia, isto é a maneira própria de governar a família no governo do Estado. "A introdução da economia no seio do exercício político, é isso, a meu ver, que será a meta essencial do governo" (Foucault, [1978] 2008, p. 126) entre o século XVI e XVIII.

O que significa introduzir a economia no seio do exercício político é nesse período algo bem distinto do que significaria uma afirmação como essa após Adam Smith ou mesmo após Quesnay. A economia dizia respeito ao governo da casa, e, portanto, às relações de poder e autoridade que o pai exercia sobre a família. Trata-se de transpor para o governo o tipo de relação de autoridade que estará presente na vida familiar. Foucault cita o verbete "Economia política" escrito por Rousseau para a Enciclopédia, no qual o sentido original da palavra economia é descrito como o governo da casa para o bem comum de toda a família. Logo, a arte de governar neste período não se refere ao problema de como o príncipe irá manter seu poder, mas aos procedimentos através dos quais o governo irá garantir o bem comum e a salvação de todos (este termo segundo Foucault se encontra regularmente nos textos do período, governar é buscar a salvação de todos), da mesma forma que um pai zela por cada um de seus filhos.

Na verdade, essa arte de governo não aparece de forma uniforme ao longo de todo esse período, na verdade Foucault discute como sua ideia vai surgindo a partir do século XVI, mas somente no século XVIII ela atinge toda sua amplitude, superando por assim dizer os entraves que a noção de soberania representava para ela. Simplificando, a soberania em contraposição à arte de governo seria justamente a visão de que o poder é exercido para o benefício do próprio príncipe, enquanto a arte de governar implica o exercício do poder em benefício daqueles sobre quem o poder se exerce. Daí a recorrência segundo Foucault da metáfora do barco nos tratados sobre o governo. Governar um reino é como governar um barco, a obrigação do comandante e levar o navio, sua carga e seus marinheiros em segurança até o porto.

Enquanto a soberania foi o problema fundamental do pensamento político, o tema (e a prática) da arte de governar não pôde se desenvolver plenamente. O "desbloqueio" da arte de governar teria se dado, sempre de acordo com Foucault, a partir da expansão demográfica do século XVIII. "O desbloqueio da arte de governar esteve ligado, penso eu, à emergência do problema da população" (Foucault, [1978], 2008, p. 138). Como vimos, a emergência da arte de governar e sua contraposição à soberania passava pela constituição da família como o modelo para o governo. O problema da arte de governar foi inicialmente o problema de como levar a relação que o pai estabelece com a família, o cuidado que o pai tem com seus filhos e sua casa para o governo. A emergência da população como um tema de preocupação a partir da expansão demográfica desloca a família como modelo da arte de governar. A população não é redutível à família pois ela está sujeita a processos que apresentam uma regularidade própria. Uma ciência do século XVIII chamada Estatística, que seria a ciência do Estado, revela que a população deve ser entendida como uma realidade própria, específica, que tem suas regularidades, que provoca efeitos sobre a economia, que sofre efeitos resultantes de sua própria agregação, como fomes e epidemias, que não podem ser explicados a partir de uma comparação com a família.

Mas se a população enquanto problema faz com que a família tenda a desaparecer enquanto modelo do governo, a família será o instrumento através do qual o governo poderá influir sobre a população:

> E é de fato a partir de meados do século XVIII que a família aparece nessa instrumentalidade em relação à população: serão as campanhas sobre a mortalidade, as campanhas relativas ao casamento, as vacinações, inoculações, etc. Logo, o que faz que a população possibilite o desbloqueio da arte de governar é que ela elimina o modelo da família (Foucault, [1978] 2008, p. 139)

Mas se o tema da população elimina o modelo da família, desbloqueando o caminho da arte de governar, esta acabará por sua vez, com o desenvolvimento da economia política, sendo deslocada pela ciência política. Quando a economia passar a ser entendida como um domínio específico da realidade, e não mais como gestão dos negócios domésticos, familiares, e com o consequente desenvolvimento da Economia Política enquanto ciência desse domínio específico, o governo terá que levar em consideração conhecimentos técnicos, científicos para se relacionar não apenas com o fenômeno da população, mas com todas as dimensões da vida que sejam afetadas pela economia. A economia política nesse sentido é uma ciência do governo. Nenhum governo poderia desprezá-la, sob risco de naufrágio.

É nesse quadro que Foucault introduz o tema da governamentalidade:

> Por esta palavra "governamentalidade", entendo o conjunto constituído pelas instituições, os procedimentos análises e reflexões, os cálculos e as táticas que permitem exercer essa forma bem específica, embora muito complexa, de poder que tem por alvo principal a população, por principal forma de saber a economia política e por instrumento técnico essencial os dispositivos de segurança. Em segundo lugar, por "governamentalidade" entendo a tendência, a linha de força que, em todo o Ocidente, não parou de conduzir, e desde há muito, para a preeminência desse tipo de poder que podemos chamar de "governo" sobre todos os outros – disciplina, soberania – e que trouxe, por um lado, o desenvolvimento de

> toda uma série de aparelhos específicos de governo [e por outro lado], o desenvolvimento de toda uma série de saberes. Enfim por "governamentalidade", creio que se poderia entender o processo pelo qual o Estado de justiça da Idade Média, que nos séculos XV e XVI se tornou o Estado administrativo, viu-se pouco a pouco "governamentalizado" (Foucault, [1978] 2008, p.143-4).

Um pouco mais adiante Foucault diz: "vivemos na era da governamentalidade" (Foucault, [1978] 2008, p.145). E o Estado só pode ser compreendido a partir das táticas de governamentalidade. Retomando a citação acima, que introduz esse conceito essencial, vemos que a governamentalidade se relaciona com uma forma de poder que teria adquirido preeminência sobre outras formas de poder nas sociedades ocidentais, como a disciplina e a soberania, uma forma de pode que se exerce em relação à população e que, em certa medida, ainda define o Estado contemporâneo. Neste sentido, dificilmente a partir desse curso se poderia dizer que Foucault define as sociedades ocidentais contemporâneas como sociedades disciplinares. O poder disciplinar não desapareceu, mas ele foi subordinado a uma outra forma de poder que é o governo.

Através da ideia de governamentalidade Foucault pretende investigar a tecnologia geral de poder que estaria na base do Estado moderno. Para fazê-lo seria preciso compreender esse conceito de governo, que estaria na base do neologismo proposto por Foucault. Para entender o que é a governamentalidade é preciso compreender que tipo de poder é o governo. Fazendo a história da palavra governo, Foucault mostra que essa palavra nos séculos XIII, XIV e XV não tem um significado propriamente político. O campo semântico dessa palavra associa governo ao controle de si, ao controle que pode ser exercido sobre outros, controle sobre o seu próprio corpo, mas também sobre a alma e a maneira de agir. "nunca se governa um Estado, nunca se governa um território, nunca se governa uma estrutura política" (Foucault, [1978, 2008, p. 164). O governo então refere-se naquele momento a uma forma de poder que se exerce primeiramente sobre as pessoas, ou entre pessoas.

Essa ideia de um governo sobre as pessoas, e não de um poder que se exerce sobre um território ou sobre uma cidade, não seria de origem grega ou mesmo romana, diz Foucault. Em *Édipo-rei* encontra-se muitas vezes a metáfora do rei que deve conduzir a cidade da mesma forma que um piloto deve conduzir seu navio. O poder de Édipo, portanto, é um poder sobre a cidade, trata-se da condução da cidade e não da condução de pessoas, como aparece na literatura da Idade Média.

> Não creio, portanto, que a ideia de que pode haver um governo dos homens e de que os homens podem ser governados seja uma ideia grega. [...] Mas [...] a ideia de um governo dos homens é uma ideia cuja origem deve ser buscada no Oriente, num Oriente pré-cristão primeiro e no Oriente cristão depois. E isso sob duas formas: primeiramente sob a forma da ideia e da organização de um poder de tipo pastoral, depois sob a forma da direção de consciência, da direção das almas (Foucault, [1978] 2008, p. 166).

O poder pastoral e a direção da consciência seriam então as formas originárias do tipo de poder traduzido nessa noção de governo. Presente na Mesopotâmia, na Assíria e no Egito, no qual o faraó era designado como "pastor de homens" e também na Babilônia, cujos monarcas tinham o título ritual de pastores de homens, o poder pastoral não apenas se referia ao poder de reis e faraós sobre seus súditos, mas também descrevia a relação dos deuses ou do deus com o povo. Os deuses ou o deus é o verdadeiro pastor, como num hino egípcio citado por Foucault, onde o povo é descrito como o rebanho protegido por Rá.

Contudo, foi entre os hebreus que o tema do pastorado se desenvolveu de forma mais intensa. "Com este particular que, entre os hebreus, a relação pastor-rebanho é essencialmente [...] uma relação religiosa" (Foucault, [1978] 2008, p. 167). Os reis hebreus não eram designados como pastores, a não ser quando se tratava de denunciá-los, de acusá-los por terem traído sua missão, neste caso eram designados como maus pastores. Deus é o único pastor dos hebreus. A relação entre Deus e os seres humanos é pastoral, e os reis só são designados como pastores quando contribuem para afastar os homens de Deus. Maus pastores, portanto, que colocam suas necessidades acima das do rebanho.

O poder pastoral se caracterizava entre os hebreus por ser um poder que se exerce não sobre um território, mas sobre um rebanho em deslocamento. Ao contrário dos deuses gregos, associados aos seus territórios, o Deus hebraico seria um Deus que se desloca, um Deus do movimento. Um Deus que no deslocamento toma a frente de seu povo e mostra a direção que este deve seguir. Entre os gregos, diz Foucault, não se encontrará jamais a ideia de que os deuses conduzissem os homens como um pastor conduz seu rebanho. Enquanto os deuses gregos fundam cidades, o Deus hebraico "aparece quando, precisamente, os hebreus saem da cidade" (Foucault, [1978] 2008, p. 169). Desta forma, o poder como imaginado pelos gregos se exerce sobre uma cidade, sobre um território, e "o poder pastoral se exerce sobre uma multiplicidade em movimento" (Foucault, [1978] 2008, p. 169).

A característica que efetivamente define o poder pastoral nessa discussão de Foucault é que este é fundamentalmente um poder benfazejo. Fazer o bem não é apenas uma característica do poder pastoral entre outras, se fosse assim este seria um traço que ele partilharia com outras formas ou concepções de poder. O poder pastoral é "inteiramente definido por seu bem-fazer, ele não tem outra razão de ser senão fazer o bem. É que de fato, o objetivo essencial, para o poder pastoral, é a salvação do rebanho" (Foucault, [1978] 2008, p. 170).

O poder pastoral será nesse sentido um poder fundado no cuidado, o pastor cuida do rebanho em sua totalidade e de cada membro do rebanho individualmente. O poder pastoral, sendo definido pela salvação, implica na preocupação do pastor com a salvação de todos. Salvação da totalidade, salvação de cada indivíduo, portanto. Nesse sentido, o poder pastoral é individualizante. O poder pastoral se caracteriza pelo zelo, pela dedicação, "toda a preocupação do pastor é uma preocupação voltada para os outros, nunca para ele mesmo" (Foucault, [1978] 2008, p. 171), de modo que o pastor deveria aceitar se sacrificar tanto pelo conjunto de seu rebanho, quanto por cada uma de suas ovelhas.

O cristianismo será o responsável por introduzir essa noção de poder pastoral no mundo ocidental através da Igreja. Essa noção de um poder exercido por um pastor que conduz o rebanho para sua salvação e que estaria disposto a se sacrificar pelo rebanho e por cada uma das ovelhas teria sido, segundo Foucault, estranha ao pensamento político grego. Os gregos não esperavam sua salvação de um pastor, não pensavam a política através desse modelo inspirado no pastoreio, nesta relação entre o pastor e o rebanho.

Ao ser integrado na reflexão cristã o pastorado sofreu alterações em relação ao modelo hebraico. Não só porque o pensamento cristão aprofundou o tema da pastoral de formas distintas das encontradas na formulação hebraica, mas também porque o pastorado cristão se deu no interior de uma imensa rede institucional, que era a Igreja. E sobretudo, diz Foucault o pastorado cristão se diferencia do hebraico porque "deu lugar a toda uma arte de conduzir, de dirigir [...], de manipular os homens, [...] uma arte que tem a função de encarregar-se dos homens coletiva e individualmente ao longo de toda a vida deles e ao longo de toda a sua existência" (Foucault, [1978] 2008, p. 219). Todas essas características permitem que Foucault afirme que o pastorado é uma forma de governar os homens e seria nele que se deveria buscar os fundamentos da governamentalidade, que teria entrado na cena política a partir do século XVI. "O Estado moderno nasce, a meu ver, quando a governamentalidade se torna uma prática política calculada e refletida. A pastoral cristã parece-me ser o pano de fundo desse processo [...]" (Foucault, [1978] 2008, p. 219). Para simplificar, o desenvolvimento histórico que Foucault discutirá para expor os fundamentos da governamentalidade envolve a adoção por parte do Estado de características do governo que estavam presentes no poder pastoral e nas instituições eclesiásticas. Foucault explora como a crise do pastorado nos séculos XV e XVI, leva a sua absorção na temática do governo, ou em outras palavras, o problema do governo teria se colocado a partir do pastorado.

O pastorado seria uma forma de poder que visa orientar a conduta dos sujeitos. Nos séculos XV e XVI ocorreram uma série de revoltas que Foucault define como revoltas pastorais, pois são revoltas que dizem respeito a como os sujeitos deviam ser conduzidos, como deviam ser governados, como deviam ser salvos. A maior de todas essas revoltas pastorais, revoltas de conduta, teria sido a Reforma Protestante. O problema do governo se intensificava, mesmo fora dos quadros da autoridade eclesiástica surgia a questão do governo: como governar a si mesmo, como governar seus filhos, como governar os outros se tornavam questões. O tema da conduta e da revolta de conduta, que implica em questões como quem deve nos conduzir, como devemos nos conduzir, por quem devemos ser conduzidos e para onde já colocam em conexão o tema do governo e o tema da constituição do sujeito. Estratégias de conduta e as revoltas de conduta estão implicadas com formas de elaboração do sujeito.

Mas fiquemos com a dimensão propriamente "política". Em virtude de todo o conjunto de transformações religiosas, econômicas e sociais que ocorriam nesse período, e também em virtude de todas as crises e revoltas, o soberano irá assumir novas funções, ele se torna agora encarregado também de funções de direção, de condução. "Com o século XVI, entramos na era das condutas, na era das direções, na era dos governos" (Foucault, [1978] 2008, p. 309). Do ponto de vista da formação do Estado, entramos na era dos governos porque o Estado assume determinadas tarefas que se encontravam na alçada do poder pastoral. O príncipe, progressivamente, deixa de ser o agente orientado para a preservação de seu poder. Este poder agora terá que ter como finalidade, inclusive para sua preservação promover finalidades que são externas a ele. Será preciso garantir a sobrevivência da população, seu bem-estar, evitar as epidemias, garantir o abastecimento. Garantir que a conduta desta população seja adequada não apenas aos interesses do príncipe, mas aos seus próprios interesses. Em suma, será preciso conduzir e cuidar.

Contudo, o governo não é apenas a absorção do pastorado pelo Estado, longe disso. Há no governo algo além do poder pastoral e que se relaciona com as transformações que no século XVI se operam nas formas de pensar, e que estabelecem a natureza como um domínio regido por leis racionais, surge no pensamento ocidental a imagem de uma "natureza que tolera unicamente o reinado de uma razão que lhe estabeleceu de uma vez por todas o que? [...] o que ainda não se chamava de "leis", mas de princípios, *principia naturae*" (Foucault, [1978] 2008, p. 125). A soberania, a partir do século XVI, teria que encontrar a sua própria forma de racionalidade, a racionalidade adequada ao seu objeto, a racionalidade do objeto ao qual ela se aplica. É esta dimensão da racionalidade que irá suplementar a dimensão pastoral, ou que no Estado a partir do século XVI vai além do pastorado. De um lado temos o reconhecimento de que a realidade está regulada por *principia naturae* e de outro que o Estado tem sua própria forma de razão, a razão de Estado. Todos esses elementos serão componentes da governamentalidade.

A razão de estado é essencial na configuração da governamentalidade propriamente política, e se apresenta como a forma de uma racionalidade segundo a qual o príncipe deverá exercer o governo. Contudo, apesar desta centralidade discutir a razão de estado aqui nos levaria muito longe do tema da articulação entre os temas do governo e das técnicas de si. Portanto, vamos nos limitar a dizer que para Foucault a razão de estado se constitui através de dois conjuntos de saberes e práticas políticas, de um lado o aparato diplomático-militar através do qual os diferentes Estados buscavam o equilíbrio entre as nações europeias, especialmente após a Guerra de Trinta Anos e o Tratado de Vestfália (1648). E de outro lado, a polícia, entendida como os meios necessários para promover o crescimento das forças do Estado, implicando na administração e circulação de bens, produção, cuidado com a população, circulação da moeda.

2. GOVERNO DE SI, GOVERNO PELA VERDADE

No ano seguinte, 1979, Foucault intitula seu curso no Collège de France de *O nascimento da biopolítica*, contudo se há um tema que ali não é tratado é justamente a biopolítica. Na primeira aula, Foucault afirma que gostaria de fazer uma discussão do liberalismo para enquadrar o tema do biopoder, fornecendo o contexto que elucidaria essa ideia. No entanto, no desdobramento do curso o tema do liberalismo acaba ocupando um espaço muito maior do que o esperado por Foucault. Discutindo o liberalismo e o neoliberalismo, este é o único curso de Foucault que se centra efetivamente, em diversas aulas, em questões da sociedade contemporânea.

O nascimento da biopolítica parte justamente das questões levantadas no curso anterior: o governo, a razão de estado. Logo na primeira aula Foucault apresenta a questão de que a razão governamental moderna, tal como elaborada no século XVIII, veio a se confrontar com um limite interno. Para entender essa ideia de um limite interno, Foucault retoma a relação entre o direito e a arte de governar no século XVII. O direito se apresentava como um limite externo à arte de governar, ele estabelecia fronteiras que o soberano não poderia transgredir sem violar a legitimidade de seu governo. A ideia de direitos naturais, direitos inalienáveis representam limites externos à arte de governar, constituem esferas que o poder governamental teria que respeitar.

No entanto, a partir do século XVIII se constitui uma limitação interna à própria racionalidade governamental, no sentido de que se trata de uma limitação de fato e não de direito, que corresponde a princípios universais, ou a uma lógica com validade geral, e esta limitação é interna no sentido que ela está dada pelos próprios objetivos do governo. A violação desses limites faria com que o governo não conseguisse cumprir seus objetivos, sendo uma limitação de fato essa violação não tornaria o governo ilegítimo, mas incapaz. Ora, essa limitação interna à racionalidade do governo está dada pela percepção da economia como um domínio próprio da realidade, domínio que seria estudado pela economia política.

Se o direito contrapunha um limite externo à soberania caracterizado pela formulação de liberdades fundamentais que o governo não poderia suprimir sem perder sua legitimidade, a economia política apresentará limites internos à racionalidade governamental, pois seus objetivos, ou seu campo de estudo, são os mesmos que o governo pretende atingir. "[...] a economia política é uma espécie de reflexão geral sobre a organização, a distribuição e a limitação dos poderes numa sociedade. A economia política, a meu ver, é fundamentalmente o que possibilitou assegurar a autolimitação da razão governamental" (Foucault, [1979] 2008, p. 19).

A economia política seria uma disciplina que se desenvolveu precisamente no âmbito da razão de estado. Percebendo o mercado como um domínio da realidade sujeito a leis próprias, a economia política limita a racionalidade governamental, pois por definição esta racionalidade não poderia violar as leis da economia ou do mercado sem negar seus próprios objetivos e, portanto, acarretando a perda de sua racionalidade. É neste sentido que frequentemente o bom governo será pensado pelo pensamento econômico como aquele que não interfere, ou interfere o menos possível no mercado, caso dos economistas clássicos, ou como um estado despótico, que sabendo que a economia é sujeita a leis "naturais" age autoritariamente para garantir que nenhum dos agentes atue de forma a comprometer o bom funcionamento dessas leis. É por esta razão, por este tema do limite interno à racionalidade governamental que Foucault irá discutir neste curso o liberalismo e o neoliberalismo.

Não nos deteremos neste curso, mas é interessante notar a forma como o tema do *homo economicus* é apresentado por Foucault. O *homo economicus* seria uma forma de emergência de sujeito que se diferencia da temática do poder disciplinar. O *homo economicus* é "um tipo de sujeito que permitia justamente que uma arte de governar se regulasse de acordo com o princípio da economia" (Foucault, [1979] 2008, p. 370). Na discussão do *homo economicus* na versão do neoliberalismo Foucault argumenta justamente que a perspectiva neoliberal tenta aplicar a racionalidade econômico a campos "extra" econômicos, sociais se afastando da noção de norma, que era central na constituição do sujeito através das práticas disciplinares.

No resumo do curso Foucault afirma que "o curso deste ano acabou sendo inteiramente consagrado ao que devia formar apenas sua introdução" (Foucault, [1979] 2008, p. 431). O tema da biopolítica ficou de lado, e no último parágrafo do resumo, Foucault anuncia que agora deveria estudar como os fenômenos da população e da vida foram postos no interior das tecnologias de governo. Ou seja, a biopolítica. Contudo, talvez para a surpresa daqueles que acompanhavam seus cursos regularmente o tema do curso seguinte não foi o biopoder. Foucault irá manter o foco no governo, mas agora não se trata mais do governo do estado: em 1980 começa a rotação que leva seus cursos para a discussão do governo de si, das técnicas de si e das formas de autoconstituição do sujeito.

Para concluir vamos analisar as primeiras aulas do curso de 1980 para situar como essa reorientação na perspectiva de Foucault se apresenta. Sem dar explicações, sem anunciar qualquer mudança Foucault inicia o curso falando de Sétimo Severo, imperador romano, contudo isso por si mesmo talvez não anunciasse a mudança para aqueles que esperavam reencontrar o tema da biopolítica como anunciado no curso sobre o liberalismo do ano anterior, pois Sétimo Severo é pretexto para Foucault anunciar uma questão que se encaixa em suas discussões anteriores: o poder se exerce articulado a formas de manifestação da verdade, exercício do poder e manifestação da verdade estão relacionados. Contudo, esta relação não é meramente utilitária como seria a relação entre o governo e a economia política.

Para além dos saberes utilitários, diz Foucault, o poder, algumas vezes pelo menos, necessita de manifestações que visam simplesmente "desvelar a verdade", uma verdade que seria "não-econômica". Tomando a sala de Sétimo Severo na qual este havia mandado pintar no teto uma representação do céu de seu nascimento, de modo que o alinhamento dos astros confirmasse a todos que ele estava destinado a dominar o Império, Foucault diz: "tratava-se essencialmente de fazer surgir o próprio verdadeiro, contra o fundo do desconhecido, contra o fundo do oculto, contra o fundo do imprevisível" (Foucault, [1980] 2014, p. 7). O céu estrelado no teto de Sétimo Severo corresponde a um ritual de manifestação da verdade, não se trata de uma atividade mais ou menos racional de conhecimento, diz Foucault, mas de um conjunto de procedimentos através dos quais o falso é refutado através da afirmação do verdadeiro que é por assim dizer arrancado ao oculto, uma "conjuração do imprevisível" (Foucault, [1980] 2014, p. 8). O mapa astral pintado no teto legitima a reivindicação do poder do imperador, ao revelar que ele estava destinado pelo céu de seu nascimento ao domínio.

O exercício do poder supõe não apenas um conhecimento utilitário, mas também frequentemente uma dessas formas de manifestação da verdade:

> Poderíamos chamar de "aleturgia" o conjunto dos procedimentos possíveis, verbais ou não, pelos quais se revela o que é dado como verdadeiro em oposição ao falso, ao oculto, ao indizível, ao imprevisível, ao esquecimento, e dizer que não há exercício do poder sem algo como uma aleturgia. [...] A ciência, o conhecimento objetivo, não é mais que um dos casos possíveis de todas essas formas pelas quais podemos manifestar o verdadeiro (Foucault, [1980] 2014, p. 8).

Retomando o sentido da palavra hegemonia para os gregos, que significa estar à frente dos outros "conduzi-los e de certo modo conduzir a conduta deles" (Foucault, [1980] 2014, p. 8), Foucault irá afirmar que não há hegemonia sem algum ritual ou forma de manifestação da verdade, não há hegemonia sem aleturgia. "Onde há poder [...] é preciso haver o verdadeiro" (Foucault, [1980] 2014, p. 10).

O tema da aleturgia não é meramente residual no mundo moderno, Foucault retoma a ideia de razão de estado e afirma que esta se deu como um remanejamento das formas de aleturgia, das formas de manifestação da verdade que estavam presentes na corte absolutista. A razão de estado elimina as formas de manifestação da verdade concorrentes, como a astrologia, ou outras práticas que buscam desvelar uma verdade transcendente e oculta. Se não há poder sem o verdadeiro, uma nova forma de poder precisa deslocar as formas de manifestação da verdade que se apresentem como obstáculos, como resistências oriundas de práticas alternativas de poder. A razão de estado não deixa de ser uma forma de manifestação da verdade, que teve que disputar com outras aleturgias para se tornar o modo dominante de governo dos homens pela verdade.

O tema do governo dos homens pela verdade representa para Foucault um deslocamento. Se o autor havia recorrido ao par saber-poder para deslocar a ideia de ideologia dominante, a ideia do governo pela verdade será uma forma, diz o próprio Foucault, de deslocar o tema do saber-poder. Quando nos anos 70 Foucault elabora esse par conceitual, essa conexão entre saber e poder, o fazia em oposição ao conceito marxista de ideologia. Segundo Foucault, em *A verdade e as formas jurídicas*, o conceito de ideologia traz consigo a ideia de que a relação do sujeito com a verdade ou com o conhecimento é perturbada ou "velada pelas condições de existência [...]. A ideologia é a marca, o estigma dessas condições políticas ou econômicas de existência sobre um sujeito de conhecimento que, de direito, deveria estar aberto à verdade (Foucault, [1973] 2009, p. 26-7).

Em outras palavras, a ideologia é o distúrbio que as relações de poder provocam no conhecimento, impedindo que a verdade seja reconhecida, substituindo-a por uma perspectiva ilusória. Retirando-se a ideologia os sujeitos teriam acesso à verdade. Para Foucault na década de 1970 a conexão saber-poder permitia se contrapor a essa noção de ideologia, e ao invés de pensar as relações de poder e as relações econômicas como produtoras de obstáculos que impedem a visão da verdade, a conexão saber-poder mostrava que na verdade não existe a possibilidade de pensar a formação dos sujeitos de conhecimento fora de suas relações de existência. Estas não são véus que impedem a visão da verdade, que produzem uma visão invertida do real. As relações sociais de existência, as relações de poder formam os sujeitos, formam as condições de conhecimento, formam, portanto, as relações de verdade.

A lógica é similar a que fundamenta a crítica à hipótese repressiva em *A vontade de saber*. A hipótese repressiva sobre a sexualidade, simplificando, supõe que há uma sexualidade autêntica, natural que é distorcida pelas relações de poder, pelas relações sociais capitalistas. De modo, que se superássemos essas relações encontraríamos nossa autêntica sexualidade. Ora isso é supor sujeitos constituídos fora das relações sociais. Todos os sujeitos se constituem no interior de relações sociais, estas são condições para a formação dos sujeitos, logo na base da hipótese repressiva há uma ideia problemática de autencidade.

O marxismo mais tradicional, nesta versão de Foucault, opera, sem perceber, através do conceito de ideologia com a imagem de um sujeito que poderia perceber a realidade tal qual ela é. Se não fosse a ideologia o real seria transparente para o sujeito. A ideologia, portanto, é o conhecimento desvirtuado por relações de poder. Contra a ideologia teríamos a ciência, verdade e ideologia seriam pares antagônicos, e entramos no mito de que a verdade e o poder se excluem. Onde há poder não haveria verdade, haveria ideologia. A verdade, o autêntico saber se contrapõe ao poder. É contra essa perspectiva que Foucault desenvolve a conexão saber-poder e não apenas contra o marxismo:

> Com Platão, se inicia um grande mito ocidental: o de que há antinomia entre saber e poder. Se há o saber, é preciso que ele renuncie ao poder. Onde se encontra saber e ciência em sua verdade pura, não pode mais haver poder político. Esse grande mito precisa ser liquidado. [...] O poder político não está ausente do saber, ele é tramado com o saber (Foucault, [1973], 2009, p.51).

Este foi o deslocamento operado por Foucault quando opôs ideologia e saber-poder. E agora quanto ao "segundo deslocamento em relação a essa noção de saber-poder. Trata-se portanto de se livrar dela para tentar elaborar a noção de governo pela verdade. Livrar-se da noção de saber-poder como se livrou da ideologia dominante" (Foucault, [1980] 2014, p. 13). Ao expor a razão para essa mudança Foucault argumenta que a noção de governo é mais operacional do que a noção de poder. Governo no caso entendido no sentido "de mecanismos e procedimentos destinados a conduzir os homens, a dirigir a conduta dos homens, a conduzir a conduta dos homens" (Foucault, [1980] 2014, p. 13). Se nos cursos dos últimos dois anos se dedicou à questão do governo, agora ele pretende se dedicar à verdade, à relação entre exercício do poder e verdade ou governo e verdade.

Não seria mais a conexão, saber-poder, mas a relação entre exercício do poder e manifestação da verdade que orientaria a pesquisa que Foucault gostaria de realizar a partir de então. Trata-se de um novo ponto de partida, que foi se desdobrando lentamente a partir da discussão do poder pastoral, do governo, da governamentalidade. E se é um novo ponto de partida, um recomeço, por onde Foucault escolhe começar? Ora, para onde os europeus frequentemente se dirigem quando querem começar de novo, quando buscam fundamentar de uma nova ideia? Para a Grécia, é claro. Para traçar a nova rota na discussão da relação entre exercício do poder e formas de manifestação da verdade, Foucault irá retomar neste curso um caso que ele já havia tratado antes no próprio Collège de France e também na série de conferências intituladas *A verdade e as formas jurídicas*. A tragédia *Édipo-rei* cuja análise em *A verdade e as formas jurídicas* demonstra justamente a conexão entre saber-poder como apresentada acima. *Édipo-rei* agora é retomada por Foucault para exemplificar a possibilidade de uma leitura aletúrgica, ou seja, uma leitura centrada na intenção de perceber como a história de Édipo pode ser compreendida como articulando o problema da manifestação da verdade em suas conexões com o poder.

É quase como se o autor se debruçasse sobre o momento em que fez uma opção teórica, e testasse agora voltar atrás e seguir outro caminho, pois a análise que Foucault faz da tragédia permanece fundamentalmente a mesma: Édipo não é o homem do inconsciente, não é aquele que não sabia, pelo contrário Édipo é detentor de um tipo de saber e está envolvido desde o início da peça numa pesquisa pela verdade. Uma verdade que é enunciada logo no início: a peste é uma punição dos deuses pelo assassinato de Laio, diz o oráculo; Édipo promete banir o assassino e força o adivinho Tirésias a dizer o nome do assassino, este termina por responder algo como "prometestes banir o assassino, pois bane-te a ti mesmo"; Édipo supõe que Tirésias conspira contra ele junto com seu cunhado Creonte, que desejaria assumir o poder; Creonte pretende provar que não conspira através de um juramento; Jocasta diz para Édipo que ele não pode ter matado Laio pois este foi assassinado por vários homens no entroncamento de três caminhos, ao que Édipo responde, que matar um homem no entroncamento de três caminhos foi justamente o que ele fez ao chegar a Tebas; Édipo interroga testemunhas, dois pastores, ex-escravos, um era o mensageiro que veio de Corinto para trazer a notícia de que Políbio havia morrido e conta que Édipo não era na verdade filho de Políbio, o outro pastor era ao mesmo tempo a testemunha do assassinato de Laio, que poderia resolver o caso e dizer se Édipo matou ou não Laio, se este foi morto por um ou por vários homens, mas este pastor foi também o escravo que recebeu Édipo de Jocasta quando bebê, e ao invés de mata-lo o entregou para um escravo coríntio, que por acaso é justamente o mensageiro que traz a notícia da morte de Políbio.

Édipo é o tirano que através de seu inquérito faz com que a verdade anunciada pelos deuses, "houve um assassinato e você é o assassino" seja confirmada pelo testemunho dos pastores, logo depois da mesma verdade ser de certa forma enunciada no nível dos reis quando Édipo e Jocasta partilham seus conhecimentos sobre a morte de Laio. Um jogo de verdade que se dá por metades, que se ajustam em três diferentes níveis. Primeiro o nível dos deuses no qual Apolo enuncia uma metade, houve um assassinato, e Tirésias a outra, Édipo é o assassino. O mesmo ajuste de metades se dá no nível dos reis, quando Jocasta diz que Laio foi morto no entrocamento de três caminhos e Édipo responde que matou um homem no entroncamento de três caminhos. E por fim, os dois pastores, um diz anos atrás recebi um bebê que entreguei a Políbio, e o outro confirma dizendo que anos atrás entregou a este pastor um bebê que era filho de Jocasta.

A peça é analisada por Foucault então como um jogo de metades que se ajustam e que traduz justamente o que os gregos entendiam por símbolo, uma peça dividida em duas metades, cujo ajuste perfeito confirmava a autenticidade de cada uma das partes. "Temos portanto seis detentores da verdade que vem se agrupar dois a dois para fazer um jogo de metades que complementam e se ajustam, e encaixam uma na outra. [...] E foram necessárias nada menos que essas seis metades para constituir a [...] palavra reta, que será o ponto culminante da aleturgia

(Foucault, [1980] 2014, p. 31), isto é, a palavra que manifesta a verdade, o discurso que revela o verdadeiro.

Tudo isso aparece na análise que Foucault faz da peça no início dos anos 70 e também agora em 1980. Onde está a diferença? Em ambas as análises de Édipo a verdade será obtida através desse jogo de metades que formam o símbolo grego. O próprio Édipo diz Foucault em *O governo dos vivos* é esse símbolo quebrado em dois, dividido em duas metades uma metade tebana e uma metade coríntia. Somente ao final da peça as duas metades se encontram, restituindo a Édipo sua unidade, mas ao mesmo tempo transformando-o num ser duplo, num ser marcado pelo excesso:

> Ele encontrará no fim da peça sua unidade, ele que estava fragmentado, ou ainda, se verá duplo, e a monstruosidade de Édipo consistirá precisamente em que ele é perpetuamente duplo, pois é ao mesmo tempo filho e esposo da mãe, pai e irmão de seus filhos. E vocês sabem que toda vez que ele fala, acredita dizer alguma coisa, e de fato outro significado se insinua, de tal sorte que cada uma de suas palavras é dupla. Édipo é, por definição, esse σύμβολον [símbolo] cujas duas metades, superpondo-se, vêm a uma só vez descobrir sua monstruosidade (Foucault, [1980] 2014, p. 31).

E não se pode esquecer que essa reunião das duas metades que revelam a monstruosidade, o excesso de Édipo é provocada pelo próprio. É ele que manda consultar o oráculo, é ele que obriga Tirésias a nomear o adivinho, é ele que faz os pastores falarem, ameaçando torturar um deles. Ele provoca essas diferentes formas de aleturgia, a aleturgia dos deuses, que revelam a verdade na forma da profecia, que tudo veem, que tudo sabem, e a aleturgia dos pastores que revelam a verdade através do testemunho. Ao contrário de Apolo e de Tirésias, os pastores só são capazes de saber aquilo que viram ou fizeram. Mas a união entre essas duas formas de aleturgia, a verdade anunciada pelos deuses, e a verdade testemunhada pelos pastores será resultado da ação de Édipo. Será o resultado do tipo de saber que caracteriza Édipo. Na peça quando os deuses enunciam sua verdade, nem Édipo, nem Jocasta nem o coro acreditam nela. Édipo irá realizar um inquérito justamente para provar que a verdade anunciada pelos deuses é uma fraude, parte de um complô. Para que a palavra profética ganhasse credibilidade foi preciso sua confirmação pelo testemunho dos escravos.

De acordo com Foucault a profecia no nível dos deuses e o testemunho dos escravos constituem dois tipos de aleturgia que na peça se fecham sobre Édipo ao se confirmarem uma a outra. E finalmente é possível dizer o que a análise de Foucault desta peça em 1980 traz de diferente em relação às suas conferências sobre *Édipo-rei* nos anos 1970. Tentando provar que as falas do oráculo e de Tirésias não são verdadeiras Édipo aciona um processo de busca da verdade através do inquérito, que termina por confirmar a verdade do oráculo e do advinho, mas a confirma através do testemunho dos escravos. Enquanto a aleturgia do oráculo e de Tirésias está fundada na autoridade divina, em Apolo que como um deus, tudo vê, a aleturgia do testemunho é "uma aleturgia judiciária que deriva sua autoridade unicamente do fato de poder dizer 'eu', 'eu mesmo', 'eu estava presente'" (Foucault, [1980] 2014, p. 46).

É justamente o problema desse "eu mesmo", αυτός, como um possível autenticador da verdade que Foucault pretende estudar nesse curso. Por mais estranho que possa parecer para o pensamento contemporâneo no qual a ideia de testemunho se tornou tão comum, a identificação entre ser capaz de dizer a verdade e ter visto a verdade é o "resultado de um processo múltiplo e complexo que foi capital para a história da verdade em nossas sociedades" (Foucault, [1980] 2014, p. 46).

Não é evidente que a testemunha seja capaz de dizer a verdade, ou que seja necessário recorrer a testemunhas para corroborar ou afirmar a verdade. Um célebre exemplo disso se encontra na segunda conferência de *A verdade e as formas jurídicas*. Numa passagem da *Ilíada*, Menelau e Antíloco disputam uma corrida, venceria quem conseguisse contornar um marco o mais rápido possível. Junto ao marco coloca-se uma testemunha. Antíloco vence, Menelau contesta a vitória acusando-o de ter cometido uma irregularidade. Como se resolve a questão? Pergunta-se à testemunha o que ela viu? Não, Menelau desafia Antíloco a jurar que não cometeu a irregularidade. Como Antíloco se recusa, a vitória passa para Menelau. Trata-se de uma prova judiciária da verdade, na qual esta se manifesta sem o recurso à testemunha.

No entanto, em *A verdade e as formas jurídicas* Foucault contrasta essa prova judiciária com o procedimento de inquérito que é conduzido por Édipo, e *Édipo-rei* será interpretado justamente como uma peça que se dá no modelo do inquérito, que teria substituído esse tipo de prova judiciária, ainda que em alguns momentos essa forma de produzir a verdade apareça na peça, como por exemplo, quando Édipo acusa Creonte de traição, este pretende provar sua inocência jurando sua inocência. Portanto, as duas análises parecem convergir, mas Foucault extrai de cada uma delas algo distinto. Enquanto no texto dos anos 1970 a questão era estabelecer através de *Édipo-rei* a conexão entre saber-poder que vai arrancar das testemunhas a verdade através da ameaça de tortura, agora a emergência do testemunho como fundamento da verdade se torna ele mesmo o problema. Agora se trata de problematizar esse αυτός, esse "eu mesmo" como uma fonte possível da verdade.

Então na análise que Foucault faz de Édipo este personagem se encontra entre duas aleturgias, a aleturgia religiosa, que conjuga a divindade e seu adivinho, e a aleturgia das testemunhas. Entre essas duas aleturgias Édipo aparentemente é aquele que não sabe e precisa saber, daí a busca da verdade, a pesquisa, o inquérito através do qual ele pretende encontrar a verdade. Através desse procedimento Édipo passa do não saber ao saber, "ele mesmo quer fazer essa descoberta [...] por não confiar em mais ninguém, quer resolver ele mesmo a questão" (Foucault, [1980] 2014, p. 46). Ele próprio quer ouvir as testemunhas, ele próprio diz Foucault quer ser o operador dessa verdade que ele busca revelar. Édipo opera também uma aleturgia, mas esta não se encontra nem na forma da revelação divina, nem na forma do testemunho. A aleturgia de Édipo é uma aleturgia da descoberta, a verdade é algo que se encontra a partir de um processo de investigação.

No final da peça quando Édipo finalmente consegue juntar as duas testemunhas ele consegue se tornar senhor da verdade, consegue fazer que a verdade que se encontrava escondida se revelasse. Mas aí temos uma reviravolta. Note-se que o saber das testemunhas coloca em questão aquele αυτός, as testemunhas são aquelas que viram por si mesmas, que podem dizer eu mesmo vi. Na aleturgia que Édipo opera ele evidentemente não se coloca na posição das testemunhas, mas ele mesmo tem que ouvi-las. A verdade é algo que ele mesmo tinha que revelar, justamente por não confiar em mais ninguém. Édipo só confia numa verdade que ele mesmo encontre, uma verdade que ele pudesse dizer "eu mesmo a descobri". Mas quando finalmente Édipo está de posse dessa verdade, ocorre a reviravolta esse sujeito, esse "eu mesmo" que buscava a verdade se converte no objeto da descoberta. De novo Édipo se desdobrando em um duplo: aquele que procurava a verdade acaba descobrindo a si mesmo como o objeto que buscava.

3. CONCLUINDO: OU CHEGANDO AO NOVO PONTO DE PARTIDA

Se na análise de *Édipo-rei* dos anos 1970 Foucault chega ao conceito de saber-poder, mostrando como a tragédia de Sófocles articula o saber e o poder, como a própria peça está escrita de acordo com o modelo jurídico do inquérito, em *Do governo dos vivos* seguindo mais ou menos os mesmos passos da análise anterior Foucault chega a uma questão diferente. Agora a peça permite colocar com clareza a conexão entre o sujeito, esse "eu mesmo", e a manifestação da verdade. Permite formular a problemática de quais são as diferentes técnicas através das quais se colocou na história ocidental a possibilidade de vincular o sujeito e a verdade. Através de que técnicas de si o sujeito poderia se modificar para atingir a verdade. Através de que práticas o sujeito pode constituir a si mesmo, elaborar sua própria subjetividade para que através dele a verdade possa se manifestar.

Neste sentido Foucault dirá que o que pretende discutir neste curso, *Do governo dos vivos*, é "como em nossa civilização se estabeleceram relações entre o governo dos homens, a manifestação da verdade na forma da subjetividade e salvação para todos e cada um?" (Foucault, [1980] 2014, p. 46). Note-se como temas discutidos nos anos anteriores retornam, o governo, a "salvação de todos e cada um" remetem ao poder pastoral, no entanto, todos esses temas agora serão tratados a partir da conexão com técnicas de si, com interações através das quais os sujeitos se constituem intersubjetivamente, com esforços de autoconstituição dos sujeitos. Foucault prossegue este curso com a exploração dessa conexão entre o sujeito e a verdade no cristianismo. Nos três cursos que Foucault ainda daria no *Collège de france* a problemática do sujeito e da verdade o conduziria, após explicitar o conceito de técnicas de si, a uma reflexão centrada na Antiguidade Clássica e principalmente na Antiguidade Tardia, que aparecerão também em *O uso dos* prazeres e *O cuidado de si* (ou *História da sexualidade I* e *II*, respectivamente). Mas isso não significa que ele tenha abandonado a preocupação com o tempo presente.

Questionado por Dreyfus e Rabinow numa entrevista se ele considerava que os gregos ofereciam uma alternativa atraente para os problemas éticos que enfrentamos no mundo contemporâneo, Foucault responde prontamente com uma negativa. Segundo ele nós enfrentaríamos um problema que é semelhante ao enfrentado pelos gregos, uma vez que "a maior parte das pessoas não acredita mais que a ética esteja fundada na religião, nem deseja um sistema legal para intervir em nossa vida moral" (Foucault, [1983] 1995, p. 254). Contudo, a solução que os gregos deram para uma problemática similar não seria uma solução para nós. Trata-se na verdade de "fazer a genealogia dos problemas, das problematizações" (Foucault, [1983] 1995, p. 255). Os gregos não são interessantes por oferecerem soluções ou alternativas para nós, isso eles não oferecem. São interessantes porque oferecem uma problematização que enfrenta questões semelhantes às que enfrentamos hoje. Nesse sentido, talvez o que eles ofereçam seja uma visão distanciada para repensarmos nossos próprios problemas.

Concluindo, a análise de Édipo no início de *Do governo dos vivos* mostra a transição efetuada por Foucault do saber-poder para o tema do governo pela verdade. Nos anos 1970 a interpretação de Édipo por Foucault pretendia demonstrar a conexão entre saber e poder e se contrapor ao mito de que o poder é carente de saber. A partir do tema do governo Foucault situou a tragédia de Sófocles no interior de uma problematização da relação entre aleturgia e αὐτός, ou seja, entre manifestação da verdade e o sujeito, "eu mesmo". A partir de agora Foucault colocará a questão da manifestação da verdade na forma da subjetividade, da autoconstituição dos sujeitos no interior de regimes de verdade, e a partir daí o conceito de técnicas de si se tornará fundamental, e é justamente o conceito de técnicas de si que poderia oferecer a ponte entre as questões éticas contemporâneas e as discussões de Foucault sobre o cuidado e o governo de si na Antiguidade. Mas isso é outra história, em relação a qual esta discussão aqui constitui a pré-história.

4. REFERÊNCIAS

FOUCAULT, M. **A verdade e as formas jurídicas**. Rio de Janeiro: NAU. [1973] 2009

FOUCAULT, M.. **Vigiar e punir.** Petrópolis: Vozes. [1975] 2000

FOUCAULT, M.. **Segurança, território e população**. São Paulo, Martins Fontes. [1978] 2008

FOUCAULT, M**. O nascimento da biopolítica.** São Paulo: Martins Fontes. . [1979] 2008

FOUCAULT, M. **O governo dos vivos.** São Paulo, Martins Fontes. [1980] 2014.

FOUCAULT, M. **O verdadeiro sexo.** Ditos & escritos v.5. Rio de Janeiro, Forense Universitária. . [1981] 2006

FOUCAULT, Michel **Sexualidade e solidão**. Ditos & escritos, v. 5. Rio de Janeiro, Forense Universitária. . [1981] 2006**.**

FOUCAULT, M. O sujeito e o poder. In: Dreyfus e Rabinow. **Michel Foucault**: uma trajetória filosófica - para além do estruturalismo e da hermenêutica. Rio de Janeiro, Forense Universitária. . [1982] 1995

FOUCAULT, M. Michel Foucault entrevistado por Hubert L. Dreyfus e Paul Rabinow. In: DREYFUS ; RABINOW. Michel Foucault: uma trajetória filosófica - para além do estruturalismo e da hermenêutica. Rio de Janeiro:Forense Universitária. [1983] 1995.

FOUCAULT M.. **Michel Foucault**. Ditos & escritos, vol. V. Rio de Janeiro, Forense Universitária. [1984] 2006

Capítulo 8

A FUNÇÃO METODOLÓGICA DO CONCEITO DE "DISPOSITIVO" NA GENEALOGIA DE MICHEL FOUCAULT

Hailton Felipe Guiomarino[1]

SUMÁRIO: Introdução - 1. O "dispositivo" como ponte da arqueologia para genealogia - 2. O uso filosófico da história: a recusa dos universais - 3. Sintetizando: o funcionamento metodológico do conceito de "dispositivo" - 4. Crítica e liberdade - 5. Para pensar o direito - 6. Referências.

INTRODUÇÃO

Em seus livros e cursos dos anos 70, Foucault escreve frequentemente sobre dispositivo da sexualidade, dispositivos disciplinares, dispositivos de segurança e, em um sentido mais geral, dispositivos de saber e de poder, sem nunca ter formulado uma definição precisa do conceito de "dispositivo". O fato de não falar meramente de sexualidade ou segurança, mas sim de dispositivo da sexualidade e dispositivos de segurança indica a maneira peculiar pela qual Foucault pensa tais objetos e o olhar metodológico pelo qual os estuda. É por notar este caráter peculiar que Agamben, por exemplo, explica o conceito em questão como "termo técnico decisivo na estratégia de pensamento de Foucault" (AGANBEN, 2005, p. 9). De igual maneira, Deleuze nota a fecundidade e importância do mencionado conceito, definindo a filosofia de Foucault como "uma análise de 'dispositivos' concretos" (DELEUZE, 1990, p. 155, tradução nossa).

1. Graduado em Filosofia pela Universidade Federal do Pará - UFPA. E-mail: hailton_50@hotmail.com

Esta aparente relevância do conceito de dispositivo para a compreensão do pensamento de Foucault é o que instiga a problematiza-lo neste artigo. A seguir, indagar-se-á o papel metodológico desempenhado por tal conceito nas investigações genealógicas dos anos setenta, período em que o conceito surge no léxico foucaultiano com uso filosófico definido. Para uma resposta satisfatória deste questionamento, a argumentação precisará elucidar qual é a relação do conceito em questão com a analítica do poder, hipótese de trabalho utilizada por Foucault para problematizar o poder no período mencionado. Em vista disso, primeiramente, tratar-se-á dos condicionantes teóricos que levaram Foucault a introduzir a noção de "dispositivo" em seus trabalhos. Ver-se-á que esta acompanha as mudanças da arqueologia para genealogia, desempenhando papel importante na unidade da obra foucaultiana. O segundo momento abordará propriamente a função metodológica do conceito de "dispositivo". Importa mostrar que ele representa outra grade de inteligibilidade da história, opondo-se aos Universais. Por fim, concluir-se-á o artigo sintetizando as conclusões alcançadas e apresentando uma apreciação crítica do conceito estudado para a proposta foucaultiana de pensar de outro modo.

1. O "DISPOSITIVO" COMO PONTE DA ARQUEOLOGIA PARA GENEALOGIA

Numa entrevista de 1977[2], a respeito do deslocamento de seu interesse pelos discursos para os jogos de poder, Michel Foucault confessa: "Em *As palavras e as Coisas*, querendo fazer uma história da *episteme*, permanecia num impasse" (FOUCAULT, 2014, p. 367). Em que consiste tal impasse? Ora, se a investigação arqueológica permitia descrever os diferentes discursos em suas respectivas *episteme* (renascentista, clássica e moderna), ela não podia, por outro lado, explicar satisfatoriamente por quais condições pré-discursivas ocorrem as mudanças de *episteme*, limitando-se apenas aos seus resultados. Como afirma Foucault em outra entrevista, desta vez para Moriaki Watanabe, em 1978:

2. Cf. *Sobre a História da Sexualidade*, In: *Microfísica do poder*. (Org.) Roberto Machado. Rio de Janeiro: Paz & Terra, 2014.

> Depois, em *As palavras e as coisas*, busquei retomar esse problema, mas com base no próprio discurso científico, sem considerar o contexto histórico no qual ele opera. Em *As palavras e as coisas*, a análise incide essencialmente sobre as coisas ditas, as regras de formação das coisas ditas.
>
> Havia, porém, uma partida que permanecera em suspense – o que me foi dito, mas eu tinha consciência disso –, tratava-se da análise das condições externas de existência, de funcionamento, de desenvolvimento desses discursos científicos. (...) Como tenho o espírito lento, levei muito tempo para apreender tudo isso, mas, no fim das contas, pareceu-me ser essencialmente do lado das relações entre o saber e o poder que se poderia fazer a história dessa encenação da verdade, a história desse teatro da verdade de que você fala. (FOUCAULT, 2011, p. 237-238).

Se em *As palavras e as coisas,* Foucault trabalha com o conceito de *episteme,* o impasse em questão, por conseguinte, dizia respeito à impossibilidade deste conceito de sondar as realidades não discursivas, isto é, as estratégias, práticas e instituições pelas quais se realizam os jogos de poder e, consequentemente, as condições de formação e desaparecimento dos respectivos discursos (CHIGNOLA, 2014, p.6).

Como resposta a tal crise interna ao percurso filosófico de Foucault, nota-se o uso do conceito de dispositivo, em meados dos anos setenta, precisamente à época de *Vigiar e Punir*, enquanto ferramenta metodológica com contornos bem definidos. Neste momento de seu trabalho, sustenta Judith Revel (2005), Foucault dá um salto mais geral com o conceito de "dispositivo", transformando a *episteme* em um caso deste, precisamente, um "dispositivo especificamente discursivo" (FOUCAULT, 2014, p. 367). Isto indica que o dispositivo não se esgota no enunciável. Para muito além do âmbito discursivo, o termo "dispositivo" designa também "os operadores materiais do poder, isto é, as técnicas, as estratégias e as formas de assujeitamento utilizadas pelo poder" (REVEL, 2005, p. 39). Com efeito, os elementos articulados pela noção de "dispositivo" são demarcados por Foucault da seguinte maneira:

> (...) um conjunto decididamente heterogêneo que engloba discursos, instituições, organizações arquitetônicas, decisões regulamentares, leis, medidas administrativas, enunciados científicos, proposições filosóficas, morais, filantrópicas. Em suma, o dito e o não dito são os elementos do dispositivo. O dispositivo é a rede que se pode estabelecer entre esses elementos. (FOUCAULT, 2014, p.364).

A amplitude desta definição requer elucidações mais precisas. Aproveitando a referência à rede, Deleuze explicita o conceito de dispositivo em termos cartográficos, traçando linhas com as quais dá conta das etapas da filosofia foucaultiana – saber, poder, subjetividade. O dispositivo seria um novelo composto por linhas de naturezas diferentes, ou seja, de cores, tamanhos, texturas diversas, e que, nomeadamente, seriam "linhas de visibilidade, linhas de enunciação, linhas de força, linhas de subjetivação, linhas de ruptura, de fissura, de fratura que se entrecruzam e se misturam enquanto umas suscitam outras através de variações ou até de mutações de disposição" (DELEUZE, 1990, p. 157-158, tradução nossa). O dispositivo é, assim, um arranjo interativo e complexo, porém, ordenado, dentro do qual suas partes alinham-se em vista de um resultado, de uma disposição normativa.

Agamben, por sua vez, julga identificar a gênese do sentido que Foucault confere ao termo "dispositivo" no conceito hegeliano de "positividade", o qual Foucault teria herdado de Hyppolite. O filósofo italiano afirma que o termo "dispositivo" foi antecedido, na obra de Foucault, pelo termo "positividade", usado em *A arqueologia do saber*, e que mantém um sentido etimologicamente próximo ao do conceito em questão. Hegel, na explicação de Agamben, designava com o conceito de "positividade" os elementos exteriores ao indivíduo e que são historicamente impostos sobre ele (ritos, crenças, regras, instituições, maneiras sentimentais de agir e reagir etc.), sentido próximo ao que Foucault dá ao termo "dispositivo", com o intuito de pensar "o conjunto das instituições, dos processos de subjetivação e das regras em que se concretizam as relações de poder". (AGAMBEN, 2005, p.11). Partindo dessa explicação, o dispositivo pode ser pensado como um arranjo interativo que cria um efeito normativo que influenciará o campo da ação ao criar uma propensão dirigida a certos tipos de atos e acontecimentos.

Assim, tanto da parte de Deleuze, como da de Agamben, nota-se que as pesquisas de Foucault se complexificam com a introdução do conceito de "dispositivo". Comparativamente à obra *As palavras e as Coisas*, não se trata mais de sondar as condições de surgimento e transformação interna aos regimes discursivos em seus cortes historicamente descontínuos. Foucault mesmo reconhece que "não é possível que o poder se exerça sem saber, não é possível que o saber não engendre poder" (FOUCAULT, 2014, p.231). Não é mais possível pensar o saber acontecendo sem mútua relação com o poder. Será no agenciamento de ambos que o dispositivo dará efeitos de poder a certos saberes e fará com que o poder engendre campos de saber.

> Sendo assim, tal discurso pode aparecer como programa de uma instituição ou, ao contrário, como elemento que permite justificar e mascarar uma prática que permanece muda; pode ainda funcionar como reinterpretação desta prática, dando-lhe acesso a um novo campo de racionalidade. Em suma, entre estes elementos, discursivos ou não, existe um tipo de jogo, ou seja, mudanças de posição, modificações de funções, que também podem ser muito diferentes. (FOUCAULT, 2014, pp. 364).

Neste sentido, a exemplo da prisão e da sexualidade, pode-se observar que por trás do discurso da humanização das penas e do discurso de liberação da sexualidade se escondem importantes práticas de dominação, ancoradas no exame e na confissão, que não aparecem explicitadas nestes discursos e que, no entanto, os perpassam constitutivamente, gerando efeitos de objetivação e subjetivação. Por isso, Deleuze (2005) pode dizer que o saber já apresenta formas de ver e falar estratificadas, sedimentadas. O saber opera com matérias e formas estáveis do visível e do enunciável. O poder, ao contrário, inaudível e invisível e age anonimamente na formação dos saberes e limiares epistemológicos. A análise de dispositivos, então, permite identificar como um discurso se torna operatório dentro de um contexto de relações de força ao se conectar com elementos heterogêneos e, a princípio, independentes. No pensamento foucaultiano, o dispositivo mostra como poderes engendram saberes (a delinquência, a sexualidade) e como saberes justificam poderes, criando ordenamentos coercitivos (a normalidade). Neste sentido, o conceito de "dispositivo" possibilita não definir todo o trabalho de Foucault como "análise do discurso[3]". Seguindo Sverre Raffnsøe (2008, p.45), ao assumir um papel transversal e unificador na obra de Foucault, o conceito de "dispositivo" permite coligar os estudos arqueológicos dos anos sessenta com os estudos genealógicos da década seguinte.

Consequentemente, com a introdução do termo "dispositivo" na estratégia de pensamento de Foucault, vem somar-se ao estudo dos discursos e enunciados a investigação das forças que lhes são externas e que os produzem e os legitimam como regimes de veridição. Esse deslocamento nos objetos das pesquisas de Foucault ilustra, segundo Roberto Machado, a passagem metodológica da arqueologia para a genealogia:

> Neste momento, como veremos, muda também de modo radical o tipo de questão metodológica colocado por Foucault. Não se trata mais de justificar a especificidade da história arqueológica, momento em que as questões do conceito, da descontinuidade e da normatividade apareciam em primeiro plano. Desaparece, assim, todo posicionamento com relação à história epistemológica. Agora a questão metodológica é outra: ela diz respeito, sobretudo, ao poder e sua relação com o saber. (MACHADO, 1982, p.188).

2. O USO FILOSÓFICO DA HISTÓRIA: A RECUSA DOS UNIVERSAIS

Situando-se, agora, no período genealógico das investigações de Foucault, chega-se ao recorte teórico que interessa ao presente estudo. Objetiva-se compreender o papel metodológico do conceito de dispositivo nos estudos genealógicos dos anos setenta, cujo tema central é o poder. Requer-se, porém, primeiramente, uma caracterização da genealogia foucaultiana pelo seu interesse metodológico, uma vez que ela opõe-se às abstrações universais ao historicizar seus objetos de estudo. Tal consi-

3. Cf. PELTONEN, M. From discourses to Dispositif: Michel Foucault's two Histories. In: Historical Reflections/Reflexios Historiques, vol. 30, n. 2, Nova Iorque, 2004.

deração ajudará a delinear previamente o modo de atuação do conceito de dispositivo e a justificativa de sua constituição na sua diferenciação face aos Universais.

A genealogia é a análise da proveniência (*Herkunft*). Enquanto tal, articula corpo e história em mútua relação direta: mostra o corpo impregnado de história e a história marcando o corpo. Na análise da proveniência, a genealogia deve mostrar a emergência (*Entstehung*) de um acontecimento como fruto do confronto histórico de forças concretas. Por isso, a genealogia não se ocupa da origem (*Ursprung*), enquanto fundamento, *arché* ou essência. Para o genealogista, a origem tem o caráter de uma invenção (*Erfindung*) contingente historicamente. Por isso trabalha com o acaso do incidente, com a difusão aleatória, com o desvio por forças e interesses conflitantes, com a descontinuidade de sentido, e com a falta de significação a atravessar os fatos históricos como num progresso contínuo. Notoriamente, isto pressupõe outra maneira de considerar a história. Por isso, Nietzsche nomeia a história traçada pela genealogia de "história efetiva", já que "não dá por garantido nenhuma constante, nem teleologia, nem progresso, nem razão diretriz, nem verdade final, nem desenvolvimento do espírito, nem sujeito invariante" (DÍAZ, 2012, p. 100). Estas coisas não passam de abstrações racionalistas. A genealogia não tem a cor azul do céu das ideias, mas é de um cinza documental que registra as práticas concretas dos homens.

Foucault assimila completamente esta perspectiva e empreende uma apropriação filosófica da História que o leva a uma reorientação teórico-metodológica desta, o que se reflete nos seus objetos de estudo – loucura, medicina, castigo, sexualidade etc – objetos considerados marginais e sem importância pelos historiadores tradicionais. Thomas Flynn (2006, pp.29-48) aponta quatro elementos que caracterizam distintivamente o uso foucaultiano da história: o nominalismo, a categoria de "acontecimento", a espacialização da razão e a problematização.

O primeiro destes elementos faz de Foucault um anti-platônico ao buscar nos fatos as condições de possibilidade dos conceitos e estratificações discursivas, e não o inverso. Foucault trabalha com variantes para tentar desatar o nó que origina tal ou qual positividade. É assim que, na primeira aula de *O Nascimento da Biopolítica* (FOUCAULT, 2008, pp. 5-6), o filósofo explicita que seu método consiste em supor que os Universais (Estado, soberania, povo, classe, família etc.) não existem, e inquirir a partir de certo número de práticas concretas como aqueles vão sendo modulados, estabelecidos, modificados, desmontados, validados e desqualificados até assumirem a forma mais ou menos cristalizada que aparentam ao serem enunciados em diferentes discursos. Foucault, no dizer de Rajchmann (1987, p.51) elabora uma história da objetivação daqueles elementos que os historiadores aceitam como objetivamente dados. Nesse caso, Paul Veyne (2008), ao explicar o método de Foucault, enfatiza a categoria de "práticas" como sendo aquela que orienta o uso que o filósofo faz da história para descobrir que conjunto de práticas tornou possível a objetivação de dada realidade.

A categoria de acontecimento, por sua vez, diz Flynn (2006, p. 41), permite a Foucault se livrar de noções vagas como "influência histórica" ou "continuidade". Para a pesquisa histórica que trabalha com a categoria de acontecimento, a restituição de um sentido suprahistórico ou a descrição das variações de estruturas universais não existe, não é pertinente. Em suma, o acontecimento marca o fim da substancialização na pesquisa histórica. O terceiro elemento, a espacialização da razão, refere-se à mudança de parâmetro do tempo para o espaço[4] para estudar os acontecimentos. Neste último registro, está fora de questão pensar a evolução dialética das sociedades rumo à qualquer teleologia. Trata-se de ver na espacialidade social histórica, ou seja, na maneira como o espaço é distribuído e valorizado, as modificações normativas no interior de uma sociedade ou de uma cultura. Situar-se no âmbito da espacialidade significa descobrir não o marco temporal inicial de um evento histórico, nem o seu final a fim de determinar seu sentido. Porém, significa traçar o diagrama do espaço onde um acontecimento emerge de relações de poder. Por fim, a problematização liga-se à questão da espacialização. Foucault não escreve a história de um período, mas de um problema. "Não que ele ignore os 'fatos'; ao contrário, ele está justificado a considerar apenas os aconteci-

4. Sobre a primazia do espaço no pensamento de Foucault, conferir a entrevista *A Cena da Filosofia* (ver referências bibliográficas), na qual Foucault critica certa valorização bergsoniana do tempo, aliada a uma concepção hegeliana-marxista da história, presente à época em que era estudante, e frisa a importância de investigar o investimento político do espaço, isto é, como, numa sociedade, o espaço é alvo de relações de força (exclusão e internamento dos loucos ou leprosos, esquadrinhamento disciplinar, o olhar panóptico etc.).

mentos que são relevantes ao problema em questão, sua transformação e deslocamento, as estratégias que exibe e os jogos de verdade que envolve" (FLYNN, 2006, p.43, tradução nossa).

Ao proceder desta forma, segundo tais operadores teórico-metodológicos, Foucault não pode conjugar o âmbito enunciativo com a normatividade social a partir de uma universalidade abstrata a ser reconhecida nos casos empíricos. Ora, se cabe precisamente aos Universais inteligir os objetos neste último registro, Foucault precisará rejeitá-los. Para fazer a genealogia dos micropoderes, Foucault precisará se colocar num registro de pensamento e de compreensão diferente daquele proporcionado pelos Universais. É precisamente aqui que a noção de "dispositivo" desempenha um papel teórico-metodológico decisivo: ela constituirá este novo registro ao funcionar como grade de inteligibilidade diversa daquela constituída pelos "Universais".

A esse respeito, mais de um consagrado comentador do pensamento de Foucault apontou a oposição entre "dispositivos" e "Universais", no que concerne à maneira de compreender os objetos estudados.

Para Deleuze, a plasticidade estratégica e funcional com a qual um dispositivo organiza e realiza uma multiplicidade tem como consequência o repúdio aos Universais (DELEUZE, 1990, p.158). O dispositivo não é um universal, uma abstração una e imutável, porque não postula um fundamento subsistente. Retomando a metáfora do novelo de linhas, Deleuze afirma que todas as linhas que compõem o dispositivo são variáveis, não tendo coordenadas constantes. Ora, o Universal pressupõe constância num substrato imutável. Ele simplifica o mundo, homogeneizando-o. O dispositivo, ao contrário, enquanto grade de inteligibilidade, tenta dar conta da diferença existente entre os elementos, sem dissolvê-las. Ele opera em devir e por isso é móvel e versátil, admitindo, assim, o imprevisível. Nas palavras do pensador francês, as linhas que compõem os dispositivos:

> (...) não abarcam nem delimitam sistemas homogêneos por sua própria conta (o objeto, o sujeito, a linguagem), mas seguem direções diferentes, formam processos sempre em desequilíbrio, e essas linhas tanto se aproximam como se afastam uma das outras (DELEUZE, 1990, p.155, tradução nossa).

O dispositivo é, consequentemente, dinâmico e isto assinala seu caráter *eminentemente histórico*. Seu caráter estratégico faz com que o arranjo que o constitui torne-se a resposta à necessidade de uma certa situação histórica, como a solução para um conjunto de problemas. Por isto está sujeito a modificações diversas, conforme as urgências históricas que o demandarem. Assim, ele joga com as diferenças, reunindo-as numa configuração sutil aos olhos dos indivíduos nele capturados, determinando, a partir de então, seu campo de ações possíveis, porém, de modo algum de maneira fatalista. Seguindo esse raciocínio, na visão de Deleuze, conceitos como "uno", "todo", "objeto", "verdade", "sujeito" não são Universais, mas processos singulares de unificação, de vínculo de elementos heterogêneos, que em algum momento histórico formaram-se em resposta a uma urgência para servir à objetivação e subjetivação. "Sob o universal, há jogos de singularidades, emissões de singularidades, e a universalidade ou eternidade do homem é apenas a sombra de uma combinação singular e transitória, carregada por um estrato histórico" (DELEUZE, 2005, p. 97). Cabe frisar que na sua conferência sobre o dispositivo, diferentemente de Agamben que aproxima Foucault de Hegel, Deleuze frequentemente traça a aproximação com Nietzsche, ressaltando, a herança nietzschiana do perspectivismo, do embate de forças e do historicismo, presente no conceito de "dispositivo". Pode admitir-se, então, com Deleuze, que o dispositivo representa um modo de compreender o real que não admite estabilidade à maneira da ideia platônica ou das categorias aristotélicas. Não conhecendo substâncias que permanecem constantes no decurso das variações, o dispositivo é uma forma de inteligibilidade *de* e *por* multiplicidades.

A oposição entre dispositivos e Universais também é examinada por Agamben. Em sua explicação, a recusa dos Universais ilustra a marca distintiva da metodologia de Foucault, sendo, por isso, um "termo técnico essencial do pensamento de Foucault" (AGAMBEN, 2005, p.11). Em sua conferência "O que é um dispositivo?", o filósofo italiano explica que:

> Foucault, como sabem, sempre recusou a se ocupar daquelas categorias gerais ou entes da razão que chama de "os universais", como o Estado, a Soberania, a Lei, o Poder. Mas isto não significa que não há, no seu pensamento, conceitos operativos de caráter geral. Os dispositivos são precisamente o que na estratégia foucaultiana

> ocupa o lugar dos Universais: não simplesmente esta ou aquela medida de segurança, esta ou aquela tecnologia do poder, e nem mesmo uma maioria obtida por abstração: de preferencia, como dizia na entrevista de 1977, "a rede *(le reseau)* que se estabelece entre estes elementos" (AGAMBEN, 2005, p.11).

Para Agamben, claramente, o dispositivo *substitui* os Universais de abstração. Assim, é pensando por dispositivos que Foucault explica a produção de sujeitos, uma vez que, o uso que ele faz do termo denota a "disposição de uma série de práticas e de mecanismos (ao mesmo tempo linguísticos e não linguísticos, jurídicos, técnicos e militares) com o objetivo de fazer frente a uma urgência e de obter um efeito" (AGAMBEN, 2005, p.11). Algo é um dispositivo se articula uma heterogeneidade de elementos, com vistas a produzir uma dada disposição nos indivíduos, que nunca está isenta de ser modificada por outro dispositivo ou pelo próprio indivíduo, em resistência ao poder que sobre ele é exercido. Nada há de rígido e imutável como num universal.

Ora, se há por um lado a recusa dos universais em favor da multiplicidade concreta, por outro lado, para dar inteligibilidade a tal multiplicidade, o dispositivo, diz Foucault, guarda um caráter essencialmente estratégico. Se sua estratégia puder ser descoberta, descobrir-se-á, consequentemente, como num dado período histórico, práticas tão diversas puderam confluir para a criação de normalidades, campos epistemológicos etc. É aqui que o conceito em questão enriquece-se do cruzamento metodológico com a analítica do poder. Para explicar este ponto, atentemos aos comentários de Hubert Dreyfus e Paul Rabinow, acerca do termo *dispositif*[5]. Tal termo:

5. A respeito dos problemas de tradução de *dispositif* para a língua inglesa, conferir o artigo de Jeffrey Bussolini, publicado na *Foucault Studies*, intitulado "What is a dispositive?". Bussolini aponta que, por uma questão linguístico-cultural, o termo inglês com raiz etimológica similar a *dipositif*, a saber, *dispositive*, não é comumente usado. Assim, os tradutores de Foucault para a língua inglesa empregam um rol de termos muito prejudicial à compreensão do texto foucaultiano (apparatus, employment, appareil, arrangement, construct). Bussolini mostra a incongruência destas traduções. Para tal, realiza todo um estudo do papel metodológico de *dispositif* na filosofia de Foucault. Matti Peltonen, outro estudioso consultado acerca do presente tema, argumenta que o descuido com a tradução de *dispositif* para a língua inglesa tem relação com a demasiada atenção dada à análise das práticas discursivas em detrimento do âmbito não discursivo no estudo da filosofia de Foucault nos EUA. O presente artigo é devedor dos debates em torno

> (...) não tem um equivalente satisfatório em inglês. Os tradutores de Foucault empregam "aparelho", uma palavra que convém a sua noção pragmática de que os conceitos devem ser utilizados como ferramentas para análise, não como fins em si mesmos. Porém, esta ideia permanece excessivamente obscura. Outra alternativa, só para respeitar nosso objetivo imediato, deveria ser uma "rede de inteligibilidade". Sabemos que a desvantagem desta tradução é que subestima a tentativa de Foucault de revelar algo sobre as práticas elas mesmas. Contudo, se tivermos em mente que a "rede de inteligibilidade" é o método mais eficaz do historiador, assim como a estrutura das práticas culturais por ele examinadas, então deveríamos nos aproximar de uma compreensão mais adequada daquilo que Foucault compreende por *dispositivo*. (DREYFUS; RABINOW, 1995, p.134).

Na citação acima, o dispositivo é apresentado ao mesmo tempo como ferramenta de entendimento e como "estrutura das práticas culturais". Além de designar a maneira como Foucault entende as práticas historicamente constituídas, o conceito de dispositivo "é, porém, também, as práticas elas mesmas, atuando como um aparelho, uma ferramenta, constituindo, sujeitos e os organizando" (DREYFUS; RABINOW, 1995, p.134).

Neste sentido, o dispositivo é aquilo que, ao nível das práticas, dá visibilidade à atuação discreta e capilar do poder nas relações de força historicamente concretas; e, ao nível teórico, o dispositivo justifica e respalda a analítica do poder. Sendo uma gestão de elementos que não privilegia a coerção explícita, identificada num foco donde emanaria o poder, o dispositivo supõe outra forma de dominação, precisamente aquela da analítica do poder, a saber, a dominação de um poder atuando de modo relacional, distribuído por todo o corpo social. Atuação estratégica, sem estrategistas, na medida em que os agentes são substituídos por dispositivos.

Neste jogo mútuo entre os dispositivos e a analítica do poder tem-se demarcado um forte vínculo metodológico: É preciso supor a analítica do poder para se descrever dispositivos. Inversamente, ao mesmo tempo, a descrição dos dispositivos justifica e respalda a analítica do poder,

da tradução inglesa do termo, tendo alcançado importantes ganhos teóricos para as ideias aqui apresentadas.

edificando toda uma nova concepção do poder. Dito de outro modo, só faz sentido falar em dispositivos para uma proposta de pensar o poder fora do modelo jurídico. Porém, o descobrimento de toda uma atuação capilar, microfísica e relacional do poder sustenta a hipótese da analítica e fundamenta a crítica ao modelo jurídico da soberania. Encontra-se essa relação circular reconhecida e exemplificada por Foucault no caso do dispositivo da sexualidade:

> Esta história da sexualidade, ou melhor, esta série de estudos a respeito das relações históricas entre o poder e o discurso sobre o sexo, devo reconhecer que tem projeto circular, no sentido de se tratar de duas tentativas mutuamente dependentes. Tentemos desembaraçar-nos de uma representação jurídica e negativa do poder, renunciemos a pensá-lo em termos de lei, de interdição, de liberdade e de soberania; como, então, analisar o que se passou, na história recente, a respeito dessa coisa, aparentemente uma das mais interditas de nossa vida e de nosso corpo, que é o sexo? Como o poder lhe tem acesso senão através da proibição e da barragem? Por que mecanismos, táticas, ou dispositivos? Mas, admitamos, em troca, que um exame um pouco mais rigoroso mostre que, nas sociedades modernas, o poder, de fato, não regeu a sexualidade ao modo da lei e da soberania; suponhamos que a análise histórica tenha revelado a presença de uma verdadeira "tecnologia" do sexo muito mais complexa e, sobretudo, mais positiva do que o efeito excludente de uma "proibição"; assim sendo, este exemplo — que não se pode deixar de considerar privilegiado, pois nele, melhor do que em qualquer outro caso, o poder parecia funcionar como interdição — não obrigaria a assumir, quanto ao poder, princípios de análise não implícitos no sistema do direito e na forma da lei? Trata-se, portanto, de, ao mesmo tempo, assumir outra teoria do poder, formar outra chave de interpretação histórica; e, examinando de perto todo um material histórico, avançar pouco a pouco em direção à outra concepção do poder. Pensar, ao mesmo tempo, o sexo sem a lei e o poder sem o rei. (FOUCAULT, 2014, pp. 99-100).

Por que a analítica do poder propõe-se a descrever os mecanismos de exercício do poder nas relações de força que perpassam discretamente o corpo social, é que o dispositivo assume uma função metodológica importante: é a chave de interpretação que revela a conexão estratégica de tais mecanismos num conjunto, mais ou menos estratificado, que pode ser a sexualidade, a escola, a prisão, os programas de segurança da sociedade, o mercado, o Estado.

3. SINTETIZANDO: O FUNCIONAMENTO METODOLÓGICO DO CONCEITO DE "DISPOSITIVO"

Com as proposições apresentadas acima a respeito da função metodológica do conceito de "dispositivo" na genealogia do poder procurou-se destacar três pontos. Em primeiro lugar, o dispositivo possibilita uma visão de unidade da obra foucaultiana, uma vez que constrói um elo entre os estudos arqueológicos e os genealógicos ao trazer à luz as estratégias de exercício do poder em sua articulação com o saber.

Em segundo lugar, o conceito de "dispositivo" funciona duplamente enquanto *ferramenta e objeto* de estudo genealógico. Esta tese é inspirada no artigo de Stassun e Assmann[6]. Os autores apresentam a tese, segundo a qual o dispositivo seria uma fusão de *método* com *objeto* de investigação. Todavia, sua argumentação não é satisfatória para sustentar esta tese. Além de confusa, não há alusão aos vínculos teórico-metodológicos existentes entre a analítica do poder e o conceito de dispositivo, o que deixa sua explicação sobre o funcionamento deste conceito muito vaga, além de nada esclarecer sobre a introdução do termo no léxico foucaultiano. Ademais, o método foucaultiano é um composto constituído pelo seu nominalismo, pela analítica do poder e por uma apropriação genealógica da história. Por isso, aqui, afirma-se que o dispositivo é, além de objeto, uma ferramenta, isto é, uma parte do método, e não o método todo, como querem os autores mencionados. Esta tese é justificável por sua conexão com a analítica do poder, a qual supõe que o poder:

> (...) não seja concebido como uma propriedade, mas como uma estratégia, que seus efeitos de dominação não sejam atribuídos

6. Cf. Referências Bibliográficas

> a uma 'apropriação', mas a disposições, a manobras, a táticas, a técnicas, a funcionamentos; que se desvende nele antes uma rede de relações sempre tensas, sempre em atividade, que um privilégio que se pudesse deter (FOUCAULT, 2013, p. 29).

Para poder descrever tal atuação capilar e relacional do poder ao nível de uma microfísica, Foucault cria uma ferramenta que funciona como "lente de aumento" a lhe permitir ver o exercício do poder acontecendo na conexão estratégica de elementos heterogêneos, dispersos por todo o corpo social, formando uma rede de relações de força. Isto é precisamente o dispositivo. Porém, na medida em que configura os objetos da pesquisa genealógica (a prisão, a sexualidade, a segurança etc.), o dispositivo se torna também o próprio objeto analisado. É este duplo funcionamento que permite a Foucault operar a substituição da tese segundo a qual o poder emana de um ponto central (Estado, modelo da soberania) pela tese que afirma sua atuação em rede (modelo do dispositivo).

O duplo funcionamento metodológico do dispositivo implica naquilo que se chamou de *circularidade metodológica* com a analítica do poder. Ora, quando se afirma que a descrição dos dispositivos (sexualidade, prisão, mercado, etc.) torna visível a atuação do poder, é porque seu estudo já pressupõe um poder atuante de modo microfísico, discreto, capilar, invisível, ou melhor, insensível em suas interdições e incitações. Isto é, pressupõe a analítica do poder. Este procedimento circular faz parte de uma particularidade metodológica maior do pensamento de Foucault. Segundo César Candiotto (2010, p.76), Foucault "fabrica os instrumentos destinados a apontar a emergência dos objetos e suas transformações, de modo que suas verdades dependem da verdade dos instrumentos que fabrica".

Esta peculiaridade deve ser devidamente apreciada. Como afirma Veyne (2009, p. 100), Foucault não empreende uma teoria lógica da verdade, mas uma crítica arqueogenealógica do *dizer-a-verdade*. Por conseguinte, longe de constituir uma fragilidade ou falta que desqualificaria a argumentação de Foucault, esta circularidade adequa-se ao "espírito" do perspectivismo, que, entre outras coisas, faz o autor prescindir da legislação última de uma verdade absoluta, descoberta pelo *logos* de um sujeito transcendental e autoconstituinte. Dessa maneira, Foucault afasta as críticas que o acusam de um imenso subjetivismo. Sem sujeito significante, não há subjetivismo. Lembre-se a esse respeito que para a genealogia não existem significações ideais, entidades substanciais e verdades originais e imutáveis. Sendo assim, não existe um ponto de referência absoluto em relação ao qual as teorias deveriam corresponder. "A teoria da correspondência da realidade está morta. (...) assim, Foucault não pode afirmar que está nos oferecendo uma história verdadeira do passado, no sentido de ser totalmente adequada ao passado, que o representa adequadamente, que o abrange por completo" (DREYFUS; RABINOW, 1998, p.133). E isto por que não há "o" real, ao qual se deve remeter e descrever fielmente sua sucessão histórica. "É preciso desmistificar a instância global *do* real como totalidade a ser restituída" (FOUCAULT, 2006, p. 329).

A partir dos três pontos acima, julga-se ser o conceito de "dispositivo" uma peça relevante no pensamento foucaultiano, uma vez que reúne, de modo privilegiado, diversos tópicos do pensamento de Foucault: Sua apropriação da História, seu nominalismo, a governamentalidade, a produção de subjetividade, a formação de campos epistemológicos, o exercício microfísico do poder e a racionalidade de suas práticas. A esse respeito, cabe um comentário sobre o potencial crítico do conceito em questão.

4. CRÍTICA E LIBERDADE

O que permite a Foucault, no uso teórico do conceito de dispositivo, relacionar elementos heterogêneos é a pressuposição de um objetivo estratégico encetando-os em uma direção, o que confere um sentido funcional aos seus elementos. Isso significa, entre outras coisas, a presença de uma racionalização destes elementos. Assim, quer seja descrevendo a disseminação dos dispositivos disciplinares, quer seja descrevendo o funcionamento do dispositivo da sexualidade ou dos dispositivos de segurança, o conceito de dispositivo permite a Foucault traçar a *racionalidade* específica de certas práticas. Racionalidade, vale ressaltar, formada enquanto resposta a urgências históricas. Portanto, não uma racionalidade abstrata e universal, mas uma racionalidade sempre situacional, imanente aos acontecimentos (RAFFNS ØE, 2008, p. 60). Para aclarar melhor este ponto, considere-se o caso exemplar de *Vigiar e Punir*. Em um artigo de 1980, intitulado *A poeira e a Nuvem*, Foucault esclarece o que está em jogo na sua genealogia das técnicas punitivas:

> Neste "nascimento da prisão", de que se trata? Da sociedade francesa em um dado período? Não. Da delinquência nos séculos XVIII e XIX? Não. Das prisões na França entre 1760 e 1840? Nem isso. De alguma coisa mais firme: a intenção refletida, o tipo de cálculo, a *ratio* de que se lançou mão na reforma do sistema penal, quando se decidiu introduzir nele, não sem modificação, a velha prática do internamento. Trata-se, em suma, de um capítulo na história da "razão punitiva". (FOUCAULT, 2006, p.327).

Sendo, pois, a *ratio* das práticas punitivas o interesse de Foucault em *Vigiar e Punir*, o percurso genealógico traçado é guiado pela preocupação em identificar o tipo de cálculo que norteia o predomínio do encarceramento penal, os resultados que se esperavam com a prática do encarceramento, as estratégias nas quais se apoiava etc. Em *A vontade de saber* não é diferente. Neste livro, Foucault propõe-se a fazer uma história política da sexualidade, isto é, uma história das tecnologias de poder que, atuando estrategicamente sobre o corpo, fazem emergir, em dado momento da história, o campo epistemológico correspondente à sexualidade e, com isso, também, a legitimidade do prolongamento do poder para investir nos corpos. Quando há, por sua vez, um cálculo visando a regulação, adaptação, reconfiguração e acomodação das variáveis do meio, produzindo o discurso do risco que este oferece (crimes, doenças, ataques invasores etc.), tem-se os dispositivos de segurança conduzindo sutilmente a liberdade dos indivíduos, entendida como possibilidades de deslocamento, circulação e escolha de pessoas e coisas, conforme expõe o curso *Segurança, Território População*. Em suma, Foucault escreve a história dos procedimentos, técnicas, cálculos, artifícios, intenções pelos quais *acabou sendo aceito* que existe uma personalidade criminosa, que existe uma verdade sobre nosso desejo sexual e que precisa ser exposta se quisermos ser livres, que existem riscos contra os quais os Estados são humanitariamente solícitos para com sua população, ou que a anormalidade implica doença mental (RAJCHMANN, p. 47).

É por isso que frequentemente Foucault emprega o termo "dispositivo" associado a outros, tais como "máquina", "aparelho", "técnica", "tecnologias", "táticas", "estratégias", donde se depreende que o termo guarda um teor instrumental, no sentido de uma lógica organizacional, que visa otimizar condições de realização, em uma visão de eficácia (PEETER & CHARLIER, 1999, p. 18). Neste sentido, ao identificar as relações estratégicas subjacentes a vários construtos histórico-sociais (prisão, escola, sexualidade etc.), o dispositivo traduz certa intenção utilitária, designada comumente na filosofia como razão ou racionalidade instrumental. O dispositivo se insere, então, ao nível da lógica de guerra, permitindo a Foucault infiltrar-se no estratagema do poder e, assim, tomar em consideração a dimensão técnica de certos fenômenos sociais, ou antes, as tecnologias e procedimentos de constituição da normatividade social (*idem*, p.16). Investigar a atuação de um dispositivo significa, desse modo, tomar conhecimento de uma racionalidade técnica ou instrumental por trás de certas práticas de poder e saber.

Daí o potencial crítico do conceito de dispositivo: Ao mostrar a lógica que coordena os elementos heterogêneos em análise, Foucault mostra como as pessoas ficaram sujeitas à práticas e experiências, reconhecendo-se nelas como sujeitos. Desse modo, suprime uma suposta essência metafísica que imputaria necessidade aos acontecimentos e tenta mostrar que as práticas e experiências engendradas pelo dispositivo são arbitrárias e contingentes. Abre, assim, a possibilidade para o exercício da liberdade ao mostrar os limites que podem ser transpostos, as revoltas e subversões que podem ser empreendidas para reconquistar a livre finitude dos sujeitos. No entanto, "a liberdade de Foucault não é libertação, um processo com um fim" (RAJCHMANN, 1987, p. 12). E isto por que ela não é um ideal a ser realizado. Ela é esparsa, cotidianamente instaurada e cerceada, na recusa em obedecer, em subverter o normativamente imposto, na impossibilidade de se identificar com um discurso ou perfil, em modificar, ajustar as práticas através das quais nos regemos. Com razão Rajchmann (1987, p. 8) define Foucault como um cético ao suspeitar das evidências historicamente construídas. Sua liberdade é, nesse sentido, cética por que é a constante crítica da pluralidade de práticas e experiências que foram engessadas ao longo da história. O conceito de dispositivo é uma ferramenta poderosa que auxilia esta crítica.

Todavia, se, por um lado, por meio do conceito de dispositivo, Foucault leva adiante a proposta de pensar as multiplicidades em sua diferença, evitando a homogeneização e totalização via abstração, por outro, Foucault não legou uma filosofia dos dispositivos, deixando algumas questões em aberto. Por exemplo, a atuação dos dispositivos pressupõe diferentes níveis de relação? Há interação entre dispositivos? De que natureza? Há permutas entre dispositivos, isto é, um mesmo elemento pode funcionar em dois dispositivos, de modo a aprofundar ainda mais a descontinuidade e a pluralidade? Há exigências de complexidade? Há limites, de número e/ou de caráter, para os tipos de práticas que podem ser analisadas? Por onde se deve iniciar a descrição de um dispositivo? Se um discurso é a parte visível, estratificada, que permite perceber um dispositivo, seria lícito, então, afirmar que o combate à uma forma de governo operada por um dispositivo se dá tão somente pela desqualificação de seus discursos? Por fim, indo mais além, é lícito falar de uma "ontologia disposicional", isto é, de uma ontologia que busca descrever a rede formada pelos jogos concretos de poder, suas variações históricas e os discursos que os atravessam e da qual resulta uma disposição ontológica específica dos indivíduos que os define a cada vez na história? Não seria a "ontologia histórica de nós mesmos" precisamente essa tal ontologia "disposicional"?

Com estas perguntas, não se quer aqui expressar uma busca por uma teoria sistemática do dispositivo – algo demasiado anti-foucaultiano. Porém, muito mais instigar novas perspectivas de problematização pelo preenchimento de lacunas, pela produção de novas ferramentas metodológicas de inquérito ou pelas reformulações conceituais que reativem aquele espanto que anima a incansável atividade da vigília filosófica.

5. PARA PENSAR O DIREITO

Foucault é, com razão, tido como um pensador que pensa contra o direito. Sua concepção de poder procura desmistificar a ideia de que o poder está centralizado no Estado, isto é, que este detém seu monopólio e o exerce por meio da coerção e da punição, enquanto a maior parte do direito nutre o discurso contrário, ancorada no contratualismo, que incumbe o poder a algum sujeito social ou político (judiciário, o Estado, a sociedade etc.). De fato, Foucault não só não estuda formalmente o direito, como mostra que a ideia do "sujeito de direito" produz indivíduos assujeitados ao Direito ao instituir uma liberdade ideológica. Parece paradoxal que contribuições positivas para o direito possam ser encontradas nesse pensamento que retira a primazia da lei como instancia de exercício do poder e apresenta um diagnóstico nada glorioso da prática do direito. Todavia, se o conteúdo das teses de Foucault mostra uma crítica negativa, algo de positivo pode surgir no âmbito metodológico.

O conceito de dispositivo abre a possibilidade para questionar em quais tipos de cálculos políticos e para quais finalidades a prática do direito é tomada como instrumento estratégico e eficiente. Pela óptica do dispositivo, é possível seguir as pistas a respeito de como o Direito é apropriado para legitimar certas dominações, produzir certas verdades, fomentar certas subjetividades. Nesse registro, surgem perguntas como: que Direito é produzido pelas relações de poder em curso na sociedade em questão? Que discurso se quer ver produzido e disseminado pelo jurista? Será que os cálculos e as finalidades que constituem a atual disposição do direito o colocam a favor do mercado, mas com a aparência de protetor da sociedade? A judicialização da política a qual se assiste hoje integra quais processos, reúne quais elementos heterogêneos, serve a que? Em suma: como se articulam, na sociedade em questão, Direito poder e verdade? Pesquisas neste sentido ajudariam a revelar o quão crítico ele pode ser acerca do Estado, das normas, do mercado e de si próprio e o grau de liberdade que ainda resta ao Direito para romper com as positividades históricas e não ser mera interpretação da lei.

Uma segunda ferramenta metodológica pode ser encontrada no nominalismo de Foucault. Um estudioso do direito pode supor que o direito *não existe*, ao menos enquanto realidade histórica objetiva desde seu surgimento, ou ainda como ideia de uma prática jurídica que se realiza particularmente a cada momento histórico. Não se pode definir *a priori* o que é o Direito. Assim, abrir-se-ia margem para uma genealogia do Direito que buscasse identificar aqueles discursos normativos, aquelas práticas de coerção e sanção social, as quais impõem ao conjunto das pessoas uma realidade historicamente nova, uma experiência que se passará a chamar de "jurídica". Este seria um estudo que buscaria responder a perguntas como: Porque as pessoas experimentam precisamente estas e não outras experiências como sendo jurídicas? Com que finalidade se buscou fazer dessas práticas algo de jurídico? Porque em dado momento histórico as pessoas passaram a acreditar que elas são livres na medida em que seguem as leis, ou seja, que a liberdade delas é resguardada por um direito e não mais por elas mesmas? Porque em dado momento histórico as pessoas passaram a se ver como sujeitos de direito? O que determinou que o direito tem por obrigação quase metafísica a manutenção do bem estar, da ordem social e da vida da comunidade?

Numa época pouco afeita ao questionamento, cansada por não achar um porto seguro, intolerante com os espíritos que desejam continuar caminhando pelo deserto das dúvidas, este conjunto de possibilidades que se insinuam nestas perguntas pode parecer pouco atrativo a quem trata o direito *profissionalmente*. É dessa suspeita, no entanto, que depende as fissuras nos territórios já mapeados e instituídos pela história. E, curiosamente, esses interstícios entreabertos por fissuras são esses não-espaços onde se aloca o pensamento crítico.

6. REFERÊNCIAS

AGAMBEN, G. O que é um dispositivo? **Outra Travessia**. n. 5, Florianópolis p. 9-16,2005

BUSSOLINI, J. What is a dispositive?. **Foucault Studies**, Nova Iorque, n. 10, p. 85-107, nov/2010

CANDIOTTO, C. **Foucault e a crítica da verdade**. Curitiba: Champagnat, 2010

CASTRO, E. **El vocabulário de Michel Foucault**. Bernal: Universidad Nacional de Quilmes, 2004

CHIGNOLA, S. Sobre o dispositivo: Foucault, Agamben, Deleuze. Tradução de Sandra Dall Onder. **Cadernos IHU Ideias,** São Leopoldo, v. 12, n. 214, ano XII p. 3-18,2014

DA SILVA, P. Dispositivo: Um conceito, uma estratégia. **Profanações,** Santa Catarina, n. 2, p. 144-158, Jul/Dez 2014

DELEUZE. ¿Que és un dispositivo? In: **Michel Foucault, filósofo**. Barcelona: Gedisa, 1990,

__________. **Foucault.** Tradução Cláudia Sant'Anna Martins. São Paulo: Brasiliense, 2005

DÍAZ, Esther. **A filosofia de Michel Foucault.** Tradução de Cesar Candiotto. São Paulo: Unesp, 2012.

DREYFUS, Hubert L.; RABINOW, Paul. **Michel Foucault, uma trajetória filosófica**: *para* além do estruturalismo e da hermenêutica. Tradução de Vera Porto Carrero. Rio de Janeiro: Forense Universitária, 1995

FLYNN, Thomas. Foucault's Mapping of History. In: GARY, Gutting (org) **The Cambridge Companion to Foucault.** New York: Cambridge University Press, 2005

FOUCAULT, M. A Poeira e a Nuvem. In: MOTA, Manoel Barros (org) **Ditos e Escritos IV.** Tradução: Vera Lucia Avellar Ribeiro. Rio de Janeiro: Forense Universitária, 2006

__________. **Nascimento da Biopolítica**: *curso dado no Collège de France (1978-1979)*. Tradução Eduardo Brandão. São Paulo: Martins Fontes, 2008

__________. **Segurança, Território, População**: *curso dado no Collège de France (1977-1978)*. São Paulo: Martins Fontes, 2008

__________. A Cena da Filosofia. In: MOTA, Manoel Barros (org) **Ditos e Escritos VII**. Tradução: Vera Lucia Avellar Ribeiro. Rio de Janeiro: Forense Universitária, 2011

__________. **Vigiar e Punir.** Tradução de Raquel Ramalhete. Rio de Janeiro: Vozes, 2013

__________. **História da Sexualidade I:** A Vontade de Saber. Tradução de Maria Thereza da Costa Albuquerque e J.A. Guilhon Albuquerque. Rio de Janeiro: Paz & Terra, 2014

__________. **Microfísica do poder.** Rio de Janeiro: Paz & Terra, 2014;

MACHADO, Roberto. **Ciência e Saber**: a trajetória da arqueologia de Foucault. Rio de Janeiro: Graal, 1982. Capítulo IV, Epistemologia, Arqueologia, Genealogia

MAIA, Antônio C. Sobre a analítica do poder de Foucault. **Tempo Social** Revista de Sociologia da USP, S. Paulo, **7**(1-2): 83-103, outubro /1995

PELTONEN, M. From discourses to Dispositif: Michel Foucault's two Histories. **Historical Reflections/Reflexios Historiques**. Nova Iorque, vol. 30, n. 2, p. 205-219, 2014

PEETERS, H; CHARLIER, P. Contribuitions à une théorie du dispositif. **Hermès: La Revue**, n. 25, v. 3, p. 15-23,1999

RAFFNSØE, Sverre. "Qu'est-ce qu'un dispositif? L'analytique sociale de Michel Foucault,". **Symposium (Canadian Journal of Continental Philosophy / Revue canadienne de philosophie continentale),** n. 1, v. 12, p.44-66,2008

RAJCHMANN, John. **Michel Foucault**: *A liberdade da filosofia*. Tradução: Álvaro Cabral. Rio de Janeiro: Jorge Zahar, 1987.

REVEL, Judith. **Michel Foucault**: conceitos essenciais. Trad. Maria do Rosário Gregolin, Nilton Milanez, Carlos Piovesani. São Carlos: Claraluz, 2005

STASSUN, C.C.S; ASSMANN, S.J. Dispositivo: Fusão de objeto e método de pesquisa em Michel Foucault. In: Caderno de Pesquisas Interdisciplinares em Ciências Humanas., Florianópolis, v.11, n.99, p. 72-92, Jul/Dez. 2010

VEYNE, Paul. Parte V: Foucault revoluciona a história. *In: Como se escreve a história*. Tradução: Alda Baltar e Maria Auxiliadora Knelpp. Brasília: Editora da Universidade de Brasília, 2008. p. 239-285.

___________. **Foucault, o pensamento, a pessoa**. Tradução: Luís Lima. Lisboa: Texto & Grafia, 2009

Capítulo 9

OS REFLEXOS DO NEOLIBERALISMO NA APLICAÇÃO DAS MEDIDAS SOCIOEDUCATIVAS: CONTRIBUIÇÃO PARA O DEBATE

Ana Celina Bentes Hamoy[1]
Jean-François Y. Deluchey[2]

A partir da aprovação da Constituição da República de 1988 que introduziu o artigo 227 e da ratificação, através do Decreto Legislativo nº 99.710/90 a Convenção dos Direitos da Criança, o Direito Brasileiro, foi fixado o paradigma normativo que orienta o tratamento destinado a crianças e adolescentes no Brasil. Sobre essas alterações afirma Liberati (2006. p.27).

> Pela primeira vez na história das Constituições brasileiras, o problema da criança é tratado como questão pública e abordado de forma profunda, atingindo, radicalmente, o sistema jurídico. Essa mudança é significativa, pois considera, a partir de agora, que crianças e adolescentes são pessoas em desenvolvimento e sujeitos de direitos, independentes da condição social. E a lei deverá respeitar essa condição peculiar, característica singular desses sujeitos, que, até então, tinham direitos, mas que não podiam exercê-los, em face de sua pouca inserção social e pela submissão incondicional

---

1. Mestra em Direitos Humanos pela Universidade Federal do Pará - UFPA. Especialista em Instituições Jurídicas e Sociais da Amazônia - UFPA. Advogada do Centro de Defesa da Criança, Professora de Direito Penal e Direito da Criança e do Adolescente - ESMAC.

2. Doutor em Ciência Política/ Políticas Públicas pela Universidade da Sorbonne Nouvelle (Paris 3). Professor Adjunto da Universidade Federal do Pará, Coordenador do Grupo de Pesquisa do Centro de Estudos sobre Intervenção Penal - CESIP.

ao poder familiar. Nesta perspectiva, criança e adolescente são os protagonistas de seus próprios direitos.

Quase 30 anos depois, as reflexões trazidas neste escrito já nos colocam dúvida, se para a garantia de direitos, a afirmação constitucional se basta, pois talvez, como veremos mais a frente, esses direitos sejam nada mais, nada menos, do que declarações de "reconhecimento", ainda, como diz Rosa (2007. p .6), "as leis não mudam os atores jurídicos".

Dentre essas proclamadas mudanças do novo regime democrático na promoção dos direitos dos adolescentes, a renovação do sistema de responsabilização foi uma das que mais se destacou. A partir daí, foram definidos tratamentos específicos para crianças e adolescentes quando da prática de um ato infracional. Para as crianças (até 12 anos incompletos), caso praticassem um ato como descrito no artigo 105 da lei 8069/90[3], estas seriam atendidas pelo Conselho Tutelar que iria lhes aplicar medida de proteção. No caso do ato infracional praticado pelos adolescentes (aqueles de 12 anos completos até 18 incompletos), lhes seriam aplicadas medidas socioeducativas, conforme dispõe o artigo 112[4] do Estatuto da Criança e do Adolescente. Desta forma, dois sistemas são criados: um correspondente às medidas de proteção e outro correspondente às medidas socioeducativas, observando, entretanto, que as medidas de proteção podem ser aplicadas tanto a crianças quanto aos adolescentes e as socioeducativas somente aos adolescentes.

Essas medidas descritas no artigo 112 da lei 8069/90 são aplicadas sempre que um adolescente pratica um ato infracional (conduta descrita como crime ou contravenção penal). Após responder a um procedimento apuratório dos fatos da ocorrência do ato, com garantia de defesa e contraditório, o mesmo adolescente pode vir a receber uma das seguintes medidas:

1. Advertência;
2. Obrigação de Reparação do Dano;

3. Este dispositivo do Estatuto da Criança e dos Adolescentes se refere ao ato infracional quando praticado por uma criança.
4. Para melhor entendimento se esclarece que no artigo 112 do Estatuto da Criança e do adolescente estão descritas as medidas socioeducativas.

3. Prestação de Serviço à Comunidade;
4. Liberdade Assistida;
5. Inserção em Regime de Semiliberdade;
6. Internação em estabelecimento educacional;
7. Qualquer uma das previstas no art. 101, I a VI (medidas de proteção)[5].

As medidas de semiliberdade e internação são consideradas as mais graves, pois atingem diretamente a liberdade de ir e vir dos adolescentes, sendo que, para a aplicação da medida de internação, de acordo com o legislador, tem-se que considerar os princípios da brevidade, excepcionalidade e respeito a condição peculiar de pessoa em desenvolvimento. Ou seja, só pode aplicar a internação se nenhuma outra medida for adequada, além do que, deverá ter a menor duração possível. Porém, é importante considerar que todas as medidas, desde a advertência, geram consequência para a vida dos adolescentes. Nada de leve, de banal ou de benevolente existe nesse processo de controle, como bem afirma Rosa (ibidem. p.205)

> Todas as medidas desde advertência até a internação são graves, serão violentas, pelo menos simbolicamente (Bourdieu). Esta função de privar, limitar, sempre será realizada em nome do poder, não se podendo cair na armadilha de exercitar o poder de impor de maneira bondosa.

Estas considerações nos servem para fazer uma rápida exposição de como o sistema foi pensado pelo legislador. Diante de tais questões, é

5. As medidas de proteção previstas no art. 101 são as seguintes: "I - encaminhamento aos pais ou responsável, mediante termo de responsabilidade; II - orientação, apoio e acompanhamento temporários; III - matrícula e frequência obrigatórias em estabelecimento oficial de ensino fundamental; IV - inclusão em programa comunitário ou oficial de auxílio à família, à criança e ao adolescente; V - requisição de tratamento médico, psicológico ou psiquiátrico, em regime hospitalar ou ambulatorial; VI - inclusão em programa oficial ou comunitário de auxílio, orientação e tratamento a alcoólatras e toxicômanos; VII - acolhimento institucional; VIII - inclusão em programa de acolhimento familiar; IX - colocação em família substituta". (Lei 8069/90 que pode ser consultada em http://www.planalto.gov.br/ccivil_03/leis/l8069.htm)

importante destacar que, em 2012, foi promulgada nova lei, chamada de lei do SINASE[6] (Sistema Nacional de Atendimento Socioeducativa), que tem como característica ser uma norma composta por duas "faces": uma cria diretrizes para a politica de atendimento socioeducativo e outra vai tratar do processo de execução das medidas socioeducativas. É importante destacar que esta norma surge como mobilização de juristas que atuam na defesa dos direitos dos adolescentes, sendo de extrema necessidade para que fossem garantidos parâmetros legislativos que respondessem a melhores condições de atendimento para os adolescentes. Parece até que a forma como são responsabilizados decorre da ausência de lei que estabeleça parâmetros para esse fim quando, pelo contrário, várias normas nacionais e internacionais ratificadas pelo Brasil já estabeleciam as mesmas diretrizes de forma bem ampla.

Nesta leitura das diversas normas que hoje estão em vigência, não raras vezes se vê como o discurso de punição sempre está travestido de "pela maior proteção". Observa-se que o próprio legislador, ao dizer que a medida de internação é privativa de liberdade, assim o faz desfigurando a ideia de prisão e preenchendo os dispositivos com o discurso de educação. Ou seja, será privado de liberdade, mas em um estabelecimento educacional, fazendo com que o imaginário da sociedade seja alimentado com a falsa ideia de que não se trata de uma espécie de "cárcere", mas sim de uma boa escola.

A mídia ajuda a promover esta falsidade junto à opinião pública, com afirmações de que não há responsabilização para esses meninos e meninas, arguindo que o legislador acabou por criar um sistema de impunidade. Em uma sociedade onde a televisão é a principal distração e a principal voz a ser ouvida dentro de casa, a mídia desempenha um papel fundamental para transformar os adolescentes em bodes expiatórios dos males sociais. Guy Debord tem nos avisado no seu clássico *A Sociedade de Espetáculo*: "a realidade surge no espetáculo, e o espetáculo é real. Esta alienação recíproca é a essência e o apoio da sociedade existente. Em um mundo *realmente invertido*, o verdadeiro é um momento do falso" (1992, p. 19, tradução nossa, grifo do autor).

6. A lei 12,594 foi promulgada em 2012 com o objetivo de estabelecer diretrizes para a política de atendimento socioeducativo. .

Em face desta mensagem midiática, os movimentos sociais de defesa dos direitos da infância acabam por defender a necessidade de melhor implementar as medidas de internação. Pegos numa verdadeira armadilha ideológica, ele acabam promovendo uma mítica possibilidade da internação tornar-se fator de educação e de "recuperação moral", reproduzindo assim um discurso punitivo dos mais ideológicos possíveis. Debord tinha nos prevenido, com a consagração do espetáculo como lugar do novo real, "Toda comunidade e todo senso crítico se dissolveram ao longo deste movimento" (1992. p. 26).

Encontramo-nos em uma situação de falsidade extrema, profundamente acrítica e ideológica, na qual todos legitimam, de uma forma ou de outra, o controle punitivo dos meninos e meninas pobres. Infelizmente, não se terá aqui espaço para aprofundar estas questões, mas podemos pelo menos procurar saber onde está o direito em face deste espetáculo, sobretudo se considerarmos que as normas acima citadas são parte da cena de falsidade descrita por Guy Debord.

Para isto se destaca a lição de Deleuze (1992. p.209) que afirma:

> O que me interessa não é a lei, nem as leis (uma é noção vazia, as outras são noções complacentes) nem mesmo o direito ou os direitos e sim, a jurisprudência. É a jurisprudência que é verdadeiramente criadora de direito: Ela não deveria ser confiada a juízes.

Compartilhando desta afirmação de Deleuze fica bem mais fácil compreender os discursos produzidos nas diversas decisões que aplicam medidas socioeducativas. Não raras vezes se observa que a lei, por mais que seja mobilizada como se estivesse justificando toda a decisão, fica apenas como "argumento necessário", não como declaradora do direito. Este está muito mais explícito nas afirmações do próprio julgador que, ao justificar sua tomada de decisão, promove alegações que demonstram como a teoria do capital humano vem permeando as decisões na Justiça da Infância. Vejamos os seguintes argumentos produzidos em decisão[7] de aplicação de uma medida de internação TJ-Pará (Acordão 62437. 2006):

7. Para leitura completa da decisão o acordão pode ser acessado em http: www.tjpa.jus.br em consulta de jurisprudência do acordão nº62.437.

> Primeiramente digo que é com extremo pesar que situações como esta, assolam nosso País, uma vez que o índice de criminalidade, para o desespero da população honesta, é maior a cada momento.
>
> A sociedade – carente de uma segurança pública efetiva e de obras assistenciais e educacionais – vê-se enfadada de tamanha violência e, hodiernamente, tais ilicitudes estão sendo cometidas cada vez mais por adolescentes, os quais não possuem nenhuma assistencial familiar/e ou pública, ou quando têm, são de uma precariedade assombrosa.
>
> Críticas a parte, notório que o laudo apresentado nas fls 63-65 (Relatório de Acompanhamento institucional realizado pelo CIAM), revela que o apelante apresentou alguns resultados positivos, no entanto demonstra-se frágil, bem como vive em ambiente hostil, no que tange a sua relação com o padrasto. Deve-se ressaltar que o apelante tem ínfima instrução escolar, haja vista ter cursado apenas a 4ª série do nível fundamental, demonstrando a falta grave cometida por seus familiares (responsáveis) em não manter o menor ora apelante- em sala de aula.
>
> O apelante ainda afirmou- fls 63- que faz uso de bebidas alcoólicas e maconha, bem como fez parte de gangue, demonstrando, do mesmo modo, a fragilidade com que seus responsáveis atuam sobre o apelante, bem como este é facilmente suscetível a utilização de drogas alucinógenas e alcoólicas.
>
> Por conseguinte, em que pese às alegações do apelante e do Parquet, assevero que a sentença recorrida não enseja reparos, uma vez que prolatada de forma correta e, logicamente, em conformidade com a lei especial.
>
> Sendo assim, constata-se que a medida socioeducativa de internação é a correta a ser aplicada, uma vez que tem por escopo ressocializar e educar o menor infrator, livrando-o das ruas e de suas más influências, bem como impedindo que venha a delinquir ou fazer uso de drogas e álcool.

É preciso ler a decisão com bastante atenção para realmente compreender que argumentos são utilizados para que o adolescente não receba medida menos grave. Primeiro, fica evidenciando que as suas condições pessoais são determinantes para a sua internação, pois ter baixa escolaridade, ser pertencente a um grupo familiar que não responde aos padrões que poderiam ser considerados como aceitáveis na sociedade, além do mais, ingerir bebidas alcoólicas e fumar maconha são consideradas como características inerentes ao adolescente. Ora, nada mais visível de que a "comprovação" de que este adolescente não acumulou capital humano capaz de lhe garantir condições de permanecer no convívio social. Fica parecendo que o ato infracional é apenas um detalhe em sua vida. Sua família, de acordo com as argumentações e com lógica neoliberal, precisa ser repreendida por não lhe ter garantido o tempo necessário para que esse adolescente ocupasse os bancos da escola capazes de lhe resultar em outro perfil de capital humano. É óbvio que, mesmo o relatório social apontando que o adolescente apresentou "alguns resultados positivos", não foi suficiente para que outra medida lhe fosse aplicada, apesar do já descrito princípio da excepcionalidade da medida socioeducativa. Observa-se isto, porque, também para o julgador a medida de internação é uma proteção[8].

A análise desse discurso só confirma o que disse Deleuze sobre onde se encontra o direito de que, com certeza, diante da leitura da decisão, não está na lei e muito menos na festejada doutrina da proteção integral. Também remete às reflexões de Foucault sobre a teoria do capital humano. Segundo o filósofo francês, os neoliberais americanos buscaram renovar o lugar do trabalho na análise econômica, colocando este a partir da vertente de quem trabalha, de quem acessa o mercado de trabalho, procurando inserir o cálculo de estratégias necessárias que podem ser utilizadas para acessar, de forma qualitativa, o mercado de trabalho, gerando um bom salário, que nada mais é que uma renda. Diante destas afirmações, o capital humano seria então, de acordo com o mestre Francês (DELEUZE,2008. p .308):

> (...) o conjunto de todos os fatores físicos e psicológicos que tornam uma pessoa capaz de ganhar este ou aquele salário, de sorte que, visto do lado do trabalhador, o trabalho não é uma

8. Afirmações que podem ser constatas na ementa do acordo 62.437 que pode ser consultado em www.tjpa.jus.br na aba sobre consulta de jurisprudência.

> mercadoria reduzida por abstração à força de trabalho e ao tempo [durante] o qual ela é utilizada. Decomposto do ponto de vista do trabalhador, em termos econômicos, o trabalho comporta um capital, isto é, uma aptidão, uma competência; como eles dizem: é uma "máquina". E, por outro lado, é uma renda, isto é, um salário ou, melhor ainda, um conjunto de salários; como eles dizem: um fluxo de salários.

Este conceito vai nos levar a inferir que para que um indivíduo tenha um bom trabalho que possa lhe gerar bom salario, terá ele que possuir uma máquina/competência de qualidade, capaz de lhe disponibilizar habilidades suficientes que lhe coloque em condições de concorrer no mercado de trabalho garantido sucesso na obtenção de uma renda.

O que isto nos traz para a reflexão sobre a situação particular dos adolescentes pobres das grandes periferias, das áreas metropolitanas do Brasil? Será que esses adolescentes estão em condições de disputar um lugar no mercado de trabalho de acordo com a lógica neoliberal ? Teriam eles capital humano suficiente que pudesse lhe reservar outro fim que não o acesso à prisão?

Fica óbvio que a falta de condições econômicas e de acúmulo de capital são pontos que norteiam os argumentos dos julgados e, mais ainda, como afirma o Professor Marques Neto (2006), ao refletir sobre "O Estrangeiro" de Albert Camus, nos chama atenção (p. 16)

> Há uma notável passagem do livro que põe em cena o absurdo muitas vezes presente nessa situação, configurado pelo fato de que o que está realmente em julgamento é outra coisa bem diversa daquela que expressamente se declara estar sendo julgada.

E complementa mais a frente (p.17):

> O sujeito é aí, literalmente engolido pela teia e uma lógica específica, a lógica discursiva do julgamento jurídico-penal. Daí a necessidade de ter advogados que "fale" essa lógica, dentro da qual, no julgamento real, fala-se mais do réu do que do crime.

Ora, esses grandes teóricos nos ajudam a compreender que a lógica do direito é muito mais coerente com a lógica do discurso produzido nas decisões. O acusado é muito mais julgado pelo que é do que pelo que possa ter feito, é o direito penal do autor sendo muito mais evidenciado do que o direito penal do fato. E, no caso específico do adolescente, como o discurso produzido é muito evidenciado como prática protetiva, não raras vezes é lido como uma grande vitória da produção legislativa brasileira, inclusive desconsiderando toda a prática governamental que se alia a esse discurso protetivo.

Em outro acórdão[9], um pequeno trecho serve para melhor ilustrar as análises aqui demonstradas de como argumentou o julgador para aplicar uma medida mais grave de semiliberdade e não uma menos grave de liberdade assistida. Observe-se o que descreve a Ementa do acordão:

> (...) Medida socioeducativa de semiliberdade sendo a mais adequada ao caso concreto visto que o menor não tem ocupação, não estuda, tem o hábito de fumar, ingerir bebidas alcoólicas e frequentar festas noturnas. Portanto, não demonstra capacidade de cumprir medida em meio completamente aberto. Recurso conhecido e improvido à unanimidade.

Ora, o jovem está sendo julgado ou responsabilizado pelo que mesmo? Por fumar ou ingerir bebidas alcoólicas? Ou por frequentar festas noturnas ou não trabalhar? Ou ainda, por não estudar? Ou por tudo isso junto? Fica evidente, não se trata de uma racionalidade jurídico-dedutiva, muito menos de meras orientações da lei 8069/90 com a sua doutrina da proteção integral, a argumentação desponta como o direito penal do autor, e que esse jovem não conseguiu ser um bom empresário de si mesmo, portanto possui baixo acúmulo de capital humano, o que determinou o destino de receber uma medida menos branda.

Observa-se que o discurso produzido sobre o Estatuto da Criança e do Adolescente tem vertentes múltiplas. Primeiro, quando se trata de falar sobre seus avançados dispositivos, não se pode negar que ocorreu

9. Para a leitura completa do acordão número 99344 pode ser acessado www.tjpa.jus.br na aba sobre consulta de jurisprudência.

mudança paradigmática no tratamento legislativo sobre os direitos que são assegurados aos meninos e meninas brasileiros. Porém, também não se pode negar que o discurso produzido sobre essa norma se apresenta deveras contraditório em vários âmbitos, pois, mesmo quando tem uma intenção repressiva, o discurso declarado é o da proteção, utilizando a linguagem construída a partir de um paradigma rotulador de desqualificação da família, de sua comunidade e do próprio adolescente.

Nesse sentido, o direito apresenta-se ilusório ao construir uma face de que agem os juristas aplicadores da lei sempre buscando o melhor desta e a bondade humana para tratar esses adolescentes pobres, fazendo, com linguagens que induzem a uma construção aceita como adequada, o controle exercido sobre os mesmos. Algumas pistas são indicadas por Warat (2002. p, 58-59) sobre como esses discursos são construídos e assim ensina

> As chamadas ciências jurídicas aparecem, assim, como um conjunto de técnicas de " fazer crer" com as quais se consegue produzir a linguagem oficial do direito que se integra com significados tranquilizadores, representações que têm como efeito impedir uma ampla reflexão sobre nossa experiência sócio-política. Ideias dispersas que contem efeitos fabuladores que contem omissões intencionais sobre o saber jurídico, a lei e o poder. Neste sentido, a linguagem oficial do direito determina uma multiplicidade de efeitos dissimuladores. Deles quero ressaltar, primeiro lugar, a capacidade do campo simbólico do direito para ocultar a genealogia e o funcionamento institucional do discurso jurídico. Nunca aparece manifesto o poder desse discurso, nem sua função como discurso do poder e sobre o poder.

Os apontamentos de Warat ajudam a esclarecer como é construído o discurso produzido para aplicar uma medida socioeducativa, com afirmações de proteção ao próprio adolescente e não como uma tática da governamentalidade neoliberal que impõe um controle sobre as populações excluídas de forma a que tudo possa ser enquadrado na tecnologia da sociedade de mercado.

Também não se pode negar que as afirmações que buscam ressaltar o Estatuto da Criança e do Adolescente, quando trata do ato infracional e da aplicação de uma medida socioeducativa, como pertencente a uma área do direito não penal, fazem parte do grupo de elementos negativos do discurso jurídico-penal, que, como bem afirma Zaffaroni et al. (2011, p. 72), coloca de forma arbitrária, fora do âmbito do direito punitivo, aquilo que é poder punitivo. Essa argumentação contribui não só para afirmações distorcidas com relação a responsabilização dos adolescentes, mas também servem para alimentar toda uma cultura de espetáculo político-ideológico, que transforma a lei 8069/90 em um verdadeiro "santuário" de bondades.

Uma ementa[10] ainda chama atenção para o objetivo apontado para internação do adolescente, destacando que "a internação do paciente visa assegurar uma vida mais digna", ou seja, o objetivo do cerceamento de liberdade, no caso em tese, não só é pedagógico, como dito nas decisões anteriores, mas também proporcionaria maior dignidade a esses adolescentes. Visível a mistura entre direito e moral e se pode pensar como o conceito de dignidade é um conceito aberto. Para os adolescentes pobres, ir para o "cárcere", de acordo com esse julgado, significaria lhe proporcionar mais dignidade.

Afirma a professora Nascimento (ZAFFARONI, p. 31):

> Uma combinação de fatores tais como segurança, ameaças, proteção, resistências, resignação, atravessa cotidianamente os espaços dos serviços de assistência à infância e à adolescência que se empenham em práticas de governo de vida. Os usuários desses serviços se encontram imersos nas soluções que lhes são impostas como práticas de existência.

Ou seja, quem vive e quem se deixa morrer faz parte das estratégias do racismo de Estado (Foucault, 2010), onde o assassinato indireto, neste caso, não por ironia, seria justamente privar de liberdade, como prática de governo da vida, afirmando que esta vai lhe assegurar dignidade.

É preciso compreender que uma lei pode até indicar a mudança em um sistema jurídico, porém esta mesma lei não pode ser vista como a causadora de mudança social, de mudança em uma prática de governo

10. Neste caso consultar o acordão 56018 no site www.tjpa.jus.br na aba sobre consulta de jurisprudência.

quando está prática não segue a orientação do direito. Suas bases são utilitaristas e os discursos devem ser analisados tendo referenciais que lhes deem suporte para compreender que, quando um jurista proclama que encarcera para proteger, ele assim o faz respaldado por um discurso oficial que legitima o encarceramento de pobres, travestindo o cárcere de escola e invertendo o espetáculo diário do encarceramento, a violência do adolescente com a violência social e política que o marginalizou.

REFERÊNCIAS

ALEIXO. Klelia Canabrava. **Ato Infracional**: Ambivalências e contradições no seu controle. Ed. Juruá. Curitiba. 2012.

BATISTA. Vera Malaguti. **Introdução Crítica à Criminologia Brasileira**. Rio de Janeiro. Revan. 2011.

__________ **Difíceis Ganhos Fáceis**. Drogas e Juventude Pobre no Rio de Janeiro. Coleção Pensamento Criminológico. 2 ed. Instituto Carioca de Criminologia. Revan. Rio de Janeiro. 2003

__________. (Org). **Loic Wacquant e a questão penal no capitalismo neoliberal.** . Rio de Janeiro: Revan. 2012

BARATA. Alessandro. **Criminologia Crítica e Crítica do Direito Penal.** Introdução à Sociologia do Direito Penal. 6. ed.Rio de Janeiro: Revan: 2011. . Coleção Pensamento Criminológico 1

__________ **Ressocialização ou controle social**. Uma Abordagem Crítica da "Reintegração Social" do sentenciado. Universidade de Saarland. R.F.A. Alemanha Federal. Mimeo

__________. Defesa dos Direitos e Política Criminal. IN **Discursos Sediciosos**. Ano 2.número 3 . Instituto Carioca de criminologia. 1997.

BOURDIEU, Pierre. **O Poder Simbólico.** 16. ed. Rio de Janeiro: Bertrand Brasil. 2012.

__________ **Contrafogos**: táticas para enfrentar a invasão neoliberal, Rio de Janeiro: Jorge Zahar, 1998.

BENTHAM. J. **As recompensas em Matéria Penal**. Trad. Thais Miremis Sanfelippo da Silva Amadio São Paulo: Rideel. 2007.

CAMUS. Albert. **O Estrangeiro**. São Paulo; Saraiva, 2011.

CNJ – Conselho Nacional de Justiça. Panorama Nacional. **A execução das medidas socioeducativas de Internação.** Programa Justiça ao Jovem. Brasília. 2012.

BRASIL. Constituição (1988). **Constituição da República Federativa do Brasil**. Disponível em: http://www.planalto.gov.br/ccivil_03/Constituicao/Constituicao.htm.

BRASIL. Lei 8069 (1990). **Estatuto da Criança e do Adolescente**. Disponível em: http://www.planalto.gov.br/ccivil_03/leis/L8069Compilado.htm

DEBORD. G., **La Société du Spectacle**. Paris : Gallimard. Coleção Folio, 1992.

DELUCHEY .J.-F., "A sociedade civil organizada e a administração governamental dos interesses: o exemplo dos conselhos paritários", In **Revista Estudos Políticos**, Rio de Janeiro, n.5, p. 77-101, 2012/02.

__________ El Gobierno de los derechos humanos en la era neoliberal. IN. LARSEN. Laurence Burgorgue-; MAUÉS. Antonio. MOJICA. Beatriz Eugenia Sánchez. RDHE. **Rede de Derechos Humanos y Educación Superior. Derechos Humanos e Políticas Públicas.** Universidad Pompeo Fabra. Barcelona. 2014. Consultado em: http://www.upf.edu/dhes-alfa/materiales/docs/DHPP_Manual_v3.pdf. Em 01.01.2015. p. 15-46.

__________ Resenha do livro de Antoine Garapon: **A razão do estado mínimo**. Mimeo (versão externa), 2012

DELUCHEY. Jean-François Y; PINHO. Ana Cláudia Bastos; GOMES. Marcus Alan de Melo (Coord.) **Tensões Contemporâneas da Repressão Criminal.**. Porto Alegre: Livraria do Advogado. 2014.

FOUCAULT. Michel**. Nascimento da Biopolítica**. São Paulo. Martins Fontes. 2008.

__________ **Em Defesa da Sociedade**, São Paulo: Martins Fontes, 2010.

LORES. Joaquim Herrera. **Teoria Crítica dos Direitos Humanos**. Os Direitos Humanos como Produtos Culturais. Rio de Janeiro: Lumen Juris. 2009.

GOULART. Marcos Vinicius da Silva; SANTOS. Nair Iracema Silveira dos. Protagonismo Juvenil e Capital Humano: uma análise da participação política da juventude no Brasil. IN. **Ciências Sociais Unisinos**. n.2., p.128-136. Maio/Agosto de 2014.

MARQUES NETO. Agostinho Ramalho. O Estrangeiro: A justiça Absurda. IN. COUTINHO. Jacinto Nelson de Miranda. (Coord.) **Direito e Psicanálise**. Interseções a partir de "O Estrangeiro" de Albert Camus. Rio de Janeiro: Lumen Juris. 2006.

__________. Neoliberalismo: o declínio do Direito. IN. RUBIO. David Sanches; FLORES, Joaquim Herrera; CARVALHO. Salo. (org.). **Direitos Humanos e Globalização:** fundamentos e possibilidades desde a teoria Crítica. 2. Ed. Porto Alegre: Edipurs. 2010.

MENDEZ. Emílio Garcia; COSTA. Antônio Carlos Gomes. **Das necessidades aos direitos**. São Paulo: Malheiros. 1994.

NASCIMENTO. Maria Lívia. Crianças e Adolescentes marcados pela defesa de direitos. **Rev. Ecopolítica**, 8, p.19-40, Jan-Abr. 2014

MULGAN. Tim. **Utilitarismo.**. Petrópolis: Vozes, 2012.Rio de Janeiro 2006. Coleção Pensamento Moderno

NILO. Tiago. Alguns Apontamentos sobre a governamentalidade liberal E/Ou Neoliberal a partir de Michel Foucault. In: **Revista Eletrônica Kinesis**. Vol. II. N.3.Abril de 2010. Consultada em http://www.marilia.unesp.br/Home/RevistasEletronicas/Kinesis/25_TiagoNilo.pdf..21.02.2015. P. 345-358.

PARÁ. Tribunal de Justiça do Estado. Acordão nº 62437, na Apelação 20063001750-4. Disponível em http://gsa-index.tjpa.jus.br/consultas/search?q=Acord%C3%A3o+62.437&jp_search=1&site=jurisprudencia&entqr=3&oe=UTF-8&ie=UTF-8&wc=200&wc_mc=1&ud=1&filter=0&getfields=*&client=consultas&proxystylesheet=consultas&sort=date%3AD%3AS%3Ad1&aba=JP&lr=lang_pt

PINHEIRO. Ângela. **Crianças e Adolescentes no Brasil:** porque o abismo entre a lei e a realidade. Fortaleza: UFC, 2006 .

RAMIDORFF. Mário Luiz. SINASE. **Sistema Nacional de Atendimento Socioeducativo.** Comentários à lei 12.594 de 18 de janeiro de 2012. São Paulo: Saraiva,.2012.

RODRIGUES. Rafael Coelho**. Juventude como capital**: a questão criminal e os projetos sociais gente as políticas para os jovens vulneráveis.Curitiba: Juruá. 2014.

ROSA. Alexandre Morais da. **Introdução Crítica ao Ato Infracional**: princípios e garantias. Rio de Janeiro: Lúmen Júris,2007.

SANTOS. Juarez Cirino dos.. O adolescente Infrator e os direitos Humanos. In**. Instituo de Criminologia e política criminal.** Consultado em. http://jus.com.br/artigos/17942/principios-e-prudencia/2#ixzz2yJDjAibL no dia 21.02.2015

SDH. Secretaria Especial de Direitos Humanos. Levantamento Nacional do SINASE. Brasília.2009.(CD)

SUEKER. B. H. Krause. **Pena retribuição e retaliação:** o castigo no cárcere. Porto Alegre: Livraria do Advogado, 2013.

WACQUANT. Loïc. **As Prisões da Miséria**. Rio de Janeiro: Zahar,2001.

__________. **Punir Os pobres.** A nova Gestão da Miséria nos Estado Unidos. 2 ed. Rio de Janeiro: Revan2003. Coleção Pensamento Criminológico

WARAT. Luis Alberto. **Introdução Geral ao Direito I.** Interpretação da lei: Temas para reformulação. Porto Alegre: Sérgio Fabris. 1994.

__________ **Introdução Geral ao Direito II**.A epistemologia Jurídica da Modernidade.Porto Alegre: Sérgio Antônio Fabris. 1995

ZAFFARONI. Eugenio Raul**. O inimigo do Direito Penal.** Trad. Sergio Lamarão. 2. ed. Rio de Janeiro: Revan, 2007

__________. **Em busca das penas perdidas**. A perda de legitimidade do Sistema Penal. Rio de Janeiro: Revan, 2001.

__________. BATISTA, Nilo. ALAGIA, Alejandro. SLOKAR, Alejandro. **Direito Penal Brasileiro I.** 2. ed. Rio de Janeiro: Revan, 2003

Capítulo 10

A DESNATURALIZAÇÃO DO SEXO, GÊNERO E DESEJO SEXUAL, À LUZ DA TEORIA DE JUDITH BUTLER

Thiago Augusto Galeão de Azevedo[1]

SUMÁRIO: Introdução - 1. Sexo, gênero e desejo sexual - 2. A compulsoriedade do sexo, gênero e desejo sexual, à luz da teoria de Judith Butler: 2.1 Sexo é gênero; 2.2 "Disposição", luto e melancolia; 2.3 A performatividade do gênero; 2.4 O gênero como paródia - 3. O processo de desnaturalização do sexo, gênero e desejo sexual: heterossexualidade compulsória e falocentrismo - 4. Considerações finais - 5. Referências.

INTRODUÇÃO

Poder normalizador e Direito. Trata-se do eixo temático do presente ensaio, inspirado pelas concepções sustentadas na obra *Michel Foucault e o Direito*, Do filósofo Márcio Alves da Fonseca.

Destaca-se, no que concerne à referida obra, as concepções foucaultianas acerca da relação entre os mecanismos de poder e o Direito. Para Foucault, o Direito, através do seu discurso e técnica, é utilizado para mascarar ou reduzir a lógica dominatória por meio de dois elementos: os direitos legítimos da soberania e a obrigação legal da obediência.

O Direito como um instrumento do acobertamento das estruturas normalizadoras, reprodutor das variadas formas de dominação, assumindo

---

1. Mestre em Direito, Políticas Públicas e Desenvolvimento Regional pelo Centro Universitário do Estado do Pará - CESUPA. Professor do Centro Universitário do Estado do Pará - CESUPA. Advogado.

a natureza de normalizado-normalizador. Normalizado, o Direito se torna objeto de incidência, penetração, do poder normalizador. Trata-se de uma dominação que molda o Direito, utilizando-o como elemento legitimador de suas concepções. Normalizador, uma vez elemento normalizado, torna-se reprodutor, disseminador, da referida estrutura de dominação.

A partir de sua *analítica do poder*, Foucault não enxerga o Direito pelo aspecto da legitimidade, princípio da soberania, e sim pelos mecanismos de dominação e sujeição reproduzidos por ele, o que permite a percepção de um Direito normalizado-normalizador, o que o faz destacar a necessidade de um *direito novo*, subversivo, liberto do princípio da soberania e apto à *resistência* contra o poder normalizador (Foucault, 2000).

Entretanto, para a obtenção de um Direito livre de normalização, faz-se necessária a desnaturalização de estruturas de dominação, eliminando-se, mesmo que parcialmente, truísmos incorporados na estrutura do Direito, construídos e mantidos por uma lógica de dominação, opressora.

O presente ensaio, neste contexto, almeja contribuir para a desnaturalização de elementos componentes da citada estrutura normalizadora, de dominação. Averiguar-se-á, para tanto, os institutos da heterossexualidade compulsória e do falocentrismo, a fim de analisar se estes representam mecanismos de normalização do sexo, gênero e desejo sexual, à luz da teoria da filósofa Judith Butler. Tem-se como objetivo, portanto, a análise de elementos constitutivos da referida estrutura de dominação, a fim de desnaturalizá-los e, conseqüentemente, contribuir para o propiciamento de um *direito novo*.

1. SEXO, GÊNERO E DESEJO SEXUAL

Sexo, gênero e desejo sexual comumente são apresentados através de um ideal conseqüencial e de coerência, no sentido de que o sexo implica no gênero e este, por sua vez, implica no desejo sexual. Preleciona-se, portanto, que nascendo macho o indivíduo é considerado do gênero masculino e que terá desejo sexual por mulheres, por exemplo.

Trata-se de uma corrente teórica comum e disseminada, defensora da concepção de que o sexo é proveniente de heranças biológicas, ao ponto de que o indivíduo já nasce com um sexo pré-determinado. Um dos expoentes dessa concepção de pensamento é o autor e cardeal italiano Elio Sgreccia (2002, p. 305, grifo nosso), que defende:

> Manipular a sexualidade para fazê-la tornar-se de sinal oposto equivale então a manipular o patrimônio genético em sentido alternativo: **recebe-se o corpo, o corpo é o que é; o mesmo se deve dizer da sexualidade.** [...] '**O homem deve aceitar livremente a sua natureza como ela é, inclusive o fato de já estar pretederminado.** [...] Quem vê a vida à luz da verdade da criação sabe que essa dedução transcendental não é outra coisa senão o dom do ser pessoal e espiritual feito pelo Criador, **que dá a vida e a atualização àquele corpo, com aquele sexo**, naquela existência marcada pela diferenciação sexual, sem nada tirar das 'causas segundas' e dos processos de procriação e fecundação, mas agindo dentro deles como, de outra parte, age dentro de qualquer potencialidade que realiza.

O autor sustenta que o indivíduo já nasce com um sexo nato, pré-determinado, cabendo a este somente, destaca-se, aceitá-lo. O sexo como um elemento dado e não construído. De forma consequencial, e com o intuito de manter uma coerência, defende-se que o gênero é diretamente influenciado pelo sexo, no sentido de que se o indivíduo, por exemplo, nasceu com um pênis, ao invés de uma vagina, este será considerado macho e, conseqüentemente, será do gênero masculino. Neste contexto, novamente Elio Sgreccia (2002, p. 304, grifo nosso) sustenta que:

> Desse pressuposto devemos também concluir que a sexualidade marca igualmente toda a personalidade: é o espírito e o 'eu pessoal' que é homem ou mulher e não apenas o corpo, justamente porque é o espírito (o eu pessoal) que anima, informa e faz viver a corporeidade. **Por isso, a pessoa não somente tem um determinado sexo, mas é homem ou mulher.** Por isso, toda a vocação pessoal no mundo não poderá se realizar harmonicamente senão **aceitando e valorizando** aquele determinado modo de ser.

Pode-se destacar que, para o autor, a partir da definição do sexo do indivíduo, este possui duas alternativas quanto ao gênero, ou é do gênero masculino ou do gênero feminino. Na verdade, não são alternativas no sentido de que o indivíduo possa escolher, mas se trata de uma conseqüência do sexo, que definirá o gênero.

A referida consequencialidade e coerência é aplicada, também, ao desejo sexual, no sentido de que pelo indivíduo nascer macho e ser considerado do gênero masculino seria coerente que este tivesse desejo sexual por mulheres. Se o indivíduo não sente a referida atração sexual por mulheres, sustenta-se que este foge da normalidade, justamente porque não está inserido na citada coerência sexual. Para Elio Sgreccia (2004, p.109, grifo nosso), é o caso da homossexualidade:

> Existem várias definições de homossexualidade, entre elas uma que encontra amplo consenso entre muitos autores; trata-se de uma **anomalia** que consiste no '**desvio da atração afetivo-sexual, pelo qual o sujeito sente atração por pessoas do mesmo sexo, podendo ter relações com ela**. [...] A Encyclopedia of Bioethics sublinha que se trata de '**uma condição adquirida que é ao mesmo tempo psicológica e patológica**'.

Percebe-se, portanto, que para a referida concepção teórica o desejo sexual é um elemento conseqüencial do sexo e do gênero, no sentido de que sentir este desejo por uma pessoa do mesmo sexo é considerado um "desvio de atração afetivo-sexual", porque o considerado normal, para esta concepção teórica, é que o indivíduo sinta o citado desejo por pessoas do sexo oposto. Por ser incoerente, considera-se que este é detentor de uma anomalia.

Considerando a referida concepção de sexo, gênero e desejo sexual, baseada no ideal de coerência sexual; o presente estudo visa analisar qual a, ou mesmo se há, relação entre sexo, gênero e desejo sexual, e os institutos da matriz heterossexual de poder[2] e do falo-

2. [...] a grade de inteligibilidade cultural por meio da qual os corpos, gêneros e desejos são naturalizados. Busquei minha referência na noção de Monique Wittig de 'contrato heterossexual' e, em menor medida, naquela de Adrienne Rich de 'heterossexualidade compulsória' para caracterizar o modelo discursivo/epistemológico hegemônico da inteligibilidade do gênero, o qual presume que, para os corpos serem coerentes e fazerem sentido (masculino expressa macho, feminino

centrismo[3]. Para tanto, parte-se para a exposição, na próxima seção, e posterior análise, de elementos componentes da teoria de Judith Butler, quem busca averiguar a genealogia da ontologia do gênero, analisando possíveis estruturas de poder heterossexual e heterossexista influenciadoras e definidoras do sexo, gênero e desejo sexual.

2. A COMPULSORIEDADE DO SEXO, GÊNERO E DESEJO SEXUAL, À LUZ DA TEORIA DE JUDITH BUTLER

Será exposta, na presente seção, elementos pertencentes à teoria da filósofa Judith Butler acerca da ordem compulsória envolvendo o sexo, gênero e desejo sexual; tendo-se como base, principalmente, a sua obra *Problemas de gênero – Feminismo e subversão da identidade.*

2.1 Sexo é gênero

Judith Butler, inicialmente, sustenta que houve uma naturalização dos gêneros, concedendo-lhes o *status* de permanentes. A filósofa destaca a figura da "mulher", indagando criticamente a forma que esta foi extensivamente aceita, tornando-se um dado ontológico, no sentido de padronização, petrificação, do que vem a ser a sua figura.

A partir desta constatação, Butler se dedica a averiguar as estruturas de poder subjacentes à produção e restrição da figura da "mulher", ou seja, a estudar uma "genealogia feminista da categoria 'mulheres'", assim como de uma forma mais geral, uma "genealogia da ontologia[4] do gênero", estudando o gênero como efeito de instituições, práticas e discursos, e não como origem e causa. A referida ideia é de suma importância para a

expressa fêmea), é necessário haver um sexo estável, expresso por um gênero estável, que é definido oposicional e hierarquicamente por meio da prática compulsória da heterossexualidade. (BUTLER, 2014, p. 215-216).

3. Trata-se do conjunto de concepções, atitudes e comportamentos pautados na superioridade do falo, do pênis.

4. No presente contexto, a palavra ontologia é aplicada no sentido foucaultiano, que consiste em uma investigação do modo de funcionamento dos discursos e dos propósitos políticos envolvidos.

compreensão da teoria da performatividade, em Butler, que será exposta posteriormente.

Para a referida autora, sexo e gênero são produzidos culturalmente. Neste sentido, nenhum destes pode ser considerado uma "substância permanente", tendo em vista que ambos são efeitos de uma coerência produzida pela cultura heterossexual e heterossexista, com o intuito de legitimar e manter o que a crítica feminista Adrienne Rich chamou de "heterossexualidade compulsória" [5]. Por conseguinte, para Butler, as normas de gênero são socialmente instituídas e mantidas (SALIH, 2013).

A referida concepção de Butler é ressaltada por Guacira Lopes Louro, quem comenta o caráter culturalmente construído dos elementos sexo e gênero (2014, p. 37, grifo nosso):

> Quando se passa a dizer que não apenas o gênero, mas também o sexo é culturalmente construído, quando alguém sugere, como faz Judith Butler, que **"talvez o sexo tenha sido, desde sempre, gênero, de maneira que a distinção sexo/gênero não é, na verdade, distinção alguma"**, está se pondo em risco noções fortemente enraizadas na lógica e na existência de todos. Na medida em que se questiona a normatividade do gênero e da sexualidade se põe em xeque algo que pode ser visto como um dos "pilares" do modo como pensamos e vivemos. A **lógica binária** que define os sujeitos como macho ou fêmea também implica que os gêneros serão dois e que a sexualidade deve ser exercida com alguém de sexo/gênero oposto. **A heteronormatividade que dá suporte a essa lógica, como todas as outras normas, se exercita de modo silencioso, invisível, disseminado [...]**.

Percebe-se, assim, a partir do destaque à concepção de Butler, que não há distinção entre sexo e gênero. Tal distinção é prejudicada a partir do entendimento de que ambos são culturalmente criados, conforme sustenta a própria Butler (2014, p. 25, grifo da autora):

5. Consiste em uma ordem hegemônica, que solicita ou mesmo impele homens e mulheres a serem heterossexuais.

> Se o sexo é, ele próprio, uma categoria tomada em seu gênero, não faz sentido definir o gênero como a interpretação cultural do sexo. O gênero não deve ser meramente concebido como a inscrição cultural de significado num sexo previamente dado (uma concepção jurídica); tem de designar também o aparato mesmo de produção mediante o qual os próprios sexos são estabelecidos. Resulta daí que o gênero não está para a cultura como o sexo para a natureza; ele também é o meio discursivo/cultural pelo qual a 'natureza sexuada' ou 'um sexo natural' é produzido e estabelecido como 'pré-discursivo', anterior à cultura, uma superfície politicamente neutra **sobre a qual** age a cultura. [...] Na conjuntura atual, já está claro que colocar a dualidade do sexo num domínio pré-discursivo é uma das maneiras pelas quais a estabilidade interna e a estrutura binária do sexo são eficazmente asseguradas.

Uma vez que o gênero é decorrente do mesmo discurso e do mesmo processo de produção cultural do sexo, aquele não pode ser considerado uma interpretação cultural deste. É justamente essa produção cultural, discursiva, que constrói a ideia de que o sexo é pré-discursivo, ou seja, de que ele é uma superfície neutra na qual a cultura incide, quando é tão produzido culturalmente quanto o gênero.

A autora destaca que as identidades de gênero que não se enquadram ao padrão heterossexual compulsório, sistema binário, atestam a sua natureza criada e mantida. Para tanto, Butler cita a/o (x) hermafrodita Herculine Barbin, do século XIX, destacando que a sua heterogeneidade corporificada representa uma crítica implícita à "metafísica da substância[6]" e às "categorias identitárias do sexo".

Butler sustenta que o gênero é limitado pelas próprias estruturas de poder em que está inserido. A fim de ilustrar o ato de escolha de um gênero, a autora Sara Salih em sua obra *Judith Butler e a teoria queer*, traduzida para nossa língua por Guacira Lopes Louro; relaciona

6. A "metafísica da substância" consiste na crença difundida de que sexo e corpo são "naturais", evidentes. Trata-se da mesma concepção teórica apresentada na seção anterior. Entretanto, conforme se verá ao longo da presente pesquisa, para Butler, sexo e gênero são construções culturais, chamadas por ela de "fantasmáticas", que limitam e moldam o corpo. (SALIH, 2013).

o referido ato ao da escolha de um traje em um guarda-roupa preexistente. De acordo com Salih, conseqüentemente, não há uma livre escolha, tendo em vista que esta é feita dentro de uma estrutura de poder, lei ou cultura.

Metaforicamente, a escolha da roupa a vestir atenderá às expectativas, mesmo que imperceptíveis, de amigos e colegas de trabalho, além de ser determinada pela cultura, trabalho, rendimento e origem social. Neste sentido, a nossa escolha de gênero seria restrita, justamente porque já houve uma escolha e uma criação anterior[7] (SALIH, 2013).

O gênero, assim, seria um construto discursivo, no sentido de ser algo produzido e não um elemento natural. A isto a referida autora chama de "teorização discursiva da produção cultural do gênero". Neste sentido, sustenta-se a produção de uma matriz heterossexual, de forma que o gênero funciona como um instrumento de controle desse poder heterossexual, assumindo o papel de uma "grade", um "molde" no qual, ou pelo qual, o sujeito é moldado (SALIH, 2013).

2.2 "Disposição", luto e melancolia

A teoria de Butler é influenciada pelas obras de Freud, duas principalmente: *Luto e melancolia* e *O ego e o ID*. Na primeira obra, Freud estabelece uma distinção entre luto, que consiste na reação a uma perda real, e melancolia, em que, diferente do luto, o sujeito melancólico não necessariamente precisa saber o que perdeu, ou mesmo ter perdido algo.

Tais conceitos possuem relação com a chamada "disposição", de Freud, que é a inclinação a desejar alguém do sexo oposto ou do mesmo sexo, a partir do nascimento, ou seja, é inata ao bebê, sendo que o objeto das referidas inclinações são os progenitores do bebê.

7. Deve-se observar, entretanto, uma impropriedade no referido exemplo para com a teoria de Butler, uma vez que a referida associação pressupõe a existência de um sujeito pré-existente ao gênero, um sujeito antes de escolher a sua roupa. Entretanto, tal ideia é incompatível com os preceitos pregados por Butler, que sustenta o gênero como um elemento performativo, no sentido de que não há um ator pré-existente aos atos que realmente constituem a identidade. Logo, não há um sujeito antes do discurso e da cultura, mas ao contrário, há por primeiro o discurso e a cultura, consideradas as criadoras da identidade do sujeito.

Entretanto, Butler ressalta que tais "disposições" são efeitos, e não causas, de identificações com o progenitor, que pode ser do mesmo sexo ou do sexo oposto ao do bebê. O desejo não é precedente à identificação, ele não está em primeiro lugar (SALIH, 2013).

Para Freud, o bebê é forçado a abandonar seus desejos primitivos por seus progenitores em razão de um tabu, chamado *tabu do incesto*. Entretanto, Butler sustenta que o referido tabu é precedido por outro, o *tabu da homossexualidade* (2014, p. 100, grifo da autora): "Embora Freud não o argumente explicitamente, dir-se-ia que o tabu contra a homossexualidade deve *preceder* o tabu heterossexual do incesto".

Butler sustenta a existência de dois tabus, o *tabu da homossexualidade* e o do *incesto heterossexual*, sendo que o primeiro antecede o segundo. Destaca-se que da referida ordem de precedência se pode inferir que o desejo primitivo do bebê é sempre pelo progenitor do mesmo sexo, tendo em vista que o contrário não justificaria a precedência do citado tabu (SALIH, 2013).

A precedência entre os tabus é determinante na teoria de Butler, uma vez que, para a autora, as identidades sexuais e de gênero são formadas a partir da proibição. A proibição homossexual é formadora de identidade. Assim, toda identidade de gênero é baseada em um desejo homossexual primitivo proibido, em uma catexia de objeto[8].

Butler, como o *tabu da homossexualidade* é uma proibição formadora de identidade, considera que a identidade de gênero heterossexual é formada a partir de uma perda, a perda de um desejo primitivo homossexual, decorrente da citada proibição. Observando o conceito de melancolia em Freud, a autora sustenta que a identidade de gênero heterossexual é melancólica.

Sexo e gênero, para a autora, são resultados do *tabu da homossexualidade*. Entretanto, um ponto importante nesta concepção é o de que o referido tabu desencadeia uma reação melancólica, ou seja, uma identificação com o progenitor do mesmo sexo. Trata-se de uma identificação que ocorre através de uma incorporação, que consiste no processo em

8. "o desejo por um objeto; neste caso, a mãe ou pai." (SALIH, 2013, p.77)

que os objetos são conservados na superfície do corpo. Diferente do luto, que para Butler, seguindo as concepções teóricas de Abraham e Torok, desencadeia uma identificação que ocorre através do processo de introjeção[9] (SALIH, 2013).

A perda decorrente da proibição, através da incorporação, constitui uma marca no corpo. Este passa a expressar e carregar o desejo primitivo reprimido. O corpo funciona como um depósito destes desejos perdidos, entretanto estes não conseguem ser escondidos, uma vez que eles permanecem na superfície do mesmo e constituem as identidades de sexo e gênero. Neste âmbito, Butler (2014, p. 106) formula uma equação ontológica:

> Se a negação heterossexual da homossexualidade resulta em melancolia, e se a melancolia age através da incorporação, então o amor homossexual renegado é preservado pelo cultivo de uma identidade de gênero definida por oposição. Em outras palavras, a homossexualidade masculina renegada culmina numa masculinidade acentuada ou consolidada, que mantém o feminino como impensável e inominável.

Os desejos reprimidos nos constituem, no sentido de que "*somos* o que tínhamos desejado (e que não nos é permitido mais desejar)" (SALIH, 2013, p.82, grifo da autora). Apesar da proibição sustentada pelo *tabu social da homossexualidade*, este desejo reprimido é manifestado na superfície do corpo, constituindo a identidade de sexo e gênero.

O corpo como produto do desejo, ainda que apresentado como um dado, um "fato natural". Butler sustenta a ideia de que o desejo transfigura o corpo, pois os desejos reprimidos serão conservados em sua superfície. Trata-se, portanto, de um corpo que é criado e limitado pelo discurso[10] e pela lei.

9. "[...] o processo pelo qual objetos do mundo exterior são internalizados e conservados no ego" (SALIH, 2013, p.78).

10. Trata-se do discurso no sentido foucaultiano: "Quando utiliza essa palavra, Butler está não apenas se referindo à 'fala' ou à 'conversação', mas especificamente às formulações de Foucault sobre o discurso como 'grandes grupos de enunciados' que governam o modo como falamos e percebemos um momento ou momentos históricos específicos. [...] Em outras palavras, conceitos tais como 'loucura', 'cri-

A autora sustenta que qualquer identidade de gênero estável é melancólica, uma vez que, para que esta alcançasse a referida estabilidade, desejos e amores originais tiveram que ser reprimidos, proibidos. Assim, a estabilidade, para ser alcançada, precisa de limites de gênero rígidos, que impõem proibições causadoras de perdas, por isso a melancolia.

Identidades de gênero estáveis são melancólicas, não importando se é uma heterossexualidade melancólica ou homossexualidade, tendo em vista que em ambos há perdas, a fim de se alcançar a referida estabilidade. Entretanto, deve-se reconhecer que a melancolia heterossexual e a melancolia homossexual não são equivalentes, tendo em vista que não há a mesma proibição cultural contra o reconhecimento da heterossexualidade, existente contra a homossexualidade. Sobre a referida não equivalência entre tais melancolias, Butler (2014, p. 107) destaca que:

> É claro que um homossexual, para quem o desejo heterossexual é impensável, bem pode preservar essa heterossexualidade por meio de uma estrutura melancólica de incorporação, pela identificação e incorporação do amor que não é nem reconhecido nem pranteado. Mas aqui fica claro que a recusa heterossexual a reconhecer a atração homossexual primária é imposta culturalmente por uma proibição a homossexualidade que não tem paralelo no caso do homossexual melancólico. Em outras palavras, a melancolia heterossexual é instituída e mantida culturalmente, como o preço de identidades de gênero estáveis relacionadas por desejos opostos.

Seguindo a referida linha teórica, a autora ressalta a ideia de que a "ultrafeminidade" e a "ultramasculinidade" físicas são reflexos do desejo homossexual proibido, no sentido de que "somos" os nossos desejos reprimidos, que estão presentes no nosso corpo e comportamento. Assim, a mulher "ultrafeminina", por exemplo, denota o seu desejo primitivo homossexual reprimido, assim como a "ultrasmaculinidade".

Sexo, gênero e suas respectivas identidades são produtos do discurso e da lei, sendo apresentadas como inatas e naturais. A lei além de produzir

minalidade' e 'sexualidade' são construtos discursivos que deveriam ser analisados no âmbito do contexto ou da mudança histórica específica em que ocorreram" (SALIH, 2013, p. 69).

as identidades, produz os desejos inadmissíveis, os quais reprime a fim de instaurar e conservar a estabilidade das identidades de sexo e gênero.

Sobre a origem dos desejos inadmissíveis, sustentada por Butler, Guacira Lopes Louro analisa (online, grifo nosso):

> Judith Butler toma emprestado da lingüística o conceito de performatividade, para afirmar que a linguagem que se refere aos corpos ou ao sexo não faz apenas uma constatação ou uma descrição desses corpos, mas, no instante mesmo da nomeação, constrói, 'faz' aquilo que nomeia, isto é, produz os corpos e os sujeitos. Esse é um processo constrangido e limitado desde seu início, pois o sujeito não decide sobre o sexo que irá ou não assumir; na verdade, as normas regulatórias de uma sociedade abrem possibilidades que ele assume, apropria e materializa. Ainda que essas normas reiterem sempre, de forma compulsória, a heterossexualidade, **paradoxalmente, elas também dão espaço para a produção dos corpos que a elas não se ajustam. Esses serão constituídos como sujeitos "abjetos" – aqueles que escapam da norma. Mas, precisamente por isso, esses sujeitos são socialmente indispensáveis, já que fornecem o limite e a fronteira, isto é, fornecem "o exterior" para os corpos que "materializam a norma", os corpos que efetivamente "importam".**

De acordo com a autora, as normas regulatórias sociais, também, possibilitam a produção de corpos que não se amoldam à lógica regulatória. Tais corpos são utilizados como paradigmas para a fixação de limites, no sentido de que como são sujeitos "abjetos", ou seja, fora do padrão normalizado, estes representam o externo em relação aos corpos normalizados, por isso a sua indispensabilidade social. Por conseguinte, tal fixação de fronteiras possui o papel de estabelecer e manter a estabilidade das identidades de sexo e gênero.

Butler utiliza a "crítica da hipótese repressiva", formulada por Foucault, que contesta o entendimento generalizado de que, no séc. XIX, a sexualidade era reprimida pela lei, no sentido de que a sexualidade, ao contrário, era produzida pela lei. Sendo que na estrutura de poder havia uma multiplicação de discursos acerca do sexo, inclusive no âmbito institucional (SALIH, 2013).

Foucault sustenta que a referida disseminação de discursos acerca do sexo é uma forma de produzi-lo e controlá-lo, simultaneamente. Por conseqüência, não restarão concepções a serem tomadas fora da estrutura produzida pela lei, inclusive formas de subversão, que estão restritas, internamente, ao complexo de poder produzido pelos discursos existentes (FOUCAULT, 2014).

Influenciada pela crítica de Foucault, Butler sustenta que a lei proíbe a homossexualidade e o incesto heterossexual com os seus respectivos tabus, entretanto também os cria e provoca. A lei como detentora de um papel repressor e criador do tabu da homossexualidade e do incesto, criando e reprimindo, conseqüentemente, o desejo pelo progenitor do mesmo sexo.

2.3 A performatividade do gênero

Butler segue as concepções teóricas de Monique Wittig no âmbito descritivo do corpo, ratificando a sua teoria lésbica materialista, sustentadora da concepção de que a forma do corpo é efeito de uma estrutura heterossexual e heterossexista de poder, que o molda. Concepção esta divergente da defendida por Julia Kristeva e Michel Foucault, que pregam a existência de um corpo antes do discurso.

A referida concepção de Butler sustenta a ideia de que o sexo, assim como o gênero, podem ser performativamente reinscritos, de uma forma que acentue o seu caráter artificial. Assim, infere-se que o corpo não é dotado de naturalidade, não é um fato natural, e sim produzido por discursos (SALIH, 2013).

Para a autora, todos os corpos são elevados a um âmbito de generalidade desde o início de sua existência social, o que indica, consequentemente, que não há um "corpo natural" que anteceda à sua exposição cultural. Desde o início o corpo é moldado através da sua inscrição cultural. Acerca do assunto, Butler (2014, p. 59) destaca que:

> O gênero é a estilização repetida do corpo, um conjunto de atos repetidos no interior de uma estrutura reguladora altamente rígida, a qual se cristaliza no tempo para produzir a aparência de uma substância, de uma classe natural de ser. A genealogia política das ontologias do gênero, em sendo bem-sucedida, desconstruiria a aparência substantiva do gênero, desmembrando-a em seus atos constitutivos, e explicaria

> e localizaria esses atos no interior das estruturas compulsórias criadas pelas várias forças que policiam a aparência social do gênero.

Seguindo a referida concepção teórica, para Butler, o gênero não é um "ser", e sim um "fazer", no sentido de que é produzido, determinado, por uma estrutura heterossexual e heterossexista de poder preexistente. Desta forma, o sujeito não possui uma livre escolha sobre o gênero o qual vai representar[11]. A referida estrutura de dominação criou e determinou os possíveis gêneros a serem adotados.

As identidades de gênero são concebidas e formadas pela linguagem e pelo discurso. Infere-se, portanto, que não há identidade de gênero que anteceda estes dois institutos, tendo em vista que a referida identidade é efeito destes, ela é "feita" pelo discurso e pela linguagem.

Neste sentido, o gênero é entendido como performativo, uma vez que o mesmo não é um elemento natural, e sim formado por atos repetidos, produzidos por uma estrutura de poder heterossexual e heterossexista. Por ser artificial, Butler o associa a uma performance, o indivíduo encena um papel que lhe foi dado pela cultura, linguagem e discurso.

O gênero é constituinte de uma identidade que pretende ser, ou que simular ser, sendo considerado sempre um fazer, entretanto um fazer não por um sujeito antecedente ao fato. O referido elemento representa um conjunto de atos reiterados, sendo criado e moldado por uma estrutura de dominação heterossexual e heterossexista.

Trata-se de um elemento intrínseco à identidade produzida por esta estrutura de dominação, pois os atos de gênero constituem performativamente um sujeito, que é efeito do discurso. Assim, a artificialidade do gênero constitui a artificialidade da identidade que simula ser. Um homem "masculino" e uma mulher "feminina".

2.4 O gênero como paródia

Acerca do caráter fabricado do gênero, Butler (2014, p. 195, grifo da autora) preleciona que:

11. Representar no sentido performativo, teatral. Performatividade do gênero.

> Em outras palavras, atos, gestos e desejo produzem o efeito de um núcleo ou substância interna, mas o produzem **na superfície** do corpo, por meio do jogo de ausências significantes, que sugerem, mas nunca revelam, o princípio organizador da identidade como causa. Esses atos, gestos e atuações, entendidos em termos gerais, são **performativos**, no sentido de que a essência ou identidade que por outro lado pretendem expressar são **fabricações** manufaturadas e sustentadas por signos corpóreos e outros meios discursivos. [...] Se a verdade interna do gênero é uma fabricação, e se o gênero verdadeiro é uma fantasia instituída e inscrita sobre a superfície dos corpos, então parece que os gêneros não podem ser nem verdadeiros nem falsos, mas somente produzidos como efeitos da verdade de um discurso sobre a identidade primária e estável.

A referida autora destaca o caráter criado e controlado do gênero, que é disseminado como um elemento natural, essencial e estável. Neste sentido, devido ao seu referido caráter performativo, o gênero pode ser considerado uma forma de paródia[12]. Butler ressalta que todas as identidades de gênero são imitativas, entretanto algumas são mais paródicas do que outras.

Em relação ao referido caráter paródico do gênero, Butler destaca a figura do/da (x) drag, que para a citada autora, revela mesmo que implicitamente a estrutura imitativa do próprio gênero e sua contingência.

O caráter performático do/da (x) drag está fundado na distinção de dois elementos, a anatomia do performista e o gênero performado. Entretanto, há três dimensões contingentes da referida corporeidade: sexo anatômico, identidade de gênero e performance de gênero. Quanto aos referidos, Butler (2014, p. 196) destaca que "Se a anatomia do performista já é distinta de seu gênero, e se os dois se distinguem do gênero da *performance*, então a *performance* sugere uma dissonância não só entre sexo e *performance*, mas entre sexo e gênero, e entre gênero e *performance*."

Butler sustenta que o referido caráter paródico pode ter um efeito subversivo, no sentido de que a lei da coerência heterossexual é substituída pelo sexo e gênero desnaturalizados, através de uma performance

12. Paródia no sentido do ato de imitar.

que destaca a sua distinção e dramatiza a sua unidade fabricada por uma estrutura cultural de dominação (BUTLER, 2014).

Quanto ao referido caráter subversivo, a autora ressalta que o gênero é paródico, mas que nem toda paródia é subversiva, no sentido de que, por exemplo, há algumas performances que apenas ratificam o poder da estrutura de dominação heterossexual e heterossexista, não sendo, desta forma, subversivas.

Deve-se destacar, entretanto, que o referido caráter subversivo é limitado pela concepção de que o gênero é um elemento fabricado. Desta forma, não é possível adquirir um novo gênero, mas sim alternar e escolher os instrumentos preexistentes, seguidos da modificação radical dos mesmos, com o objetivo de desnaturalizar, revelar o caráter artificial do gênero. O referido ato pode ser associado ao exemplo, já citado, do guarda-roupa, no sentido de que roupas rasgadas e lantejoulas representariam tentativas de atribuir um caráter subversivo e inesperado ao respectivo gênero do sujeito (SALIH, 2013).

Uma vez exposta a teoria de Judith Butler acerca dos elementos sexo, gênero e desejo sexual, partir-se-á para a análise de uma possível relação entre os referidos elementos e os institutos da heterossexualidade compulsória e do falocentrismo.

3. O PROCESSO DE DESNATURALIZAÇÃO DO SEXO, GÊNERO E DESEJO SEXUAL: HETEROSSEXUALIDADE COMPULSÓRIA E FALOCENTRISMO

Conforme destacado anteriormente, o presente artigo tem como objeto de estudo os elementos sexo, gênero e desejo sexual, no sentido de averiguar qual a, ou mesmo se há, relação entre os referidos elementos e os institutos da heterossexualidade compulsória e do falocentrismo.

Para tanto, inicialmente, descreveu-se os principais elementos teóricos de uma concepção amplamente disseminada, que prega a estabilidade e coerência entre sexo, gênero e desejo sexual, tratando-os como fatos naturais, como elementos inevitáveis de ordem biológica. Consequentemente, para a referida teoria, o homem deve aceitar a sua natureza e o fato de já estar predeterminado.

Seguidamente, expôs-se os elementos principais da teoria de Judith Butler, a partir da qual se pôde perceber o seu caráter emancipatório. Esta rechaça as concepções teóricas anteriores, sustentadoras da citada estabilidade e coerência entre os elementos sexo, gênero e desejo sexual.

Deve-se destacar que a referida teoria de Judith Butler fornece o embasamento teórico necessário para a análise da relação entre sexo, gênero e desejo sexual, e os institutos da heterossexualidade compulsória e do falocentrismo. Trata-se de uma teoria desnaturalizadora de conceitos e elementos apresentados como naturais, quando na verdade são produzidos a partir de uma estrutura de dominação. Na presente seção, portanto, filiar-se-á à teoria de Judith Butler para a realização de uma análise emancipatória dos citados elementos.

Conforme observado na seção expositiva da teoria de Butler, a autora destaca, inúmeras vezes, o caráter artificial dos elementos sexo, gênero e desejo sexual, no sentido de que estes foram objetos de um processo produtivo realizado por uma estrutura de dominação, que é constituída por dois institutos: falocentrismo e heterossexualidade compulsória, conforme Butler (2014, p.09, grifo nosso) preleciona:

> A crítica genealógica recusa-se a buscar as origens do gênero, a verdade íntima do desejo feminino, uma identidade sexual genuína ou autêntica que a repressão impede de ver; em vez disso, ela investiga as apostas políticas, designando como *origem* e *causa* categorias de identidade que, na verdade, são *efeitos* de instituições, práticas e discursos cujos pontos de origem são múltiplos e difusos. **A tarefa dessa investigação é centrar-se – e descentrar-se – nessas instituições definidoras: o falocentrismo e a heterossexualidade compulsória.**

É de suma importância ressaltar que os referidos institutos possuem uma conexão lógica. O falocentrismo é compreendido como uma concepção defensora da ideia de superioridade do masculino. O masculino representa o superior, porque a ele foi atribuído o falo (pênis), o que o faz perfeito e completo. A mulher, entretanto, pela ausência do falo, à luz das concepções do referido instituto, representa o inferior, a ausência.

Butler (2014, p.152, grifo nosso) destaca o citado instituto do falocentrismo:

> Mas há, é claro, Irigay, que denuncia a dialética do Mesmo e do Outro como um falso binário, a ilusão de uma diferença simétrica que consolida a economia metafísica do falocentrismo, a economia do mesmo. Em seu ponto de vista, tanto o Outro como o Mesmo são marcados como masculinos; o **Outro é apenas uma elaboração negativa do sujeito masculino, com o resultado de que o sexo feminino é irrepresentável** – ou seja, é o sexo que, nessa economia significante, não o é. Mas não o é também no sentido de que escapa à significação unívoca característica do Simbólico, e de que **não é uma identidade substantiva, mas sempre e somente uma relação indeterminada de diferença na economia que o representa como ausente. Trata-se do sexo que não é "um", no sentido de que é múltiplo e difuso em seus prazeres e seu modo de significação. De fato, talvez os prazeres aparentemente múltiplos de Herculine se qualificassem como a marca do feminino, em sua polivalência e sua recusa a se submeter aos esforços reprodutivos da significação unívoca.**

O Outro, na referida citação, refere-se à figura do feminino, enquanto que o Mesmo à figura do masculino. A mulher, à luz do falocentrismo, é compreendida como a elaboração negativa do homem, tendo em vista que representa a ausência, o inverso deste. Butler, citando Irigay, destaca que se sustenta um sistema binário simétrico, quando na realidade essa simetria não existe, justamente porque tal sistema é produzido por uma estrutura de dominação constituída pelo falocentrismo, pela inferioridade do feminino em detrimento do masculino.

Butler destaca, também, que o instituto do falocentrismo compreende o feminino como um sexo que não é único, no sentido de que possui múltiplos prazeres e indeterminadas diferenças. Consequentemente, o feminino engloba a sexualidade que não se enquadra à lógica binária, como, por exemplo, o/a (x) hermafrodita Herculine, que à luz do falocentrismo, possui múltiplos prazeres, no sentido de não se enquadrar ao sistema heterossexual, e por isso ser associado ao feminino.

Desta forma, percebe-se que o falocentrismo, instituto constituinte da estrutura de dominação de poder heterossexual e heterossexista, atribui ao feminino a polivalência, no sentido de que a sexualidade incompatível com a lógica binária é acrescida à concepção feminina.

Pierre Bourdieu, em sua obra *A Dominação Masculina – A condição feminina e a violência simbólica*, cita uma estrutura de dominação simbólica, fundada em uma visão masculinizada, que produz a ideia de perversidade do polimorfo, no sentido de "[...] excluir do universo do pensável e do factível tudo o que caracteriza pertencer ao outro gênero – e em particular todas as virtualidades biologicamente inscritas no 'perverso polimorfo' que, se dermos crédito a Freud, toda criança é [...]" (Bourdieu, 2014, p.40).

A referida perversidade do polimorfo é associada à figura do feminino, que é entendido como um sexo que não é uno, justamente por ser constituído por múltiplos prazeres, fazendo-se alusão a desejos e prazeres que não se amoldam à lógica heterossexual.

Neste contexto, o feminino é associado à inferioridade, ausência e perversidade, consequentemente a sua influência no masculino deve ser proibida e evitada. Assim, a feminidade é compreendida como um elemento contaminador, no sentido de que se deve proibir a influência do feminino no masculino. A homossexualidade, por exemplo, seguindo esta lógica de raciocínio, representa a contaminação do masculino pelo feminino, o que justifica a sua proibição pela estrutura de poder heterossexual e heterossexista.

Percebe-se, portanto, que a imposição da lógica binária está intimamente relacionada com a questão da inferioridade e perversidade do feminino, no sentido de que pelo feminino ser inferior, representar a ausência e estar associado à perversidade do polimorfo, a contaminação por ele deve ser proibida. Neste sentido, a referida lógica binária possui uma relação direta com a concepção de contaminação do homem pela mulher, a feminização do homem.

Tal proibição está pautada na ideia falocêntrica de que a mulher é o avesso do homem, representa a ausência e perversidade, e que por isso é inferior a este. Neste sentido, o problema é o feminino no homem. A superioridade se contaminaria com a inferioridade e a perversidade do feminino, por isso deve ser evitada através da lógica binária, que é difundida pela estrutura de dominação heterossexual e heterossexista, constituída pelos referidos institutos conexos, falocentrismo e heterossexualidade compulsória.

O falocentrismo e a heterossexualidade compulsória consistem em regimes de poder e de discurso, formadores de uma estrutura de dominação heterossexual e heterossexista, responsável pela construção cultural da sexualidade, no sentido de produzir concepções culturais heterossexuais e fálicas, e definir categorias de identidade.

Destaca-se que a referida estrutura de dominação heterossexual e heterossexista se manifesta através de múltiplos instrumentos, como, por exemplo, normas institucionais, legais e culturais, que consubstanciam e constituem a referida estrutura de dominação. Neste sentido, o poder dominatório é formado por um complexo de instituições, práticas e discursos com origens diversas e difusas, mas que são unificados pela citada estrutura de poder, que possui como elementos constituintes o falocentrismo e a heterossexualidade compulsória.

A referida estrutura de poder é responsável pela produção dos elementos sexo, gênero e desejo sexual. Estes são efeitos de uma coerência produzida pela cultura heterossexual e heterossexista, o que pressupõe a equivalência entre sexo e gênero, tendo em vista que ambos são produzidos culturalmente.

Conforme foi exposto na seção anterior, as identidades sexuais e de gênero são formadas a partir de proibições, que são criadas pela estrutura de dominação heterossexual e heterossexista. Trata-se dos tabus da homossexualidade e do incesto, que cerceiam os desejos sexuais do bebê pelo seu progenitor do mesmo sexo.

Desta forma, filiando-se às concepções teóricas de Butler, pode-se destacar que toda identidade de gênero estável é precedida de uma perda, a perda de um desejo primitivo homossexual. Ressalta-se que a referida estabilidade é compreendida à luz do sistema binário. Portanto, tendo em vista o papel do falocentrismo e da heterossexualidade compulsória na criação dos referidos tabus, a identidade de gênero que se amolda ao referido sistema hegemônico é marcada pela referida perda.

Entretanto, os referidos desejos reprimidos são incorporados ao corpo do indivíduo, de forma que este carrega na superfície do seu corpo os desejos que foram proibidos por uma lógica de dominação heterossexual e heterossexista. Consequentemente, a referida estrutura de poder é a responsável pela construção e restrição do corpo.

Pode-se perceber que a citada estrutura de dominação heterossexual e heterossexista, constituída pelos institutos do falocentrismo e da heterossexualidade compulsória, é a responsável pela produção dos elementos sexo, gênero e suas respectivas identidades. A referida estrutura, através da lei, também constrói e restringe o corpo, por meio da criação de desejos inadmissíveis, conforme já destacado, os quais são reprimidos pela lei, com o objetivo de instalar e manter a estabilidade das identidades de sexo e de gênero.

Neste sentido, a referida estrutura de poder pode ser compreendida como um mosaico de instrumentos reprodutores da referida lógica dominadora, que contribuem para cercar, delimitar o espaço de escolha sexual do indivíduo. Desta forma, constrói-se um sistema de controle formado por práticas, discursos e instituições que exaurem a livre escolha sexual do indivíduo.

Trata-se de uma forma de produzir e controlar a sexualidade, de forma que se aniquila a possibilidade de tomar concepções fora desse complexo restritivo, da estrutura de dominação heterossexual e heterossexista. Trata-se de uma estrutura hegemônica, que domina as possibilidades sexuais do indivíduo e até mesmo as formas de subversão, tendo em vista que estas são limitadas, internamente, pela estrutura de poder produzida pelos discursos preexistentes.

Desta forma, o referido complexo de poder produz padrões pré-existentes de sexualidade, pautados em uma matriz heterossexual e heterossexista. Consequentemente, não é garantida ao indivíduo a livre escolha, tendo em vista que já houve uma escolha e uma criação anterior.

Destaca-se, portanto, que é tal estrutura de poder a responsável pelo incitação, controle e limitação da sexualidade, através de padrões.

Tal dominação, conforme já ressaltado, é constituída e reproduzida por diversos instrumentos, como normas legais, culturais e institucionais. Diante do referido contexto, o gênero passou a ser compreendido como uma "estratégia", no sentido de sobrevivência cultural, tendo em vista que quem não se amolda ao sistema binário corretamente é sancionado pela sociedade, em diversos aspectos.

Pode-se perceber, desta forma, que as concepções teóricas, expostas na primeira seção do presente artigo, são reprodutoras de uma lógica dominadora naturalizada por uma construção cultural da sexualidade, pautada em ideais heterossexuais e heterossexistas. É através da referida construção cultural que os corpos, gêneros e desejos são naturalizados.

Portanto, pode-se sustentar que há relação entre os elementos sexo, gênero e desejo sexual, e os institutos da heterossexualidade compulsória e do falocentrismo. Os referidos institutos compõem a estrutura de poder heterossexual e heterossexista, responsável pela incitação, controle e limitação da sexualidade.

Neste sentido, sexo, gênero e desejo sexual são criados e limitados pela referida estrutura, compreendida como um complexo de poder, constituído por instrumentos reprodutores do sistema binário e do falocentrismo, determinantes no cerceamento e controle da escolha sexual do indivíduo.

4. CONSIDERAÇÕES FINAIS

As concepções teóricas apresentadas na primeira seção, conforme já ressaltado anteriormente, sustentam que os elementos sexo, gênero e desejo sexual são frutos de uma herança biológica. A referida herança fundamenta a consequencialidade e coerência sustentada entre eles, no sentido de que, por exemplo, aquele que nasce macho é do gênero masculino e, consequentemente, possui desejos sexuais por mulheres. A referida teoria defende, ainda, que cabe ao indivíduo apenas aceitar a sua sexualidade e o seu corpo.

A partir da exposição dos principais elementos da teoria de Judith Butler, pôde-se perceber o caráter contraditório entre esta e as concepções teóricas apresentadas na primeira seção, as quais são rechaçadas pela teoria de Butler. A autora defende que os elementos sexo, gênero e desejo sexual são produtos de uma cultura heterossexual e heterossexista.

Neste sentido, para a citada autora, uma estrutura de poder, reproduzida e concebida por discursos, cultura e lei; é a responsável pela criação e restrição do sexo, gênero e desejo sexual. Entretanto, a referida estrutura heterossexual e heterossexista se esconde por trás de um véu de naturalidade, que sustenta a sexualidade como um elemento congênito, inato.

A partir do referido substrato teórico fornecido pela teoria de Judith Butler, pode-se perceber que há relação entre os elementos sexo, gênero e desejo sexual, e os institutos da heterossexualidade compulsória e do falocentrismo. Conforme já ressaltado, os referidos institutos são constituintes da estrutura de dominação heterossexual e heterossexista responsável pela criação e limitação dos citados elementos.

Desta feita, os institutos da heterossexualidade compulsória e do falocentrismo compõem uma estrutura de poder hegemônica, impositiva de um viés de pensamento, de uma representação do corpo, de uma sexualidade, com a proposta de naturalizar esse complexo de poder através de uma máscara de naturalização biológica.

Realizou-se, portanto, através do presente artigo, uma análise teórica da relação entre os elementos sexo, gênero e desejo sexual, e os institutos da heterossexualidade compulsória e do falocentrismo, a fim de desnaturalizar concepções pré-moldadas e, por via de consequência, irrefletidas, fundadas em uma estrutura de dominação heterossexual e heterossexista.

5. REFERÊNCIAS

BOURDIEU, Pierre. **A dominação masculina - A condição feminina e a violência simbólica**. Rio de Janeiro: BestBolso, 2014.

BUTLER, Judith. **Problemas de gênero - Feminismo e subversão da identidade**. 7. ed. Rio de janeiro: Civilização brasileira, 2014.

FOUCAULT, Michel. **História da sexualidade I**: A vontade de saber. Trad. Maria Thereza da Costa Albuquerque e J. A. Guilhon Albuquerque. Rio de Janeiro/ São Paulo: Paz & Terra, 2014.

SALIH, Sara. **Judith Butler e a Teoria Queer**. São Paulo: Autêntica, 2012

SGRECCIA, Elio. **Manual De Bioética: I - Fundamentos e Ética Biomédica**. 2. ed. São Paulo: Loyola, 2002.

______. **Manual De Bioética: II -** Fundamentos e Ética Biomédica. 2. ed. São Paulo: Loyola, 2004.

Capítulo 11

OS REFLEXOS DA REPRODUÇÃO ESCOLAR DO DISCURSO SEXUAL NATURALIZADO

Gabriela Teixeira Cunha[1]

SUMÁRIO: Introdução - 1. A escola e a reprodução da violência simbólica - 2. Breve reflexão sobre a questão do Plano Nacional de Educação (PNE - 2014/2024) - 3. Perspectiva de subversão: a construção da crítica para desconstrução da violência - 4. Considerações finais - 5. Referências.

INTRODUÇÃO

O artigo tem como objetivo estudar os reflexos da função reprodutora escolar do discurso sexual naturalizado. O percurso que nos levou a essa construção iniciou com a leitura do texto *"A escola conservadora: as desigualdades frente à escola e à cultura"* de Pierre Bourdieu (2014). Ele nos provocou a pensar a escola como um instrumento que serve à lógica dominante, desmistificando a noção emancipadora propagada reiterada vezes no discurso do "senso-comum". Como a escola poderia produzir verdadeiras transformações sociais se ela também é, ao mesmo tempo, atravessada e membro de uma rede de poder? Como poderiamos almejar um resultado diferente em uma equação que se constitue nos mesmos fundamentos das demais?

Assim, o sociólogo francês mostra que a escola não é a salvação dos nossos maiores problemas, não é uma instituição especial, diferente das outras; afinal, não se trata apenas de cumprir o currículo exigido, mas sobretudo de outras condições, ou melhor, precondições.

---

1. Advogada. Bacharela em Direito pelo Centro Universitário do Estado do Pará - CESUPA. Email: tcunhagabriela@gmail.com

As precondições sociais são fundamentais para sucesso escolar, os capitais econômico, cultural e social são pressupostos muito mais decisivos na vida do indivíduo do que o esforço pessoal de disciplinamento. Ao legitimar a ideologia da meritocracia e neutralizar as desigualdades sociais, de sexo, gênero, "raça", a escola se afasta dos seus princípios e da finalidade democrática e inclusiva que se propõe.

Os reflexos discursivos escolares que pretendemos mobilizar são os relativos ao gênero e à sexualidade. Tratou-se,então, da análise da reprodução de um discurso sexual naturalizado-naturalizador que, através do dispositivo da sexualidade, estabeleceu a anatomia do corpo como definidora da identidade. Butler chamou essa construção de regra disciplinar da heteronormatividade (CHAMBOULEYRON, 2009), isto é, a norma heterossexual como princípio regulatório da sexualidade. Essa regra impõe a necessidade de uma relação coerente entre sexo, gênero e desejo para o tão – e constantemente – almejado reconhecimento social.

Em um segundo momento buscamos apresentar uma breve análise sobre a questão de gênero no percurso do Plano Nacional de Educação 2014-2024 (PNE); quais são as consequências da modificação do texto, previsto no art.2º sobre as diretrizes do PNE, onde constava "superação das desigualdades educacionais, com ênfase na promoção da igualdade racial, regional, de gênero e de orientação sexual" pelo texto promulgado: "superação das desigualdades educacionais, com ênfase na promoção da cidadania e na erradicação de todas as formas de discriminação". O objetivo é investigar como a retirada das expressões gênero e orientação sexual implica no apagamento do debate e contribui para perpetuação do discurso naturalizado.

Por fim, a partir do estudo dos reflexos da função escolar reprodutora pensar perspectivas de subversão dessa racionalidade perversa aos corpos através da construção da crítica.

1. A ESCOLA E A REPRODUÇÃO DA VIOLÊNCIA SIMBÓLICA

Na obra *A construção social da subcidadania: para uma sociologia política da modernidade periférica* Jessé Souza (2003, p.47) afirma que para o sociólogo francês Pierre Bourdieu "toda sociedade constrói mecanismos mascaradores das relações de dominação que são operantes em todas as dimensões sociais". Assim, embora exista uma tendência à divinização da escola, lugar que se convencionou considerar a salvação de todos os problemas sociais, na verdade – como todas as instituições e dimensões sociais – a escola é atravessada pelos mecanismos de poder aliados às produções de saberes, um servindo ao outro na reprodução do discurso dominante.

A escola, dessa forma, se estrutura a partir da perspectiva dominante, ignorando o fato da sociedade ser composta social e culturamente diferente. Nessa posição, a ação pedagógica é, segundo Pierre Bourdieu *apud* Stival e Fortunato (2008), uma violência simbólica enquanto imposição de um poder arbitrário sobre os corpos em processo de educação. A arbitrariedade consiste na apresentação do discurso dominante como um padrão geral, provocando o favorecimento escolar daqueles que já são privilegiados neste arranjo social.

Assim, a ação pedagógica atua prescrevendo normas de como se deve falar, quais obras devem ser lidas, do que se deve gostar, formas de conduta e outras ações pautadas no patrimônio cultural hegemônico. A heterogeneidade da composição social é neutralizada para dissimular o caráter despótico da imposição de uma única regra legítima. E é justamente a aparência de neutralidade reproduzida pela escola o lugar simbólico onde a violência se exerce.

Os sujeitos que não se enquadram nos padrões dominantes passam no processo de socialização escolar por rupturas e conflitos constantemente ao se depararem com a necessidade de incorporação de valores e normas que não são "seus". A repetição da conduta reconhecida como natural e moralmente correta acaba sendo tão internalizada pelos indivíduos que se torna *habitus*.

> Fruto de dada condição econômica e social, o habitus implica a inscrição dessas precondições, **especialmente às relativas às experiências infantis,** que passam a ser traduzidas no sujeito como um conjunto de estruturas perceptivas e avaliativas servindo como uma espécie de filtro para todas as outras experiências ulteriores. O habitus seria, portanto, um esquema de conduta e comportamento

que passa a gerar práticas individuais e coletivas (SOUZA, 2003, p.44, Grifo nosso).

A reprodução dos discursos estruturantes das relações de poder só pode ser assegurada e perpetuada se estes forem incorporados, uma vez que a força simbólica não consegue subsistir fora dos sujeitos. Esse processo de incorporação acontece muito menos pela coerção física, aquela que se inscreve diretamente sobre o corpo do indivíduo, do que pelo arsenal simbólico, que embora também atue no corpo, não pode ser sentido diretamente, é sutil e quase imperceptível.

Bourdieu mostra como conceitos de capital cultural, social e econômico operam na forma de dispositivos simbólicos na escola, servindo de base para o mascaramento dos reais pressupostos adotados na comparação e classificação dos sujeitos, prevalecendo a ideia da meritocracia como justificativa para o reconhecimento ou não dos indivíduos.

O capital econômico é o capital dos bens, do patrimônio, do dinheiro. Esse capital é indispensável para a sociedade capitalista; nesse contexto ele define grandes possibilidades e maiores chances de sucesso escolar a quem o possui, pois indica a capacidade de investimento pessoal. O capital social representa as relações sociais, o personalismo, em outras palavras, o poder de influência e penetração nas instituições.

O capital cultural, por sua vez, trata de um conjunto de bens, mas bens que não estão vinculados – pelo menos não diretamente – ao dinheiro, são bens ligados à ideia de conhecimento, ciência e, propriamente, à cultura. Bourdieu em *Os três estados do capital cultural* (2014) classificou em três estados ao capital cultural, o estado incorporado, objetivado e institucionalizado.

O capital cultural incorporado foi definido por Bourdieu como "um ter que se tornou ser, uma propriedade que se fez corpo e tornou-se parte integrante da 'pessoa', um habitus" (2014, p.83). Isto é, o que a princípio se tratava de um pertencimento exterior ao corpo, tornou-se uma propriedade inerente do ser, um pertencimento interiorizando, um "habitus". Essa incorporação refletida em "habitus" é justamente a transformação do que é "dado", que antes era externo, no que é corpo, no nível mais inteligível do "ser". Desse modo, o indivíduo que incorpora o capital cultural passa a expressar e reproduzir irrefletidamente os seus sentidos e significados.

Diferente do capital incorporado, o capital cultural no estado objetivado é propriamente a matéria, é aquilo que é passível de transmissão, como, por exemplo, escritos, pinturas, fotos, esculturas, etc. Nesse estado, lida-se com a propriedade jurídica objetiva do capital, mas é muito importante que além de objetivo esse capital esteja também no estado incorporado, isto é, que seja bem internalizado. E, por último, o estado institucionalizado. Este é um estado onde é possível objetivar o capital cultural através de certidões institucionalizadas, como o diploma escolar. Então, através de parâmetros predeterminados, o estado do capital cultural institucionalizado agrega valores simbolicamente hierarquizantes entre os indivíduos, estratificado-os, classificando-os e criando uma atmosfera de comparação e competição extremamente desigual. Nesse sentido, Bourdieu sustenta:

> Ao conferir ao capital cultural possuído por determinado agente um reconhecimento institucional, o certificado escolar permite, além disso, a comparação entre os diplomados e, até mesmo, sua "permuta" (substituindo-os uns pelos outros na *sucessão*); permite também estabelecer taxas de convertibilidade entre o capital cultural e o capital econômico, garantindo o valor em dinheiro de determinado capital escolar. Produto da conversão de capital econômico em capital cultural, ele estabelece o valor, no plano do capital cultural, do detentor de determinado diploma em relação aos outros detentores de diplomas e, inseparavelmente, o valor em dinheiro pelo qual pode ser trocado no mercado de trabalho (BOURDIEU, 2014, p. 87).

É, portanto, esse contexto, antes de tudo simbólico, que neutraliza as desigualdades, ocultando as precondições familiares, sociais, culturais e econômicas, apontando a escola como um lugar onde todos têm as mesmas oportunidades e a educação como *a fonte* de transformação social, cabendo unicamente ao mérito e as condições individuais a possibilidade de ascensão e reconhecimento social. Segundo Bourdieu em *A escola conservadora: as desigualdades frente à escola e à cultura* (2014):

> É provavelmente por um efeito de inércia cultural que continuamos tomando o sistema escolar como um fator de mobilidade social, segundo a ideologia da "escola libertadora", quando, ao contrário, tudo tende a mostrar que ele é um dos fatores mais eficazes de conservação social, pois fornece a aparência de legitimidade às desigualdades sociais, e sanciona a herança cultural e o dom social tratado como dom natural (2014, p.45).

Assim, Bourdieu localiza o sistema escolar como uma fonte de reprodução dos discursos dominantes que zelam pela conservação social, desconstruindo a ideia de uma "escola libertadora" ou escola salvacionista. Para o sociólogo francês é justamente o contrário, a escola não é fonte de transformação, mas de instrumentalização da violência simbólica ao atribuir aparência de legitimidade aos discursos que fundamentam a divisão dos corpos em classe, "raça", *gênero*, *sexualidade*, etc. Sobre esta divisão explica Guacira Lopes Louro (1997, p.60):

> Talvez pareça "natural" que algumas crianças possam usufruir de tempo livre, enquanto que outras tenham de trabalhar após o horário escolar; que algumas devam "poupar" enquanto que outras tenham direito a "matar" o tempo. Um longo aprendizado vai, afinal, "colocar cada qual em seu lugar". Mas as divisões de raça, classe, etnia, sexualidade e gênero estão, sem dúvida, implicadas nessas construções e é somente na história dessas divisões que podemos encontrar uma explicação para a "lógica" que as rege.

Louro mostra que o lugar que cada um ocupa, estabelecido ao longo do tempo, tem uma relação direta com o processo de divisão racial, de classe, etnia, sexualidade e gênero. A autora explica, em outras palavras, que os papéis determinados a cada sujeito têm implicações com estas divisões que são, antes de tudo, construções sociais. Ratifica, seguindo a perspectiva comungada por Michel Foucault e Pierre Bourdieu, que é somente através da historicização da divisão que é possível compreender a lógica da "*máquina simbólica da ordem social*" (BOURDIEU, 2010) e desnaturalizar a ideia de que os lugares são determinados pelo dom natural/divino, quando são, nas palavras de Bourdieu (2014), uma herança cultural e social.

No recorte da sexualidade a divisão naturalizada que opera é da compreensão binária dos corpos. Segundo Bourdieu (2010, p.17): "A divisão entre os sexos parece estar 'na ordem das coisas', como se diz por vezes para falar do que é normal, natural." De fato, quando se trata da divisão entre os sexos se remete à ideia de algo que está "na ordem das coisas"; objetiva-se falar de algo que é considerado da ordem do natural, do substancial. Recorre-se a inúmeros elementos sociológicos e biológicos construídos para normalizar tal divisão. E por ser considerada natural, consequentemente, sofre processos contínuos de naturalização a divisão homem/mulher (masculino/feminino, macho/fêmea), compreendida como "da ordem das coisas", "da ordem da natureza" e "da empiria". Essa ideia justifica uma serie de discursos, práticas e experiências hierarquizantes e arbitrariamente construídas que definem os papéis e os lugares de cada sexo e ao tempo em que não reconhece outras formas de vida.

Nesse sentido, quando o médico anuncia em um exame de ultrassonografia, por exemplo, que o bebê gerado é um menino ou é uma menina, através da identificação dos órgãos genitais, este é também o anúncio de uma série de significados e normas que nortearão a vida daquele indivíduo. Cria-se um universo normativo de expectativas sobre o bebê, este que antes mesmo de nascer tem definido nome, sexo e um papel para cumprir na sociedade. Essa compreensão do mundo tão precocemente imposta finda, inevitavelmente, por incorporar no próprio corpo e se tornar *habitus* – embora seja possível romper as repetições – do agente de forma involuntária e irrefletida, pois não se nasce com liberdade de escolha. Nessa concepção, a possibilidade de "torna-se" algo, expressão teorizada por Simone de Beauvoir (Não se nasce mulher: torna-se mulher) e ampliada por Judith Butler, é completamente afastada. O indivíduo não teria possibilidades, se ele "nasceu assim", logo, ele "é", não podendo tornar-se.

Na obra *A dominação masculina* (2010), Bourdieu, portanto, refuta completamente a ideia de natureza na divisão binária e aponta os princípios androcêntricos e patriarcais como mantenedores dessa lógica.

> A força particular da sociodicéia masculina lhe vem do fato de ela acumular e condensar duas operações: *ela legitima uma relação de dominação inscrevendo-a em uma natureza biológica*

que é, por sua vez, ela própria uma construção social naturalizada (BOURDIEU, 2010, p.33).

Essa dominação, ao contrário do que aparenta, segundo Bourdieu (2010, p.11) não se exerce principalmente onde ela é mais visível, o ambiente doméstico, mas em instituições como Estado e *Escola*. O sociólogo francês sustenta que embora o discurso feminista tenha por muito tempo concentrado sua atenção no espaço privado, onde mais claramente se observa a relação de dominação patriarcal, é nos próprios ambientes públicos e coletivos que ocorre a produção desse princípio.

A escola, no processo de socialização primária dos indivíduos, participa ativamente na reprodução desse universo normativo, qual seja da heterossexualidade como norma, reafirmando e institucionalizando o determinismo biológico da divisão binária, estruturando suas estruturas unidimensionalmente sob essa perspectiva. A grande questão é justamente a reprodução de uma lógica excludente, contrariando o horizonte escolar da reflexão e da inclusão.

> O trabalho de reprodução esteve garantido, até época recente, por três instancias principais, a Família, a Igreja e a Escola, que, objetivamente orquestradas, tinham em comum o fato de agirem sobre as estruturas inconscientes. (...) a escola, mesmo quando já liberta da tutela da Igreja, continua a transmitir os pressupostos da representação patriarcal (baseada na homologia entre a relação homem/mulher e a relação adulto/criança) e sobretudo, talvez, os que estão inscritos em suas próprias estruturas hierárquicas, todas sexualmente conotadas, entre as diferentes escolas ou as diferentes faculdades, entre as disciplinas ("moles" ou "duras" – ou, mais próximas da inquietação mítica original, "ressecantes"), entre as especialidades, isto é, entre as maneiras de ser e as maneiras de ver, de *se* ver, de se representarem as próprias aptidões e inclinações, em suma, tudo aquilo que contribui para traçar não só os destinos sociais como também a intimidade das imagens de si mesmo (BOURDIEU, 2010, p.104).

Historicamente o conteúdo curricular escolar é elaborado com base na diferença entre meninos e meninas. Há diferenças "mais visíveis" como no uniforme, na divisão das brincadeiras, nas divisões em filas, etc. e outras mais imperceptíveis, simbólicas, como através dos discursos, como a representação dos sexos e suas expressões de feminilidade e masculinidade nos materiais didáticos, a tolerância da agressividade masculina, verbal e até mesmo física, etc. Essa divisão sustenta a lógica da dominação, uma vez que ratifica a desigualdade entre os gêneros reconhecidos, masculino e feminino, ao mesmo tempo em que não reconhece outras expressões de identidade.

É preciso, portanto, questionar a fixidez imposta aos corpos que se reflete em violência ao determinar oficialmente (dentro dos currículos) que os meninos são limitados aos gestos, aos gostos, às expressões da masculinidade e as meninas são limitadas aos gestos, gostos e expressões da feminilidade. Esse enquadramento não é somente perverso aos sujeitos que não subjetivam a coerência cogente de sexo/gênero/desejo, mas aos próprios sujeitos que subjetivam os padrões de "normalidade", pois a lógica da estabilidade e da inamovibilidade é por si só um algoz.

Dessa forma, a escola, segundo Guacira Louro (2000), tem, então, uma difícil tarefa: estimular uma sexualidade "normal" no mesmo momento em que precisa contê-la. As crianças devem ser estimuladas à heterossexualidade, à coerência de sexo, gênero e desejo, por outro lado, a manifestação dessa sexualidade no sentido da experiência deve ser controlada, guardada para o futuro, para a vida adulta. Essa tensão entre estimular e conter é, sobretudo, nos dias atuais, uma tensão que implica no que se deve dizer e como se deve dizer. O que cabe à família e o que cabe à escola falar. Embora não existam respostas seguras a respeito dessas tensões a escola precisa se deslocar, pensar estratégias de mudança para avançar no princípio básico que a norteia que é a inclusão/universalização do ensino.

A regra é que não há espaço na escola para crianças e adolescentes que subvertem a divisão sexual naturalizada. A consequência é a segregação, como o afastamento dos "incoerentes" do processo de educação. Foi o que aconteceu em São José, na grande Florianópolis. O portal de notícias *globo.com* noticiou em agosto de 2015 o caso de uma adolescente de 17 anos que nasceu hermafrodita e foi registrada como menino. Com o crescimento, os órgãos sexuais "se definiram" em características femininas e a jovem decidiu alterar seu nome. O professor da escola em que ela estudava persistia em chamá-la pelo nome que fora registrada antes, no masculino, gerando constrangimento perante todos seus colegas da classe e do colégio, ocasionando a saída da menina da escola.

Essa "questão" já era uma questão no século XIX com o caso, por exemplo, da hermafrodita Herculine Barbin, cujos diários foram publicados por Foucault. Barbin passou por um intenso processo de confissão e exame, instrumentalizados pelas práticas discursivas, com a finalidade de responder uma pergunta fundadora: "Qual a sua verdadeira identidade sexual?" (ANDRADE, 2007, p.239). Isto porque a partir do século XVIII construiu-se a ideia que o sujeito só pode ter um sexo, que corresponda a uma identidade determinada e estável. Michel Foucault *apud* Andrade (2007, p.241) explica que isso significa do ponto de vista científico que por trás de uma aparência confusa e incoerente é preciso decifrar uma verdade oculta. Do ponto de vista do direito, não cabe ao indivíduo livremente escolher, mas a um perito dizer qual é o verdadeiro sexo determinado pela natureza.

Barbin desde que nasceu foi criada como menina. Por volta dos vinte anos, através de confissões proferidas a padres e médicos, foi diagnosticada como um "verdadeiro rapaz" e foi legalmente obrigada a mudar seu sexo para o masculino (BUTLER, 2014). Isto é, a confissão decifrou um "desvio de normalidade" e buscou estabelecê-la pelo processo de normalização compulsória. Sentindo-se incapaz de se adaptar a uma nova verdade/identidade Herculine Barbin se suicidou.

No prefácio da publicação dos diários de Barbin, Foucault *apud* Louro (2000, p.63) faz a pertinente indagação: "Precisamos verdadeiramente de um verdadeiro sexo?".

Barbin no século XIX e a menina de 17 anos que precisou sair da escola no XXI sofreram exclusões muito parecidas, embora em séculos diferentes. A professora doutora em Ciências Humanas e Sociais Ana Darwich (2010, p.232-233) afirma que a exclusão "é a diferença pervertida em uma relação de poder que passa a ser traduzida na dominação e no não reconhecimento do outro, logo, é a diferença a serviço da dominação". Ou seja, cria-se um processo de diferenciação negativa. Se as diferenças carregam aspectos extremamente positivos na concepção de uma sociedade democrática e plural, no discurso da dominação a diferença é pervertida a serviço do próprio discurso, sustentando a separação entre Eu/Nós e Outro/Eles.

Além da consequência da exclusão/segregação, acontece também o efeito da negação, os sujeitos tendem a negar a sua própria subjetividade, subjetivando compulsoriamente uma identidade diferente, sempre na busca pelo reconhecimento.

Em *Luta por reconhecimento: a gramática moral dos conflitos sociais* (2003) Axel Honneth assegura que o reconhecimento social é indispensável para que o sujeito tenha uma postura positiva consigo mesmo, por isso, no fim todos buscam ser reconhecidos. Quando não existe relação de reconhecimento ou quando esta é "falsa", desencadeia-se a busca por ele, levando os indivíduos a um engajamento na tentativa de estabelecer ou restabelecer as relações de reconhecimento mútuo. Em Honneth o reconhecimento possui três dimensões, que se não observadas podem desencadear conflitos sociais:

> São as três formas de reconhecimento do amor, do direito e da estima que criam primeiramente, tomadas em conjunto, as condições sociais sob as quais os sujeitos humanos podem chegar a uma atitude positiva para com eles mesmos (HONNETH, 2003, p.266).

Assim, a primeira esfera de reconhecimento é a emotiva. Trata-se da vivência da criança com seus familiares nos seus primeiros momentos de vida. Essa vivência, segundo Honneth, terá uma grande influência no futuro daquele indivíduo. A resposta oferecida pelos familiares às necessidades da criança, a maneira como conduzirão essa relação na esfera do afeto poderá ser determinante, uma vez que se encontra aí a primeira experiência de reconhecimento. Se a referida experiência for positiva, gerará o efeito igualmente positivo desta esfera que é a *autoconfiança.*

Após, a criança passará para etapa chamada de "relativa independência", nesse momento a criança vive uma nova experiência, trabalhada através de dois mecanismos: destruição e fenômeno de transição (SAAVEDRA; SOBOTTKA, 2008, p. 10). Trata-se do começo do afastamento dos laços da mãe com a criança, e nesta última vai surgindo a percepção de que o outro ser é independente a ela, que não há uma unidade dele e da mãe – ou de quem ocupe esse lugar de proximidade – mas sim uma relação. A partir desse amadurecimento é que surge a consolidação de uma relação positiva consigo mesmo (autoconfiança), se o entendimento foi alcançado através do afeto, o reconhecimento foi "satisfeito".

> Mas, com o ingresso na escola e, sobretudo, mais tarde na vida profissional, cresce muito o círculo daqueles de cuja estima a própria autoestima depende, de modo que, em reação à maior vulnerabilidade, também aumenta o desejo de aprovação e confirmação concretas (HONNETH, 2013, p.67).

O próximo passo, pelo qual nem todos os sujeitos passam, mas uma parcela muito considerável sim, é a escola. Neste processo de socialização escolar o círculo de relações irá aumentar expressivamente e, consequentemente, aumenta a necessidade de aceitação e reconhecimento. E, então, mais uma vez se é colocado em uma esfera de combate constante para conseguir experiências positivas e para afastar o desrespeito social.

São, portanto, as experiências frustradas que geram o *desrespeito* que, por sua vez, deflagrará uma luta por reconhecimento. Nesse sentido, o conflito desencadeado, para Honneth, faz parte de uma gramática que tem como finalidade não a autoconservação, a preservação pura e simples a partir do acúmulo de poder, mas o restabelecimento de uma relação de reconhecimento recíproco. Denílson Luis Werle e Rúrion Soares Melo traduzem o pensamento de Honneth:

> Os conflitos sociais emanam de experiências morais decorrentes de violação de expectativas normativas de reconhecimento firmemente arraigadas. Essas expectativas formam a identidade pessoal, de modo que o indivíduo pode se compreender como membro autônomo e individualizado, reconhecido nas formas de sociabilidade comum. Quando essas expectativas são desapontadas, surge uma experiência moral que se expressa no sentimento de desrespeito (2008, p.190).

É esse sentimento de desrespeito que sentem as crianças e os adolescentes quando não são reconhecidos na sua subjetividade no contexto escolar. É o exercício de uma violência simbólica que os coloca na condição de *Outro*, aquele que é diferente pelo aspecto negativo. Na interseção do reconhecimento com a sexualidade Safatle faz uma importante colocação:

> Como se a possibilidade do indivíduo moderno fazer a experiência de si mesmo como sujeito de uma "sexualidade" fosse dispositivo fundamental de sua auto-determinação. Digamos claramente que seu reconhecimento como sujeito passa necessariamente pela maneira que ele é capaz de subjetivar uma sexualidade (SAFATLE, 2014).

Se a construção sociocultural sob a qual a ideia de reconhecimento está alicerçada pressupõe a necessidade de subjetivação de uma sexualidade e, mais do que isso, de uma sexualidade coerente, sem ambiguidades; a escola, instituição atravessada pela rede discursiva dominante, cumpre o papel de reproduzir este dispositivo fundamental à autodeterminação. Se o indivíduo não for capaz de subjetivar uma sexualidade que respeite a "harmonia" sexo, gênero e desejo, ele não será reconhecido, ocupará o lugar do Outro, que, antes de ser alguém, é propriamente um lugar. O lugar da anormalidade, da patologia, da diferença negativa.

O Outro enquanto sujeito é aquele o qual o discurso do Eu não quer se aproximar, não quer ser incomodado. Zizek elabora uma pergunta muito conveniente: "Então por que, atualmente, esse medo da superproximidade do Outro como sujeito de desejo? Por que a necessidade de descafeinar o Outro, de privar ele ou ela da substância de sua matéria-prima de *jouissance*?" (2014, p.48).

No dicionário francês, embora a tradução literal não seja a mais adequada, a palavra *jouissance* significa gozar, usufruir, ter prazer. Privar alguém no domínio da sexualidade "de sua matéria-prima de *jouissance*", tem a função de limitar ações, performances, de categorizar o sujeito dentro de uma identidade fixa e imutável, que represente a sua "essência" de forma coesa. Heidegger quando leu a palavra "essência ou *Wesen*" como um verbo ("essenciar"), elaborou uma concepção desessencializada da essência (Zizek, 2014). Isto é, ao contrário de uma concepção tradicional onde a essência significa um núcleo estável, representando a identidade de determinada "coisa", para Heiddeger a essência "depende do contexto histórico, do desvelamento epocal do ser que acontece na e através da linguagem" (Zizek, 2014, p.53).

Apropria-se dessa ideia heideggeriana para sustentar que não há essência na identidade dos sujeitos. Essas modulações de época e espaço mostram que não existem constantes no processo histórico, mas descontinuidades, mutações, que estão o tempo todo sendo mobilizadas dentro dos discursos e da rede de poder-saber.

2. BREVE REFLEXÃO SOBRE A QUESTÃO DO PLANO NACIONAL DE EDUCAÇÃO (PNE - 2014/2024)

O recente debate acerca do Plano Nacional de Educação II (2014-2024) tem a possibilidade de apresentar alguns aspectos do panorama atual de discussão no Brasil sobre a interseção escola e sexualidade e seus reflexos.

Uma introdução do percurso da sexualidade na educação do país mostra que as primeiras preocupações explícitas, segundo Maria Rita de Assis César (2010), em relação à educação do sexo infantil no Brasil foram nos anos vinte e trinta do século XX. Nesse momento, sobretudo para medicina e para a pedagogia, que ocupavam o cenário educacional brasileiro, a educação sexual já era uma preocupação.

> A partir de perspectivas bem estabelecidas, a fala da sexualidade, e não o seu silêncio, constituiu-se como fator importante no discurso educacional brasileiro (CÉSAR, 2010, p.68).

Assim a proliferação discursiva acerca do sexo no colegial começou a se desenvolver por volta dos anos vinte, intensificando a investidura sobre um sexo bem educado. Nesse contexto, a escola exerceu um papel fundamental. Os mecanismos de disciplinarização e normalização aliados a processos de regulamentação do corpo social foram maciçamente utilizados.

Nos anos 1980, por exemplo, com a epidemia da AIDS os discursos dicotômicos de normalidade e patologia invadiram as escolas no Brasil (César, 2010). A escola se tornou uma fonte de reprodução do discurso normalizador transmutado de "informação", informação sobre um sexo "educado" e "seguro".

Em um "salto" para a segunda metade dos anos de 1990, César (2010) pontua um marco importante no contexto de reformas educacionais pelas quais o Brasil passava, o chamado *Parâmetros Curriculares Nacionais* (PCNs). Era mais uma tentativa de responder às demandas dos movimentos sociais que ingressaram na forma de texto na Constituição Federal recém promulgada (1988). Dentre os temas transversais postos em pauta pelo PCNs, César ressalta a educação sexual. Segundo a autora, em 1997 a publicação de um fascículo sobre o Tema Transversal de Orientação Sexual consolida definitivamente "a escolarização de uma educação sobre o sexo" (2010, p.68).

César no artigo *Sexualidade e Gênero: ensaios educacionais contemporâneos* (2010) mostra que o século XX no Brasil foi um século onde a instituição escolar sofreu importantes deslocamentos a respeito da temática sexual, principalmente a partir dos anos sessenta, quando os movimentos pelos direitos civis, pelos direitos dos gays, das mulheres e dos negros se deflagraram e, inevitavelmente, transbordaram ao ambiente escolar. Isso significa que a escola não deixou de ser conservadora ou de querer controlar a sexualidade e os discursos, significa que ela não se manteve inatingível face às novas perspectivas trazidas pela demanda dos movimentos sociais.

Os discursos sobre a sexualidade da criança e do jovem no ambiente escolar vêm mudando de acordo com a época e com a conjectura histórica. Às vezes a mudança não é completa, mas sim de enfoque. O onanismo da criança, por exemplo, como Foucault mostra na *História da sexualidade: a vontade de saber*, por muito tempo foi um foco de preocupação do poder, hoje, contudo, essa não é mais uma ocupação central.

Sendo assim, pontua-se que não é possível neste texto examinar todos os assuntos da sexualidade que dialogam com o ensino, nem suas cronologias. O recorte é analisar a escola como uma instituição fundamental na reprodução do discurso da sexualidade naturalizada, sob o aspecto da regra disciplinar da heteronormatividade, "que estabelece a heterossexualidade como princípio regulatório da sexualidade" (CHAMBOULEYRON, 2009, p.28).

Essa regra disciplinar heteronormativa faz parte do discurso dominante que é reproduzido pela escola. Há tempos a escola organiza seus currículos com base na compreensão binária dos corpos, produzindo violência simbólica, uma vez que não somente nega outras formas de vida, como limita "meninos" e "meninas" no cumprimento de um papel pré-estabelecido.

Essa problemática tem ganhando cada vez mais espaço no cenário educacional nacional. Segundo Richard Miskolci o objetivo de acolher esse pensamento nas teorias educacionais do Brasil tem relação direta "com o processo de universalização do ensino básico no Brasil e a consequente emergência de problemáticas de gênero, sexualidade e raça-etnia sufocadas durante o regime militar" (CULT, 2014, p.34).

Nesse contexto emergiu em 2014 uma grande discussão acerca do Plano Nacional de Educação[2]. Uma discussão que continua sendo pertinente para refletir a importância de se colocar a relação entre escola e sexualidade em pauta.

A Constituição Federal de 1988, conforme preceitua o art. 214, adotou o Plano Nacional de Educação (PNE) na forma de lei e por força da Emenda Constitucional n.° 59 de 2009 tem duração decenal. O objetivo é articular o sistema nacional de educação na forma de cooperação entre os entes da federação, definindo metas e estratégias para o desenvolvimento do ensino.

Assim, a finalidade principal da integração e organicidade na estruturação do Plano Nacional é construir um sistema que respeite a forma federativa do Estado brasileiro, reconhecendo, portanto, a autonomia dos estados e municípios, mas que, ao mesmo tempo, seja harmônico e busque a supressão das desigualdades sociais, promovendo uma gestão democrática da educação.

2. Após a aprovação do Plano Nacional de Educação abriu-se o prazo para elaboração dos planos de educação nas esferas estaduais e municipais. Nesse sentido, em uma pesquisa perfunctória neste trabalho observou-se que os estados e municípios vêm legislando de maneira diferente uns dos outros acerca da questão de gênero dentro dos planos de educação. A escolha desse estudo foi realizar um recorte, privilegiando o Plano Nacional de Educação, em função de metodologia e possibilidade de análise, uma vez que não seria possível esgotar o estudo sobre o posicionamento de todos os entes federativos.

Após três anos de tramitação, em junho 2014 finalmente foi sancionado o segundo Plano Nacional de Educação (2014-2024). O processo de construção do PNE tem como marco inicial a Conferência Nacional de Educação (Conae), organizada pelo Ministério da Educação, realizada de 28 de março a 01 de abril de 2010, na qual participaram mais de três mil delegados e diversos atores sociais mobilizados em prol da educação. Segundo Tatiana Britto, autora do artigo *Passo a passo no legislativo: os caminhos do Plano Nacional de Educação no Congresso Nacional:*

> A Conae teve como tema central a construção do sistema nacional de educação, a partir de um processo participativo e plural de formulação, debate e formação de consensos para balizar o novo PNE. Seu documento final pode ser considerado o marco inicial do projeto materializado, quatro anos depois, na Lei nº 13.005, de 25 de junho de 2014 (BRITTO, 2015, p.22).

Um dos temas destacados dialogado na Conae/2010 foi a questão do direito à diversidade sexual. As discussões, especialmente no Colóquio Educação e Diversidade Sexual, problematizaram os reflexos da heteronormatividade na educação. O Colóquio, mediado pela Associação Brasileira de Lésbicas, Gays, Bissexuais, Travestis e Transexuais (ABGLT) apresentou dados como o extraído da pesquisa *"Diversidade sexual e homofobia no Brasil: intolerância e respeito às diferenças sexuais"* (2008), onde 92% dos entrevistados afirmaram que conhecem pessoas que têm algum grau de preconceito em relação aos homossexuais e 28% reconhece e declara o próprio preconceito contra LGBT (cinco vezes maior do que contra negros e idosos, segundo a pesquisa).

O processo de discussão, que teve como termo inicial principal a Conae/2010, resultou no Projeto de Lei n.° 8035/2010 encaminhado pelo poder executivo à Câmara dos deputados em 20 de dezembro de 2010. O PL apresentado na Câmara, contudo, sofreu muitas críticas, por ter negligenciado pontos importantes debatidos na Conferência, bem como não ter estruturado da maneira devida outros pontos que estavam incluídos. Desse modo, influenciado por diversas críticas, o PL passou três anos tramitando no Congresso Nacional a fim de ser mais debatido e aprimorado. A discussão foi tão grande que da abertura do prazo em vinte de maio ao seu término em sete de junho de 2011 foram propostas quase três mil emendas, um recorde para o processo legislativo de lei ordinária (BRITTO, 2015).

Após intensa tramitação na Câmara dos Deputados o projeto foi encaminhado para casa revisora, o Senado Federal. No Senado o PL n.° 8035/2010 foi renomeado para Projeto de Lei da Câmara (PLC) n.° 103/2012 e, após, distribuído para as Comissões, CAE, CCJ e CE, para análise em cada uma delas. O texto do PLC foi aprovado pelo Senado Federal com inúmeros substitutivos, dentre eles a substituição da diretriz de promoção de igualdade de gênero e orientação sexual por uma redação genérica, que previa a isonomia e a não discriminação de um modo geral. Segundo Tatiana Britto (2015, p. 33): "O (novo) texto proposto pelo relator era apoiado por grupos religiosos de diferentes denominações, mas criticado por defensores dos direitos humanos e da diversidade sexual".

Por fim, elaborou-se a redação final e o projeto retornou à casa iniciadora, onde foi distribuído para a Comissão Especial, que concluiu em maio de 2014 a apreciação do PNE, culminando em um novo texto combinando pontos aprovados pela Câmara em 2012 e outros resultantes da apreciação do Senado, dentre eles a incorporação do texto reformulado que retirou a expressão *gênero* do projeto.

Na votação em Plenário aprovou-se a redação do PNE definida pela Comissão Especial, que foi confirmada na sanção integral do texto pela Presidenta da República, transformando-o na Lei n.° 13.005, de 25 de junho de 2014.

Essa breve síntese do processo legislativo do Plano Nacional de Educação II mostra que houve uma tentativa inicial de instituir a diretriz de promoção da igualdade de gênero. Ocorre, contudo, que a pressão conservadora e religiosa, tanto nas bancadas do Congresso Nacional, quanto na sociedade civil foi tão investida que resultou na retirada do texto, deixando a redação genérica, prevendo a isonomia e não discriminação de uma maneira geral:

> Art. 2º São diretrizes do PNE:
>
> III – superação das desigualdades educacionais, com ênfase na promoção da igualdade racial, regional, de gênero e de orientação sexual; (redação antiga)

> Art. 2º São diretrizes do PNE:
>
> III – superação das desigualdades educacionais, com ênfase na promoção da cidadania e na erradicação de todas as formas de discriminação; (redação aprovada)

Os setores contrários à implementação da diretriz a denominam de "ideologia de gênero". Eles sustentam que esta ideologia não tem fundamentação científica e contrariam as leis de Deus ao questionarem a estabilidade dos sexos. Os discursos também alertam para o perigo de introduzir nas escolas a "ideologia de gênero", pois corre-se o risco de "destruição de famílias e afrontas ao matrimônio" (ALETEIA, 2015). No site da arquidiocese do Rio de Janeiro o arcebispo Dom Orani Tempesta (2014) escreveu uma nota sobre o tema:

> Nesse modelo inovador de sociedade, não existiria mais homem e mulher distintos segundo a natureza, mas, ao contrário, só haveria um ser humano neutro ou indefinido que a sociedade – e não o próprio sujeito – faria ser homem ou mulher, segundo as funções que lhe oferecer. Vê-se, portanto, quão arbitrária, antinatural e anticristã é a ideologia de gênero contida no Plano Nacional de Educação (PNE) e que por essa razão merece a sadia reação dos cristãos e de todas as pessoas de boa vontade a fim de pedir que nossos representantes no Congresso Nacional façam, mais uma vez, jus ao encargo que têm de serem nossos representantes e rejeitem, peremptoriamente, a ideologia de gênero em nosso sistema de ensino.

A igreja[3] concebe, portanto, que a diretriz de promoção de igualdade de gênero no Plano de Educação vai contra os preceitos morais cristãos e os valores da família, pois a palavra gênero carrega um significado ideológico subversivo ao contrariar as "leis naturais" de Deus.

O deputado estadual do Rio Grande Sul Marcel Van Hattem (2015) também fez um polêmico pronunciamento na Câmara contra a denomina-

---

3. O termo igreja está empregado genericamente, não se referindo a nenhuma instituição específica, mas ao discurso que a maioria delas reproduz em relação às questões de gênero. Reconhece-se, portanto, que não se trata de todas as igrejas, nem que haja uma uniformidade nos pensamentos e nas doutrinas.

da “ideologia de gênero”: “Querer dentro da escola doutrinar as crianças, dizer que homem não é necessariamente homem porque é um constructo sociológico e mulher não é necessariamente mulher. Querer incutir isso na cabeça de crianças indefesas é um crime (...)”. Assim, movimentos “em favor da família”, as “igrejas”, sobretudo católicas e evangélicas, e as bancadas parlamentares religiosas capitanearam a desarticulação da tentativa de introdução normativa da promoção de igualdade de gênero.

Sem esquecer ou diminuir a influência exercida pela mídia, que muitas vezes se posiciona direta ou indiretamente, vale apresentar a opinião do jornalista Rodrigo Constantino (2015), colunista da *Veja:* “quem educa sob aspectos sexuais é a família, não o estado. A pauta dessa turma está clara: quer enfiar goela abaixo das crianças a ideia estapafúrdia de que o sexo é apenas uma construção social, que homem não é homem e mulher não é mulher (...)”. O jornalista apresenta a visão de que a família é quem deve educar sobre aspectos sexuais e que o Estado não deve interferir.

Essa visão em alguma medida bem aceita na sociedade foi a que difundiu a polêmica acerca do Exame Nacional do Ensino Médio (ENEM 2015). Na prova de ciências humanas o Exame trouxe uma questão sobre o perturbador trecho da obra *O segundo sexo:* “Ninguém nasce mulher: torna-se mulher. Nenhum destino biológico, psíquico, econômico, define a forma que a fêmea humana assume no seio da sociedade; é o conjunto da civilização que elabora esse produto intermediário entre o macho e o castrado que qualificam o feminino” (Simone de Beauvoir *apud* ENEM, 2015, questão 01) e o tema da redação foi a *“Pertinência da violência contra a mulher”*. Para os setores conservadores essa foi mais uma investida de deflagrar a ideologia de gênero na educação e, consequentemente, na mentalidade dos jovens. Segundo o professor história da igreja do Instituto de Teologia Bento XVI na Diocese de Lorena, Felipe Aquino, na sua coluna no *blog Canção Nova*:

> O MEC não poderia insistir neste tema, com o propósito claro que fomentá-lo nas cabeças dos jovens, uma vez que a Lei o excluiu da Educação Nacional. Nitidamente se nota uma ação totalitária, pois é inserida contra a decisão das Instituições democráticas em vigor no país. Isto acontece porque a ideologia de gênero é algo

> tão absurdo, que só mesmo por caminhos desonestos e ditatoriais, pode ser imposto à sociedade (2015).

Essas posições encontram contraponto nos movimentos sociais[4] representativos das minorias, especialmente os movimentos LGTB e feminista, que defendem a inclusão de temas de sexualidade e gênero, bem como da diretriz de promoção da igualdade, mas não tiveram força política necessária para aprová-la. O cartunista Laerte Coutinho é uma importante referência na luta pela não discriminação e favorável à inclusão desse debate nas escolas, para ele a complexidade da questão não se comunica com os conservadores que insistem em reproduzir o discurso naturalizado "homem é homem, macho é macho" (COUTINHO, 2015). Segundo o cartunista é esse discurso que deve ser chamado de "ideologia de gênero", que está implantada nas escolas, nos meios de comunicação, na igreja e na comunidade. Coutinho resume sua reivindicação alegando: "O que se reivindica é uma reflexão libertadora para que tenha fim um sofrimento enorme de crianças e adolescentes, que serão adultos sofridos também" (2015).

O próprio Ministério da Educação (MEC) se manifestou favorável à inclusão. A partir da aprovação do Plano Nacional de Educação, iniciou-se a construção dos correspondentes planos dos Estados, dos Municípios e do Distrito Federal, reavivando uma serie de pautas, dentre elas, a dimensão de gênero e orientação sexual. Nesse contexto, a Secretária de Educação Continuada, Alfabetização, Diversidade e Inclusão – SECADI/MEC foi demandada por organizações sociais, parlamentares e sistemas de ensino a se posicionar sobre o tema. Na Nota Técnica n°24/2015 a SECADI/MEC reconhece a importância da mobilização do conceito gênero para as políticas educacionais e para o processo pedagógico, justificando seu parecer problematizando questões muito relevantes para o debate:

> A escola, historicamente, vem ensinando o que se institui como comportamento de meninos e meninas e organiza um conteúdo

4. Sabe-se que não há uma homogeneidade de pensamento nos movimentos sociais, nem mesmo dentro deles com as pessoas que o compõe, buscou-se, então, apresentar um posicionamento predominante.

> curricular com base em conceitos heteronormativos que grande parte das vezes não reconhecem a diversidade de desejos e de relações sexuais e afetivas.

O Ministério da Educação confirma que a organização curricular escolar é pautada em conceitos heteronormativos e institucionaliza o comportamento "de meninos" e "de meninas", reproduzindo o discurso sexual naturalizado que compreende os sujeitos através da anatomia dos corpos, como se ela fosse capaz de significar toda uma subjetividade e, mais que isso, como se fosse um elemento indispensável ao reconhecimento.

A Nota Técnica é esclarecedora também em apontar que as escolas brasileiras não adotam tratamento idêntico à questão, mas que existe uma evidência constante, constatada por pesquisas, que os currículos, ações pedagógicas e de gestão são historicamente marcados "pelo sexismo, pela misoginia e pela discriminação contra sujeitos não heterossexuais ou que descumprem expectativas hegemônicas de gênero" (2015).

A complexidade da questão consiste em não se tratar "meramente" de uma necessidade legislativa e incluir no ordenamento jurídico uma diretriz de promoção à igualdade de gênero, sem, contudo, pensar em como instrumentalizar da melhor forma nas escolas o processo de inserção da temática, do contrário a expectativa pode ser frustrada ou ser uma lei ausente de materialidade. Por exemplo, Bourdieu (2010) ao abordar a igualdade formal entre homens e mulheres atentou para o caráter muitas vezes dissimulatório desta normatização. A aparência real de isonomia dissimulada pela norma legitima as posições menos favorecidas que as mulheres ocupam na sociedade.

Não se trata de rejeitar a importância da igualdade formal; o reconhecimento normativo foi extremamente relevante, por exemplo, para as mulheres, implicou na possibilidade de votar e ser votada, direito de estudar, direitos civis igualitários, etc. O problema consiste na prática: a mulher vota, mas é pouco votada, a mulher estuda, mas os cargos e salários mais elevados são dos homens, os direitos e deveres matrimoniais são formalmente iguais, mas no ambiente do lar, os estes estão longe de ser paritários. Dessa forma, a preocupação com a efetivação da diretriz, deve ser igualmente latente com a preocupação de sua inserção legal. A questão, portanto, é reconhecer e prevenir a faceta dissimulatória produzida pela igualdade formal, sem deixar de militar pela sua inclusão.

A filósofa americana Judith Butler menos de um mês após a aprovação do Plano Municipal de Educação de São Paulo (PME-SP) esteve no Sesc Vila Mariana (SP) para a palestra intitulada *"Repensando a vulnerabilidade e a resistência"*, onde instada a opinar em entrevista coletiva à imprensa a respeito da exclusão no PME-SP dos conceitos gênero e diversidade sexual fez importantes reflexões, relevantes também para pensar sobre o Plano Nacional de Educação.

Inicialmente Butler (2015)[5] afirma que a rejeição do tema no Plano não é "o fim da história", uma vez que haverá educadores, organizações internacionais e ativistas que vão sempre lutar pela sua inserção. A segunda questão dialoga com o ponto debatido anteriormente, qual seja a forma como se quer incluir esse debate na educação das crianças. A filósofa questiona se o que queremos é mostrar que este é assunto altamente debatível, pois há diversos pontos de vista que não podem ser ignorados em face da complexidade do mundo. Nesse sentido, Butler sustenta que o debate não deve provocar maniqueísmo "sou a favor do gênero" ou "sou contra o gênero", as crianças não precisam necessariamente adotar uma posição política dicotômica que inclusive possa prejudicar a discussão.

Por fim, Butler (2015) acredita que existam pelo menos dois problemas em relação aos planos educacionais. O primeiro é que há conservadores que acreditam que as crianças devam aprender sobre sexo e sexualidade na família ou no espaço religioso e não dentro de uma política educacional pública. O segundo problema é a forte contestação que sofre a categoria gênero. Há um discurso que sustenta que a aceitação desta categoria implica imediatamente na rejeição da categoria do sexo e o sexo negado, por sua vez implica na negação da Bíblia ou da ciência, pois ambas defendem a existência de dois sexos "naturais". Nesse ponto Butler apresenta um argumento que precisa ser considerado no presente estudo. Ela defende que aceitar um gênero não provoca a negação do sexo, mas a possibilidade de confrontamento com as seguintes questões:

5. Informação verbal extraída de vídeo publicado pelo portal de notícias *globo.com*.

> Como conhecemos o sexo? Que nome damos para ele? Sob qual enquadramento o entendemos? Entendemos o sexo por meio da religião? Entendemos o sexo por meio da ciência? De qual ciência? Ciência social? Da literatura? (2015)

À primeira vista, inclusive, poderia parecer contraditório uma teórica desconstrutivista defender a inclusão do debate de gênero nas escolas, mas as explicações dadas por Butler mobilizadas acima mostram que defender a introdução da discussão não quer dizer que se esteja defendendo o reforço de identidades de gênero, tão pouco que se esteja negando a existência do sexo natural e/ou divino. Significa que o conjunto de contextos históricos, religiosos, sociais, onde o corpo sexuado está inserido recebe o nome de estudos de gênero, é o lugar, segundo Butler (2015) "onde se pode pensar criticamente sobre o problema".

Nisso consiste a importância da inclusão da questão nos planos de educação, em especial no Plano Nacional. É preciso pensar a escola como "esse lugar" onde é possível pensar criticamente o problema. O trabalho entende que essa é uma questão, de fato, altamente debatível, compartilhando também com Judith Butler a opinião de que as crianças não devem ser estimuladas a adotar posições estáveis, dicotômicas, mas devem ser estimuladas à crítica a partir da compreensão da complexidade social.

Dessa forma, a consequência primordial dessa aparente "insignificância" na substituição da expressão gênero por uma redação genérica que afasta todas as formas de descriminação, é retirar a oportunidade de uma discussão específica, é retirar da escola a possibilidade de ser um lugar onde discursos diferentes podem se encontrar, dialogar e mesmo conflitar. É o próprio reflexo de uma violência simbólica, que pode parecer inofensiva, sútil, mas que provoca crúeis consequências aos corpos.

3. PERSPECTIVA DE SUBVERSÃO: A CONSTRUÇÃO DA CRÍTICA PARA DESCONSTRUÇÃO DA VIOLÊNCIA

Nesse momento defrontamo-nos com o diagnóstico de uma problemática social: a reprodução escolar do discurso sexual naturalizado, que gera uma violência simbólica sobre os corpos, vez que os impõe uma norma fixa de sexualidade, rejeitando outras possibilidade de vida.

Essa rejeição a diferentes expressões de vida remete a um ponto central na norma: o poder que ela possui de governar a questão de quem será considerado humano ou não (BUTLER, 2010). A norma constitui, portanto, um "parâmetro de humanidade". Isso é muito importante à reflexão proposta por este texto, porque apresenta a existência de um modo pelo qual a "categoria do humano ao mesmo tempo permite o reconhecimento de certos humanos e produz uma impossibilidade para outros" (BUTLER, 2010).

Assim, a norma da sexualidade também constrói para si um parâmetro de humanidade que vai permitir a categorização dos humanos, entre os que são reconhecidos e aqueles que não são possíveis de "existir", os que não merecem reconhecimento. Este parâmetro normativo de humanidade é a heterossexualidade. Só serão viáveis os que subjetivarem a coerência sexo/gênero/desejo.

Esse diagnóstico leva à procura incessante do reconforto presente nas soluções e nas respostas. Apresentar soluções, contudo, não garante que a proposta trará uma mudança social positiva, mas é preciso arriscar subverter uma determinada lógica, no caso, essa lógica da naturalização do discurso sexual no ambiente escolar.

A crítica, embora não traga conforto a quem se propõe fazê-la – uma vez que é um método de afastamento dos significados "dados", deshistoricizados e irrefletidos que contribuem para manutenção da ordem social –, é, no entanto, uma alternativa ao deslocamento, à subversão. Em *O que é a crítica? Um ensaio sobre a virtude de Foucault,* Judith Butler (2013, p.163) afirma que a contribuição do filósofo francês "é justamente nos pedir que repensemos a crítica como a prática na qual pomos em questão os limites de nossos modos de conhecimento mais certos".

É nesse ponto que consiste a complexidade da questão. Há um constructo discursivo constante no percurso histórico que naturaliza noções no mais íntimo da cognição e causa um entrave a emancipação das ideias dadas. Por isso, Michel Foucault, como mostra a interpretação butleriana, propõe a compreensão da crítica justamente como um processo que exige o questionamento dos conhecimentos internalizados mais consolidados.

Essa metodologia não tem uma fórmula procedimental universal que leve a certezas e respostas absolutas, cuida-se de uma investigação histórica dos significados apresentados como naturais, constituídos de uma rede discursiva que é, antes de tudo, ela própria uma construção. Em outras palavras, não há uma espécie de receita prescrevendo como será possível contestar essa lógica discursiva perversa resultante da relação entre saber-poder.

O terreno do discurso, contudo, é complexo e instável, dessa forma, é possível que ele seja "ao mesmo tempo, instrumento e efeito de poder, e também obstáculo, escora, ponto de resistência e ponto de partida de uma estratégia oposta" (FOUCAULT, 2014, p.110). Isto é, a instabilidade do discurso gera a permissibilidade de práticas discursivas desconstínuas, direcionadas a uma estratégia reversa, a uma resistência ao padrão dominante. Foucault exemplifica a ideia na seguinte passagem da obra *História da sexualidade: a vontade de saber:*

> Ora, o aparecimento, no século XIX, na psiquiatria, na jurisprudência e na própria literatura, de toda uma série de discursos sobre as espécies e subespécies de homossexualidade, inversão, pederastia e "hermafroditismo psíquico" permitiu, certamente, um avanço bem marcado dos controles sociais nessa região de "perversidade"; mas também possibilitou a constituição de um discurso "de reação": a homossexualidade pôs-se a falar por si mesma, a reivindicar sua legitimidade ou sua "naturalidade" (2014, p.111).

O filósofo mostra a insurgência de um discurso de reação dos pervertidos pelo discurso científico. Os homossexuais, colocados na esfera da patologia, da anormalidade, começam a reivindicar esse lugar através de novas formulações discursivas. Nesse sentido, é o distanciamento dos significados naturalizados que permite a reflexibilidade crítica para a construção de prováveis discursos de oposição. Essa atitude crítica, contudo, segundo Judith Butler, não nasce de uma "liberdade inata à alma" (2010, p. 169), mas de um processo de rompimento interno, de uma sequência de maturação de atos, da constituição de verdadeira uma *prática*.

Sabe-se que essa indicação não é, obviamente, uma tarefa fácil. A gênese da crítica, como se pode ver, não consiste na vontade de liberdade inata, mas em uma prática que é, antes de tudo, conflituosa.

Como investigou Jessé Souza (2009), o Brasil – "povo" e as instituições – precisa lidar ainda com a questão do discurso de aversão ao conflito que construiu para si, sobretudo através de um momento histórico das ciências sociais. Esse discurso ganhou muita força justamente pela aliança entre saber e poder. O sociólogo Gilberto Freyre foi pioneiro na constituição de um saber que justificou essa rejeição ao conflito. Seu trabalho foi inverter a imagem negativa atribuída ao brasileiro, que em função principalmente da mestiçagem era considerado preguiçoso e personalista, para produzir uma imagem positiva que valorizasse a miscigenação e construísse o *mito da brasilidade*[6].

Essa tese – voluntaria ou involutariamente – serviu ao discurso dominante de poder vigente. Era o contexto do período varguista, que buscava a construção de um Brasil industrial e para tanto necessitava da incorporação da ideia de unidade, ou seja, da instituição de um ideário nacional que conclamasse os brasileiros para "uma ação unida e conjunta" (SOUZA, 2009, p.37). Essa aliança de um discurso científico a um discurso de poder consolidou a concepção de um mito de unidade substancial e harmônica dos brasileiros.

> O elogio da unidade, da homogeneidade, da "índole pacífica do povo brasileiro", do encobrimento e da negação de conflitos de toda espécie, assim como, no outro polo, a demonização da crítica e da explicitação de conflitos e das diferenças, ganham, a partir desse contexto discursivo e até nossos dias, sua articulação e legitimação máximas (SOUZA 2009, P.38).

Logo, passa a ser considerada uma qualidade extremamente positiva o pacifismo, a negação dos conflitos de todas as ordens e a todo custo. Essa qualidade vai integrar o que Jessé Souza (2009) chamou de DNA simbólico do Brasil moderno. Trata-se de um conjunto de ideias "que legitimam práticas sociais e institucionais de toda espécie que se destinam, em última instância, a retirar qualquer legitimidade do diferente e da diferença, do crítico e da crítica" (SOUZA, 2009, p.38).

6. Ver: *A ralé brasileira: quem é e como vive* (SOUZA, 2009).

Nessa perspectiva, cada cidadão vai ter em alguma medida esse DNA incorporado e vai tender a sempre rejeitar os conflitos e as críticas. Souza (2009), contudo, faz uma ressalva. Para ele a expressão metafórica "DNA simbólico" remete a ideia de algo imutável, o que não acontece na vida social, isto é, na esfera social há possibilidade de mudança, embora uma sociedade que torna a negação ao conflito um *habitus* seja propícia à sua constante naturalização – como é o caso da reprodução escolar "naturalizada" do discurso sexual.

Souza, como Foucault, indica, portanto, que há espaço para transformações sociais, embora as relações sejam moldadas pelo eixo saber-poder. Para alcançar as mudanças é necessário, entretanto, o distanciamento dos significados absorvidos no percurso de socialização, necessidade da desnaturalização.

Ao historicizar a sexualidade observou-se que a opção metodológica de Foucault foi justamente se afastar dos significados postos na ordem das coisas. Essa capacidade de afastamento de um discurso que é familiar, próximo, representa uma virtude crítica possível de construir, através da difícil, mas importante tarefa do embate constante com os conhecimentos mais incorporados dentro de cada sujeito e das instituições compostas por eles.

A desnaturalização seria, então, uma atitude crítica, a mesma que também vai agir, ou pelo menos deveria, na produção de políticas públicas (em sentido amplo), como não deixa de ser, por exemplo, o Plano Nacional de Educação. Afinal, os discursos naturalizados são formados dentro da rede de relações de forças de poder e saber e é exatamente essa rede que forma o campo onde a política se exerce. Desse modo, Jessé Souza explica que:

> A política não é feita, como muitos imaginam, pelos burocratas da política, pelos jornalistas da política ou, menos ainda, pelos políticos profissionais da política. A atenção a esse elemento comezinho do dia a dia das lutas políticas nos cega em relação ao principal: o conjunto de ideias (e de valores e interesses ligados a essas ideias) e dos consensos sociais que se criam a partir delas, que são o estímulo e o limite de qualquer ação política. (SOUZA, 2009, p. 51).

Antes da ação política há um conjunto de ideias relacionadas a um conjunto de poderes, polivalentes, multiformes e descentralizados que vão direcioná-la. Por isso é preciso deslocar as ideias do campo da mera reprodução e pensar uma política de educação que compreenda a escola como um espaço de crítica. A crítica, enfim, possibilita pensar um modelo de realidade que se quer atingir através de uma política pública.

> Elaborar uma política consiste em construir uma representação, uma realidade sobre a qual queremos agir. Em referencia a esta imagem cognitiva, os atores vão organizando suas próprias percepções do sistema, confrontando as suas soluções e definindo suas proposições de ação. (DIAS, 2010, P.176)

Dessa maneira, o PNE 2014-2024, enquanto legislação que traduz uma política educacional que, por sua vez, representa a imagem de uma transformação que se pretende alcançar ou de uma realidade a qual se busca melhorar, deve abranger a permissibilidade crítica a um discurso sexual naturalizado.

Essa defesa de inclusão do assunto na pauta política educacional tem o escopo de compatibilizá-la com os princípios democráticos, bem como os princípios constitucionais relativos ao ensino (art.206, CRFB/88), como a igualdade de condições para o acesso e permanência na escola e o pluralismo de ideias e de concepções pedagógicas. A escola não pode ser um lugar que integra alguns e segrega outros em função do gênero ou da sexualidade.

> Para que o individuo seja reconhecido como parte integrante dessa sociedade, é necessário que ele tenha acesso aos direitos civis e sociais básicos, **como direito à educação (...) para tanto é necessário que haja reconhecimento do individuo como membro da sociedade que ele faz parte.** (DARWICH, 2010, p.233. Grifo nosso.)

Dessa forma, o espaço para essa proposta de encontro parece ser a representação, pelo menos ideal, que se tem do modelo democrático, pois como afirmou Darwich "à democracia corresponde, assim, uma ética da alteridade que comporta distinção e reconhecimento" (2010, p.232). Essa frase da doutora em Ciências Sociais e Humanas Ana Darwich lembrou a provocativa frase de Judith Butler "temos que pensar o lugar de corpos movendo-se livremente dentro de uma democracia" (2015, CULT), a qual este estudo se apropria para sugerir: é preciso pensar escola como lugar onde os corpos movem-se livremente.

4. CONSIDERAÇÕES FINAIS

Buscamos metodologicamente adotar o afastamento dos conceitos familiarizados, impostos a nós no processo de socialização, como na socialização escolar e o qual, por isso, não pudemos evitar. Isto é, não se trata de uma escolha, de uma seleção do que queremos ou não incorporar; o nascimento nos coloca no meio social e no discurso.

E é justamente a rede discursiva de linguagem, símbolos e significados que dá sentido à existência meramente natural dos seres humanos (DARWICH, 2015)[7]; assim, a questão problematizada não é simplesmente o fato de sermos parte dessa rede, mas de não nos preocuparmos em dar um significado crítico a essa existência.

Dessa forma, no primeiro momento o texto pretendeu mostrar como a razão-prática escolar é uma forma de violência simbólica, pois como instituição reprodutora do discurso sexual dominante não reconhece a instabilidade dos corpos, as suas "incoerências" e a sua complexidade, impondo nas ideias, currículos e ações um modo determinado e limitado de vida.

A breve análise do caso do Plano Nacional de Educação teve o escopo de auxiliar na demonstração de um pequeno panamora a respeito de como o Estado – enquanto produtor de leis, mas não somente nesse qualidade – , a sociedade e as instituições vêm pensando e decidindo questões relativas à temática e a sua heterogeneidade.

Por fim, como reflexo da reprodução escolar do discurso sexual naturalizado nos encontramos em face ao não reconhecimento social e algumas das suas violentas consequências. A partir dessa constatação

7. Informação verbal extraída do encontro do grupo de estudos temático no dia 14 de setembro de 2015.

compreendemos não ser possível se valer, neste trabalho, do reconforto das respostas relativas, por exemplo, a melhor forma de introduzir a questão gênero no ambiente escolar, ao mesmo tempo em que acreditamos que problematizar sem pensar sobre horizontes de transformação não tem utilidade para uma sociedade que carece de proposições e tentativas.

Não diagnosticamos, então, se a melhor alternativa seria a criação de uma disciplina nas escolas sobre gênero, não desvendamos se o caminho seria momentos específicos de debate ou uma proposta maior e nem de que maneira os profissionais de educação deveriam abordar o assunto, entre outras perguntas. Ou seja, não encontramos uma forma como a escola pudesse, além de legalmente, materialmente, estudar as questões de gênero e sexualidade.

Nessa toada, a leitura do texto *O que é a crítica? Um ensaio sobre a virtude de Foucault* (BUTLER, 2013) apontou um caminho a propor. A crítica mesmo não sendo a solução, é o deslocamento, o "sair do lugar". Essa mudança de lugar proporcionada pela crítica pode, então, levar a uma resposta, a uma política pública, que vise representar, ao menos naquele lugar em que a crítica nos colocou, uma imagem de realidade que queremos alcançar (DIAS, 2010), até o momento em que seremos novamente descolados, em um processo de constante devir.

A escola precisa ser o lugar do conflito das ideias plurais, dos corpos que pensam e agem diferentes. As diferenças não devem ser legitimadas para justificar a compreensão de uns e a desumanização de outros. Humanizar e dar voz apenas aos grupos que ocupam posições centrais – em consonância com norma – reflete a reprodução das demandas e dos discursos somente desse grupo, uma vez que a voz os permite representar a si mesmos e representar os outros, falando por eles e sobre eles (LOURO, 2000).

A democracia comporta a pluralidade e preconiza que todos tenham voz, mas a voz da pluralidade não tem encontrado espaço para se desamarrar dentro de uma democracia limitada no reconhecimento das formas de vida.

Desse modo, o estabelecimento da diferença entre os corpos com base em fundamentos objetivos ligados ao biológico e a reprodução escolar desse discurso, ignoram a subjetividade e a complexidade que constitui os sujeitos. Nesse contexto, somos obrigados ao assujeitamento de uma identidade fixa e coerente que nos "descafeina", nos priva dos nos desejos, emoções, da matéria prima de *"jouissance"* a qual nos constituímos; a crítica, por sua vez, nos conduz a uma estratégia discursiva de oposição, de resitência e transformação.

5. REFERÊNCIAS

ALETEIA. **Urgente: a ideologia de gênero ameaça nossas crianças e você pode ajudar a combatê-la**. Disponível em <http://pt.aleteia.org/2015/06/20/urgente-a-ideologia-de-genero-ameaca-as-nossas-criancas-e-voce-pode-ajudar-a-combate-la/>.

ANDRADE, Daniel. Vidas paralelas: Foucault, Pierre Rivière e Herculine Barbin. In: **Revista de sociologia da USP,** v. 19, n. 2, 2007.

AQUINO, Felipe. **De novo a ideologia de gênero.** Disponível em http://blog.cancaonova.com/felipeaquino/2015/10/27/de-novo-a-ideologia-de-genero/.

BOURDIEU, Pierre. **A dominação masculina**. Trad. Maria Helena Kühner. 9.ed. Rio de janeiro: Bertrand Brasil, 2010.

__________. A escola conservadora: as desigualdades frente à escola e à cultura. In: NOGUEIRA, Maria Alice; CATANI, Afrânio (org). **Escritos de Educação**. 15. ed. Petrópolis, Rio de Janeiro: Vozes, 2014.

__________. Os três estados do capital cultural. In: NOGUEIRA, Maria Alice; CATANI, Afrânio.(org) **Escritos de Educação**. 15. Ed. Petróolis, Rio de Janeiro: Vozes, 2014.

BRASIL. **Constituição da República Federativa do Brasil**. Brasília: editora, 1988.

BRITTO, Tatiana. Passo a passo no legislativo: os caminhos do Plano Nacional de Educação no Congresso Nacional. In: GOMES, Ana Valeska Amaral; BRITTO, Tatiana Feitosa. **Plano Nacional de Educação:** construção e perspectivas. Brasília: Câmara dos Deputados, Edições Câmara: Senado Federal, Edições Técnicas, 2015.

BUTLER, Judith. In: **Judith Butler**. n.205. CULT, 2015.

__________. O que é a crítica? Um ensaio sobre a virtude de Foucault. Trad. Gustavo Hessmann Dalaqua. In: **Caderno de ética e filosofia política**, n.22, 2013.

__________. **Problemas de gênero:** feminismo e subversão da identidade. Trad. Renato Aguiar. 7.ed. Rio de janeiro: civilização brasileira. 2014.

CÉSAR, Maria Rita. **Sexualidade e gênero:** ensaios educacionais contemporâneos. Revista de estudo e pesquisa em Educação, v.12, n.2, 2010.

CONAE/2010. **Apresentações exibidas na CONAE**. Disponível em http://conae.mec.gov.br/index.php?option=com_content&view=article&id=359:apresentacoes&catid=103&Itemid=255.

CONAE/2010. **Arquivo: Colóquio Educação e Diversidade Sexual**. Disponível em http://conae.mec.gov.br/images/stories/pdf/pdf/apresentacoes/coloquio_educacao1.pdf.

CONSTANTINO, Rodrigo. **Militantes autoritários de esquerda tentam impedir deputado gaúcho de se pronunciar contra ideologia de gênero nas escolas**. Disponível em <http://veja.abril.com.br/blog/rodrigo-constantino/cultura/militantes-autoritarios-de-esquerda-tentam-impedir-deputado-gaucho-de-se-pronunciar-contra-ideologia-de-genero-nas-escolas/>.

COUTINHO, Laerte. **As pessoas devem viver a identidade de gênero que lhes parecer mais cabível**. Disponível em <http://zh.clicrbs.com.br/rs/noticias/proa/noticia/2015/07/laerte-coutinho-as-pessoas-devem-poder-viver-a-identidade-que-lhes-parece-mais-cabivel-4794790.html>.

CHAMBOULEYRON, Ingrid. **A tensão entre modernidade e pós modernidade na crítica à exclusão do feminismo.** Tese de doutorado do programa de pós-graduação em ciência política da Universidade de São Paulo, São Paulo, 2009.

DARWICH, Ana. Informação verbal extraída do encontro do grupo de estudos temático. Centro Universitário do Estado do Pará, Belém, 14 de setembro de 2015.

__________. In:**Direitos fundamentais, Teoria do Direito e Sustentabilidade**. São Paulo: Ed. Método, 2010.

DIAS, Bárbara. Teoria das Políticas Públicas. In: **Direitos fundamentais, Teoria do Direito e Sustentabilidade.** São Paulo: Ed. Método, 2010.

ESPER, Maria Elias; Fortunato, Sarita Aparecida de Oliveira**. Dominação e reprodução na escola:** visão de Pierre Bourdieu. 2008.

FOUCAULT, Michel. **História da sexualidade I:** a vontade de saber. Trad. Maria Thereza da Costa Albuquerque e J. A. Guilhon Albuquerque. 1. ed. São Paulo, Paz e Terra, 2014.

G1/SC. **Procuradoria de São José analisa pedido para retirar discussão de gênero.** Disponível em http://g1.globo.com/sc/santa-catarina/noticia/2015/08/procuradoria-de-sao-jose-analisa-pedido-para-tirar-discussao-de-genero.html.

G1/SP. MORENO, Ana Carolina. **Não é o fim da história, diz filósofa sobre o ensino de gênero nas escolas.** http://g1.globo.com/educacao/noticia/2015/09/nao-e-o-fim-da-historia-diz-filosofa-sobre-ensino-de-genero-nas-escolas.html

HONNETH, Axel. Educação e esfera pública democrática: um capítulo negligenciado da filosofia política. **Civistas: Revista de Ciências Sociais**. Porto Alegre, v.13, n.3, 2013.

__________. **Luta por reconhecimento**: A gramática moral dos conflitos sociais. Trad. Luiz Repa. 1. ed. São Paulo: Editora 34 LTDA, 2003.

LOURO, Guacira. Corpo, Escola e Identidade. **Educação e Realidade**, jul/dez, 2000.

__________. **Gênero, sexualidade e educação**: uma perspectiva pós-estruturalista. Petrópolis, Rio de Janeiro: Vozes, 1997.

__________. Pedagogias da sexualidade. In: **O corpo educado:** pedagogias da sexualidade. 2.ed. Autência. Belo Horizonte, 2000.

MISKOLCI, Richard. Crítica à hegemonia heterossexual. In: **Dossiê Teoria Queer: o gênero sexual em discussão**. n.193. CULT, 2014.

Nota Técnica 24/2015. Disponível em http://www.spm.gov.br/noticias/nota-tecnica-no-24-2015-mec.

ROSA, Talita. **Municípios debatem inclusão de discussão de gênero nas escolas**. Disponível em http://g1.globo.com/sc/santa-catarina/noticia/2015/07/municipios-debatem-inclusao-de-discussao-de-genero-nas-escolas.html>.

SAAVEDRA, Giovani Agostini; SOBOTTKA, Emil Albert. **Civistas: Revista de Ciências Sociais.** Porto Alegre, v. 8, n.1, p. 9-18, jan./dez., 2008.

SAFATLE, Vladimir. **Aulas Erotismo, Sexualidade e Gênero**. São Paulo: USP, 2014.

SOUZA, Jessé. **A construção social da subcidadania:** para uma sociologia política da modernidade periférica. Belo Horizonte: UFMG. Rio de Janeiro: IUPERJ, 2003.

__________. **A ralé brasileira:** quem é e como vive. Belo Horizonte. Editora UFMG, 2009.

SPERB, Paula. **Sob pressão Câmara dos Deputados de São Paulo tira a palavra gênero de plano de educação**. Disponível em <http://www1.folha.uol.com.br/educacao/2015/06/1640618-sob-pressao-camara-de-sp-tira-palavra-genero-de-plano-de-educacao.shtml>.

TEMPESTA, Orani. **Nota sobre o PNE**. Disponível em <http://arqrio.org/noticias/detalhes/1835/nota-sobre-o-pne>.

WERLE, Denilson Luis; MELO, Rúrion Soares. Reconhecimento e Justiça na Teoria Crítica da Sociedade em Axel Honneth. In: NOBRE, Marcos (coordenador). **Curso Livre de Teoria Crítica**São Paulo: Papirus, 2008.

ZIZEK, Slavoj. **Violência:** seis reflexões laterais. Trad. Miguel Serras Pereira São Paulo: Boitempo, 2014.

Capítulo 12

SÃO OS DIREITOS HUMANOS UM INSTRUMENTO DO IMPERIALISMO?[1]

José Antonio Ramos Pascua[2]

SUMÁRIO: 1. Direitos humanos e pluralismo cultural - 2. Críticas à doutrina dos direitos humanos: etnocentrismo, capitalismo e imperialismo - 3. Crítica das críticas - 4. Discussão em torno de uma crítica pós-moderna ao discurso supostamente eurocêntrico dos direitos humanos - 5. Conclusão: direitos humanos e diálogo universal.

1. DIREITOS HUMANOS E PLURALISMO CULTURAL

Os partidários do relativismo cultural defendem que os direitos humanos são o produto da época, do lugar e das circunstâncias socioeconômicas em que surgiram e se desenvolveram. Uma vez que fizeram sua aparição em plena Idade Moderna, em determinados países do mundo ocidental, entre os quais se destacam Inglaterra, França e os Estados Unidos da América, coincidindo com o desenvolvimento incipiente da revolução industrial e da economia capitalista, os direitos humanos seriam abstrações formadas a partir de interesses econômicos, sociais e políticos muito concretos. Seriam construções ideológicas que, refletindo a forma

1. Texto publicado no original *"¿Son los Derechos Humanos un instrumento del imperialismo?"* na Revista de Filosofia Práctica Universidad de Los Andes. Dikaiosyne. nº 30. Mérida - Venezuela, em Dezembro de 2015 (ISSN 1316 - 7939). Tradução de Pietra Galutty Bezerra de Castro e Loiane Prado Verbicaro.

2. Doutor em Direito. Professor Titular de Filosofia do Direito na Universidade de Salamanca. Autor de vários artigos jusfilosóficos e dos livros *La regla de reconocimiento en la teoría jurídica de H. L. A.* Hart, Madrid, Tecnos, 1989 e *La ética interna del Derecho*, Bilbao, Desclée, 2007, entre outros. E-mail: ascua@usal.es.

de vida e as convicções ilustradas do mundo ocidental, se apresentam, no entanto, como exigências racionais de justiça merecedoras de reconhecimento e imposição universal.

Uma consequência colateral dessa apresentação universalista é o desconhecimento ou o desprezo, por não coincidir com os modelos jurídico-políticos ocidentais, dos costumes de outros povos, de suas instituições jurídico-políticas e valores morais, adaptados as suas próprias necessidades, crenças e circunstâncias histórico-culturais. Esta arrogante atitude etnocêntrica se aproxima perigosamente ao mais cruel imperialismo quando no âmbito das relações internacionais se empreendem políticas de imposição, mais ou menos coercitivas, dos modelos ocidentais presididos pelo culto a certos direitos individuais que são considerados invioláveis. Ou, pior ainda, quando a defesa dos direitos humanos é utilizada como pretexto para justificar intervenções armadas das potências hegemônicas em outros países; umas intervenções supostamente humanitárias cuja finalidade última é a promoção dos interesses estratégicos dessas mesmas potências.

Quando se trata de explicar mais a fundo a motivação oculta do suposto etnocentrismo imperialista dos direitos humanos, aqueles que concordam com esta crítica radical geralmente recorrem à velha denúncia de Marx, que identificou como premissas necessárias para o desenvolvimento da economia capitalista os direitos e liberdades individuais de comércio, indústria, trabalho, etc., e em especial o inicialmente quase sacralizado direito à propriedade privada, descrito por Marx como o direito que mantém o indivíduo isolado e retraído em si mesmo a desfrutar de seu patrimônio e a dispor dele ao seu capricho, independentemente da sociedade e sem levar em consideração o resto dos homens.[3]

3. Cfr. MARX, K., *La cuestión judía*, trad. de A. Hermosa, Madrid, Santillana, 1997, p. 33. Essa mesma seleção de direitos e liberdades relacionadas ao comércio e ao mercado livre são as que atualmente agitam a diplomacia econômica e política para promover os interesses do capital globalizado. Daí que seja possível afirmar que o capitalismo global se apropriou do discurso dos direitos humanos para defender em todo o mundo seus próprios interesses económicos, sem ter a mais mínima consideração pela deterioração do bem-estar, ou pelo sofrimento humano provocado por suas políticas. Cfr. BAXI, U., *The Future of Human Rights*, New Delhi, Oxford Univ. Press, 2002, p. 155: "The heart of human rights pulsate with the regular heartbeats of hegemonic interests". Vid. também, p. e., CHOMSKY, N., *Power and Prospect: Reflections on Human Nature and the Social Order*, Boston, Southend Press, 1996; MUZAFFAR, Ch., *Human Rights and the World Order*, Penang, Just World Trust, 1993.

Em síntese, a crítica do relativismo cultural contra a doutrina dos direitos humanos a apresenta como imposição etnocêntrica de um produto cultural do Ocidente profundamente marcado pelo individualismo. Um produto ocidental de valor propositalmente universal que reduz a riqueza cultural do mundo ("a pluridiversidade") e em ocasiões funciona como pretexto ou cobertura ideológica do imperialismo mais voraz. Seu objetivo final seria a instauração universal do capitalismo, com o consequente domínio e exploração econômica de amplas zonas do planeta por parte das potências hegemônicas e suas poderosas empresas multinacionais.

É verdade que a doutrina dos direitos humanos está construída sobre o modelo propositalmente superior da cultura ocidental, radicalmente individualista, e que não se ajusta às particularidades de outros modelos culturais, que oferecem imagens distintas do ser humano, de suas necessidades básicas e de suas aspirações de justiça?

É um fato inegável a origem "ocidental" da doutrina dos direitos humanos, mas as circunstâncias que explicam a gênese de uma ideia não são relevantes para justificá-la nem para refutá-la. Afirmar o contrário é como confundir o contexto do descobrimento com o contexto da justificação. Se uma ideia é convincente e racionalmente válida, estará justificada sejam quais forem as circunstâncias em que tenha sido descoberta ou as intenções bem-intencionadas ou maléficas de seus autores.

Também é evidente que nem todos os povos se encontram na mesma fase de seu desenvolvimento, nem compartilham as mesmas crenças religiosas, nem as mesmas formas de organização social e política que parecem pressupostas nas sofisticadas declarações de direitos humanos formuladas inicialmente no mundo ocidental. Porém, esta objeção tampouco afeta ao fundo a ideia dos direitos humanos, mas somente a forma flexível ou inflexível de sua adaptação aos diferentes contextos culturais. Nada impede que se confie a cada povo a tarefa de concretizar os valores universais da dignidade, liberdade, igualdade e solidariedade humana, núcleo essencial dos direitos humanos, a fim de adaptá-los a sua própria tradição cultural e organização sociopolítica.

Mais ainda, o direito à manutenção de uma identidade cultural diferenciada como manifestação do necessário respeito à dignidade das pessoas, é algo reconhecido expressamente pela doutrina atual, incluindo o direito positivo dos direitos humanos.[4]

Mas deixemos para mais adiante a discussão das críticas e das possíveis soluções dos malefícios que denunciam. Agora convém analisá-las mais detalhadamente.

2. CRÍTICAS À DOUTRINA DOS DIREITOS HUMANOS: ETNOCENTRISMO, CAPITALISMO E IMPERIALISMO

A ofensiva atual contra os direitos humanos, concebidos como expressão do etnocentrismo, denuncia seu caráter ideológico, na medida em que funcionam como cobertura legitimadora do imperialismo ou neocolonialismo ocidental, normalmente ligado a expansão do sistema econômico capitalista.

Em virtude de suspeitas de intenções sinistras e ocultas por trás do propósito de universalizar os direitos humanos, há quem crê haver descoberto uma dissimulada estratégia antirreligiosa, uma espécie de cruzada dirigida contra determinadas crenças cuja força é temida no mundo ocidental (fundamentalmente o islamismo). Com o objetivo de frear a sua expansão, recorreu-se aos direitos humanos para impor a separação habitual no ocidente entre a Igreja e o Estado, ou para fomentar o cristianismo, como principal inspirador de tais direitos, que para muitos já constituem em si mesmos uma autêntica religião civil.[5]

Este tipo de ataque contra a doutrina dos direitos humanos cai, as vezes, na tentação de incitar o orgulho identitário ferido pelo suposto complexo de superioridade ocidental. Se inicia assim o ponto de apoio psicológico paranóico-vitimista, com o consequente apoio na própria identidade cultural, as vezes puramente folclórica (como tem sido chamado o narcisismo das pequenas diferenças). Na realidade, a ideia da dignidade humana, assim como os correlativos direitos e deveres que lhe são inerentes, não é patriotismo exclusivo do Ocidente. Tem raízes, mais

4. Assim o faz, por exemplo, a Declaração universal da UNESCO sobre a diversidade cultural, de 2 de novembro de 2001.

5. Refere-se a estas desconfianças, mesmo que não as aceite, BADERIN, M. A., *International Human Rights and Islamic Law*, Oxford Univ. Press, 2003, pp. 13 e 16.

ou menos profundas, ou encontra repercussão, mais ou menos concordantes, em todas as culturas.

Pela mesma razão, carece de sentido vincular esses direitos a uma determinada religião ou à finalidade de superar as religiões tradicionais. Decerto que o cristianismo favoreceu o desenvolvimento do individualismo, característica inerente a todo direito subjetivo, mas é também verdade que muitos mulçumanos encontram no Corão o verdadeiro fundamento dos direitos humanos, e creem que somente no Islã podem realizar-se autenticamente[6].

Além disso, o culto atual ao multiculturalismo, ou ao "pluriversalismo", tem quase tantos devotos no mundo ocidental quanto o culto aos direitos humanos; de modo que a apelação ao orgulho identitário para fazer frente à doutrina dos direitos fundamentais do homem, por ser expressão da arrogância do Ocidente, parece uma bruta manipulação demagógica do facilmente inflamável conflito etnocultural. O relativismo cultural não é menos ocidental em sua origem, em relação a essa doutrina tachada de etnocêntrica, e, no entanto, não sofre o mesmo ataque.

É certo que os direitos humanos, já nascidos com vocação universal, se difundiram amplamente por todo o planeta, provocando as lógicas tensões políticas e culturais que havia de se esperar. Curiosamente, se globalizaram na mesma medida que o sistema econômico capitalista, também desenvolvido inicialmente no Ocidente. É esta talvez a verdadeira razão de ser da propagação dos direitos humanos por todo o mundo; propagação esta que nem sempre se produz espontaneamente, mas muitas vezes de maneira forçosa, mediante intervenções humanitárias, sanções comerciais ou ajuda internacional condicionada?

Tem sido observado que são as empresas multinacionais do Ocidente, e não *Human Rights Watch* ou qualquer outra organização humanitária, as que mais contribuem para difundir os direitos humanos pelo mundo.[7]

---

6. *Ibid*, p.13.
7. Cfr. GIBNEY, M. J. (ed.), *La globalización de los derechos humanos*, trad. de H. Recassens, Barcelona, Crítica, 2004, pp. 10-12. Este autor adverte que muitos críticos ridicularizam a "globalização dos direitos humanos", pois a consideram uma ficção barata, criada para possibilitar a expansão mundial do capitalismo ocidental (p. 14).

São os direitos humanos a pele de cordeiro com que se disfarça o lobo do capitalismo selvagem?

Como é sabido, se deve a Marx a vinculação da "ideologia" dos direitos do homem com o desenvolvimento do sistema econômico capitalista. Em sua opinião, o estrito individualismo desses direitos; o tipo de faculdade implícita em liberdades como as de comércio, indústria, trabalho, contratação, etc; o reconhecimento da propriedade privada como direito quase sagrado; em definitivo: tudo o que integra a denominada primeira geração de direitos humanos, se propõe a favorecer a expansão do capitalismo e o domínio da burguesia, classe social promovedora e beneficiária desse sistema econômico. Os marxistas concebem o imperialismo como "a fase superior do capitalismo", segundo a famosa afirmação de Lenin que Marx já havia apontado antes. Sendo assim, nada mais lógico que seguir explorando aquela mesma ideologia para reforçar a posição dominante do Ocidente e facilitar o desenvolvimento do capitalismo. Se estas teses são corretas, a expansão mundial dos direitos humanos se deve mais ao poder e atividade das empresas multinacionais e dos governos em que se apoiam, que ao atrativo de sua justiça intrínseca.[8]

Para promover e proteger os interesses das empresas multinacionais, que são os verdadeiros impérios do mundo atual, se exige respeito das antigas liberdades de comércio, indústria, competência, propriedade privada, etc. Se argumenta que um mercado livre, sem barreiras comerciais nem obstáculos à competência, resultaria em um melhor benefício não só para os países ricos, mas também para os pobres; e que a defesa das liberdades antes mencionadas limitaria o poder dos governos despóticos. Lamentavelmente, esta promoção interessada dos direitos humanos é de um alcance muito pequeno e se esgota em alguns direitos civis e políticos, sem sequer tocar os direitos sociais, econômicos e culturais; sendo esses direitos às vezes prejudicados pela ação expoliatória dessas mesmas empresas, cuja atividade tende a dissolver as estruturas econômicas e sociais

8. BAXI, U, *The Future of Human Rights*, *op. cit.*, pp. 147-9, examina e descarta a hipótese de que a expansão do capitalismo global favorece a expansão dos direitos humanos. Em sua opinião, promove somente alguns em detrimento de todos os demais.

tradicionais que até então proporcionavam os recursos necessários para a subsistência da população.[9]

Resulta, portanto, que as liberdades promovidas pelo Ocidente acarretam a imposição de formas de vida econômica cuja consequência é o empobrecimento de grande parte da população beneficiária de tais liberdades.[10] Se unirmos a impossibilidade de desfrutar os direitos individuais à impossibilidade de custear os direitos sociais, compreenderemos o ceticismo reinante nos países pobres frente ao elevado discurso dos direitos humanos.

Se ao que foi dito acrescentarmos que determinados países de reputação internacional controvertida, se apropriaram do papel de defensores e garantidores de tais direitos, às vezes utilizando como justificação, instrumento ou pretexto de sua política internacional mais ou menos imperialista e hegemônica, compreenderemos que o desprestígio dos direitos do homem aumenta ainda mais.[11] Com frequência se escutam

9. Assim afirma, por exemplo, SHIVA, V., "Derecho a la alimentación, libre comercio y fascismo", en GIBNEY, M. J. (ed.), *La globalización de los derechos humanos*, loc. cit., pp. 97 ss., para quem o Ocidente legou ao sul uma versão truncada dos direitos humanos que se reduz às liberdades empresariais e prescinde dos direitos sociais e econômicos, sem os quais não pode haver verdadeira liberdade pessoal. As empresas ocidentais debilitam, por exemplo, o direito à alimentação, monopolizando o mercado mundial de alimentos. Esse direito, que é um aspecto essencial do direito à vida, se vê limitado, pois, pela liberdade de comércio.

10. CAMPBELL, T., *Rights. A Critical Introduction*, London/New York, Routledge, 2006, p. 10.

11. Como observa BADERIN, M. A., *International Human Rights and Islamic Law, op. cit.*, p. 14, não só os países islâmicos, mas também a maior parte dos países do chamado Terceiro Mundo, compartilham a visão dos direitos humanos como armas imperialistas. É o resultado do medo ao neocolonialismo e um efeito psicológico da experiência colonial passada. Do mesmo modo que outrora as leis e costumes coloniais modificaram as normas locais, agora se teme que as interpretações ocidentais dos direitos humanos modifiquem as interpretações procedentes de cada cultura. (p. 28). Algo parecido expressa ZAMBRANO, C. V., *Derechos, pluralismo y diversidad cultural*, Bogotá, Univ. Nacional de Colombia, 2006, p. 125, para quem os direitos humanos proporcionaram aos países ocidentais a legitimidade moral necessária para impulsionar a restruturação funcional do controle econômico e político global. Essa universalização dos direitos humanos, estratégia cultural da globalização, tem ocultado os costumes e formas de vida tradicionais de muitos povos, que ao seu modo também respeitavam a dignidade humana, e tem desvalorizado, portanto, o patrimônio mundial da diversidade cultural. Para MARTÍNEZ DE BRINGAS, A., *Los pueblos indígenas y el discurso de los derechos*, Bilbao, Univ. de Deusto, 2003, os direitos humanos, verdadeiros ídolos do nosso tempo, são contraditórios em relação às realidades indígenas e representam um "modelo

acusações, normalmente dirigidas contra os Estados Unidos, de não aplicar igualmente as exigências de respeito aos direitos humanos em todos os países. As exigências que dirige em direção à Cuba ou, mais suavemente, em direção à China não o faz em direção à Israel ou Arábia Saudita. Mais tolerante ainda é a política que aplicou a si mesmo fora de suas fronteiras, em Guantánamo ou Iraque, por exemplo. Pergunta-se se esta superpotência aceitaria sofrer sanções econômicas ou intervenções militares de outros países para corrigir as possíveis violações de direitos humanos cometidas pelos seus soldados em países estrangeiros? Como diz Baxi, "a única superpotência converteu o regime de sanções para a promoção dos direitos humanos em uma *gourmet cuisine* para a Casa Branca e o Capitólio".[12] Este duplo padrão não contribui para promover o respeito universal à ideia dos direitos humanos, cuja manipulação resulta tão descarada. É compreensível que se desconfie de uma doutrina na qual não parecem crer sinceramente nem sequer quem se declara como seus patrocinadores mais esforçados. [13]

3. CRÍTICA DAS CRÍTICAS

Que valoração se pode fazer das objeções que acabamos de apontar? Começando pela crítica que concebe os direitos humanos como condições necessárias para o desenvolvimento da economia capitalista, deve se

ideologizado ao serviço de uma burocratização transnacional comandado pelas grandes potências".

12. Cfr. BAXI, U, *The Future of Human Rights*, *op. cit.*, p. 88.

13. Vid., p. e., BRICMONT, J., *Imperialismo humanitario. El uso de los derechos humanos para vender la guerra*, trad. de A. J. Ponciano, Barcelona, El Viejo Topo, 2008, para quem, uma vez superada a chamada Guerra Fria, a ideia dos direitos humanos é utilizada pelos poderes militares e econômicos hegemônicos, principalmente os Estados Unidos, para legitimar as mais diversas aventuras militares que pretendem dominar outros países soberanos, mediante intervenções supostamente humanitárias. No prólogo desta mesma obra, N. Chomsky defende que o Tesouro estadunidense contempla atualmente a libre movimentação do capital como um direito fundamental, enquanto que muitos dos direitos proclamados pela Declaração Universal de 1948, especialmente os direitos socioeconômicos e culturais, são objeto de zombaria apresentados como o conteúdo de uma fantasiosa "carta ao Papai Noel". Esta foi a expressão utilizada por J. Kirkpatrick, embaixadora de Estados Unidos na ONU, em uma célebre conferência sobre os direitos humanos para advertir o perigo de uma proliferação excessiva de tais direitos, como veículos de qualquer aspiração social imaginável.

admitir que não necessitava de fundamento quando Marx a formulou. Mas embora estivesse bem encaminhada, a vinculação genealógica desses direitos com o desenvolvimento do sistema econômico capitalista não é razão suficiente para os desqualificar. O valor das ideias transcende as suas circunstâncias genéticas. Ademais, como adverte J. Herrera, os direitos humanos não só têm favorecido os interesses expansionistas do capitalismo, legitimando esse sistema de relações socioeconômicas, como também têm cumprido uma função de incitação à mobilização popular contra a hegemonia capitalista ou simplesmente contra a injustiça.[14] É como reconhecer que os direitos humanos têm um valor independente do capitalismo, uma vez que podem favorecê-lo, assim como prejudicá-lo.

Pode-se inclusive voltar a tentativa de desacreditar a ideia dos direitos humanos por sua conexão histórica com o capitalismo, argumentando que se devemos algo de bom ao capitalismo e à burguesia, é precisamente a implementação dos direitos humanos. Embora no fundo tenha somente perseguido seus próprios interesses políticos e econômicos, a classe social empreendedora prestou um grande serviço à humanidade ao fazer como fez. Não só consolidou as liberdades individuais, com seu enorme potencial emancipador, mas também, voluntária ou involuntariamente, abriu caminho para os posteriores desenvolvimentos das mesmas, inspirados nos direitos socioeconômicos, também emancipadores da humanidade, mas desta vez frente à fome e à miséria. Em suma, a vinculação inicial com o capitalismo não só não desprestigia os direitos humanos, como também, de certo modo, redime o capitalismo.

Os direitos humanos de segunda e terceira geração, desconhecidos ou apenas reconhecidos como tais por Marx, não conseguiram ainda o mesmo grau de realização efetiva que as liberdades individuais, mas não deixam eles, por isso, de ser direitos humanos. Porém, parece evidente que já não estão a serviço da burguesia nem do capitalismo (que os aceita relutantemente), embora indiretamente contribuam para a sua consolidação, uma vez que mitigam seus efeitos socialmente mais danosos.

14. Cfr. HERRERA FLORES, J., *Los derechos humanos como productos culturales. Crítica del humanismo abstracto*, Madrid, Catarata, 2005, pp. 19, 91, 143, 145, etc. Não exagera muito BAXI, U., *The Future of Human Rights*, op. cit., pp. 2-4, quando afirma que o discurso dos direitos humanos é praticamente todo o que temos para combater a barbárie do poder e impulsar políticas emancipadoras.

Logo, não é verdade que exista uma relação consubstancial entre direitos humanos e capitalismo, como prova, por exemplo, o fato de que neles se apoiam muitos dos movimentos atuais que se opõem aos desmandos do capitalismo selvagem. Ademais, há o significativo paradoxo de que é precisamente em países pouco respeitosos com os direitos humanos onde este tipo de capitalismo encontrou seus melhores paraísos, e o lugar ideal para transferir numerosas indústrias, fugindo precisamente de alguns direitos humanos levados demasiado a sério.

Somente uma imposição mutilada dos direitos do homem, que limita seu alcance aos direitos civis e políticos de primeira geração, seria ainda vulnerável a críticas similares as de Marx. Se esta redução foi a estratégia das potências ocidentais que defendem a bandeira dos direitos humanos para justificar sua política internacional e promover seus interesses econômicos, a resposta deveria ser que não é admissível uma defesa parcial de tais direitos. Para demonstrar que sua preocupação quanto aos direitos humanos é sincera, teriam que promover a realização dos direitos sociais, econômicos e culturais em todo o mundo com o mesmo empenho e nível de exigência com que promovem os civis e políticos. Se não estão dispostos a proporcionar recursos materiais nem de nenhum outro tipo para promover uns direitos que também são reconhecidos pela Declaração Universal da qual são signatários, ou ao menos para diminuir a pobreza extrema e o subdesenvolvimento, não possuem legitimidade moral para impor a outras nações o respeito às liberdades individuais, desnecessárias para eles e bastante rentável para as suas empresas.

Em suma, os Estados que decidem se envolver na louvável empresa da realização universal dos direitos humanos, terão que demonstrar um sincero compromisso com todos eles, ao invés de uma hipócrita promoção seletiva orientada por seus próprios interesses.

Para além do que já foi mencionado, cabe observar, diante a crítica da suposta subordinação dos direitos humanos aos obscuros interesses do Ocidente, que se trata de uma crítica de natureza menos filosófica do que política, no sentido de que não diz respeito ao que esses direitos são ou valem em si mesmos, mas sim aos objetivos que com eles poderiam ser perseguidos. A réplica obvia a esta objeção é que os direitos humanos, como qualquer outra ideia (especialmente se goza do enorme prestígio desta) pode ser instrumentalizada de mil modos, sem que se prejudique o seu valor intrínseco. Da mesma maneira que podem se pôr a serviço de objetivos e fins não universalizáveis, como os apontados pela crítica em questão, podem se pôr a serviço de fins objetivamente valiosos, como a emancipação da opressão ou a luta pela justiça. [15]

Por outro lado, esses fins não universalizáveis nem confessáveis nem sempre devem ser atribuídos ao Ocidente ou ao mundo industrializado, porque do mesmo modo que a promoção dos direitos humanos pode servir de pretexto para justificar o imperialismo ocidental, sua rejeição como etnocentrismo ou imperialismo cultural, pode servir de pretexto para justificar o despotismo oriental ou para racionalizar a opressão, a marginalidade, a pobreza e o atraso em qualquer outro lugar do mundo.[16] Em outras palavras, se os direitos humanos podem ser manipulados para servir como justificação ideológica dos abusos do imperialismo e

15. Assim adverte, por exemplo, HERRERA FLORES, J., *Los derechos humanos como productos culturales. Crítica del humanismo abstracto*, op. cit., pp. 30, 32, 36, 91, 179, 245, etc., mostrando os direitos humanos como uma forma ocidental de luta pela dignidade humana; um produto cultural gerador de atitudes que nos permitem viver com o máximo de dignidade. Mas também os apresenta como instrumentos legitimadores do imperialismo e do capitalismo. Reconhece que servem para justificar a expansão colonial do Ocidente, mas também para provocar a globalização de injustiças e opressões que tal expansionismo produz. Observa que servem para justificar políticas econômicas neoliberais, mas também para limitar a luta social contra o roubo neocolonial. Não é incoerente sustentar que os direitos humanos podem defender o modelo de relação capitalista próprio da modernidade ocidental, e podem ao mesmo tempo ser seus principais antagonistas, expressando os anseios de justiça mais sinceros. O que já não parece tão coerente é negar sua derivação de alguma característica permanente da condição humana, ou seja, negar sua validez moral objetiva, e ao mesmo tempo enaltecê-los como bandeira na luta incessante pela dignidade humana. Se os direitos humanos são um mero artefato cultural, cujas pretensões de verdade ou validez objetiva necessitam de fundamento, não ocorre o mesmo com o valor da dignidade humana? Adotar uma visão moralmente relativista removeria todo o seu valor intrínseco, de tal modo que a luta pela dignidade ficaria reduzida ao puro voluntarismo mais ou menos caprichoso. Seria, ademais, um pouco cínico, embora talvez de um cinismo bem intencionado, apoiar essa luta em uns direitos que previamente foram difamados como instrumentos ideológicos do capital e como artefatos histórica y geograficamente condicionados, cuja validez ou justiça moral objetiva se nega redondamente. Seria uma atitude similar à do pároco idealizado por Unamuno em *San Manuel Bueno mártir*, que não acreditava em Deus, mas agia como se acreditasse para preservar a felicidade de seus paroquianos.

16. BADERIN, M. A., *International Human Rights and Islamic Law*, *op. cit.*, p. 26 observa que muitos autores ocidentais afirmam que as exigências do relativismo cultural são racionalizações das violações de direitos humanos.

do capitalismo selvagem, o sacrifício desses mesmos direitos, por uma questão de respeito às exigências da própria tradição vernácula, pode ser a justificação ideológica dos horrores de muitas tiranias.

Não falta razão a Sebreli quando adverte aos ingênuos artistas, antropólogos e pensadores pós-modernos que, em nome da igualdade entre os povos, divulgam o relativismo cultural, que estão na realidade defendendo os interesses de líderes políticos fanáticos e belicistas.[17] Por trás da rejeição aos direitos humanos pela sua origem "estrangeira", as vezes se esconde uma manipulação da xenofobia sempre latente em qualquer comunidade fechada. Com essa estratégia baseada na exaltação do orgulho nacionalista, os governantes despóticos evitam que suas políticas sejam julgadas a partir de uns valores e exigências de justiça constantemente infringidas por eles, e evitam incômodas responsabilidades pelo abandono dos direitos tanto individuais como sociais de seus governados.

4. DISCUSSÃO EM TORNO DE UMA CRÍTICA PÓS-MODERNA AO DISCURSO SUPOSTAMENTE EUROCÊNTRICO DOS DIREITOS HUMANOS

Dedicaremos este tópico, como indica o seu título, a examinar outra recente e severa objeção à ideia dos direitos humanos que, em parte, lida com reparos já apontados e discutidos aqui, e em parte introduz novos e interessantes elementos críticos de inspiração pós-moderna. A objeção, formulada pelo estudioso indiano U. Baxi, um experiente ativista em prol dos direitos humanos, é cuidadosamente seletiva. Não condena a ideia dos direitos humanos em geral, pois considera muito valiosas as manifestações contemporâneas e não eurocêntricas da mesma, surgidas como reação de diversas comunidades contra o sofrimento humano infligido injustamente. Condena unicamente, desafiando a "narrativa hegemônica" eurocêntrica, o que ele chama de o discurso moderno dos direitos humanos. Este discurso,

17. Cfr. SEBRELI, J. J., *El asedio a la modernidad. Crítica del relativismo cultural*, Barcelona, Ariel, 1992, p. 68. Também é oportuna a advertência de NINO, C. S., *Ética y derechos humanos. Un ensayo de fundamentación*, Barcelona, Ariel, 1989, p. 129, quando recorda a eficácia do discurso moral universalista sobre os direitos humanos para provocar a queda de muitos regimes tirânicos (como o da África do Sul nos tempos do *apartheid* ou o da última ditadura militar argentina).

produto do Iluminismo europeu, teria servido para legitimar práticas cruéis de exclusão social, como as representadas pelo imperialismo colonial, o racismo, a discriminação de classe e o patriarcalismo, que tem provocado sofrimento a inúmeras pessoas e comunidades durante muito tempo.[18]

Segundo argumenta Baxi, o discurso ilustrado sobre os direitos humanos, baseado na absolutização do direito à propriedade e no ideal do progresso, terminou justificando na prática um suposto direito humano coletivo das raças superiores que dominam as inferiores para o bem da humanidade; ou dito mais suavemente, um direito das sociedades bem ordenadas que governam as selvagens. O direito de propriedade, que veio a consagrar o individualismo possessivo, se converteu assim em um direito ao império e ao domínio.[19] Dado que os colonizados e em geral os subordinados eram, por definição, seres inferiores e não completamente humanos, não foram considerados dignos titulares de direito humanos e podiam ser explorados e escravizados livremente. Rebaixados a categoria de coisas ou bestas de carga, seu sofrimento permaneceu silenciado, invisível social e politicamente. Para expressá-lo em palavras, um pouco sombrias, de Baxi: "Os direitos humanos modernos, em sua narrativa originária, enterraram massas de seres humanos em mortalhas de administração necrofílica de regimes de silêncio".[20]

Por outro lado, para que os direitos burgueses pudessem florescer universalmente, as potências coloniais iniciaram a destruição planejada das

18. DE LUCAS, J., "Para la discusión de la nota de universalidad de los derechos (a propósito de la crítica del relativismo ético y cultural)", en *Derechos y libertades*, vol. 3, 1994, pp. 263 y ss., reconhece, em uma linha semelhante, a capacidade de exclusão implícita na concepção burguesa, radicalmente individualista, dos direitos do homem; exclusão que afetou os assalariados, as mulheres, os estrangeiros, os escravos, etc. "As manifestações da exclusão a qual acabo de mencionar constituem argumentos para a denúncia do lastro cultural etnocêntrico (ocidental) que aparece na origem doutrinária dos propositalmente universais direitos humanos, no Iluminismo."

19. Cfr. BAXI, U., *The Future of Human Rights*, op. cit., pp. 29 y ss., 154, etc. Entre os autores ilustrados que dedicaram seu talento para justificar o colonialismo destacaria J. Locke y J. S. Mill. Vid. sobre, PARECKH, B., "Liberalism and Colonialism: A Critique of Locke and Mill", en *The Decolonization of Imagination*, ed. por J. N. Pieterse y B. Pareckh, Delhi, Oxford Univ. Press, pp. 81-98. Também DE LUCAS, J., "Para la discusión de la nota de universalidad...", op. cit., p. 266, recorda como J. Locke excluiu do direito à liberdade religiosa dos não cristãos também aos "papistas".

20. Cfr. BAXI, U., *The Future of Human Rights*, op. cit., p. 31.

tradições e instituições vernáculas, reduzindo assim a riqueza cultural do mundo e a pluralidade radical dos seres humanos e de suas circunstâncias.[21]

Que valorização se pode fazer desta "narrativa" pós-moderna e pós-colonial? Para começar convém lembrar que o imperialismo e a colonização, assim como o racismo, a discriminação de classe e o patriarcalismo, são fenômenos anteriores ao Iluminismo europeu e ao discurso moderno sobre os direitos humanos. Logo, não pode existir nenhuma vinculação consubstancial entre todos eles.[22] Mas ao contrário: o desenvolvimento da ideia dos direitos humanos contribuiu e segue contribuindo decisivamente para combater e mitigar essas mazelas.

Em segundo lugar, o suposto direito coletivo dos povos superiores que dominam os inferiores não aparece em nenhuma doutrina ou declaração conhecida de direitos humanos. Em vão se procura semelhante direito nas declarações americanas ou francesas do século XVIII, tampouco nas posteriores. De onde Baxi terá obtido essa informação? Seguramente da reflexão sobre as peregrinações coloniais dos "descobridores" dos direitos humanos. Mas o fato de que as mesmas sociedades em cujo seio surgiu a ideia dos direitos humanos praticaram políticas imperialistas não permite deduzir que o fim último da doutrina dos direitos humanos foi a legitimação de tais políticas. Certamente é possível manipular a defesa dos direitos humanos como pretexto para justificar interferências imperialistas, coisa que ocorre frequentemente e pode seguir ocorrendo, mas essa não é razão suficiente para desacreditar a ideia dos direitos humanos. O correto seria limitar-se a denunciar sua instrumentalização interessada. Não se deve confundir as políticas que assumem a promoção dos direitos

21. Ibid., pp. 25, 78. Na mesma linha, ESTEVA, G. y PRAKASH, M. S., *Grassroots Postmodernism: Remaking the Soil of Cultures*, London, Zed Books, 1998, pp. 25, 126, 133-4, etc., sustentam que a agenda global dos direitos humanos ameaça o "pluriverso" cultural das diferentes civilizações humanas, operando como um perigoso Cavalo de Tróia recolonizador. Por acaso é uma opção viável, em um mundo tão aberto como o atual, a defesa do isolamento autárquico de cada cultura frente às possíveis contaminações ocidentais?

22. Como adverte DE LUCAS, J., "Para la discusión de la nota de universalidad...", op. cit., p. 300, por trás do "modelo universalista reinante se encontra em grande medida o etnocentrismo ocidental", com suas "consequências históricas: colonialismo, imperialismo, racismo. Mas não há argumentos para defender que um e outro são idênticos ou inseparáveis. Se trata de um dado empírico, mas não necessário de acordo com o ponto de vista lógico. Por outro lado, a história mostra experiências imperialistas inspiradas em ideologias não universais".

humanos como objetivo último, com as políticas que utilizam a ideia dos direitos humanos como meio para alcançar outros objetivos, mais ou menos inomináveis.[23]

Um episódio conhecido da história espanhola nos oferece um bom indicio da radical divergência existente entre a política imperialista e a ideia dos direitos humanos. Me refiro a famosa controvérsia de Valladolid que, em 1550, enfrentou o defensor dos índios Bartolomeu de Las Casas, com o campeão dos curadores ou colonos americanos, Ginés de Sepúlveda. Nela se contrapuseram frontalmente, por um lado, um certo relance da ideia dos direitos humanos, que colocava em dúvida a legitimidade da conquista americana, defendendo a igual dignidade dos índios como seres humanos livres e, em consequência, a ilegitimidade de qualquer tentativa de submetê-los à força; e por outro lado, a velha tese de raiz aristotélica do direito natural dos povos superiores de se impor àqueles que são "por natureza bárbaros, incultos e inumanos". Por mais que se tente defender este "direito natural" como um suposto direito dos povos mais fortes, em nenhum caso se pode inclui-los na categoria de direitos humanos. Em primeiro lugar, pelo seu caráter coletivo, ou melhor, transpessoal, e em segundo lugar porque esse suposto direito ao império não é universalizável, sendo assim, é incompatível com o direito à liberdade de todo ser humano e com muitos outros direitos essenciais às pessoas.

Outro indício que nos convida à reflexão é o de Thomas Jefferson, que não encontrou grandes dificuldades em defender arduamente os direitos inatos do homem, ao mesmo tempo que possuía (as vezes em todos os sentidos da palavra) numerosos escravos. Dado que os escravos estavam excluídos da categoria de pessoas, a atitude de Jefferson era perfeitamente coerente, segundo a opinião de Baxi, que atribui essa mesma coerência

23. O próprio BAXI, U., *The Future of Human Rights*, op. cit., pp. VI, VIII, 18, 41, 99, etc., insiste ao longo de sua obra na distinção entre "políticas de direitos humanos" e "políticas em prol dos direitos humanos". As primeiras servem aos fins da *Realpolitik*; ou seja, se põe ao dispor dos interesses políticos e econômicos do poder global, provocando miséria e devastação em muitos lugares do planeta; enquanto que as segundas tratam de combater os atos de poder que causam sofrimentos humanos injustificados. Daí se pode deduzir a existência de uma profunda ambiguidade e inclusive uma contradição no discurso atual sobre os direitos humanos, que tem um sentido radicalmente distinto quando se apropriam dele os poderes hegemônicos, ou quando o fazem os subalternos; quando diz "lo ilustrado" ou quando invoca "lo indio" (cfr. p. 7).

ao matrimonio da doutrina dos direitos humanos com o colonialismo, o racismo e o patriarcalismo.[24] Na minha opinião, faz mais justiça ao verdadeiro sentido da ideia de direitos humanos, afirmar que a atitude de Jefferson foi profundamente incoerente, pois o núcleo central desta ideia reconhece a dignidade de todos os seres humanos sem exceção alguma.

Em todo caso, o erro não reside na ideia dos direitos humanos, mas sim na negação infundada da categoria de autênticos seres humanos aos escravos, indígenas, mulheres, etc. É compreensível que, desde o ponto de vista dos agredidos injustamente, as doutrinas de seus agressores pareçam tão culpadas como eles mesmos. Mas se o ressentimento lógico lhes permitisse uma reflexão mais equilibrada, seguramente compreenderiam que na doutrina dos direitos humanos não está a razão de ser das suas desgraças, mas sim a chave de sua libertação.[25]

Quanto a acusação à doutrina dos direitos humanos de imperialismo cultural que anula a pluridiversidade do mundo e ignora a diversidade de condições dos seres humanos, mesmo Baxi acaba rejeitando-a, reconhecendo que atualmente o desenvolvimento de tais direitos não pode ser atribuído somente ao Ocidente e que, em sua versão contemporânea, dão atenção a uma grande diversidade de condições subjetivas de indivíduos e grupos, cujos direitos são reconhecidos como meninos, mulheres, idosos, trabalhadores, indígenas, etc.[26]

Como se pode perceber, a crítica de Baxi se limita ao discurso "moderno" dos direitos humanos, concebido por ele como monopólio narrativo eurocêntrico que precisa ser derrotado, na medida em que serve de justificativa a poderes ilegítimos e cruéis práticas de domínio. Tenta salvar, porém, o discurso contemporâneo sobre os direitos humanos, que já não é etnocêntrico nem serve para justificar nenhuma forma de domínio, mas

24. Cfr. BAXI, U., *The Future of Human Rights*, *op. cit.*, p. 114, n. 64: "Jefferson was consistent with the logics and paralogics of the *modern* human rights practices of exclusion".

25. HABERMAS, J., "Zur Legitimation durch Menschenrechte", en *Die postnationale Konstellation: Politische Essays*, Frankfurt/M, Suhrkamp, 1998, pp. 170-92, defende que o discurso dos direitos humanos está predisposto a prestar atenção a todas as vozes. Os direitos humanos, na medida em que exigem a inclusão do outro, funcionam como detectores de qualquer exclusão que se pratique em seu nome.

26. *Ibid.*, pp. 78-9.

sim forjado na luta contra o sofrimento injustamente infligido em seres humanos. Na minha opinião, a separação radical dessas duas etapas na história dos direitos humanos, que nega a primeira e eleva a segunda, é arbitrária e insustentável. A ideia dos direitos humanos é a mesma em toda a sua evolução, e não é possível cortar ou envenenar as suas raízes sem secar as ramificações contemporâneas que se quer salvar.

5. CONCLUSÃO: DIREITOS HUMANOS E DIÁLOGO UNIVERSAL

Relata Gibney[27] uma curiosa anedota que certo antropólogo chinês lhe contou, descobrindo uma surpreendente via de penetração da ideia dos direitos humanos entre as pessoas de seu país através das velhas séries policiais de televisão norte-americanas. Aqueles direitos, seguramente estranhos à tradição cultural chinesa, que a polícia lê rotineiramente aos detidos na América do Norte, não passaram despercebidos para os telespectadores chineses, até o ponto de que, em suas relações com a polícia, eles também começaram, com toda naturalidade, a reivindicar seu direito a guardar silêncio e todos os demais, sem importa-lhes o detalhe insignificante de que ainda não tinham sido reconhecidos por seu Direito Positivo. Certamente, as autoridades chinesas nunca suspeitaram que *Starsky e Hutch* pudessem ter efeitos tão nocivos.

Esta significativa anedota mostra, em primeiro lugar, o avanço inexorável da globalização, fenômeno que não afeta somente a economia, mas a civilização em geral. O desenvolvimento da tecnologia no âmbito da comunicação está propiciando uma espécie de diálogo constante de alcance universal, que une rapidamente as diversas culturas em uma única civilização. Esse fenômeno parece confirmar na prática ideias que haviam sido muito contestadas na teoria, entre elas a existência de uma natureza ou condição humana comum. As diferenças culturais, que tanto relembram os antropólogos, vão desaparecendo rapidamente (para o desespero destes, que ficam sem ciência) ou se reduzem a detalhes anedóticos e folclóricos, aos que, porém, muitos se agarram desesperadamente, como se deles dependesse sua identidade mais profunda.

27. GIBNEY, M. J. (ed.), *La globalización de los derechos humanos*, op. cit., p. 9.

Outro ensinamento, que se infere na anedota anterior, é a validez dos direitos humanos além da genealogia ocidental da forma com que atualmente se apresentam; genealogia que não seria, em todo caso, razão suficiente para desacreditá-los.[28] Do mesmo modo que um povo que desconhece a roda, ou a energia elétrica, adotaria de imediato essas invenções, não importa se seu odiado vizinha as tinha descoberto antes, também aprovaria os direitos humanos. O faria pelo seu evidente valor moral ou de justiça, que não pode ser alheio à sua própria tradição cultural. Por essa mesma razão não é necessário que se imponha a missão de os impor ao mundo. O que "é de razão" se impõe por si só. Mais ainda, posto que os direitos humanos são exigências morais, e a autonomia é um dos recursos irrenunciáveis da moral, nunca devem ser impostos coercitivamente, mas sim serem universalmente aceitos pelo seu próprio valor moral.

A maioria das vozes críticas, cujos ecos ressoaram nas páginas anteriores, não expressam uma rejeição pura e simples dos direitos humanos, que em geral respeitam, reconhecendo suas raízes no valor verdadeiramente universal da dignidade humana. O que criticam é, melhor dizendo, a forma arrogante com que pretende se impor a versão ocidental de tais direitos, que não leva em conta as necessidades e circunstâncias específicas de cada país; ou sua imposição tendenciosa que os reduz a direitos individuais, agradecidos aos neoliberais e às empresas multinacionais,

28. BAXI, U., *The Future of Human Rights*, op. cit., pp. 3, 12, 24, 27, 89, etc., questiona a ideia mesma da origem ocidental dos direitos humanos. Nega que sejam um presente do Ocidente aceito mimeticamente pelo resto do mundo, e desqualifica esse ponto de vista como "racismo epistemológico". Como prova da origem extra ocidental de alguns desses direitos, ou de suas principais manifestações contemporâneas, menciona o exemplo do indiano L. Tilak, que defendeu, no início do século XX, o direito à autodeterminação, ou de M. Gandhi, que enfrentou as primeiras formas do *apartheid* na África do Sul, ou do afro-americano F. Douglas, que lutou heroicamente contra a escravidão. Em sua opinião, a crença ocidental na sua propriedade intelectual da ideia dos direitos humanos é uma das razões que explicam a inclinação das sociedades euro-americanas que impõe sua versão dos mesmos em todo o mundo, inclusive contra a vontade de seus supostos beneficiários. A semelhança entre os direitos humanos e a cultura ocidental lhe parece, com razão, nefasta, porque convida as sociedades que não são euro-americanas a ignorá-los, rejeitando a ideia do igual valor de todos os seres humanos e facilitando assim a tarefa aos regimes tirânicos. Se, pelo contrário, se aceita a ideia de que a verdadeira origem ou razão de ser dos direitos humanos está em qualquer comunidade que reage contra violações humanas intoleráveis, o futuro desses direitos será muito mais promissor e ficará desacreditada a crítica do relativismo cultural.

mas que esquece a importância da comunidade na realização da pessoa; ou a subordinação desses mesmos direitos a política internacional das grandes potências.

Apesar de tudo, surpreendentemente, quando os discordantes param de lançar dardos para propor suas soluções, muitos deles voltam a recorrer à ideia dos direitos humanos para sustentá-las. Nisto se diferenciam dos críticos clássicos, cujos argumentos as vezes reproduzem; pois evitam subscrever as "emendas à totalidade" deles, e se contentam com objeções parciais, em parte exatas, mas sempre corrigíveis. É compreensível o retorno de seus críticos aos direitos humanos para justificar suas próprias propostas construtivas, porque, a não ser que se adote uma atitude seriamente relativista, somente serão moralmente aceitáveis tais propostas se se apoiam em princípios ou valores universais, ou seja, suscetíveis de aceitação universal, e dificilmente se poderá encontrar valores mais universais que os implícitos na doutrina dos direitos humanos.

Recapitulando brevemente as objeções parciais que antes discutimos, observaremos que a doutrina dos direitos humanos sai, em seu essencial, intacta das mesmas; e até reforçada, na medida em que se podem corrigir as deficiências apontadas.

O defeito da abstração excessiva desta doutrina, se não leva em conta as circunstâncias específicas de cada povo, pode se corrigir confiando a cada comunidade política a interpretação, ou concretização, dos valores que formam o núcleo essencial dos direitos humanos. O perigo evidente dessa delegação está na possível desvalorização, ou degradação, dos direitos humanos reconhecidos em determinados países, por causa de uma interpretação pobre ou restrita dos valores que concretizam. Poderia ocorrer também que, por fugir do etnocentrismo ocidental, cairia em uma pluralidade de etnocentrismos de mais curto alcance e não menos arrogante.

De início terá que aceitar as decisões democráticas de cada comunidade política sobre os direitos que considere conveniente reconhecer aos seus cidadãos, para lhes assegurar uma vida digna. Sempre restará a garantia de que tais decisões permanecerão expostas a um diálogo aberto a todos, e poderão ser objeto de críticas que induzirão a revisão de suas possíveis deficiências. A intensa inter-relação de culturas atualmente existente funciona de fato como um local de debate aberto e permanente, que seguramente conduzirá à progressiva afirmação dos pontos de vista moralmente mais convenientes.

O segundo defeito apontado pelos críticos, o individualismo excessivo de uma doutrina que parece ignorar a importância da comunidade na realização dos indivíduos, pode corrigir-se reconhecendo a existência de direitos humanos que pretendem proteger certas formas de vida comunitária. Entre eles destaca-se o direito das pessoas a manter suas diferenças culturais; direito que os permite proteger os aspectos que consideram mais valiosos de suas cosmovisões e formas de vida.

O perigo aqui presente é que os costumes e aspirações do grupo colidam com os direitos individuais de seus membros, e que os primeiros anulem os segundos. Não se deve esquecer que historicamente a defesa da identidade de grupo foi utilizada por minorias totalitárias como pretexto para justificar a segregação racial, fundamentalismos fanáticos, ou outros abusos similares. Por outro lado, o respeito às culturas tradicionais pode ser uma forma de ignorar-se a pobreza, o subdesenvolvimento e marginalidade de amplos setores da população de um país (ou de um país em seu conjunto), condená-los a uma constante agonia em instituições arcaicas, mumificadas e ineficientes, convertidas em uma espécie de curiosidade antropológica.[29] Como evitar essas consequências indesejáveis? Limitando o direito à diferença cultural com os mais básicos direitos à liberdade individual e a um nível de vida digno, que não devem sacrificar-se em benefício da identidade coletiva.

Finalmente, o defeito da possível manipulação dos direitos humanos, impostos por determinados países para fins espúrios que pouco tem a ver com a defesa de uma vida humana digna, se corrige reconhecendo a inconsistência de qualquer imposição coerciva de uma exigência moral, posto que impede a necessária autonomia.

Em geral, e esta é uma conclusão compartilhada pela maioria dos autores que estudam o tema, a determinação dos direitos humanos deve ser o resultado de um diálogo universal aberto a todas as perspectivas culturais, que não pressuponha a inferioridade nem a superioridade in-

29. Cfr. BHABHA, H. K., "Del derecho a escribir", en *La globalización de los derechos humanos*, *op. cit.*, pp. 185-6.

trínseca de nenhuma. Deve se partir de uma atitude de respeito recíproco, levando em conta o ponto de vista do outro, com a vontade de avançar juntos, e mantendo sempre a disposição de aprender a partir dele e não apenas ensiná-lo. Isso não significa que se deva renunciar à comparação, e também à confrontação, de ideias e princípios para poder escolher os melhores. Justamente porque não compartilhamos todas as crenças morais necessitamos do diálogo, do discurso moral, para analisá-las e buscar um consenso racional. Este debate, que pode parecer utópico ou muito idealista, na realidade já está se produzindo na prática cotidiana por efeito da comunicação globalizada, que impede o tradicional isolamento das culturas, confrontando-as permanentemente. Se trata de uma confrontação que pode se conceber como processo multicultural de interação e influência recíproca.

Justamente porque deve se reconhecer a diversidade cultural do mundo, sem esquecer o fenômeno da sua crescente inter-relação (pluralismo cosmopolita), é evidente a necessidade de um discurso moral que todos possamos compartilhar, e o dos direitos humanos parece ser um ótimo candidato. Bem entendido que esses direitos não devem se apresentar como dogmas impostos, mas sim como propostas de diálogo baseadas em valores universalmente compartilhados. Somente uma doutrina dos direitos humanos assim construída, como resultado das contribuições de todas as perspectivas culturais, pode ter a legitimidade necessária para enfrentar de forma eficaz a injustiça em qualquer local do planeta.

Capítulo 13

REFLEXO ENTRE VOZ E VIOLÊNCIA: O ATAQUE E O SILÊNCIO NA MOLDURA DEMOCRÁTICA

ROBERTA DAMASCENO[1]

INTRODUÇÃO

O artigo objetiva analisar os limites da liberdade de expressão e que características são dadas ao buscar esses limites na moldura democrática contemporânea. Para a construção de tal estudo, utilizou-se uma metodologia de cunho bibliográfico a compor a exploração do tema, com a leitura do episódio de violência em torno do jornal francês Charlie Hebdo. Confrontou-se a tradição satírica dessa mídia e a responsabilidade sobre os impactos na formação do consenso sobre a realidade social. Em face do caso analisado, o imaginário acerca da comunidade islâmica e do indivíduo visto como estrangeiro no contexto europeu.

Assim o episódio norteia os efeitos desse imaginário, as causas da violência envolvida nesse processo, e a liberdade de expressão como mecanismo de poder perante a comunidade e a relação simbólica determinada sob a ótica de Bourdieu.

1. Bacharel em Direito pelo Centro Universitário do Pará - CESUPA.

A partir disso, a democracia pensada à luz de Jacques Rancière é defrontada com seu risco político e o surgimento do politicamente correto. Ao redor desse debate pontua-se a ocorrência da desumanização daqueles que tem sua visibilidade e representatividade negligenciada, em relação às questões identitárias, sob o argumento da questão islâmica frente ao jornal francês.

O modo como a simbolização é percebida e desenvolvida no processo democrático identifica a própria linguagem como meio de negociar os termos da própria existência frente a comunidade política. A observação da ligação entre a violência discursiva e sua influência e impacto na violência física é um aspecto desse processo que visa elucidar onde reside o limite da liberdade de expressão. A abordagem do tema ressalta a importância de uma gestão da fala que contemple e torne visível os diversos modos de vida, além da importância de fomentar a humanização por meio do núcleo do reconhecimento dessa diversidade no espaço público.

A identidade como algo político embasa o surgimento do politicamente correto, e retoma a questão da linguagem estruturante do mundo. Assim, a linguagem, compreendida como mecanismo através do qual o homem experiencia o mundo, tem como foco no presente trabalho o âmbito político e a forma sob a qual dentro dela se desenvolve o livre discurso. A seara arguida como ponto crítico é a correição na política e como ela funcionaria sem que se transfigurasse em uma espécie de censura.

Outrossim, a liberdade e as formas por ela desempenhadas tem como chave a saída política e o jurídico se revela uma camada. Por isso, é apontado no percurso da análise o risco que acompanha a democracia, uma vez que adotada a liberdade no sistema político ela se revela também como liberdade de errar. Com esse ponto se discute o fascismo como efeito colateral democrático e o modo com o qual se busca cada vez mais extingui-lo sem que se use de seus próprios mecanismos de força. Esses riscos de lidar com a limitação do discurso e o modo a ser solucionado, no que diz respeito a repressão totalitária e dentro dela a censura, são vinculados ao problema. É alinhado a isso, a postura democrática de abrigar os diversos modos de vida.

O artigo se estrutura analisando a violência simbólica no conceito de Pierre Bourdieu e o contexto dominante presente nos fatos contemporâneos; uma leitura da tragédia em torno do Charlie Hebdo e sua análise política;

a condução do problema da liberdade de expressão em meio ao surgimento do politicamente correto junto a significação dos mecanismos repressivos em busca de sua garantia; o risco inerente à democracia apresentado pela liberdade e seus efeitos; ao final, pontua-se o caminho traçado por essa violência no discurso e as referências que subsidiaram este raciocínio.

Assim foi traçado o percalço de analisar o limite do discurso, o reflexo existente entre a voz e a violência, e através de que características são dadasesses limite na moldura democrática.

1. O REFLEXO ENTRE VOZ E VIOLÊNCIA

A convivência com pulsantes falas excludentes, discursos de ódio, no cenário artístico e político impulsionam o questionamento do limite da liberdade de expressão. Entretanto a criminalização do discurso foi um viés conscientemente descartado na escolha da abordagem. Isso porque parte-se da ideia de que a criminalização não é um molde que soluciona todos os problemas de maneira mágica e instantânea. Pontua-se que, para além da verbalização de ameaças, violência e signos brutais,existem sutilezas que permitem e traçam um caminho anterior ao nível máximo e físico de intolerância e discriminação. Esse nível anterior a escala de violência física é o âmbito simbólico, expresso na linguagem que sustenta o ciclo de violência.

Embora não ignore a dimensão brutal na qual o encaixe de discurso de ódio seja mais nítido, opta-se prioritariamente porse debruçar sobre a raiz da questão. Isso embalado também pela consciência de que a criminalização da liberdade de expressão pode ser instrumentalizada, bem como a própria liberdade.

O perigo de instrumentalizar é que qualquer discurso de crítica aos detentores do poder, dentro do Estado, por exemplo, pode ser criminalizado gerando uma perseguição política àqueles que se contrapuserem aos que estão no exercício do poder. Esse fator a princípio se demonstraria estranho à democracia e muito próximo ao totalitarismo, implicando em censura e repressão destinada aos que se posicionarem na contramão de interesses do governo em exercício.

Assim observando um esgotamento na criminalização, com o intuito que deve ser corroborado sempre como ultimo meio de intervenção e resolução de um conflito, saímos da cena penal com o tema de liberdade de expressão para tratá-lo em âmbito político. A repressão criminal pontua um efeito apenas, fazendo obstáculo pontual sem jamais cessar o fenômeno.

O âmbito político traduz a importância e os modos de limitação da liberdade de expressão, e é preciso compreender seu desempenho nas raízes da democracia. A liberdade de expressão assim se estende a pluralidade de vozes que deveriam ser permitidas no espaço público, para que a maturidade do debate possa fortalecer a ideia de democracia. Esse fortalecimento é levantado, pois dentro da própria democracia a sua liberdade deve permitir a pronuncia de valores contrários a ela mesma, e nisso consiste o risco democrático.

A pesquisa bibliográfica traça assim um caminho que se inicia buscando respostas sobre como se estrutura o poder simbólico e o arcabouço que propicia uma naturalização da violência na linguagem.Para um discurso tornar-se normalizante, analisa-se o poder simbólico sob a ótica de Bourdieu e a maneira como ele se dá de forma estruturante a definir, nomear e moldar o mundo. Com isso verifica o efeito de uma violência verbal diante de uma identidade, seja étnica, racial ou de gênero e o papel do reconhecimento e a articulação da própria existência através da linguagem.

O caso Charlie Hebdo aparece de modo a ilustrar a análise por conter expressões de violência física e violência na linguagem, observando como o contexto deve ser frisado para melhor compreensão do fenômeno. Surge mais latente a forma de articulação da existência em relação à identidade mulçumana(e suas distorções) diante disso, bem como seus desdobramentos e a violência esculpida nesse meio.

Para compreender a relação travada com as questões identitárias, utiliza-se a construção do termo "politicamente correto" para compreender o incômodo desde sua origem. Nessa perspectiva apresenta-se uma crítica ao modo de combate aos problemas e as suas contradições no que diz respeito à repressão.

Posterior à hipótese da repressão e se opondo a ela discute-se o espaço político destinado a uma pluralidade de vozes e como isso iria funcionar sob uma ótica democrática. Assim ao chegar ao ponto complicado acerca da liberdade que inclui liberdade de errar, observa-se o risco que caminha ao lado da democracia, uma espécie de efeito colateral, o fascismo. Nesse ponto se discute a própria liberdade de expressão dentro da democracia e como assegurá-la trazendo aspectos da obra de Rancière(2014)e a divisão dentro desse panorama.

2. O PODER SIMBÓLIDO E A NATURALIZAÇÃO DA VIOLÊNCIA NA LINGUAGEM

As relações de poder na democracia, desempenhadas pelo instrumento da voz, abrigam a noção de violência simbólica a cenários recorrentes que costumam ser tratados como exceções. O recorrente tratado como exceção é uma forma de explicar a violência naturalizada. Isso é atribuído como exceção justamente por demonstrarem gritante o dissenso acobertado pela sociedade que foi habituada ao consenso, pela ideia de uma fraternidade alimentada com isso.

O recorte dessa violência inserida na linguagem é o que pulsa ao debate acerca da liberdade de expressão e suas implicações. Afinal o alcance e o sustentáculo da fala, que além de efeito e garantia democrática, é também instrumento que molda o poder desempenhado perante o grupo. A expressão como dimensão através da qual o ser experiencia o mundo é um polímero para a compreensão da palavra como instrumento de poder, e também, portanto de violência.

Zizek (2014) argumenta embasado em Hegel que há algo de violento no próprio ato de simbolização de algo, e às vezes esse ato restringe a um aspecto unidimensional, se afastando de sua unidade orgânica, ou considerando pela parte o todo. É esse condicionamento que altera a identidade social e simbólica e escala essa violência simbólica na linguagem, issoporque alguém que é tratado como inferiorem razão do grupo que pertence tem o eco de que isso reflete no fato de que esse grupo é tornado realmente inferior no âmbito de sua identidade social simbólica. Esse efeito é conduzido pela eficácia performativa de um discurso discriminador ou excludente.

Nesse sentido,a exclusão toma forma e nitidez na expressão dos discursos aceitos em público, ou os mais veiculados e repetidos à exaustão. O prejuízo do perigo da história única alertadopela escritora nigeriana

Chimamanda Ngozi Adichie,pontua exatamente sobre as histórias que não são contadas e como isso reforça que sobre alguns grupos se tome a parte pelo todo.

Adichie (2009) em certo ponto toca na questão do poder referente às palavras e utiliza um vocábulo da tribo igbo que é "nkali", um substantivo que significa "ser maior que o outro", e demonstra como o princípio do "nkali" é reiterado nas estruturas de poder político e econômico que viabilizam algumas histórias circularem mais que outras.

Assim Adichie (2009) explica que quem conta as histórias, como as conta, quando e quantas são contadas está vinculado e dependente do poder dessas estruturas. A preocupação com os estereótipos criados pela única história, e a dificuldade de lidar com eles não enquanto mentiras, mas como uma distorção de visualizar lacunas, ao ver uma história incompleta. Por causa desse problema, a autora acima diz que "a consequência de uma única história é essa: ela rouba das pessoas sua dignidade. Faz o reconhecimento de nossa humanidade compartilhada difícil". Esse roubo da dignidade diz respeito a perda de identidade e desumanização sofrida em consequência da história única perpetuada, isso pode ser compreendido com o pensamento de Butler (2011) sobre desumanização e representação:

> Quando consideramos as formas comuns de que nos valemos para pensar sobre humanização e desumanização, deparamo-nos com a suposição de que aqueles que ganham representação, especialmente autorepresentação, detêm melhor chance de serem humanizados. Já aqueles que nãotêm oportunidade de representar a si mesmos correm grande risco de ser tratados como menos que humanos, de serem vistos como menos humanos ou, de fato, nem serem mesmo vistos.

O contrapeso seria um equilíbrio de histórias, uma representatividade, também em equilíbrio com a filosofia de Butler (2011), um balanceamento dos discursos, no qual é citado por Adichie, o escritor também nigeriano ChinuaAchebe. Por isso Adichie (2009) firma a questão de que histórias importam, no sentido de representar diferentes visões de mundo, e que ainda que tenham sido usadas para expropriar e tornar maligno, podem também ser usadas para capacitar e humanizar, com a possibilidade tanto de destruir a dignidade de um povo e tomá-lo como inimigo ou como fraco, quanto de reparar a dignidade perdida e celebrar a igualdade associada à pluralidade de modos de vida. Quando um estado vem demonstrando sintomas depredominância de apenas um discurso, isso se torna visível, pois esse único discurso tende a se tornar normalizante, correndo risco de colaborar ao extermínio de outros modos de vida.

Por isso é importante delinear o princípio do problema da violência no próprio discurso que estrutura as ações da sociedade. Mesmo em sociedades com suas constituições construídas à proibição e criminalização do discurso de ódio no ordenamento.E o início do problema se faz no discurso, antes que tome parâmetros de violência física.

No entanto a prática é um pouco mais embrincada e esbarra na dificuldade do diálogo no cenário político, em confronto com toda a questão de representatividade e poder no espaço público. Uma vez que mesmo com arcabouço jurídico de leis explícitas coibindo a prática, essa violência persiste.

A forma como esse campo do discurso salta da violência simbólica à violência física, torna por vezes indissociável uma da outra. Esse funcionamento é ilustrado com casos trágicos como o de intolerância religiosa em torno da menina de 11 anos que levou uma pedrada na cabeça ao sair de um culto de candomblé no dia 14/06/2015.

Perante a persistência desses comportamentos, contar com a responsabilização do agente na intolerância é importante para que se possa pensar em lidar com soluções para esse tipo de violência, para além do sentido criminalizante e punitivo. Para alcançar esse patamar, é preciso investir na abertura de um diálogo para a construção de uma cultura de paz e de uma democracia deliberativa. Esse reconhecimento de uma discriminação enquanto tal, sem diminuí-la, é essencial para sua solução da discriminação em qualquer instância, isso é reiterado no campo político do discurso.

O problema acarretado no processo desumanizador é o medo que salienta as relações plurais de contato com a diversidade. A obra de Rancière (2014) é importante para posicionar que a lógica política não funda exatamente o acordo, o consenso, mas sim em seu contraste, na fundação do próprio conflito. Esse gancho do conflito, do dissenso, que retorna a "administração eficaz da vida" trazida por Zizek (2007) inflama a demasiada proximidade do outro nessa lógica. Entra-se nesse âmbito claramente pelo temor que a política encerra o temor de confronto, é exatamente o medo que se tornará nesse raciocínio o supremo mobilizador ao atrofiar a dimensão do político até que se extirpe. A engrenagem então se movimentará sob o medo, e como elenca Zizek (2007, p.46), "o medo de imigrantes, medo da criminalidade, medo de uma depravação sexual ímpia, medo do próprio excesso de Estado e de sua carga tributária elevada, medo da catástrofe ecológica, medo do assédio".

O medo em forma de paranóia coletiva aumenta o muro entre os diferentes modos de vida, e celebra demandas de gerência de seres ensimesmados, mimados por uma política impregnada de uma pós-modernidade hedonista na qual desviam a socorrer apenas a si próprios. O reconhecimento da igualdade enquanto realidade é um esforço que implica em promover o diálogo posterior ao desentendimento, à realidade do dissenso. Portanto mediante os conflitos ensejados pela política o resgate da ampliação daesfera pública é a saída para combater a apropriação da oligarquia sobre a democracia.

Mas essa ampliação da esfera pública não se traduz simplesmente em uma intervenção crescente do Estado, mas em uma luta contra a cisão do público e do privado que propicia uma dupla dominação da oligarquia nos dois âmbitos, do Estado e da sociedade (RANCIÈRE, 2014), tensionando ambos para atender seus interesses. Isso coloca o indivíduo como unidade dessa ilimitação de desejos, direitos, demandas e espetáculos, e a reproduçãode sistemas simbólicos de dominação no campo do Estado.

Para tanto, a democracia se contorceria em sentido contrário na rejeição de uma vida pública regida por um princípio uno, no sentido de assim dilatar e estender a própria vida pública. Em tal papel de ser princípio uno como uma espécie de consenso, a satisfazer um clamor que antes era compreendido no sentido homogeneizante entre instituições do Estado e costumes da sociedade, que mediante essa tensão é vislumbrada no jogo democrático.

Agora vem à tona uma guinada na direção da eliminação da própria política em nome da eliminação das tensões. O consenso é uma exigência para chancelar o poder representativo. Contudo ele não algo real perante a pluralidade de ideias e acaba servindo a invisibilizar os conflitos latentes e a discriminação da diferença em segmentos de gênero, raça, classe.O consenso se demonstra, então, oposto à ampliação da esfera pública e ao afiar da democracia.Isso funciona pois no campo do consenso, há a negação do debate, e da existência de vozes dissidentes. As formas de dominação se desempenham sob a utilização de meios que as perpetue.

Nesse olhar a violência pode ser observada como instrumento substantivo de levar os outros a fazer o que desejamos vive antes no imaginário de tensões humanas que antecedem a guerra, ou o medo da morte violenta que mobiliza em Hobbes a formação do Estado. Essa compreensão é cercada no Artigo de José Eisenberg, o qual ele explica que o terror podendo vir de qualquer lugar, traz uma paralisia na qual o sujeito não pode confiar em ninguém para a superação desse claustro simbólico, e extirpa sua capacidade de uma coragem até de ter medo, uma vez que "o inimigo mora ao lado, em todo lugar, e ao mesmo tempo" (EISENBERG, 2005, p.59).

No entanto, antes desse perfil paralisado pelo medo até de ter medo, Eisenberg explica que o medo é antes desse contexto "uma paixão positiva e emancipadora, criadora do político e da política em sua acepção republicana" (EISENBERG, 2005, p.60), e por isso, como inimigo do político não se compreende o medo, nem a obediência ou sequer a autoridade política, mas o "medo de ter medo". Isso ocorre passando pela ideia de que o medo puro e simples ao construir inimigos e definir amigos, constituí o político, na coragem de ter medo, operando na vitalidade da ação política. E diferenciando-o a coragem de ter medo do medo de ter medo, Eisenberg (2005, p.60) diz que:

> Enquanto que do medo nasce a razão prática e a esperança de emancipar-se das causas do medo, gerando assim uma sociabilidade reflexiva que podemos chamar de ação política, do medo de ter medo nasce a angústia que gera uma apatia em relação ao político que interessa somente àqueles que dela usurpam. [...] da coragem de ter medo pode nascer uma república, na qual temos o dever de obedecer às regras legítimas, o direito de cobrar de todos que cumpram seus deveres, o direito de resistir quando a regra é injusta, e o dever de resisti-la quando ela nos é imposta, do medo de ter medo nasce a apatia que arremessa os sujeitos sociais em um jogo instrumental de articulação dos interesses privados, individuais ou coletivos, colonizando a esfera pública e fazendo desaparecer, gradualmente, o político das sociedades contemporâneas.

O medo retorna então ao nosso ponto do desaparecimento da dimensão do político, encaixando-se na política do medo, levantada por Zizek (2014), que é alimentada por essa apatia que se centra na defesa contra assédios potenciais. Limitar-se a isso é deixar de lado a ponderação entre cumprimento de regras legítimas e resistência às regras injustas. Faz esquecer que a política é o eterno por em jogo do que se têm ou não, do questionamento de direitos que foram anteriormente negados, mas só podem ser enterrados, diante do medo de ter deixado de articular os interesses de grupos ou indivíduos.

Embora nas próprias palavras de Eisenberg "nem tudo que é justo é legítimo e nem tudo que é legítimo é necessariamente justo."(EISENBERG, 2005, p.58), a autoridade política insiste em manter-se na aceitação dos conquistados, de maneira tão legítima quanto na aclamação por cidadãos. O que leva ao fato de que "A distinção central consiste no fato de que a legitimidade da autoridade política reside no consentimento e não nas razões que se tem para consentir" (EISENBERG, 2005, p.58), e se a razão pode ser operada pelo medo, reconhecendo a tranquilidade de posse dessa autoridade política imposta por meio disso, deflagrada essa injustiça alcança-se o direito de resistência.

Isso porque esse direito de resistência, segundo Eisenberg (2005) não se basta à uma autoridade política ilegítima, mas sempre que considerar-se sua ação de forma injusta. Suprimir ideias, então, adentra como afronta ao direito de resistência, no intuito de exterminar a dimensão política, ao negar o espaço de dissenso velado pelo intuito republicano de homogeneidade. Se expressar e se estabelecer enquanto plural ou contraditório ao deter poder e, portanto, voz em relação ao demais, é também uma forma de resistência no que diz respeito a representar e ser outro modo de vida, que devia, portanto ser protegido também pelo Estado.

No recorte dessa ideia de proteção do Estado aos diversos modos de vida é algo essencial para que a vivência democrática alcance a todos. O processo de violência simbólica só prospera quando assimilado de maneira naturalizada pelos cidadãos. Essa naturalização se vincula com a Oligarquia contingente à Democracia na leitura de Rancière(2014) como um meio de tornar a Oligarquia predominante.Isso porque o consenso dominante coincide com o predomínio da validação dos interesses oligárquicos, uma vez que o dominante é sempre correspondente a quem detêm os mecanismos de poder. Para a gestão da fala, que é também um mecanismo de poder, consistir em um método democrático é importante que opere no sentido de expandir o espaço público, debelado pelo cerceamento e apagamento de versões pelas quais não falam os interesses dominantes.

A questão da voz estruturante da própria política se reflete muito nesse cenário, sobretudo quando se investiga as noções da construção de uma subcidadania. Souza (2003) atribui marcas do que remete a uma ideologia espontânea do capitalismo, que absorve a dominação de maneira naturalizada, como parte essencial nessa ideia de subcidadania. E isso converge com o problema da democracia para Rancière (2014), que se torna cada vez mais privada, voltada a uma intelligentsia à dominação e manutenção do poder de aparência límpida e inquestionável pelo revestimento de legitimidade.

Tomando como contextualização o esforço de interpretação e ressignificação, a supressão da diferença acontece nessa perspectiva e segue pelo caminho de maneira a desvincular uma experiência humana, uma ação, de seu entorno que confere realidade e compreensão para tal evento (SOUZA, 2003, p.23). A partir do olhar sobre essa ação humana ser desvinculado da realidade anterior e simultânea, o indivíduo "solto no mundo", Souza (2003)situa um campo propício para, por meio de Taylor, conectar o atomismo (que se utiliza do indivíduo como fonte de todo sentido) com o naturalismo, que é essa ideologia espontânea capitalista.

Essa perspectiva da ideologia espontânea influencia o cotidiano ao passo que se apodera também da dimensão política do indivíduo, e seu poder de articulação sobre as escolhas e discursos acerca dos diferentes modos de vida e de cultura existentes. Isso ocorre quando o indivíduo sucumbe a ser instrumento de um fator externo, e Jessé explica essa visão em Descartes com a influência de Locke sobre o tema da vontade e dispõe que: a mente tem o poder de suspender e dirigir desejos e sentimentos e, portanto, o poder de não só se remodelar de acordo com princípios escolhidos aleatoriamente, mas também do hábito e autoridade (SOUZA, 2003, p. 29).

Com essa ótica é latente que há algo além das escolhas e desejos que julgamos ser hermeticamente nossos, e a maneira como um molde é institucionalizado por um pequeno grupo que emana poder, concebe regras positivadas ou não, define linguagens aceitáveis, se utilizando da ambiguidade do permitido, quando ainda que permitido tomar certas posições se torna extremamente dificultado pela relação de poder do hábito e da autoridade.

Portanto, já resta posto(e de certa forma imposto), por meio de instituições como o mercado e o Estado, uma ponderação ou escolha acerca do que é bom e louvável. Jessé Souza, por meio da hermenêutica de Charles Taylor, traz à tona esse pano de fundo implícito, que no presente trabalho é frisado para a compreensão do que impede um espaço público com garantias de pluralidade. Isso porque a ideologia espontânea corresponde aos que detêm maior poder na sociedade, os oligarcas definem o neutro, o bom, o harmônico ao status quo.

Além de um implícito e arraigado consenso dominante, enfrentado de maneira naturalista, o que significa que o indivíduo nasce de certa forma "programado" em aceitar o que é louvável pelo mercado e pelo Estado como o normal, o regular, o aceitável e desejável.

Isso rouba muita força do debate democrático, acerca de todas as decisões que impactam interesse público, bem como impacta o modo de enxergar o outro na comunidade onde o diferente e o dissonante é percebido como um erro, ou como um inimigo, um desviante do padrão.

Ranciére (2014) coloca em questão o que diz ser uma grande aspiração da oligarquia que responde também no interesse da formação da ideia de consenso, que é governar sem a divisão de povo (RANCIÈRE, Jacques. 2014). Para alçar esses objetivos é que se reveste do caráter de cercar-se de posse de um conhecimento científico que os separa como iluminados que conhecem o segredo que seria a melhor gestão especializada que se pode oferecer, e insere esse funcionamento assinalado como bom ao consenso dominante. Isso consiste em um povo não dividido, pois conta com a fé do povo nos especialistas, que respondem a um gerenciamento como se houvesse uma única resposta certa para reger a coisa pública, afastando o povo desse processo, tanto entre os próprios cidadãos quanto na ponte entre governante e governados. O modo como o crescimento do capital unido ao interesse dos investidores estampa os interesses da manutenção da crença na matemática acadêmica (que sustenta esse modo de crescimento) – passa a gozar de uma crença de um domínio sobre a gestão também do Estado.

Então na "ignorância" da qual se aponta ao povo, revela-se a urgência com qual eles pratiquem essa fé na matemática acadêmica, nas leis naturais que habitam o mercado financeiro, no jogo da livre concorrência como ordem de harmonia com os recursos naturais (se utilizando da própria preservação para valorizar o consumo), e a flexibilização do direito do trabalho acompanhada da ideia de que no médio prazo haverá mais aumento do que eliminação de emprego (como a caixa reluzente de uma droga não medicinal).

Eis um dos problemas do governo de especialistas: negar o suplemento democrático, a opinião pública(abrindo exceção para o apoio ao que coincide com o desejo oligárquico), o debate essencial. Essa prática de despolitizar assuntos públicos acompanha Rancière (2014), utiliza-se de "situá-los em lugares que não sejam lugares, e não deixa espaço para a invenção democrática de lugares polêmicos" (RANCIÈRE, 2014. p.103).

Afastar o cidadão de decisões sobre políticas públicas é um meio eficaz de despolitização, e de restrição de fazer valer a sua voz no cenário político, pois uma periódica eleição não cessa a necessidade de integração do povo às escolhas políticas. Com esse afastamento existe um caminho livre de escolhas para o Estado, chancelado pelos especialistas legitimando "a melhor escolha". Esse lado institucional que inviabiliza a pluralidade de vozes a auferir as escolhas na democracia aos restritos especialistas, quando o cidadão deveria ter o papel de comunicar suas próprias vontades e seguir o caminho para deliberação política.

Além disso, o consenso pelo qual prezam os oligarcas é o consenso acerca de uma ideia de apreciação do modo de vida que lhes é favorável, desejável, mediano, no qual se encaixe o fator de ser benéfico à ilimitação do poder da riqueza. Por isso confronta-se a ideia de que o contingente oligárquico da democracia deseja dar abertura da ilimitação do poder da riqueza em face de se beneficiar e para isso investe em atrofiar a dimensão política.

É importante a perspectiva de Negri (1933), de que tudo é política (NEGRI, 1933, p.236), e essa a máquina que coordena os interesses, intervém nos conflitos, representa, julga e orienta da sociedade junto a própria sociedade, se dá por suporte a chave estruturante da política que é a palavra. Com esse olhar conseguimos entender porque Rancière se debruça sobre o interesse oligárquico do extermínio do político, já que o cortar da dimensão política acontece por meio de cercear a deliberação.

Agregado a institucionalidade do governo dos especialistas e a crítica à dimensão individual do que se demanda da democracia, acrescenta-se que com esses fatores, que operam no domínio do poder simbólico ciclicamente, o que se equaciona é a violência discursiva à minorias sexuais, raciais, étnicas, religiosas. Os modos elencados da ocorrência dessa violência são perpetrados através do instrumento da palavra e seu valor na democracia, pois ela constitui o imaginário da comunidade, estrutura a política. Portanto, quando há silenciamento na apresentação e representação de diferentes modos de vida, ou até negligencia na mediação dos debates acerca das vidas a qual o Estado deve uma proteção, é a morada também dessa violência.

O trajeto para essa força abalada em diferentes núcleos mais oprimidos da comunidade funciona nos moldes do estudo do poder simbólico de Pierre Bourdieu que se mantêm também por meio de violência simbólica que em seu grau máximo inspira e se traduz em violência física. Essa violência assim o é, pois lança mão do aparato do universo simbólico que Bourdieu (1989, p.8) menciona "mito, língua, arte, ciência" de modo que essas formas simbólicas são artigos que moldam o mundo dos objetos, o sentido do mundo, a maneira como ele funcionará.

A forma dos sistemas simbólicos estrutura e é estruturado pelo poder simbólico que os move e conduz. Esse tensionamento supre a necessidade de que esse poder seja exercido de maneira invisível, com a cumplicidade daqueles que não querem saber, tanto no lado dos que se sujeitem, quanto nos que desempenham esse poder. Esse "não querer saber" é demais informal, contudo, pois vislumbra apenas sombra da estruturação do poder simbólico, visto que a sua maneira de construção da realidade é exatamente fincar um sentido imediato para o mundo.

Através desse sentido imediato é que se estabelece uma ordem. Bourdieu (1989) afirma que esse sentido imediato supõe o conformismo lógico de Durkheim, ou seja, ele é tomado através de uma concepção homogênea de tempo, espaço, número e causa, esse elo torna possível a coesão entre aqueles que formulam isso, as inteligências, os diversos especialistas que tem o condão sobre esse rumo.

No entanto é pungente que os símbolos não se limitem ao cabo da função comunicativa, mas atinja uma "autêntica função política" (BOURDIEU, 1989. p.10). Existe uma força nos símbolos, que afeta toda essa estruturação, é o fato de desempenharem por excelência uma "integração social", que significa que são os símbolos que moldam a ordem estabelecida. A ordem que segue por amarrar o consenso de sentido do mundo social exatamente com esses instrumentos simbólicos de conhecimento e de linguagem a consagrar o molde no qual o indivíduo toma pra si a necessidade de reprodução da ordem social.

Para identificar de onde vem o fator que predominantemente lança mão de ditar junto ao Estado e ao mercado o que é bem quisto, que se traduz em leis escritas ou não, convenções, hábitos, e uma série de sistemas que celebram o poder simbólico, é importante observar na literatura de Bourdieu (1989), a ótica de contribuição da cultura dominante dentro das opressões de linguagem violenta ou ações violentas.

O que Bourdieu (1989) explica é que a cultura dominante é um ponto convergente de integração social. No entanto é uma integração real apenas para a classe dominante, que a distingue de outras classes e reaviva seus valores e interesses entre seus membros, enquanto que para a sociedade em conjunto ela é meramente fictícia, porém sua força trás verossimilhança que introjeta uma assimilação como se fossem reais as demais classes.

Esse modo de se enraizar uma integração social com a cultura dominante, sendo ainda ficção, promove a desmobilização das classes dominadas ao gerar essa falsa consciência de integração. Esse funcionamento se volta a legitimar a ordem estabelecida solidificando as distinções, reforçando a hierarquia de maneira também legítima. Isso traduz um efeito ideológico de que todas as outras culturas passam a se definir pelo parâmetro da cultura dominante, já que há uma dissimulação na segregação que a cultura dominante impacta, poisao mesmo tempo em que ela une com o intuito de padronizar e homogeneizar, ela separa,pois já que nem todos estão inseridos ela distingue o que participam da cultura efetivamente dos que almejam e mimetizam a tentar se aproximar dela(da dominante).

Sobrevive nesse quesito os sistemas simbólicos desempenhando a função política tal instrumentos de dominação, ao impor de maneira estruturada e estruturante essa cultura dominante. Bourdieu (1989) acompanha isso com a expressão weberiana de "domesticação dos dominados", pois essa contribuição para dominação de uma classe sobre a outra, subjugando os que estão fora do molde da oligarquia, da cultura dominante, dos que detêm o poder, da preservação da ilimitação da riqueza se destaca pela própria violência simbólica, que em nosso recorte friso sua presença na linguagem.

São exaustivos os casos pelos quais podemos fazer um apanhado de exemplos: o caso do vocábulo de cigano no dicionário Houaiss que foi alvo de uma ação civil pública do MPF de Minas Gerais, em 2009, por trazer consigo designações pejorativas da palavra cigano como "aquele que trapaceia; velhaco, burlador" que traziam um viés discriminatório à etnia; ou os xingamentos que se tem na língua portuguesa se vinculando a inferiorizar a liberdade sexual feminina, e pautar-se nisso para denegrir independente do gênero do alvo um retorno sempre a problemática da mulher sexualmente ativa; ou a discriminação velada na relutância brasileiro de proferir a palavra negro e trocando-a por "moreno escuro" ou "moreninho". Tudo isso sustenta e reitera as próprias relações de força, de laços invisíveis de demarcação de autoridade entre o dominante o dominado, bem como a violência que floresce com o sufocamento das diferenças suprimidas nessa estratégia de dominação. O que leva a destacar em Bourdieu:

> As diferentes classes e facções de classes estão envolvidas numa luta propriamente simbólica para imporem a definição do mundo social mais conforme os seus interesses, e imporem o campo de tomadas de posições ideológicas reproduzindo em forma transfigurada o campo das posições sociais. (BOURDIEU, 1989. p.11)

Tornar legítima a dominação das classes é por onde caminha a tomada de posição, e nesse sentido Bourdieu (1989) encaixa no raciocínio de Rancière (2014), já que uma das frentes na qual se dão os conflitos é a luta travada pelos especialistas da produção simbólica que detêm o monopólio da violência simbólica legítima que se traduz em colocar arbitrariamente o seu conhecimento a corroborar esse consenso da realidade social. Por meio dessa produção simbólica se alastra cada vez mais a ideia de legitimidade de um poder pautado no capital econômico erigido pelas fracções dominantes.

Quando há a negação dessas formas de dominação com a sua naturalização e por consequência invisibilidade isso as reforça. É justamente através de uma dada ordem natural e da imposição mascarada que se sustenta um sistema de classificação e de estruturas mentais objetivamente ajustadas às estruturas sociais, como elenca Bourdieu (1989, p.11).

> O efeito propriamente ideológico consiste precisamente na imposição de sistemas de classificação políticos sob aparência legítima de taxonomias filosóficas, religiosas, jurídicas, etc. Os sistemas simbólicos devem sua força ao fato de as relações de força que neles se exprimem só se manifestarem neles em forma irreconhecível de relações de sentido.

A dificuldade de reconhecer a dominação frequente nos sistemas simbólicos e ignorar essa arbitrariedade possibilita a permissão do alcance do que só seria conquistado pela força. Essa substituição estrutural do poder simbólico irreconhecível a tomar o vetor da força física ou econômica só é possível por ser irreconhecível, o que torna a desmobilização possível. Com isso podemos elucidar em nossa sociedade a imposição da naturalidade de discursos degradantes que são compreendidos de maneira suavizada e se munem de eufemismos, que são casos recorrentes na cultura ocidental vigente.

A cultura do estupro e a recorrente culpabilização da mulher acerca de uma violência infligida contra ela traz esse modo de perpetuação, que se alastra ao policiar o comportamento da vítima em face do óbvio que seria policiar o comportamento do agressor. Em outras palavras há um peso sistemático para que os dominados assim o permaneçam. Isso é importante, pois existe um poder nas palavras que acompanha desde o princípio da formulação da democracia na Grécia Antiga, uma aura de cetro, uma força, um símbolo, um pincel sobre a realidade, que a retrata e reconstrói simultaneamente.

Portanto, a reclamada legitimidade das palavras com esse precípuo poder que delas emana para manter a ordem é um pilar estruturante da aceitação do poder simbólico. As diferentes espécies de capital e sua transmutação no capital simbólico levantada por Bourdieu (1989) frisam o caminho e o campo que a arena discursiva desempenha nesse viés. Toda a dissimulação que conduz à submissão, à construção de subculturas e subcidadania também, a hierarquização posta como da natureza se confronta com a igualdade reclamada ao apelo genuinamente democrático. Esse processo que logra uma "transubstanciação das relações de força" finca uma via dupla, de camuflar ou ignorar a violência que essas relações encerram, ao passo que as vê reconhecidas ao transformarem-se em poder simbólico.

No entanto Rancière (2004) ilumina a ideia de que os vícios do sistema são os vícios do indivíduo (RANCIÈRE, 2014), pois ainda que seja regido pelo sistema, revela-se na intenção de mudança, na verdade uma demanda pelo alargamento do vício. O vício aí é a ilimitação da riqueza que dita os sistemas simbólicos, e nesse contexto essa lei do lucro capitalista que rege os interesses globais tem como bengala esse homem democrático como um "ser de desmedida, devorador insaciável de mercadorias, direitos humanos e espetáculos televisivos" (RANCIÈRE, 2004, p. 111).

Nessa apresentação, Rancière (2004) demonstra o homem democrático como sendo um insaciável, que se opõe ao capitalismo com objetivo desviado que é a destruição de tudo que se oponha a sua desejada ilimitação, portanto ao fim termina em uma renovação do capitalismo. Assim se em Bourdieu predomina uma divisão do trabalho de dominação regida por uma violência simbólica (que determina um lugar naturalizado e previamente estabelecido) que desempenha a função de dominação (violência política), em Rancière com atrofiamento político intencionado pela oligarquia a democracia pode se tornar um eufemismo para designar um sistema de dominação com seu nome suprimido.

Rancière (2004) aponta em sua obra o ódio à democracia (de título homônimo) como fruto dessa confusão e torno do próprio termo democracia. Nesse viés Rancière considera que se utiliza como um operador ideológico o termo "democracia" despolitizando as questões da vida pública. Essa despolitização ocorre ao passo que a as formas de dominação que estruturam a sociedade são negadas e tratadas como "fenômenos da sociedade" e não como as questões da vida pública. Isso disfarça a dominação das oligarquias que é negada, ao passo que a identifica a democracia como forma de sociedade.

No entanto para Rancière (2004) a democracia não é simplesmente uma forma de governo, mas uma ação que tira do governo oligárquico o domínio sobre a vida pública e da riqueza a onipotência sobre a vida

(RANCIÈRE, 2004, p.121). Seria então uma democracia essa potência contra a confusão de poderes que reiteram uma mesma lei de dominação, na obra de Rancière, e não uma constituição ou forma de sociedade.

Essa ideia de unir o consenso "em um único todo um tipo de ordem estatal e uma forma de vida social" que abarca um conjunto de maneiras e um sistema de valores e dar a correspondência à democracia, segundo Rancière (2004) arriscando-se a chegar à extremidade da ambivalência do discurso oficial que supre o apoio as campanhas militares e denúncias a corrupção da civilização e cada uma enunciadamente democrática.

O discurso antidemocrático é assim nutrido dessa farsa que alimenta uma democracia de escudo para interesses e ventriloquismo oligárquico, que inebria a ideia consensual que anteriormente formou esse cenário pelo qual trabalham tanto a oligarquia estatal quanto a econômica.

O ponto em meio a confusão causada pela palavra é que a batalha a respeito das palavras é indissociável da batalha a respeito das coisas. Do próprio vocábulo da democracia então se pode observar que impacta todas as outras discussões que vingam pela palavra como instrumento de moldar a realidade e exercer poder, uma vez que a própria democracia surge atrelada como termo que afirma essa reunião de indivíduos iguais em assembleia como um ruído colossal e confuso, para que depois se coadunasse a própria ordem social que desafiava.

Nessa proximidade entrelaçada da batalha das palavras e das coisas, percebe-se que não se restringe a um mau uso da palavra a espreita de ser corrigido ou adequado ao seu sentido esperado, mas a tensões humanas que refletem na própria linguagem.

Acompanhando a revelação das coisas através dos vestígios dos próprios vocábulos Zizek (2014) traz o mesmo radical latino (ratio) entre as palavras *razão* e *raça* para iluminar a conclusão da linguagem como maior fator de divisão entre os indivíduos, pois justifica como causa a linguagem e a capacidade de se morar em uma mesma rua vivendo universos diferentes, e não qualquer ideia de egoísmo primitivo, mas o fator distintivo da linguagem. Com essa conclusão para Zizek (2014, p?) isso significa que "a violência verbal não é uma distorção secundária, mas o último recurso de toda a violência especificamente humana".

Dessa maneira um insulto que se direciona a um indivíduo em impacto a sua identidade étnica, racial ou de gênero, ecoa na maneira como vemos os indivíduos pertencentes ao grupo insultado, e ainda em como eles enxergam a si próprios.

Seguinte a esse raciocínio Zizek (2014) traz o exemplo do protesto político de que quando os trabalhadores protestam por algo não se reportam a uma simples realidade mas a uma experiência de uma situação real que ganha sentido somente através da linguagem. Zizek (2014, p. 63) então demarca que:

> A realidade em si própria, em sua estúpida existência, nunca é intolerável: é alinguagem (sua simbolização) que a torna intolerável. Por isso quando nos confrontamos com a cena de uma multidão furiosa que ataca e queima prédios e automóveis, que lincha pessoas, etc., nunca deveríamos esquecer as palavras de ordem de seus cartazes nem as palavras que sustentam e justificam seus atos.

Essa simbolização através da linguagem a ser sempre percebida nesse processo democrático e o que é tolerável ou não nesse âmbito tem reflexos em distorções cotidianas, por isso o episódio chocante do Jornal Francês Charlie Hebdo abriga também as conceituações de Bourdieu e do poder simbólico desempenhado ao contexto. É na própria linguagem que negociamos os termos da nossa existência, de acordo com Alicia Dillon, pois é na linguagem que desempenhamos a sensação de estar ou não com o controle, ou seja, detendo poder e nesse mesmo campo negar a humanidade à alguém no núcleo do reconhecimento.

2.1 O caso Charlie Hebdo

O Charlie Hebdo é uma publicação satírica de tradição habituada a testar limites em torno de dogmas e tradições, e que não poupa nenhuma instituição em suas publicações. Em retaliação às suas sátiras, foram promovidos ataques ao jornal. O primeiro ataque aconteceu em novembro de 2011, uma bomba foi atirada contra a sede do jornal, após uma série de e-mails contendo ameaças. O próprio site do Charlie Hebdo, na época, sofreu também uma invasão, já a página comum apresentava ao invés de seu conteúdo, imagens de uma mesquita com a mensagem "Nenhum Deus além de Alá". O contexto que acompanha esse ataque foi a publicação da semana que trazia estampada na capa uma ilustração de Maomé e um balão com a fala "Cem chicotadas se você não morrer de rir", em alusão à lei muçulmana da sharia, colocando também o profeta como editor convidado da publicação.

O editor à época, Stephane Charbonnier, em declaração à rádio Europe afirmou que eles não deveriam fazer concessões aos islamistas e deveria seguir com a publicação. Em 2015, um ataque mais agressivo e trágico aconteceu novamente no escritório do jornal Charlie Hebdo. Dia 7 de janeiro, em uma quarta-feira, um tiroteio provocado por três indivíduos que invadiram a sede do jornal, matou 12 pessoas e feriu 11 gravemente. Esse ataque trouxe novamente marcas do conflito com a religião islâmica, pois os autores do ataque gritaram "Vingamos o Profeta!"em referência à Maomé, além de perguntarem especificamente por alguns nomes antes de matá-los.

No entanto essa polêmica no mundo islâmico não se iniciou apenas com o Charlie Hebdo, ela diz respeito a um dogma[2] da religião que proíbe qualquer representação do profeta Maomé. Embora não haja explicitamente no Alcorão, livro sagrado do islamismo, a vedação à produção de imagens de Alá ou ao profeta, no capítulo 42, verso 11 do livro dispõe que: "[Alá é] o criador dos céus e da terra... [não existe] nada que se assemelhe a Ele"

Partindo desse trecho, os muçulmanos compreendem que nenhuma imagem produzida por mãos humanas poderia alcançar tamanha beleza e a grandeza de sua divindade, assim é,portanto eles consideram um insulto atentar contra esse dogma, seja na representação de Alá ou do profeta Maomé. Esse dogma é reforçado também por outra passagem do livro sagrado que se refere à adoração de imagens, isso se vincula à crença dos islâmicos de que a produção de imagens pode gerar idolatria e veneração à simbolização das divindades. A tradição islâmica tem esse valor impresso de maneira que representação de seres vivos, em especial os seres humanos é desencorajada, o que reflete na arte islâmica que tem traços mais abstratos e decorativos.

2.

Já havia sido desafiado esse dogma por outra polêmica, dessa vez com o jornal dinamarquês Jyllands-Posten em 2005, quando publicou 12 charges com temática do profeta Maomé, em razão de uma polêmica suscitada no país a partir de um escritor local que sentiu dificuldades em encontrar artistas para ilustrar um livro infantil sobre o profeta Maomé, justamente por temerem um ataque de extremistas. Destacaram-se entre essas doze charges uma na qual o profeta Maomé é retratado com uma bomba em sua cabeça com escritos árabes, no lugar do turbante.

Isso foi interpretado por muitos muçulmanos como um insulto – além do insulto da própria representação que contrariava um dogma o qual eles mesmos têm dificuldade de debater – que refletia uma crescente hostilidade e medo europeu para com os muçulmanos. Essas charges foram seguidas de diversos protestos violentos no mundo árabe, com o curioso fato de que boa parte dos furiosos sequer viram as ilustrações, e se consideraram ultrajados pela representação de figuras de sua religião através de imagens.

Nesse recorte, Zizek (2014) fala de um efeito mais sombrio da "aldeia da informação global" do que a aparente união que essa conexão traz a primeira impressão. Larga-se a restrição ao que há de positivo nessa globalização com um "espaço unificado de comunicação", que traz alusão novamente ao consenso que não é alcançado na escala de nação, que aduz uma homogeneização superficial, e retorna a necessidade de lidar com o dissenso.

A sensação de que perante esse episódio de que a Dinamarca fosse vizinha do Paquistão, do Egito, do Iraque, do Líbano ou da Síria, diante da violência que foi acionada nesses países em reação à ação de um jornal na longínqua Dinamarca, traz à tona as marcas da violência simbólica, ebulindo em violência física. Isso traz determinada simetria com o ocorrido ao Charlie Hebdo, ao mesmo tempo em que faz parte da própria polêmica, pois suscitou isso de maneira prévia.

Em reação ao jornal dinamarquês de 2005, houve protestos e destruições às embaixadas Dinamarquesas, em 2015 o próprio Charlie Hebdo foi atacado tanto no endereço quanto contra seus funcionários.

Zizek (2014) então traz a compreensão do Próximo como em sua origem, um intruso, aquele que o modo de vida diferente nos perturba impregnado e materializado por suas práticas e ritos sociais e "quando chega perto demais, esse fato pode também dar origem à uma reação agressiva visando afastar o intruso incômodo"(ZIZEK, 2014, p.58).

Contudo é flagrado um contraste entre o europeu que consegue deliberadamente ignorar insultos expressos em jornais a sua cultura acordado com a ressalva de sua liberdade de expressão e o mundo islâmico que lida com questões diferentes agregadas a hostilidade que enfrentam com o rótulo de imigrante e a generalização do fundamentalismo e sua bandeira que faz da violência um instrumento.

Zizek (2014) observa no modo de ser europeu um certo "código de discrição", trazido na obra de Peter Sloterdijk, o qual reveste a tolerância cultivada pelo hábito de alienação da vida social, que em muito influencia o modo de lidar com a questão da diferença. Esse comportamento europeu é descrito de modo que "ainda que eu viva ao lado dos outros, meu estado normal é ignorá-los. Sou autorizado a não me aproximar demais das pessoas" (ZIZEK, 2014, p.58). Há ainda outro incômodo que inflama a reação dos muçulmanos em relação às representações ocidentais do profeta, que é a maneira como isso reflete no universo simbólico de respeito à cultura deles, e com isso Zizek (ZIZEK, 2014, p.58-9) interpreta que:

> As massas muçulmanas não reagiram às caricaturas de Maomé em si. Reagiram à imagem ou figura complexa do Ocidente que perceberam como atitude subjacente às caricaturas.[...] O que explodiu como violência foi uma série de símbolos, imagens e atitudes, abrangendo o imperialismo, o materialismo ateu e o hedonismo ocidentais, a par do sofrimento dos palestinos, e foi a tudo isso que as caricaturas dinamarquesas foram associadas. E e também foi por isso que o ódio se alastrou das caricaturas à Dinamarca enquanto país, à Escandinávia, à Europa e ao conjunto do Ocidente. Nas caricaturas condensou-se uma grande quantidade de humilhações e frustrações. Tal condensação, não podemos esquecer, é um fato fundamental da linguagem, da construção e imposição de certo campo simbólico.

A essa compreensão das caricaturas dinamarquesas pode-se estender ao episódio do Charlie Hebdo, notando-se que a ironia que o jornal encerra tem uma acidez que exige diferentes níveis de interpretação, e o ódio e esse invólucro do Outro, do estrangeiro alimenta uma barreira que amarga a acidez. É notável que na arena da expressão, o desempenho da liberdade também reproduz o embate de valores.

De acordo com dados publicados pelo jornal*Le monde*[3], em um estudo sobre a existência de uma islamofobia no Charlie Hebdo, foram analisadas edições de 2005 à 2015, que apontam que a religião islâmica não era a mais recorrente sátira da revista. Dentro de um universo de 523 revistas (levando em conta a capa), 38 satirizavam religiões, dentre essas 38, 21 eram voltadas ao cristianismo, 10 a outras religiões e 7 ao islamismo. Esse artigo do Le Monde que traz esses dados, assinado por dois sociólogos, que questionam as atribuições de islamofobia e afirmam o Charlie Hebdo como "um jornal irreverente de esquerda, inegavelmente anti-racista e intransigente ao obscurantismo religioso, o muçulmano inclusive".

Em contrapartida a França abriga a maior população muçulmana na Europa, cerca de cinco milhões ou 7,5% da população, (comparado à Alemanha de quatro milhões ou 5% da população, e no Reino Unido de três milhões, também de 5% da população) e embora por muito tempo a religião tenha sido relegada a um espaço seguro em com a tradição do secularismo Europeu pós-iluminista e o Judaísmo e o Cristianismo como alvos habituais das sociedades ocidentais, o Islã ainda contém questões internas.

A interpretação do livro sagrado é dentro de sua própria cultura uma batalha entre sunitas e xiitas, e uma vez mais a voz de Rancière dizendo que a batalha no campo das palavras é indissociável da batalha a respeito das coisas se faz nítida, pois essa questão interpretativa se desdobra em conflitos no Oriente Médio com a presença de extremistas e ações violentas. Então,o custo da sátira envolvendo esse grupo tem um peso diferente se nos aproximarmos do contexto de como as comunidades imigrantes tem sido olhadas com desconfiança na Europa, e principalmente com o crescimento significativo da população muçulmana que inflama ainda os sentimentos de xenofobia.

A identidade muçulmana com os critérios objetivos de identidade étnica, de acordo com Bourdieu (1989, p.112), que dá exemplos de língua, dialeto ou sotaque, na prática social passa a ser percebidos como

3.

atos que propiciam o conhecimento ou reconhecimento, ou seja, que o distingue como "o estrangeiro" ou "o muçulmano".

No entanto o que Bourdieu (1989) coloca em relação à manipulação simbólica sob estratégias que visam determinar a representação mental que os outros podem ter dos portadores dessa identidade é retorcida, muito pelo fato de que a própria representação e simbolização é problematizada,e quando aparece, surge de maneira provocante e não feita por aqueles a quem pertence essa representação, portanto é onde reside esse conflito.

Essa noção da expressão de si, a performance desenhada na existência é trazida também na obra de Souza (2003, p.34), que partindo da noção de símbolo do romantismo que traz à expressão do único e indizível, a partir disto que ele diz que "o símbolo significa tanto a perfeita interpenetração de forma e conteúdo, como também a criação de um sentido que inexistia antes de sua manifestação simbólica".

No entanto, isso traria um empoderamento na auto-articulação expressiva, que não é o que se evoca no presente caso, que deveria desempenhar importante papel de criação de sentido próprio que se reflete aos olhos dos outros. Bourdieu (1989) fala do poder quase mágico das palavras que tem efeito com oficialização que é trazer aos olhos de todos. E esse trazer aos olhos embala nomear, particularizar, descrever com a forma das palavras o que dará um molde a identidade que irá a público. Essa oficialização, como Bourdieu (1989, p.117) afirma, é o ato através do qual um grupo que antes era ignorado se torna visível, aos outros grupos e a ele próprio como parte existente nesse mundo social. A percepção desse grupo como distinto faz parte dessa existência nesse mundo social que é feito também de representação.

Nesse recorte o que ocorre no fluxo desses episódios tristes que se iniciaram com uma charge, deu margem à redução de uma etnia ou religião à associação ao terrorismo, tanto no vetor dos responsáveis pelos ataques físicos, quanto na redução simbólica no campo das publicações. Isso afeta a formação da identidade da comunidade muçulmana na França, dificultando ou deturpando-a. O que se apresenta como também uma forma de opressão:

> [...] uma pessoa ou um grupo de pessoas pode sofrer um prejuízo real, uma distorção efetiva, na medida em que os outros projetem

> nele um imagem desvalorizada e redutora de si mesmos. Não reconhecimento e falso reconhecimento podem infligir mal, podem ser uma forma de opressão, aprisionando alguém em uma forma de vida redutora, distorcida e falsa... Nessa perspectiva, não reconhecimento não significa apenas ausência do devido respeito. Ele pode infligir feridas graves a alguém, atingindo as suas vítimas com uma mutiladora autoimagem depreciativa. O reconhecimento devido não é apenas uma cortesia que devemos as pessoas, é uma necessidade humana vital (SOUZA, 2003, p.35)

No entanto, essas feridas graves podem não se limitar à criação da imagem autodepreciativa, chegando aos efeitos marcantes de violência que altera todo o campo simbólico e acirra os conflitos, pois enquanto o cidadão médio francês passa a temer o muçulmano enquanto o Outro, e imigrante de raízes árabes bem como o muçulmano passa a se voltar contra aquele que o estigmatiza. A assimilação de filhos ou netos desses imigrantes para com os valores de vida ocidentais e liberais na tradição de tolerância religiosa e livre discurso enfrenta um descontentamento e por fim um inconformismo.

Assim esse aspecto da opressão do indivíduo em uma redução, distorção ou falsa ideia de sua forma de vida é também aplicável à coletividade, que se conecta ao que aqui se demonstra que é a observação da "política da diferença". Isso implica no respeito a identidade única de certo grupo social (SOUZA, 2003, p.36) que costuma corresponder a uma minoria(ao menos em questão de poder relativo) em proteção "contra assimilação por uma identidade majoritária ou dominante".

Então, nossa formação que se faz através desse reconhecimento ou da ausência dele, aprofunda a questão da igualdade com a abordagem da política da diferença e da inclusão. É exatamente nisso que a proteção de minorias e culturas minoritárias, toma parte em um objetivo político de expressão e representação, já que o reconhecimento se efetua nessa base cultural, comunitária e linguística. A reação da imagem de inferioridade relegada aos grupos subjulgados permeia o que Bourdieu (1989) caracteriza como luta pela definição de identidade "regional"ou "étnica", o que no caso ultrapassa a barreira posta de uma nação pois abriga a novidade apresentada por Zizek (2014) que é a aldeia global de informações. Assim entre imagens mentais e manifestações sociais destinadas a manipular essas imagens, de que Bourdieu fala (1989, p.113) converge ao que Jessé Souza coloca sobre essa assimilação:

> [...] A assimilação a uma cultura hegemônica com consequente imagem de inferioridade que é inculcada em relação aos grupos subjulgadosé uma violência contra a qual Taylor opõe a noção de Gadamer de "fusão de horizontes". Compreender uma outra cultura implica uma abertura em relação a ela que equivale, em alguma medida, a uma transformação, ainda que parcial, dos parâmetros de julgamento da própria cultura hegemônica. (SOUZA, 2003, p.37)

A modificação dos parâmetros de julgamento exige que se analise a democracia e se o alcance da liberdade de expressão contempla a todos igualmente, voltando assim ao esforço de compreender a voz como instrumento político essencial. O muro criado com essas imagens de inferioridade contamina o princípio do debate e fica difícil de ser transpassado. Isso porque a compreensão entre identidades regionais e étnicas demonstra-se toda complicação superar o estigma que corrói essas identidades afetando sua representação e existência na própria democracia. Isso é reforçado pelo pensamento de Butler (2011) da criação de um senso do público noqual vozes de oposição não são temidas, degradadas ou descartadas, mas valorizadas pela instigação à democracia sensata.

Uma ressalva importante é que a violência que culminou no trágico episódio do Charlie Hebdo, deve ser enxergada com suas justificações para que se alcance a democracia sensata de que Butler fala. Contudo não há legitimidade em um ato assim quando se rompe a linguagem dessa maneira, que coaduna com o que Arendt (1994, p.41) discorre sobre a violência.

> A legitimidade não permeia a violência, e a justificação como modo de observação de causa e efeito: a violência pode ser justificável, mas nunca será legítima. Sua justificação pede plausibilidade quanto mais o fim almejado distancia-se no futuro. Ninguém questiona o uso da violência em defesa própria porque o perigo é não apenas claro, mas também presente, e o fim que justifica os meios são imediatos.

Embora houvesse um cuidado a ser destinado para com aquela cultura e a violência que se abateu sobre o jornal e seus integrantes seja desdobramento de um silenciamento e violência simbólica, que não repercutiu primeiro com eles, mas com o dinamarquês Jyllands-Posten, o desfecho do discurso que o editor chefe após receber o PEN Award por coragem de liberdade de expressão, em maio de 2015, resume:

> I perfectly understand that a believer can be shocked by a satirical cartoon about Mohammed, Jesus, Moses or even the Pope. But growing up to be a citizen, is to learn that some ideas, some words, some images, can be shocking. Being shocked is a part of democratic debate. Being shot is not.

O que seria uma colocação perfeita, se a voz dos muçulmanos – que tem uma auto articulação carregada de estigmas na esfera pública – pudesse suprir o que ele chama de debate democrático. Esse é o ponto que revela a dificuldade do diálogo e como a violência penetra nos campos da linguagem, emanando de simbólica à física.

2.2 O "politicamente correto" e seus ecos na solução repressiva

A própria ideia de politicamente correto vem de uma segmentação dos movimentos identitários dentro da esquerda, em relação a raça e gênero, que era visto com algo menor. Surgiu então como uma espécie de piada interna (HALL, 1994, p.64), ou como um desvirtuamento de um fragmento do movimento que considerava prioritário considerar as questões de classe, fazendo um apontamento de comportamentos sexistas ou racistas, de maneira irônica com repreensões de que "isso não foi muito politicamente correto". Dessa maneira com o surgimento das questões identitárias, quem as considerava era visto como politicamente correto "demais", ou seja, era uma espécie de diminuição dessa ideia, como se essa questão identitária fizesse o que os convergia ter menor impacto ou visibilidade, sendo que a exploração econômica era vista como a de maior impacto.

Assim de acordo com Hall (1994), a onda crescente que representava essas questões identitárias, pois tornavam a formação da identidade do indivíduo algo politico, e isso acompanha a ideia da linguagem como estruturante do mundo, como performática e ferramenta de implementar transformações. A isso se pode somar a explicação de Judith Butler que diz que o discurso é importante para compreender uma autoridade moral. Esta autoridade que é introduzida e sustentada se houver acordo como fato de que o discurso não é só presente ao nos reportamos ao Outro.

> A estrutura do discurso é importante para a compreensão de como a autoridade moral é introduzida e sustentada se concordarmos com o fato de que o discurso está presente não apenas quando nos reportamos ao Outro, mas que, de alguma forma, passamos a existir no momento em que o discurso nos alcança, e que algo de nossa existência se prova precária quando esse discurso falha em nos convencer. (BUTLER, 2011, p.15)

Ramalho (2015) ao observar essa problemática em seu artigo de 2015 traz esse questionamento do politicamente correto atrelando a perspectiva da correição na política com fundamento da ética, de modo que desenha a relação estreita entre o politicamente correto e o eticamente correto. De modo que o que estaria eticamente correto nortearia o que seria politicamente correto como uma pré-condição, critério e fundamento para que assim o seja. Assim quando se pondera na política a conquista, a manutenção e o exercício de poder, optam-se por duas dissidências, e não se devemos deixar que se flua pela primeira hipótese dos confrontos que referenciam as questões de ordem tática e estratégica. A opção do conceito de correição é de ordem filosófica e científica ao qual se cunham os critérios de verdade em um corte de lógica e teoria. E por isso Ramalho (2015, s/p) suscita:

> Como se vê, estou tentando localizar dois níveis nesse "politicamente correto": um conceitual, de política como deve ser concebida, pensada e praticada, e um real, de política como efetivamente se realiza na vida cotidiana.

Existe uma contradição intrínseca à ideia de se utilizar de recursos do direito penal, ao qual deveria se ver como última ratio, como solução primeira à questões progressistas que costumam se atrelar a um orientação de direito penal mínimo como a questão da homofobia e da tipificação enquanto crime. O incômodo dessa contradição persiste no artigo de Agostinho Ramalho que alerta essa contramão do que é reiteradamente discutido no âmbito da eficácia do direito da seara penal que é o direito penal mínimo ou o abolicionismo penal como ideal.

O punitivismo é ilustrado quando Ramalho (2015) remete-se à obra distópica de Orwell, "1984", em um governo totalitário fictício, utiliza-se do instituto do "crimideia", questionando a policia do pensamento não mais como apenas metáfora do livro mas como algo presente diante dos modos de enfrentamento criminalizante. Ao instituto da "crimideia", que a inspeção das palavras que são utilizadas, são um efeito do pensamento formulado pelo poder dominante. E é muito importante o questionamento se compete ao Direito regular a consciência e as convicções íntimas, o desejo do ilícito.

Além da questão de se o método de lidar com isso supre o problema, ou se é justo. Assim não só a questão do "crimideia", de um olhar criminalizante antes do ato se precipitar, mas também do modo como isso cunha a "novilíngua", outro instituto presente no romance, como um novo idioma que estirpa e tornam inexistentes as palavras cujos significados não são de interesse do governo, além da distorção de outras existentes. Assim o autor revela o incômodo que norteia o artigo de que certa "polícia do pensamento" se conclua análoga a nossa realidade. Sendo assim Ramalho (2015, s/p) ainda questiona

> Nesse mundo distópico, pensar em algo criminoso já é, em si mesmo, um crime e, como tal, um fato punível. Será que estamos caminhando em direção a algo semelhante? O direito pode ir até esses extremos de controle social e individual, ou será que há limites anteriores a esse ponto, limites à própria incidência do direito enquanto tal? Parece que se está fazendo uma opção pela repressão, quando se pode fazer uma opção pela elaboração.

O fator da repressão se fazer preponderante na escolha de como lidar com certos problemas caracteriza um paralelo quando utilizada com questões identitárias que se proclamam progressistas. Desse modo há uma ironia em pleitear direitos de questões que há muito foram negligenciadas como gênero, sexualidade, raça, etnia, assim como linguagem, conhecimento e comportamento em torno disso, a criar um Estado de policiamento ao que seria mais adequado, sob um novo paradigma de vigilância.

A problematização dessas matérias quando dá lugar à uma imposição se torna questionável, pois sufoca o processo histórico de combate ao Estado de polícia que tais questões abrangem. O que deve tomar a frente disso é o questionamento de porquê a política tem tradicionalmente negligenciado essas questões, que segundo Hall (1994), não perpassa pela escolha racional e consciente de uma conspiração a ser efetivada, mas por conta da forma como toda a cultura funciona de modo a tornar esses antagonismos sociais politicamente invisíveis. As mudanças em relação aos tabus sacralizados e ao silenciamento de matérias dessas questões identitárias precisa realmente que fosse firmado um posicionamento forte que impactasse em estratégias institucionais de resoluções eficazes, que tornassem as matérias ou questões visíveis. No entanto compreende-se que se as mudanças em estruturas institucionais e políticas não penetrarem na vivência cotidiana, na prática pessoal, é porque as mudanças não aconteceram efetivamente. Assim Hall (1994, p.179) exemplifica esse paradoxo de uma falsa mudança com o excerto "Todos conhecemos um homem anti-sexismo que está tão ocupado em formular oportunidades igualitárias em seu local de trabalho, que não podem gastar um momento sequer para lavar as próprias roupas".

Pesa também sobre isso a judicialização – que é a crescente imputação de resoluções judiciais à problemas sociais, que aumenta a demanda judicial e dificulta o acesso por consequência – , que acompanha a criminalização de condutas politicamente incorretas. Dentro disso o diálogo entre agostinho Ramalho e Salo de Carvalho argumenta contra essa ilusão de alcançar um controle social através da penalização, que corrobora com a maximização do direito penal e segue em crítica de que existe uma atrofia acompanhada de uma hipertrofia no direito, pois enquanto encolhe-se os direitos garantidores e protetores, de outro lado se avoluma a via do direito penal enquanto tratamento do controle social.

A mudança no recorte político que afeta como uma crescente substituição do que figurava antes como Estado providência para Estado penitência, nas palavras de Ramalho (2015). Essa tendência aponta uma lógica gradual da razão mercadológica ganhando terreno em face das garantias sociais. Esse processo que anseia por estigmatizar o que quer que se oponha às ordens do mercado, tem como efeito uma consolidação do direito penal do inimigo, o que traz o policiamento (dessa vez no sentido próprio de vigilância) de tudo que se desviar dessa lógica agravando e alimentando uma crise penal.

> [...] tudo isso em articulação com a 'descartabilidade da pessoa como valor' ('certas pessoas simplesmente não servem; sob qualquer ponto de vista não são um benefício, mas um custo'), são temáticas que estão no cerne mesmo da crise penal contemporânea, sem as quais esta sequer pode ser pensada"

Essa descartabilidade do valor intrínseco a pessoa, criando subcidadania, ou cidadãos de segunda classe, cumpre à função da ideologia escamoteada nesse processo. O fenômeno criticado é vinculado pelo autor à um anseio da construção de um Estado mínimo e essas tendências neoliberais estariam trazendo o caminho inverso de atrofiação ao outros ramos do direito, que não a área penal, que seriam os garantidores de direito tal qual os de vertente trabalhista, social e previdenciário. Isso traz aos olhos de Ramalho um esvaziamento de funções que eram tidas como constitutivas do Estado. Tanto que ele descreve que "nem por isso o direito – notadamente o direito penal – deixou de hipertrofiar-se" com o panorama descrito já que "direitos arduamente conquistados pelos trabalhadores ao longo dos séculos vem gradualmente sofrendo restrições e limitações e até a supressão pura e simples".

A legitimação dessas supressões de direito são acompanhadas do uso de eufemismos de "flexibilização" desses direitos. E assim quando há demissão em massa de trabalhadores esses indivíduos que perderam seu meio de subsistência passam a ser contido em metáforas como "enxugar a máquina" e "queimar gorduras", tal qual se dali fossem engrenagens descartáveis. Quando a linguagem vai se imbuindo desse papel de escamoteação e encobrimento, de camuflar, Ramalho (2015) suscita a ideologia conceituada por Marx, pela necessidade desse discurso encobridor. A problemática que a isso acompanha é que "quanto mais o sujeito crê no seu mito, mais ele também é capaz de iludir os outros; quanto mais iludido ele próprio está, mais condições ele tem de argumentar bem, para iludir também os outros".

Esse anseio que adestra o discurso em nome de uma eficácia econômica, argumentando tudo pela ótica do custo, tanto que se torna positivo nessa ótica trabalhadora com poucos direitos, em nome de uma mão-de-obra barata. E esse efeito de mão-de-obra barata, é uma das consequências de um processo desumanizador, justamente pelas questões negligenciadas, por serem tidas como demasiadamente "politicamente corretas" ancoradas em gênero, sexualidade, raça, etnia, e a linguagem, cultura e etnocentrismo que refletidos. A crítica então não se volta a trazer a tona essas questões identitárias, e sua contestação em relação ao uso da linguagem, ações afirmativas, combate ao discurso de ódio e outras mudanças, mas a forma como elas são combatidos esses problemas, com os próprios métodos repressivos que as sufocaram o que pleiteiam.

2.3 O risco democrático

Ao passo que se permite a expressão na democracia, vem com ela uma carga de riscos, que se assume como contidos ao amadurecimento. Isso pelo fato da democracia não estar pronta e acabada, mas acontecer no esforço dessa vida em comum, da esfera pública. Rancière (2004) aponta essa condição paradoxal da política, que retorna a questão da legitimidade e a forma como ela é utilizada, confrontando sempre a legitimidade com a falta de legitimidade e, portanto, a contingência igualitária sustentando a contingência não igualitária. Análogo a esse comportamento paradoxal, a democracia abriga um contingente oposto à ela. Isso ocorre no sentido de que a liberdade que a democracia enseja é também a liberdade de errar. Isso afeta diretamente o controle da dosagem acerca do interessa na vida pública em comum. Essa dosagem fica entre o princípio anárquico de uma contestação militante permanente – que Rancière(2014, p.16) exemplifica, contextualizando nos Estados Unidos dos anos 1960 e 1970 – e um desafio à autoridade e ao saber dos especialistas, e a redução da dimensão política da democracia que em contrário torna os cidadãos indiferentes a isso, sem reduzir as demandas.

A liberdade de errar entra como fio condutor do que pode acarretar a democracia com seus riscos. Enquanto riscos, podemos entrar na fala de André Coelho, indo direto à chaga explicada na metáfora da democracia como remédio e o fascismo como efeito colateral. O fascismo como tendência política só pode se proliferar no seio da liberdade de expressão, e então se conduz novamente o paradoxo de instrumentalizar a liberdade para em seguida negá-la ao que se confronta distinto ao seu desejo.

Para isso a concepção de André Coelho do fascismo como tendência política mira nessa divisão maniqueísta entre "nós" que se vinculam aos bons, às vítimas, e "eles" ou "os outros" que se caracterizam como maus e culpados em relação ao status no qual nos encontramos. E consequência dessa programação de papéis essa escala vai "da divisão à culpabilização, da culpabilização à perseguição, da perseguição à violência e da violência à expulsão definitiva ou à eliminação total".

O panorama que propicia essa tendência é traçado no campo do discurso onde se principia com uma situação problemática, que é comum ao mundo em que vivemos, e então pode encaixar-se em guerra, ou qualquer conflito armado, o terrorismo contemporâneo, a criminalidade, a corrupção, uma crise econômica que acarrete pobreza ou escassez, ou qualquer problema que instigue medo e demande complexa solução.

A partir disso, prolifera-se na proposta de solução que os resgatará do problema uma carga do que é podre ou doentio, figurando como ameaça a imergir todos em crise e caos e nesse viés da linguagem os propondo uma reação de limpeza a tudo isso que foi apresentado, uma limpeza que retorna a um passado – nesse discurso a felicidade habita o distante, o passado de glória até o presente que surge em decadência, ou o futuro de triunfo sobre a praga.

Essa mobilização utiliza-se de preconceitos e ódios já existentes em torno de minorias marginalizadas os retirando dos "nós" político e colocando seu extermínio como solução, como se aparar os desviantes fosse trazer redenção em forma de uma homogeneidade do "bom". Esse perigo que espreita e destitui esse "nós" formado ocupa o lugar do inimigo, daquele que deve ser exterminado para que a harmonia assim retorne.

Isso tem conexão com a consolidação do direito penal do inimigo, suscitado por Agostinho Ramalho, quando se articula a descartabilidade da pessoa como valor, já que o inimigo é um ser destituído de direitos, a quem só resta o asco e a urgência de eliminação, que se apresenta como traços sintomáticos desse risco que habita entre nós. Isso traz lembranças nítidas do sentimento que aflora em torno de garantias penais no cerco de "direitos humanos para humanos direitos", essa é a ruptura, a determinância de quem é digno ou humano.

Essa escolha deliberada de um "nós" político seletivo, ou seja, o sujeito de direito e sujeito político delimitado ao que não destoa dos "nós" eleitos nesse sentimento de criar uma unidade, volta-se à destruição do diferente. E a esse diferente é atribuído o título de irrecuperável, perverso, e, portanto, perigoso. "Eles" são administrados à ser o único empecilho da sociedade em harmonia, o que "nos" separa da redenção do problema instalado.

O medo e a incerteza alimentados e transmutados em ressentimento e ódio contra os grupos que ao tempo do fascismo são colocados no lugar de "eles" nesse movimento de emoções políticas. Essa total implicação do que aflige o "nós" político evoca a solução mágica de que "eles"são o problema e ao sumirem os problemas também o farão com eles. E o perigo administrado nisso é notável na fala de André Coelho:

> Estes estados de espírito passivos e paralisantes são convertidos em estados de espírito ativos e agressivos, especialmente ódio e violência. É como se os preconceitos e hostilidades já existentes, que eram retidos e escondidos, atuassem agora como canalizadores da incerteza e do medo para certo alvo em particular. E, ao apontar um alvo, o fascismo causa a impressão de que tudo que nos atormenta pode ser resolvido a partir da expulsão ou destruição do inimigo ameaçador. Assim, mesmo que ainda se tenha incerteza sobre a situação, já não se tem a incerteza mais angustiante quanto ao que se sentir incerto; mesmo que ainda se tenha medo do que é diferente, já não se tem o medo mais angustiante de que se precise temer a tudo indiferentemente.

O medo não é mais a angústia paralisante, mas o motor de agressão. O abrigo que o fascismo encontra na forma da democracia, ou de onde escorre esse veneno é no que se faz essencial a própria democracia, que é o direito de liberdade de expressão e de associação. Isso porque é no desempenho desses direitos que esse efeito colateral pode se tornar aparente, pois através deles a possibilidade de verbalizar discursos de segregar e perseguir é plena, e esses discursos é que podem desaguar em ações políticas concretas dessa natureza. A repreensão só pode vir após proferido o dito discurso de divisão, senão a liberdade não o é, já que implica também em liberdade de errar. Não há como prever antes que assim o façam sobre risco de recair sobre o policiamento do pensamento engessando a liberdade que o valor mais difícil de ser compreendido e desempenhado.

O que não significa que a liberdade a tudo aceite, mas a liberdade pode ser liberticida, no caminho de ser liberdade por excelência. O que resguarda a democracia do fascismo é apenas a própria democracia, no reconhecimento do fascismo e no maduro afastamento de por ele não cultivar qualquer fascínio. Aqui coadunante ao pensamento de André Coelho, observa-se que a maturidade política tem como saída a política da diferença, que atrela a igualdade política e econômica, em questão de poder, que retoma a democracia da qual Rancière fala que não estabelece papéis pré-definidos.

Esses papéis que tomam indefinição na democracia no principal vetor de governante e governado se refletem em outras áreas. André Coelho chama atenção a inversão da seta de rota colonial, que acompanha o contexto francês do Charlie Hebdo, de onde através do que chama "hiper-simplificação" problematiza em busca de uma lição política nessa mudança de vetor na exploração do novo paradigma da imigração que acompanha o mundo moderno.

Essa novidade "obrigou o antigo invasor a não apenas conviver com seus herdeiros coloniais, mas a estender a eles as benesses de uma prosperidade e bem-estar conquistados anteriormente à custa da exploração da terra e do trabalho de seus ancestrais". Eis que a ameaça se consolida ao passo que esse antigo vetor agora que o antigo invasor, colonizador, tornou-se agora o invadido, e invadido pelo que antes era o explorado pelo colonizador.

No entanto, esse que agora desempenha o papel de invadido, temeroso pelo que adentra em seu território, não pode ao novo invasor negar "status e os direitos que assegura aos seus próprios membros sempre que tais fossem conquistados pelas vias institucionais disponíveis", que reforça o conflito. Isso porque o antigo invasor difundiu que existiria um "nós universal", que seria onde todos os seres humanos seriam circunscritos, sem distinção de crença, raça e origem; mas o "nós universal" só servia ao tempo em que era seu parâmetro que coloniza e invade o outro.

A partir da inversão de perspectivas adota-se um "nós particular", e esse "nós" se opõe a "eles" que novamente personificam a insegurança e incerteza que ameaça seu modo de vida, perturbando a hegemonia de invasões predatórias passadas.

Esse convívio que traz uma continuidade de exclusão, e traduz-se na aparência de trocar o direito de invadir, escravizar e explorar do antigo colonizador, pelo direito de policiar, discriminar, suprimir, expulsar e eliminar de hoje, no papel de invadido. Esse elo de segregaçãodo "nós" e do "eles" persistente desde a corrida colonial, tem o fascismo em seu radical, de maneira que o "nós" persistirá em um auto-atribuição como ser especial e onipotente enquanto "eles" performam um contínuo empecilho. A isso André pontua que o novo fascismo e o velho imperialismo são duas faces de uma mesma doutrina da superioridade e do privilégio do "nós particular".

A solução atravessa um pouco mais a tolerância com distância da arena pública, do enclausuramento no âmbito privado a afastar-se indiferente ao que se deve cultivar enquanto pluralidade. Essa ideia de que há algo ou alguém que ataca nosso modo de vida, invade nosso território, toma nossos empregos e saqueia a prosperidade que era alimentada antes desse advento, aponta uma identificação fascista, e floresce desafortunadamente nos regimes democráticos. Isso porque o fascismo converge a cisão do político com a aglutinação de uma vontade de unidade homogênea.

Desse modo aqueles que ameaçam a felicidade da unidade, e da homogeneização, é um lugar mutante que veste também ao imigrante no mundo pós 11 de setembro de 2001, pós-crise financeira de 2008, assim como aquele que passar do padrão desejado e homogêneo a resvalar como terrorista ou razão de toda miséria e criminalidade. Esse molde não se estagna na figura do imigrante, persiste entre classes sociais, entre posições religiosas, distinções étnicas, de raça ou de gênero, entre distintos modelos de família, ou seja, ao fim debruçado sobre os diferentes modos de vida.

Essa questão do fascismo então retorna às democracias enquanto risco e aprendizado, como algo a ser superado. E Rancière (2014) diz que a democracia, enquanto "governo de qualquer um" tem em seu caminho o fardo do "ódio infindável de todos aqueles que têm que apresentar títulos para o governo dos homens: nascimento, riqueza ou ciência"(RANCIÈRE, 2014, p.119).

Nesse caminho Rancière (2014) aponta também que a democracia está nua frente aos sistemas de dominação e em sua relação com o poder da riqueza, então o problema da democracia é que o fundamento dela não se pauta em nenhuma natureza das coisas e ela não é garantida por nenhuma forma institucional, não é trazida por nenhuma necessidade histórica e não traz nenhuma também. A democracia é seu problema e solução, mas está entregue à constância de seus próprios atos, por isso abriga o efeito fascista, tanto quanto liberdade desse efeito.

3. CONCLUSÃO

A construção e compreensão da democracia estão atreladas a forma como a linguagem se relaciona e molda o âmbito político. Um discurso está estritamente atrelado com o desejo de ação, assim como a ação toma sua organização simbólica para tradução em discurso. Sendo a palavra esse instrumento que estrutura a política, só quem tem acesso, credibilidade e visibilidade de sua própria palavra é que pode explorar os termos de sua existência. Portanto a luta pelo respeito à diferença, pela dignidade humana exige que se passe pela batalha das palavras.

Observa-se o seguinte ciclo: o ser humano dimensiona sua existência através da linguagem, a deliberação age na lapidação da linguagem, a linguagem posta a ordenar desejos e negociá-los em comunidade estrutura a política através da palavra, aqueles que fazem uso legítimo da palavra são considerados, a estes considerados reside o destino das escolhas políticas.

Aquele que é considerado cidadão está inserido em um contexto definido. Existe uma voz predominante que se apresenta entre os que caminham na linhagem de filiação ou se firmam através do poder da riqueza. Por isso se questiona a ideia do sujeito solto no mundo, totalmente livre ou neutro em suas ideologias.

Portanto, é compreensível de que ainda hoje, há aqueles que são desumanizados não só na proliferação de discurso de ódio contra eles, mas em suas histórias não contadas, apagadas, suprimidas. Compreensível não no sentido de aceitável, mas de que é possível observar como isso se estrutura. É então que estes são os que passam pelo processo de falar sem ser ouvidos, de serem menos que cidadãos nas práticas cotidianas,pois sua voz é considerada apenas um ruído, descaracterizada do poder necessária de auto-definição, narrativa própria e representação.

Além disso, o impacto de uma narrativa dominante que escamoteia outras ideias, histórias e vivencias se traduz em uma ideia forte de consenso. Assim as pessoas se acostumam com essa construção e negam por muitas vezes o conflito existente e latente.

A ideia de partir de um consenso de bem comum e vontade geral, é um artífice,não contempla a realidade das culturas e ideias plurais que existem em meio ao povo. Esse consenso esgarçará as relações políticas por não abarcar a totalidade plural, e seguirá como um véu encobridor de conflitos, tornando cada vez mais pungente a realidade do dissenso.

Para tanto, ainda com o dissenso, a deliberação política com mais pluralidade de vozes é necessária, para que o Estado possa abrigar as diferentes formas de vida. A compreensão consensual que anteriormente abrigava um desejo homogêneo, uma adequação de minorias à vontade geral, encontra a necessidade do diálogo, para que se defenda a existência política daqueles que foram por muito tempo submetido às formas de dominação simbólica que Bourdieu apresenta.

O consenso se acorrentava o aceitável ao dominante, e dominante é sempre aquele que detêm os mecanismos do poder. A fala é o mecanismo de poder do presente estudo que problematiza essas dominações, sendo utilizada a explicar o modo como a violência na linguagem tem parte com a violência física. A fala vai lapidar as manifestações de força e desempenha ela própria uma força, e uma força reveladora de intenções políticas e sistemas simbólicos de dominação.

Diante da existência de um ciclo que retoma o núcleo dominante, se retoma as barreiras para o desempenho uma auto-representaçãoempoderadora enquanto sujeitos e cidadãos.Na estrutura da democracia e à moldar a vida pública, é a palavra que exerce e molda o destino daqueles que vivem dentro desse espaço.

Questiona-se então o que seria daqueles que não conseguem desempenhar e negociar os termos de sua própria existência, o que lhes resta senão serem deixados ao perímetro de marginalização simbólica na ordem inscrita nessa democracia. O que leva a perceber que, de acordo com Butler é importante nomear as vidas que não importaram no processo de violência, e dar visibilidade à luta para que, finalmente, importem e surjam inscritas na igualdade que demandam e merecem.

A voz como fator estruturante se reflete muito nesse cenário político sobretudo quando se investiga as noções da construção de uma subcidadania. Jessé Souza atribui marcas do que remete a uma ideologia espontânea do capitalismo, que absorve a dominação de maneira naturalizada, como parte essencial nessa ideia de subcidadania. E isso converge com o problema da democracia para Rancière, que se torna cada vez mais privada, voltada para uma intelligentsia à dominação e manutenção de um poder de aparência límpida e inquestionável pelo revestimento de legitimidade.

Tomando como contextualização o esforço de interpretação e ressignificação, a supressão da diferença acontece nessa perspectiva e segue pelo caminho de maneira a desvincular uma experiência humana, uma ação, de seu entorno que confere realidade e compreensão para tal evento. A partir do olhar sobre essa ação humana ser desvinculado da realidade anterior e simultânea, o indivíduo *"solto no mundo"*, que ilumina que o que seria neutro serve novamente à uma moldura vazia que se encaixa às formas de dominação.Que acontece, pois, esse espaço na moldura entra no cotidiano do cidadão ao passo que se apodera também da dimensão política do indivíduo, e seu poder de articulação sobre as escolhas e discursos acerca dos diferentes modos de vida e de cultura existentes.

Traçado a maneira como através de uma moldura esvaziada se gera uma ideologia espontânea, esta corresponde aos que detêm maior poder na sociedade, os oligarcas definem o neutro, o bom, o harmônico ao status quo. Observando-se a formação de um implícito e arraigado consenso dominante, enfrentado de maneira naturalista, o que significa que o indivíduo está pronto a reproduzir isso. Ao que se referencia Rancière em relação à isso que "a inteligência coletiva produzida por um sistema de dominação nunca é mais do que a inteligência desse sistema"(RANCIÈRE, 2014, p.122)

Com essa ótica é latente que as escolhas predominantes se insiram também no campo da fala. Assim existe uma espécie de molde é que institucionalizado por um pequeno grupo que emana poder, concebe regras positivadas ou não, define linguagens aceitáveis, se utilizando da ambiguidade do permitido, a optar pela continuidade do que lhes parece válido. Nesse cerne se incluí a lógica da riqueza, na linguagem de Rancière, que aumenta o núcleo privado em detrimento do público, em efeito a atrofiar cada vez mais o âmbito político com isso. Isso conecta-se ao consenso dominante que coincide com o predomínio da validação desses interesses oligárquicos. Visto que o dominante é sempre correspondente a quem detêm os mecanismos de poder, interesse à isso operar na gestão da fala, que é um instrumento de poder.

O limite da liberdade de expressão passa por todo esse processo, mas a gestão da fala deveria operar no sentido de expandir o espaço público, promover os lugares de fala. O que ocorre é que o limite que se busca compreender na liberdade de expressão tem como fator preponderante o lugar de fala, a determinação de voz ou ruído atribuída ao grupo ou ao cidadão. No entanto, espera-se que esse lugar seja promovido por uma organização jurídica, e é o que há presente hoje, sob a lógica da coerção, dado pela ordem da polícia. Por seguir a essa ordem, ao passo que se dá o lugar, ele também é cerceado, como se o lugar da fala só pudesse ser desempenhado ao que passeia no conforto oligárquico.

Isso ocorre de modo que mesmo aquele que possui a voz considerada e escutada, não tem um espaço aberto para esse desempenho. A organização e gestão desse processo de fala e discurso na democracia se precipitam como ordem jurídica, contudo é uma ordem política.

Concluiu-se com esse estudo que a liberdade de expressão é tracionada como instrumento de poder, ao passo que está sob controle desse mesmo poder e se inscreve nessaordem. Contudo o que há de latente na democracia que evidencia e reclama sua formação original é a inexistência de um lugar pré-estabelecido para a fala, e a essencialidade desse desempenho para o empenho do cidadão em um destino coletivo. É veemente que a efetivação democrática significa uma ruptura com a lógica de polícia que conduz até então esse âmbito. Para isso faz-se necessário assumir os riscos que o processo democrático acarreta por depender da constância de seus próprios atos, ou seja, no amadurecimento da relação do cidadão com o uso da fala. Essa entrega nomeia o medo e o ódio que pode florescer em torno do modo democrático, mas com a promoção da igualdade enquanto realidade máxima pode se contribuir para esperança da melhor contemplação dos diferentes modos de vida.

4. REFERÊNCIAS

ADICHIE,Chimamanda Ngozi. **O perigo da história única.** Palestra datada de julho de 2009. Plataforma de Palestra TED.

ARENDT, Hannah. **Sobre a violência**. Rio de Janeiro: RelumeDumará, 1994.

BOURDIEU, Pierre/Fernando Tomaz (tradução). **O Poder Simbólico**, 11. ed. Rio de Janeiro: Bertrand Brasil, 1989.

BUTLER, Judith. Vida precária. Contemporânea - **Revista de Sociologia da UFSCar**. São Carlos, Departamento e Programa de Pós-Graduação em Sociologia da UFSCar, n.1, p.13-33, 2011

COELHO, André. **Transcrição de palestra ministrada no CESUPA**. 1º semestre de 2015.

EISENBERG, José. O político do medo e o medo da política**. Revista Lua Nova** N. 64, p.49-60 2005.

HALL, Stuart. Some "politically Incorrect"PathwaysThrough PC. S. Dunant(ed.**)** **The war of the words:** the political correcteness debate. p. 164-184. 1994

NEGRI, Antonio; tradução Adriano Pilatti. **O Poder Constituinte:** ensaio sobre as alternativas da modernidade**.** Rio de Janeiro: DPeA, 1933

RANCIÈRE, Jacques. **O Ódio à Democracia**. trad. Mariana Echalar, São Paulo: Boitempo, 2014.

__________. **O desentendimento -** Política e Filosofia, trad. ÂngelaLeite Lopes. São Paulo: 34, 1996.

ZIZEK, Slavoj . **Violência:** seis reflexões laterais. São Paulo. Boitempo, 2008

__________. **Virtude e Terror**. Zahar, Rio de Janeiro. 2008

Capítulo 14

O ENFRENTAMENTO DA VIOLÊNCIA DOMÉSTICA NO BRASIL

Daniella Maria dos Santos Dias[1]

INTRODUÇÃO

A violência doméstica e familiar contra a mulher é um problema mundial!

A UN Women, órgão criado pela ONU que objetiva o empoderamento e a igualdade para as mulheres, relatou que a violência doméstica contra as mulheres é uma pandemia. Segundo aquela entidade,

> According to a 2013 global review of available data, 35 per cent of women worldwide have experienced either physical and/or

---

1. Bacharel em Direito pela Universidade Federal do Pará - UFPA. Especialização em Direito Ambiental pela Universidade Federal do Pará - UFPA. Especialização em Educação Ambiental pela Universidade Federal do Pará - UFPA. Especialização em Direito Agrário pelo Centro Universitário do Pará - CESUPA e Doutorado em Direito pela Universidade Federal de Pernambuco - UFPE e Investigação Pós-Doutoral na Universidade Carlos III de Madri na Espanha, junto ao Departamento de Direito Público Comparado e ao Instituto Pascual Madoz. Atualmente é Promotora de Justiça do Ministério Público do Estado do Pará e Professora da Universidade Federal do Pará e UNIFESSPA (Graduação e Pós-Graduação).. Tem experiência na área de Direito, com ênfase em Direito Público, atuando principalmente nos seguintes temas: Direito Ambiental, Direito Urbanístico, Direitos Humanos e Introdução à Ciência do Direito.

> sexual intimate partner violence or non-partner sexual violence. However, some national violence studies show that up to 70 per cent of women have experienced physical and/or sexual violence in their lifetime from an intimate partner"(UN Women. Facts and Figures: Ending Violence against Women. A pandemic in diverse forms. http://www.unwomen.org/en/what-we-do/ending-violence--against-women/facts-and-figures. Acesso em 8 de março de 2015)[2]

O Human Rights Watch, ao tratar dos dados envolvendo a violência contra a mulher no Brasil, no documento intitulado "Criminal injustice : violence against women in Brazil" informou que :

> The national IBGE study confirms similar, and even more disturbing trends in state studies of domestic abuse reported to the delegacias of women. For example, a 1987 study of over 2,000 battery cases registered at the São Paulo delegacia from August to December 1985 found that over seventy percent of all reported crimes of violence against women occurred in the home. Of these, the vast majority took place between couples who had been living together for periods of three to nine years. Seventy five percent of the abusers were legally married to the victim, and the remainder were live-in lovers. (The study found no difference in behavior between these two sub-groups.) A chilling picture of domestic tyranny emerges from these studies and the many individuals with whom we spoke. Most women who fall victim to physical abuse can expect to experience such violence in their own home by their spouse or lover. Well over a third of domestic violence will involve serious injury, usually committed by the aggressor's feet and fists. Examples of physical abuse cited in a 1989 study of violence against women in the state of Pernambuco included beating, tying up and spanking, burning the genitals and breasts with cigarettes, strangulation, inserting objects in the victim's vagina (such as bottles and pieces of wood) and throwing alcohol

2. De acordo com uma avaliação global de 2013, consoante dados disponíveis, 35% das mulheres em todo o mundo sofreram ou violência física e/ou violência sexual causadas por seu parceiro íntimo ou sofreram violência sexual por pessoa que não tinham relação sexual. No entanto, alguns estudos nacionais sobre a violência mostram que até 70% das mulheres sofreram violência física e /ou sexual em sua vida causada por um parceiro íntimo (tradução livre).

and fire on the victim. The study also noted repeated physical abuse of pregnant women in which the aggressors "aimed for the womb, breasts and vagina."

(...)

However, according to the University of São Paulo's Center for the Study of Violence, a study of press reports concerning over 3,000 homicides between 1946 and 1988, indicates that wife-murder is a common occurrence. A separate study conducted in the northeastern state of Pernambuco found that of 6,000 reported violent crimes against women between 1987 and 1989, 400 involved women who were murdered by their husbands or lovers. According to the Center's research, of all homicides involving both male and female victims in the home, men kill women with far greater frequency than women kill men" (Human Rights Watch. Criminal injustice : violence against women in Brazil.. USA: 1991, p. 14-15)[3].

3. O estudo nacional feito pelo IBGE confirma tendências similares e até mesmo tendências mais perturbadoras em estudos realizados por Estados acerca da violência doméstica, denunciados às delegacias de mulheres. Por exemplo, em 1987, um estudo de mais de 2.000 casos registrados na delegacia de São Paulo, de agosto a dezembro 1985, revelou que mais de setenta por cento de todos os crimes relatados de violência contra a mulher ocorreu em casa. Destes, a grande maioria ocorreu entre casais que viviam juntos por períodos de três a nove anos. Setenta e cinco por cento dos responsáveis pela violência eram legalmente casados com a vítima, e os restantes, eram companheiros (O estudo não encontrou nenhuma diferença no comportamento entre estes dois subgrupos). A imagem arrepiante de tirania doméstica emerge desses estudos e das várias pessoas com quem conversamos. A maioria das mulheres que são vítimas de abuso físico pode experimentar este tipo de violência em sua própria casa, praticada por seu cônjuge ou companheiro. Bem mais de um terço da violência doméstica vai envolver ferimentos graves, geralmente por meio de socos e pontapés desferidos pelo agressor. Exemplos de abuso físico citados em um estudo sobre a violência contra as mulheres de 1989, no Estado de Pernambuco, incluem surrar, amarrar e espancar, queimar os órgãos genitais e seios com cigarros, o estrangulamento, a inserção de objetos na vagina da vítima (como garrafas e pedaços de madeira), assim como o ato de jogar álcool e de atear fogo na vítima. O estudo também observou repetido abuso físico em mulheres grávidas em que os agressores direcionam sua violência para a região do útero, os seios e a vagina."

(...)

No entanto, de acordo com a Universidade de São Paulo, por meio do Centro de Estudos sobre a Violência, um estudo dA imprensa sobre mais de 3.000 homicídios, entre 1946 e 1988, indica que o assassinato de mulheres por seus maridos é uma ocorrência comum. Um estudo conduzido no nordeste do Estado de Pernambuco constatou que de 6.000 relatos de crimes violentos contra as mulheres, entre 1987 e 1989, 400 eram casos de mulheres que foram assassinadas por seus maridos ou companheiros. De acordo com pesquisa do Centro, de

O DataSenado, por sua vez, informa que:

> (...) 13 milhões e 500 mil mulheres já sofreram algum tipo de agressão (19% da população feminina com 16 anos ou mais). Destas, 31% ainda convivem com o agressor. E pior: das que convivem com o agressor, 14% ainda sofrem algum tipo de violência. Este resultado, expandido para a população brasileira, implica em dizer que 700 mil brasileiras continuam sendo alvo de agressões. A violência doméstica e familiar exerce grande impacto nas taxas de homicídio contra mulheres. Como resultado, num ranking de 84 países, ordenados segundo as taxas de homicídios femininos, o Brasil é o 7.º onde mais se matam mulheres. Está em pior posição que seus vizinhos na América do Sul (à exceção da Colômbia), que os países europeus (à exceção da Rússia), que todos os países africanos e todos os árabes" (SENADO FEDERAL. DATASENADO. Violência Doméstica e Familiar Contra a Mulher. Março de 2013. http://www.senado.gov.br/senado/datasenado/pdf/datasenado/DataSenado-Pesquisa-Violencia_Domestica_contra_a_Mulher_2013.pdf. Acesso em 8 de março de 2015)

Não podemos compreender o enfrentamento da violência doméstica, em âmbito nacional, sem refletirmos sobre o fato de que o que se pretende enfrentar é a própria violência.

Às vezes, me pergunto: Em que medida os documentos internacionais e as transformações institucionais que foram levadas a termo a partir da promulgação da Lei Maria da Penha terão eficácia no combate à violência doméstica e familiar, no Brasil?É possível o enfrentamento da violência doméstica sem uma séria reflexão acerca da violência em si, como ferramenta de dominação masculina e subjugação? O que a Lei Maria da Penha pretende? A proposta da lei para coibir a violência, em âmbitos doméstico e familiar, conseguirá, de fato, transformar a realidade de milhares de lares brasileiros em que não há liberdade, igualdade e dignidade?

Essas indagações são fruto da minha reflexão e experiência frente à Promotoria de Justiça de Violência Doméstica, em Belém do Pará. Tive

todos os homicídios envolvendo vítimas de ambos os sexos em casa, os homens matam as mulheres com muito maior frequência do que as mulheres matam os homens (tradução livre).

o prazer e a oportunidade ímpar de colaborar com o trabalho aguerrido de uma das pioneiras no combate à violência doméstica, no Ministério Público do Estado do Pará, a Promotora de Justiça, Sumaya Morhy Pereira.

Naquela Promotoria de Justiça, escutei, vi e constatei diversos casos de lares esfacelados pela linguagem destrutiva da violência. Vi crianças amedrontadas e mulheres totalmente desamparadas, afetiva, social e economicamente. Vi mulheres chancelando a violência de seus companheiros. Vi a morte como ponto final de uma relação totalitária, sem comunicação.

Testemunhei diversas formas de violência e me senti "violentada". Adoeci, muitas vezes, com a dor não curada de muitas mulheres e em razão da minha impotência em não poder ir além das medidas judiciais institucionalizadas.

O que depreendi e aprendi ao trabalhar na Promotoria de Violência Doméstica e Familiar contra a Mulher? Quais são as minhas reflexões, como Promotora de Justiça, acerca dos desafios para o enfrentamento da violência doméstica, desafios que sequer se encerram no limitado âmbito de atuação do Ministério Público e do Poder Judiciário?

Este artigo não pretende ser um estudo científico. Pretende tão somente apontar a evolução no sistema normativo no combate à violência doméstica e familiar contra mulher e seus possíveis e limitados efeitos em âmbito familiar e social.

Pretende-se, como contribuição, refletir sobre os novos parâmetros normativos e comportamentais que o sistema jurídico estabelece bem como sobre os desafios para transformar as relações sociais de dominação por meio da regulamentação e fiscalização das relações familiares e domésticas e do combate à violência contra a mulher. O artigo traz, como contribuição, a análise sobre o acesso à justiça, para o combate à violência domestica e familiar como um frágil componente, para a transformação do ciclo da violência.

1. A LEI MARIA DA PENHA E A COMISSÃO INTERAMERICANA DE DIREITOS HUMANOS

O Brasil, por meio da Lei 11.340/06, denominada Lei Maria da Penha, apresenta aos cenários jurídicos internacional e nacional, sistema normativo complexo e progressista que objetiva a concretização dos princípios constitucionais da igualdade, da dignidade humana, do acesso à justiça e do cumprimento do devido processo legal. No entanto, esse avanço normativo – é preciso que se ressalte – foi fruto de uma forte cobrança, em âmbito internacional.

O Brasil foi responsabillizado pela Comissão Interamericana de Direitos Humanos por sua falta de diligência e omissão no Caso Maria da Penha. A Comissão concluiu que o Estado brasileiro não atuou com a diligência necessária para prevenir e investigar a denúncia de violência doméstica em que Maria da Penha era a vítima, por mais de 15 (quinze) anos. O Estado Brasileiro foi declarado responsável, de acordo com a Convenção Americana e a Convenção de Belém do Pará (MARTIN e PINZÓN, 2006, p. 156-157).

No Relatório 054/01, Caso 12.051/2001, Maria da Penha Maia Fernandes, a Comissão avaliou o caso da tolerância do Estado Brasileiro para com a violência cometida por Antônio Heredia Viveiros contra sua esposa, durante anos de convivência matrimonial. Maria da Pena foi agredida e sofre de paraplegia irreversível, em decorrência da violência que sofreu durante anos. Após a análise do caso, a Comissão decidiu:

> Quanto ao fundo da questão denunciada, a Comissão conclui neste relatório, elaborado segundo o disposto no artigo 51 da Convenção, que o Estado violou, em prejuízo da Senhora Maria da Penha Maia Fernandes, os direitos às garantias judiciais e à proteção judicial assegurados pelos artigos 8 e 25 da Convenção Americana, em concordância com a obrigação geral de respeitar e garantir os direitos, prevista no artigo 1(1) do referido instrumento e nos artigos II e XVII da Declaração, bem como no artigo 7 da Convenção de Belém do Pará. Conclui também que essa violação segue um padrão discriminatório com respeito a tolerância da violência doméstica contra mulheres no Brasil por ineficácia da ação judicial. A Comissão recomenda ao Estado que proceda a uma investigação séria, imparcial e exaustiva para determinar a responsabilidade penal do autor do delito de tentativa de homicídio em prejuízo da Senhora Fernandes e para determinar se há outros fatos ou ações de agentes estatais que tenham impedido o processamento rápido e efetivo do responsável; também recomenda a reparação efetiva e pronta da vítima e a adoção de medidas, no âmbito nacional, para eliminar essa tolerância

> do Estado ante a violência doméstica contra mulheres (Comissão Interamericana de Direitos Humanos. OEA. RELATÓRIO ANUAL 2000. RELATÓRIO N° 54/01.CASO 12.051. MARIA DA PENHA MAIA FERNANDES.BRASIL.4 de abril de 2001. https://www.cidh.oas.org/annualrep/2000port/12051.htm. Acesso em 8 de março de 2015) (grifo nosso).

Vale ressaltar o que a Convenção Interamericana para Prevenir, punir e erradicar a violência contra a mulher, Convenção de Belém do Pará, que ocorreu em 9 de junho de 1994, dispõe em seu artigo 7º:

> Os Estados Partes condenam todas as formas de violência contra a mulher e convêm em adotar, por todos os meios apropriados e sem demora, políticas destinadas a prevenir, punir e erradicar tal violência e a empenhar-se em:
>
> a. abster-se de qualquer ato ou prática de violência contra a mulher e velar por que as autoridades, seus funcionários e pessoal, bem como agentes e instituições públicos ajam de conformidade com essa obrigação;
>
> b. agir com o devido zelo para prevenir, investigar e punir a violência contra a mulher; c. incorporar na sua legislação interna normas penais, civis, administrativas e de outra natureza, que sejam necessárias para prevenir, punir e erradicar a violência contra a mulher, bem como adotar as medidas administrativas adequadas que forem aplicáveis; d. adotar medidas jurídicas que exijam do agressor que se abstenha de perseguir, intimidar e ameaçar a mulher ou de fazer uso de qualquer método que danifique ou ponha em perigo sua vida ou integridade ou danifique sua propriedade;
>
> e. tomar todas as medidas adequadas, inclusive legislativas, para modificar ou abolir leis e regulamentos vigentes ou modificar práticas jurídicas ou consuetudinárias que respaldem a persistência e a tolerância da violência contra a mulher;
>
> f estabelecer procedimentos jurídicos justos e eficazes para a mulher sujeitada a violência, inclusive, entre outros, medidas de proteção, juízo oportuno e efetivo acesso a tais processos;
>
> g. estabelecer mecanismos judiciais e administrativos necessários para assegurar que a mulher sujeitada a violência tenha efetivo acesso

a restituição, reparação do dano e outros meios de compensação justos e eficazes;

h. adotar as medidas legislativas ou de outra natureza necessárias à vigência desta Convenção. (COMISSÃO INTERAMERICADA DE DIREITOS HUMANOS. A Convenção Interamericana para Prevenir, punir e erradicar a violência contra a mulher. http://www.cidh.org/Basicos/Portugues/m.Belem.do.Para.htm, Acesso em 8 de março de 2015).

Da leitura da Convenção de Belém do Pará, constata-se a determinação em prevenir, punir e erradicar a violência contra a mulher. A Convenção foi produzida em 1994 e foi justamente a Convenção de Belém do Pará que serviu de embasamento para justificar a decisão da Comissão Interamericana de Direito Humanos, no caso Maria da Penha, em formular diversas recomendações ao Estado Brasileiro.

Uma breve leitura sobre a decisão da Comissão Interamericana, permite-nos concluir que a violação imputada ao Estado brasileiro dizia respeito à omissão para garantir o acesso à justiça, o cumprimento do devido processo legal, a proteção à vida de Maria da Penha. O caso Maria da Penha fez com que o Brasil tivesse que realizar significativas transformações nos âmbitos de diversas instituições públicas e no sistema legal para que, de fato, a tolerância do Estado ante a violência doméstica contra mulheres fosse combatida, pelo próprio Estado.

Somente em 2006 é sancionada a Lei Maria da Penha. A Lei 11.340, de 7 de agosto de 2006, criou mecanismos para coibir a violência doméstica e familiar contra a mulher, nos termos do § 8º. do art. 226 da Constituição Federal, da Convenção sobre a Eliminação de Todas as Formas de Discriminação contra as Mulheres e da Convenção Interamericana para Prevenir, Punir e Erradicar a Violência contra a Mulher. No entanto, após a promulgação da Lei Maria da Penha, as críticas ao seu conteúdo foram disseminadas.

2. SOBRE A LEI MARIA DA PENHA

A Lei Maria da Penha foi compreendida, por muitos, como uma legislação feminista, "despropositada" ou inconstitucional. Basta a leitura dos artigos 2º., 3º. e 4º. da Lei 11.106 de 2006 para compreendermos que o Estado assumiu uma postura impositiva para tratar diferentemente aquelas que, em razão das relações domésticas e familiares, encontram-se em situação de hipossuficiência e vulnerabilidade.

O artigo 2º. é um dispositivo que reconhece a dignidade humana da mulher, que se revela nas diversas possibilidades de viver sem violência, preservar sua saúde física e mental e seu aperfeiçoamento moral, intelectual e social, independentemente de classe social, etnia, orientação sexual, renda, cultura, nível educacional, idade e religião. O artigo 3º, por sua vez, dispõe que:

> Serão asseguradas às mulheres as condições para o exercício efetivo dos direitos à vida, à segurança, à saúde, à alimentação, à educação, à cultura, à moradia, ao acesso à justiça, ao esporte, ao lazer, ao trabalho, à cidadania, à liberdade, à dignidade, ao respeito e à convivência familiar e comunitária

Da leitura desse dispositivo, compreende-se que o Estado brasileiro assume conjunto de obrigações perante as mulheres, o que significa dizer que há um *status* positivo, que permite às mulheres, em razão de seus direitos fundamentais, requerer tomadas de atitudes e soluções por parte do Estado, a exigir prestações positivas de forma a fazer o Estado cumprir com suas obrigações para a proteção e salvaguarda de seus direitos fundamentais.

O artigo 4º da Lei , por sua vez, assim dispôs:

> Na interpretação desta Lei, serão considerados os fins sociais a que ela se destina e, especialmente, as condições peculiares das mulheres em situação de violência doméstica e familiar.

Na verdade, os artigos acima mencionados densificam do princípio constitucional da igualdade e apontam o critério de valoração para a determinação da igualdade em plano forma e material. Há um fundamento razoável na diferenciação jurídica estabelecida a partir da promulgação da Lei Maria da Penha. Há um sério fundamento ético por detrás dos artigos acima comentados.

A criação de regras jurídicas, ainda que seletivas ou diferenciadoras, como é o caso das normas dispostas na Lei Maria da Penha, devem conter sempre o pressuposto de justiça concreta, de igualdade social, de forma que por meio de tratamento desigual, que privilegia aqueles em situações de fraqueza ou de maiores dificuldades, propicie-se a formação de situações jurídicas de maneira a compensar as desigualdades reais existentes.

Segundo Piovesan, no plano internacional e no plano nacional, consolida-se o valor igualdade, com respeito à diferença e à diversidade. Segundo a autora,

> Essa nova concepção, ainda tão recente, apresenta duas metas básicas, que visam à implementação do direito à igualdade. São elas: o combate à discriminação e a promoção da igualdade. Na ótica contemporânea, a concretização do direito à igualdade implica na implementação dessas duas estratégias, que não podem ser dissociadas. Isto é, hoje o combate à discriminação torna-se medida insuficiente se não se verificam medidas voltadas à promoção da igualdade. Por sua vez, a promoção da igualdade, por si só, mostra-se insuficiente se não se verificam políticas de combate à discriminação (PIOVESAN e SATO, 1997, p. 142).

Pois bem. Voltemos à norma.

O artigo 7º. da Lei 11.340/2006 evidencia o significado de violência. É a violência física, que atente contra a saúde e a integridade corporal; é a violência sexual, que se corporifica por meio do constrangimento, da violência que castra a liberdade sexual; é o uso da ameaça, da coação, da força para manter ou participar de relação sexual não desejada; é a violência à liberdade de decidir sobre o uso do próprio corpo; é a violência patrimonial; é a violência moral por meio de condutas que alcancem a honra da vítima; é a violência psicológica, que causa dano emocional e diminuição da autoestima ou que lhe prejudique e perturbe o pleno desenvolvimento ou que vise degradar ou controlar suas ações, comportamentos, crenças e decisões, mediante ameaça, constrangimento, humilhação, manipulação, isolamento, vigilância constante, perseguição contumaz, insulto, chantagem, ridicularização, exploração e limitação do direito de ir e vir ou qualquer outro meio que lhe cause prejuízo à saúde psicológica e à autodeterminação .

É a violência física, psíquica, sexual, patrimonial moral contra a mulher, praticada por quem tenha vínculo familiar ou doméstico ou que tenha mantido ou mantenha vínculo afetivo, independentemente de orientação sexual. Em outras palavras, a mulher, segundo a Lei Maria da Penha, é a vítima de todas essas espécies de violência, que podem ser cometidas por homem ou mulher, independentemente da orientação sexual e que tenha vinculo doméstico ou familiar ou que mantenha com a vítima relação íntima de afeto (art. 5º, da Lei 11.340/2006) .

Da leitura da norma, constata-se, em seus objetivos e institutos, a verdadeira face do princípio constitucional da igualdade por meio do tratamento diferenciado àquelas que, por uma questão cultural subjacente, vivenciam diuturnamente a hipossuficiência, a situação de vulnerabilidade e a violência, no âmbito das relações familiares e domésticas.

Os princípios constitucionais, conformadores do Estado Democrático de Direito, são verdadeiras "estruturas axiológicas", pois determinam que o Estado produza marcos jurídicos legítimos e eficazes à concretização da qualidade de vida digna à mulher agredida. É justamente a interpretação constitucional por meio de sua base principiológica que possibilita ao jurista entender a verdadeira finalidade da Lei Maria da Penha. Existe uma função social do Estado no combate à violência doméstica e à subjacente responsabilidade em criar mecanismos para garantir a proteção à incolumidade física, moral e psicológica da mulher.

A existência de um novo marco jurídico que objetiva combater a violência contra mulher, no âmbito das relações domésticas, afetivas e ou familiares é, sem dúvida, uma proposta de transformação de comportamentos sociais, uma tentativa de transformação das estruturas de divisão sexual que se consolidaram historicamente no âmbito familiar, no âmbito social, no âmbito da escola, no âmbito estatal, em que a posição subalterna, submissa, inferior da mulher em sociedade, era e ainda é um fato historicamente construído por meio da ordem estabelecida.

Quando a "ordem jurídica" vem propor novos parâmetros normativos e comportamentais para o combate à violência doméstica, está, de fato, tocando na "ordem estabelecida" e se propõe a "transformar" as relações sociais de dominação. Será possível essa transformação?

3. DAS NORMAS AOS FATOS. DOS FATOS ÀS NORMAS

É preciso considerar que, desde 1988, nosso texto constitucional, no capitulo "Da Família, da Criança, do Adolescente, do Jovem e do Idoso" já dispunha ser obrigação do Estado "assegurar a assistência à família na pessoa de cada um dos que a integram, criando mecanismos para coibir a violência no âmbito de suas relações" (Artigo 226, § 8º, CF). E o texto constitucional traz, como um de seus princípios estruturantes, a proteção à dignidade humana, em todas as suas dimensões.

Apesar de o texto constitucional ter sido promulgado em 1988 e estar disposta a obrigação de coibir a violência no âmbito das relações familiares, é preciso que se diga, que, ainda na década de 90, tive a oportunidade de assistir a um Tribunal do Júri em que houve a absolvição de um acusado que assassinou a esposa, vez que os jurados reconheceram como quesito de defesa a "legítima defesa da honra".

Entendam os leigos que o Conselho de Sentença é um órgão que integra o Tribunal do Júri, que é formado por sete jurados. Os jurados são cidadãos do município que são sorteados para fazer parte do Conselho de Sentença, e que é responsável para apreciar e julgar os crimes dolosos contra a vida, consumados ou tentados.

Não faz muito tempo, senhores leitores, a honra do marido valia mais do que a vida da esposa, "despudorada" e adúltera! E nós, Promotores de Justiça, vivenciamos esse momento da história em que a liberdade sexual era restrita à relação matrimonial. Liberdade?!

Vale dizer que o Código Penal de 1946 trazia o tipo penal de adultério, crime que foi abolido somente por meio da Lei 11.106 de 2005. Isso mesmo! O crime de adultério era um tipo penal que compunha o Título VII (Dos crimes contra a Família), no capitulo I (Dos crimes contra o casamento). Em outras palavras, mesmo após a promulgação do texto constitucional, da previsão da igualdade entre homens e mulheres e da necessidade de respeito e coibição da violência, esse crime continuou a fazer parte do nosso sistema normativo, com uma eficácia certamente fragilizada pelas renovações e transformações sociais. No entanto, preciso dizer que, em toda a minha carreira no Ministério Público, durante a vigência daquele dispositivo legal, nunca vi um homem ser condenado por adultério!

Nos dias atuais, esses fatos e normas parecem fazer parte tão somente do século passado. Mas não são! Infelizmente, ainda vige, para milhares de brasileiros e brasileiras, o ditado popular que diz: "Entre marido e mulher, ninguém mete a colher".

É preciso ressaltar que, recentemente, a Lei nº 13.104, de 9 de março de 2015, alterou o art. 121 do Decreto-Lei no 2.848, de 7 de dezembro de 1940, o Código Penal, para prever o feminicídio como circunstância qualificadora do crime de homicídio, e o art. 1º da Lei nº 8.072, de 25 de julho de 1990, para incluir o feminicídio no rol dos crimes hediondos.

Vale destacar os parágrafos que foram inseridos no artigo 121 do Código Penal, que trata do tipo penal homicídio:

> Homicídio simples
>
> Art. 121. Matar alguem:
>
> Pena – reclusão, de seis a vinte anos.
>
> Homicídio qualificado
>
> § 2º ....
>
> Feminicídio
>
> VI – contra a mulher por razões da condição de sexo feminino:
>
> § 2º-A Considera-se que há razões de condição de sexo feminino quando o crime envolve:
>
> I – violência doméstica e familiar;
>
> II – menosprezo ou discriminação à condição de mulher.

O Estado brasileiro, objetivando o combate à violência contra a mulher e à violência doméstica, resolveu tornar hediondo o crime de homicídio em decorrência do fato de a vítima ser do sexo feminino, apontando inclusive que as razões subjacentes ao crime estão intrinsecamente relacionadas à violência doméstica e familiar e ao menosprezo ou descriminação à condição de mulher. O feminicídio torna-se, então, circunstância qualificadora do crime de homicídio.

Não iremos nos deter na análise dessa nova categoria sociológica. Todavia, o feminicídio foi uma palavra que surgiu para distinguir o crime de homicídio. Diana Russel (2015) explicita o significado da palavra feminicídio, como crimes de homicídios cuja razão subjacente é a condição feminina.

Sobre o termo feminicídio, assim explicou Russell:

> After making minor changes in my definition of femicide over the years, I finally defined it very simply as "the killing of females by males because they are female." I'll repeat this definition: "the killing of females by males because they are female." I use the term "female" instead of "women" to emphasize that my definition includes baby girls and older girls. However, the term femicide does not include the increasingly widespread practice of aborting female fetuses, particularly in India and China. The correct term for this sexist practice is female feticide.
>
> Examples of femicide include the stoning to death of females (which I consider a form of torture-femicide); murders of females for so-called "honor;" rape murders; murders of women and girls by their husbands, boyfriends, and dates, for having an affair, or being rebellious, or any number of other excuses; wife-killing by immolation because of too little dowry; deaths as a result of genital mutilations; female sex slaves, trafficked females, and prostituted females, murdered by their "owners", traffickers, "johns" and pimps, and females killed by misogynist strangers, acquaintances, and serial killers.
>
> There is a continuum of femicides ranging from one-on-one sexist murders, e.g., a man strangling his wife because she plans to leave him; to one or more males killing a group of women for, say, refusing to wear the correct attire in public; to the other end of the continuum, for example, mass femicides such as when preference for male children results in the killing, or death from neglect, of millions of female babies and girls, as in India and China.

My definition of femicide also includes covert forms of the killing of females, such as when patriarchal governments and religions forbid women's use of contraception and/or obtaining abortions. Consequently, millions of pregnant women die every year from botched attempts to abort their fetuses. And when promiscuous AIDS-infected males continue to feel entitled to have sex with their wives, girl friends, and/or prostituted women and girls, their sexist behavior causes the death of millions of these women and girls. So do AIDS-infected males who refuse to wear condoms to protect their female sex partners and the females whom they rape, including the common practice in parts of Southern Africa where many males rape babies – including their own daughters – believing that these barbaric acts will cure them of AIDS. Hence, I consider AIDS resulting in the deaths of females to be a form of mass femicide. (RUSSELL, Diana E.H. THE ORIGIN AND IMPORTANCE OF THE TERM FEMICIDE. http://www.dianarussell.com/origin_of_femicide.html, acesso em 13.03.15) [4].

4. "Depois de fazer pequenas alterações na minha definição de feminicídio ao longo dos anos, eu finalmente defino-o muito simplesmente como "o assassinato de mulheres por homens, porque elas são do sexo feminino". Vou repetir essa definição: "o assassinato de mulheres por homens, porque elas são do sexo feminino." Eu uso o termo "mulher" em vez de "mulheres" para enfatizar que a minha definição inclui os bebês e meninas. No entanto, o termo feminicídio não inclui a intensificação da prática de abortar fetos do sexo feminino, particularmente na Índia e na China. O termo correto para essa prática sexista é o feticídio feminino.

Exemplos de feminicídio incluem o apedrejamento até a morte de fêmeas (que eu considero uma forma de tortura-feminicídio); assassinatos de mulheres em razão da "honra"; assassinatos e estupro; assassinatos de mulheres e meninas por seus maridos, namorados, por terem um caso, ou por serem rebeldes, ou qualquer número de outras desculpas; assassinato de esposa por imolação por conta de pequeno dote; mortes como resultado de mutilações genitais; escravas do sexo, mulheres traficadas, prostituídas e mulheres assassinadas por seus "donos", traficantes, "johns" e proxenetas, e as mulheres mortas por estranhos e conhecidos misóginos e assassinos em série.

Há um continuo de feminicídios que vão desde assassinatos one-on-one sexista, por exemplo, um homem estrangula sua mulher porque ela planeja deixá-lo; a um ou mais homens que matam um grupo de mulheres porque, digamos, recusaram-se a usar o traje adequado em público; para o outro extremo do continuo, por exemplo, feminicídios em massa, quando a preferência por filhos do sexo masculino resulta em assassinato, ou morte por negligência, de milhões de bebês e meninas, como na Índia e na China.

Minha definição de feminicídio também inclui as formas dissimuladas de matança de mulheres, tais como quando os governos patriarcais e religiões proíbem o uso pelas mulheres de métodos contraceptivos e a realização de abortos. Consequentemente, milhões de mulheres grávidas morrem todos os anos em razão

Acrescenta a autora a informação de que o crime é contra o sexo feminino e não contra a mulher, vez que meninas e bebês do sexo feminino também são vítimas desse crime . Vale considerar que a construção do conceito pela autora é mais amplo do que o descrito atualmente em nosso Código Penal, vez que o crime de feminicidio, no Brasil, ocorre apenas contra a mulher, em razão do gênero.

No entanto, há muito o que refletir acerca dessa recente mudança em nosso sistema jurídico e a realidade que nos cerca.

Em verdade, a presença cada vez mais marcante do Estado em regulamentar e fiscalizar as relações privadas não significa uma efetiva e segura transformação no âmbito das relações familiares e domésticas e no combate à violência contra a mulher. E mais: o fato de o Estado Brasileiro ter se estruturado para garantir o acesso à justiça a vítimas de violência doméstica, por meio da criação de Varas de Violência Doméstica, Promotorias de Justiça, Núcleos na Defensoria Pública e mesmo Delegacias especializadas no combate à violência doméstica não necessariamente significa uma efetiva proteção às vítimas.

Infelizmente, o acesso à justiça e o deferimento de medidas protetivas podem ter um efeito totalmente contrário à garantia da vida digna à vítima e seus familiares. Explico: quando a vitima cria coragem de se expor publicamente e confessa ser vítima de violência doméstica, perante o Ministério Público, ela torna pública a situação constrangedora em que vive e aponta o autor ou a autora da violência. Ao fazê-lo, sofre todas as chantagens emocionais por parte dos filhos e familiares. Quando a medida protetiva é concedida, muitas vezes, a vítima é "duplamente punida", pois como não se sente segura, abandona o seu domicílio e perde o auxilio financeiro, que antes era prestado pelo marido/companheiro ou companheira.

Quando uma vítima de violência doméstica bate às portas do Ministério Público, regra geral, ela se encontra sem qualquer apoio psicológico,

de tentativas fracassadas para abortar seus fetos enquanto machos promíscuos, infectados pela AIDS, recusam-se a usar preservativos para proteger suas parceiras sexuais e as mulheres a quem eles estupram, incluindo a prática comum em partes da África Austral, onde muitos homens estupram bebês – incluindo suas próprias filhas – acreditando que esses atos bárbaros irão curá-los da AIDS. Por isso, considero a infecção pela AIDS, que resulta nas mortes de mulheres uma forma de feminicídio em massa " (tradução livre).

afetivo, familiar e financeiro. E ao ter que enfrentar a violência que sofre, perante a Justiça, não recebe o devido acolhimento e apoio psicológico. Por isso, muitas "desistem" e não deixam que o fato saia do âmbito da investigação, ainda na Delegacia de Polícia.

Ainda que o Ministério Público tenha equipe de psicólogos e assistentes sociais, o trabalho que desenvolve é voltado para subsidiar o trabalho dos Promotores de Justiça em âmbito judicial. Por isso, o enfrentamento da violência doméstica, pela vítima, fica por sua própria conta. Quanta violência e abandono para uma única pessoa! Por isso, não é difícil sucumbir à tentação de voltar ao lar e dar uma nova "chance" ao agressor.

Quando ela retorna ao lar, é criticada por todos, inclusive por nós, "operadores do direito". É difícil, muito difícil, romper o ciclo da violência. E é por isso que os números referentes aos casos de violência doméstica e familiar revelam que o acesso à justiça, a meu ver, é apenas um frágil componente que pode transformar essa relação de dominação e violência.

O mais preocupante, a meu ver, é que o atendimento na Promotoria especializada é dedicado à vítima, a mulher. No entanto, sabemos que toda a família em que há violência doméstica é uma família que necessita de apoio psicológico. Quantas feridas e traumas, meninos e meninas, adolescentes e toda a família carregam face à violência diária. Para esses problemas, que são decorrentes da violência, nem o Ministério Público nem o Poder Judiciário dão conta de apoiar e buscar soluções. Por isso, regra geral, o círculo da violência se mantém, apesar de todos os esforços para debelar a violência, em âmbito judicial.

Como bem aponta Atienza (2001, p. 18-19) "la mayor presencia del Derecho, de instrumentos jurídicos, para gobernar la conducta de los hombres en la sociedad no lleva necesariamente aparejado un orden social de tipo superior" (grifo nosso) . Para Atienza, os instrumentos jurídicos, por si só, não rompem tampouco transformam a realidade social. Somos nós, enquanto atores-produtores dessa realidade, que podemos romper e querer transformar esse *status quo* em que mulheres sofrem com preconceitos, estereótipos e o pior, continuam a ser e a se posicionar como objeto em relações afetivas que destroem, dilareçam e embrutecem as relações sociais e familiares. Como bem destaca Bourdieu (2010, p. 22), "...há sempre lugar para uma luta cognitiva a propósito do sentido das coisas do mundo e particularmente das realidades sexuais".

A Lei Maria da Penha, ao tratar da violência moral, da violência psicológica, evidencia a violência simbólica e a dominação masculina que engendraram e estabeleceram uma lógica de dominação em âmbito familiar, em âmbito social. O que se deseja, com a aplicação da Lei Maria da Penha, não é somente o acesso à justiça e a garantia da incolumidade física e mental de milhares de brasileiras. Trata-se de uma tentativa de transformação das "relações de forças material e simbólica entre sexos" (BOURDIEU, 2002, p. 10), de revisão e também de crítica às relações de dominação masculina registradas nas estruturas da ordem estabelecida.

Pierre Bourdieu explica a intrínseca relação entre ordem social, ordem simbólica e a dominação masculina. Segundo o autor,

> A força da ordem masculina se evidencia no fato de que ela dispensa justificação: a visão androcêntrica impõe-se como neutra e não tem necessidade de se enunciar em discursos que visem a legitimá-la. A ordem social funciona como uma imensa máquina simbólica que tende a ratificar a dominação masculina sobre a qual se alicerça: é a divisão social do trabalho, distribuição bastante estrita das atividades atribuídas a cada um dos dois sexos, de seu local, seu momento, seus instrumentos; é a estrutura do espaço, opondo o lugar de assembléia ou de mercado, reservado aos homens, e a casa, reservada às mulheres; ou no interior desta, entra a parte masculina, como a sala, e a parte feminina, com o estábulo, a água e os vegetais; é a estrutura do tempo, a jornada, o ano agrário, ou o ciclo de vida, com momentos de ruptura, masculinos, e longos períodos de gestação, femininos.

O mundo social constrói o corpo como realidade sexuada e como depositários de princípios de visão e de divisão sexualizante. Esse programa social de percepção incorporada aplica-se a todas as coisas do mundo e, antes de tudo, ao próprio corpo, em sua realidade biológica: é ele que constrói a diferença entre os sexos biológicos, conformando-a aos princípios de uma visão mítica do mundo, enraizada na relação arbitrária de dominação dos homens sobre as mulheres, ela mesma inscrita, com a divisão do trabalho, na realidade da ordem social. A diferença biológica entre os sexos, isto é, entre o corpo masculino e o corpo feminino, e, especificamente, a diferença anatômica entre os órgãos sexuais, pode assim ser vista como justificativa natural da diferença socialmente construída entre os gêneros e, principalmente, da divisão social do trabalho. (O corpo e seus movimentos, matrizes de universais que estão submetidos a um trabalho de construção social, não são nem completamente determinados em sua significação, sobretudo sexual, nem totalmente indeterminados, de modo que o simbolismo que lhes é atribuído é, ao mesmo tempo, convencional, e 'motivado', e assim percebido como quase natural (BOURDIEU, 2010, p. 18-20).

Quando a norma – a Lei Maria da Penha – cria definição normativa de violência e aponta a obrigatoriedade do Estado brasileiro em garantir a incolumidade física, psíquica e moral de mulheres, de forma a combater a violência doméstica, constata-se que o próprio Estado reconhece a dominação masculina existente nas relações familiares e busca por meio da norma, como instrumento de controle social e de adequação de comportamentos, transformar essa "visão de mundo" que justifica e legitima a dominação masculina, a violência simbólica que possibilita que milhares de homens entendam que suas mulheres, companheiras, amantes continuem a ser seu objeto de desejo e de dominação. O combate à violência doméstica, por meio da Lei Maria da Penha, é, repito, uma tentativa de transformação do *habitus*, das diferenças que se registram nos corpos – homem e mulher – e que possibilitam o estabelecimento de relações arbitrárias e violentas contra as mulheres.

Por isso, repito, a função social do Estado no combate à violência doméstica e a subjacente responsabilidade em criar mecanismos para garantir a proteção à incolumidade física, moral e psicológica da mulher não podem se limitar a uma estruturação da Justiça e dos órgãos de investigação para coibir e punir a violência doméstica e familiar. Em outras palavras, essa responsabilidade não se encerra no cumprimento dos institutos inovadores dispostos na Lei Maria da Penha, no Código Penal e na Lei de Crimes Hediondos. Cumprir as normas, princípios e diretrizes dispostos na Lei Maria da Penha é pouco, quase nada para o enfrentamento da violência, do preconceito, da desigualdade. De fato, creio que, nós juristas, a partir do novo paradigma do texto constitucional e de todas as normas internacionais que objetivam a proteção à dignidade da pessoa humana e o combate à violência, deveríamos nos "reinventar" e compreender que nossa "formação humanística" e que todo o processo de conhecimento do Direito, em que fomos formados, possui, como sedimento, essa visão androcêntrica e portanto, dominadora, que formou e consolidou nosso processo civilizatório. Somos o resultado, o produto de nossa cultura. E sem essa percepção critica, pouco poderemos fazer para romper o ciclo de violência.

Para romper a violência física, precisamos entender que, subjacente a ela, jaz a violência simbólica, que encerra a dominação masculina e as condições para o seu exercício nas estruturas sociais, nas atividades produtivas, na divisão sexual do trabalho e inclusive, nas relações jurídicas. Precisamos entender que a dominação masculina é relacional, e por consequência, as relações de poder que se estabelecem acabam por seguir e legitimar esquemas de pensamento que refletem a oposição entre homem e mulher, dominantes e dominadas.

Como bem considera Bourdieu (2010, p. 53-54), "o princípio da visão dominante não é uma simples representação mental, uma fantasia ('ideias na cabeça'), uma 'ideologia' e sim um sistema de estruturas duradouramente inscritas nas coisas e nos corpos". Por isso, tão difícil se torna para as vitimas romper com o ciclo da violência se elas próprias têm dificuldades para pensar e compreender os esquemas de dominação impostos e naturalizados em nossas estruturas sociais. Por outro lado, nós juristas, teremos limitada atuação, em âmbito judicial, se não houver um esforço crítico para percebermos que, de fato, ao combatermos a violência doméstica, muitas vezes, utilizamo-nos de estereótipos e de pensamentos dominantes, frutos das construções simbólicas, sedimentadas em nossas estruturas sociais, que mantém a vítima – mulher – na sua condição de inferioridade . E assim, ao objetivarmos a realização da justiça, recrudescemos a violência de gênero!

Difícil aceitar que, como Promotora de Justiça, preciso, ao lutar contra a violência doméstica contra a mulher, perceber as limitações do meu pensamento e de ação, diante do meu olhar para com as mulheres oprimidas e violentadas, um olhar prenhe de dominação que o próprio Direito, as estruturas sociais e o Estado me inculcaram. Precisamos entender que replicamos na linguagem, nos padrões comportamentais, nas relações sexuais e familiares, nos valores sociais, nas relações de trabalho, nas relações sociais, as "estruturas históricas da ordem masculina" (BOURDIEU, 2010, p. 13). E por isso, pensar e trabalhar contra a violência doméstica e familiar contra a mulher pressupõe "uma luta cognitiva a propósito do sentido das coisas do mundo e particularmente das realidades sexuais" (BOURDIEU, 2010, p. 22).

É preciso, para uma verdadeira "revolução social", como bem assevera Bourdieu de uma "... transformação radical das condições sociais de produção das tendências que levam os dominados a adotar, sobre os dominantes e sobre si mesmos, o próprio ponto de vista dos dominantes" (BOURDIEU, 2010, p. 55). É preciso, portanto, para o enfrentamento da violência doméstica, a destruição e a construção simbólicas de novas formas de perceber e avaliar o papel feminino na sociedade.

Por tudo o exposto, acredito que a existência de sistema jurídico e de determinações normativas impositivas e vinculantes, com caráter de generalidade, a serem cumpridos por todos os cidadãos, não assegura a realização da Justiça. Apesar do sistema jurídico e de seus mecanismos de coercibilidade expressarem a *ultima ratio* para a manutenção da segurança e do bem-estar social, é necessário ainda que haja uma transformação de posturas e de valores "na" e "da" própria sociedade, por meio de uma ética cívica, que realmente consiga refletir a mudança de mentalidade, de comportamentos e de posturas frente à necessária proteção à dignidade humana, de homens e mulheres, em suas diversas dimensões.

Essa transformação que tanto se almeja depende da mudança de padrões culturais, éticos, cívicos e jurídicos. Para tal, o Direito precisa ser o verdadeiro "espelho" das necessidades sociais, o que depende sobremaneira de nossa atuação crítica, de uma atuação política contra os efeitos da dominação tão incrustrados em nossas estruturas sociais, em nosso imaginário, e sobretudo na nossa ordem jurídico-política. A dominação masculina e simbólica são relacionais; portanto, para enfrentarmos a violência doméstica e familiar contra a mulher, precisamos enfrentar a nós mesmos, em nossas relações sociais, desvelando as contradições em nossas estruturas sociais e em nossas instituições jurídicas e políticas, que acabam por reforçar o padrão subalterno e inferior da mulher em sociedade.

4. REFERÊNCIAS

ATIENZA, Manuel. **El sentido del derecho**. Barcelona: Ariel, 2001.

BOURDIEU, Pierre. **A dominação masculina**. Rio de Janeiro: Bertrand Brasil, 2010.

BRASIL. **CONSTITUIÇÃO DA REPÚBLICA FEDERATIVA DO BRASIL DE 1988**. http://www.planalto.gov.br/ccivil_03/constituicao/constituicaocompilado.htm. . Acesso em 16 de março de 2015.

BRASIL. **LEI Nº 8.072, DE 25 DE JULHO DE 1990**.. Dispõe sobre os crimes hediondos, nos termos do art. 5º, inciso XLIII, da Constituição Federal, e determina outras providências.http://www.planalto.gov.br/ccivil_03/leis/l8072.htm. Acesso em 16 de março de 2015.

BRASIL. **Lei nº 13.104**, de 9 de março de 2015. Altera o art. 121 do Decreto-Lei nº 2.848, de 7 de dezembro de 1940 - Código Penal, para prever o feminicídio como circunstância qualificadora do crime de homicídio, e o art. 1º da Lei nº 8.072, de 25 de julho de 1990, para incluir o feminicídio no rol dos crimes hediondos. http://www.planalto.gov.br/ccivil_03/_Ato2015-2018/2015/Lei/L13104.htm. Acesso em 16 de março de 2015.

BRASIL. Decreto-Lei nº 2.848, de 7 de dezembro de 1940. Código Penal. http://www.planalto.gov.br/ccivil_03/decreto-lei/del2848compilado.htm. Acesso em 16 de março de 2015.

BRASIL. **Lei 11.340/06,** DE 7 de agosto de 2006. Cria mecanismos para coibir a violência doméstica e familiar contra a mulher, nos termos do § 8º do art. 226 da Constituição Federal, da Convenção sobre a Eliminação de Todas as Formas de Discriminação contra as Mulheres e da Convenção Interamericana para Prevenir, Punir e Erradicar a Violência contra a Mulher; dispõe sobre a criação dos Juizados de Violência Doméstica e Familiar contra a Mulher; altera o Código de Processo Penal, o Código Penal e a Lei de Execução Penal; e dá outras providências.

MARTIN, Claudia; PINZÓN, Diego Rodríguez**. La prohibición de La tortura y los malos tratos em El sistema interamericano**: manual para víctimas y sus defensores. OCTM, 2006.

Comissão Interamericana de Direitos Humanos. OEA.**RELATÓRIO ANUAL 2000.RELATÓRIO N° 54/01.**CASO 12.051. MARIA DA PENHA MAIA FERNANDES.BRASIL.4 de abril de 2001. https://www.cidh.oas.org/annualrep/2000port/12051.htm. Acesso em 8 de março de 2015.

COMISSÃO INTERAMERICADA DE DIREITOS HUMANOS. **A Convenção Interamericana para Prevenir, punir e erradicar a violência contra a mulher**. http://www.cidh.org/Basicos/Portugues/m.Belem.do.Para.htm, Acesso em 8 de março de 2015).

HUMAN RIGHTS WATCH. **Criminal injustice**: violence against women in Brazil. USA: 1991.

PECES-BARBA, Gregório Martinez. ***La dignidad de la persona desde la Filosofía del Derecho***. Madrid: Dykinson, 2003.

PIOVESAN, Flávia; PIOVESAN, Luciana; SATO, Priscila Kei. Implementação do direito à igualdade. **Revista dos Tribunais**, São Paulo, a. 5, n. 21, out./dez. 1997.

RUSSELL, Diana E.H. **THE ORIGIN AND IMPORTANCE OF THE TERM FEMICIDE.** http://www.dianarussell.com/origin_of_femicide.html**,** acesso em 13.03.15).

SENADO FEDERAL. DATASENADO. **Violência Doméstica e Familiar Contra a Mulher.** Março de 2013. http://www.senado.gov.br/senado/datasenado/pdf/datasenado/DataSenado-Pesquisa-Violencia_Domestica_contra_a_Mulher_2013.pdf. Acesso em 8 de março de 2015.

UN WOMEN.**Facts and Figures:** Ending Violence against Women. A pandemic in diverse forms. http://www.unwomen.org/en/what-we-do/ending-violence-against-women/facts-and-figures. Acesso em 8 de março de 2015.

Capítulo 15

QUAL A ATUALIDADE DO GARANTISMO NO BRASIL DE HOJE?[1]

Adrian Barbosa e Silva[2]

SUMÁRIO: Introdução - 1. O garantismo e a questão criminal: modelo de limitação do poder punitivo - 2. O garantismo no marco das importações culturais - 3. Em busca de um modelo crítico de ciências criminais - 4. Que garantismo é possível na realidade marginal brasileira? - 5. Conclusão - 6. Referências.

"*The most difficult and urgent challenge today is that of creatively exploring new terrains of justice, where the prison no longer serves as our major anchor*"
(Angela Davis, *in* Are Prisons Obsolete?)

INTRODUÇÃO

O título deste ensaio representa também seu problema: *qual a atualidade do garantismo no Brasil de hoje?* A intencionalidade da pesquisa reside na problematização específica do modelo de garantismo teoricamente construído por Luigi Ferrajoli desde sua inserção na realidade

1. O ensaio apresenta conclusões parciais da pesquisa de Mestrado em Direito realizada junto ao Programa de Pós-Graduação em Direito da Universidade Federal do Pará (UFPA), financiada pela Coordenação de Aperfeiçoamento de Pessoal de Nível Superior (CAPES), sob orientação da Profa. Dra. Ana Cláudia Bastos de Pinho.

2. Professor do Centro Universitário do Pará - CESUPA. Mestre em Direito pela Universidade Federal do Pará - UFPA. Especialista em Direito Penal e Criminologia pelo Instituto de Criminologia e Política Criminal - ICPC. Coordenador do Grupo Cabano de Criminologia. Advogado.

periférica que marca a geopolítica dos sistemas penais latino-americanos e na qual está situado o sistema penal brasileiro. O que se propõe, logo, é uma reflexão sobre o instrumental minimalista-garantista de contenção do poder punitivo e de garantia de direitos humanos aos problemas que nos são próprios e que não condizem com o quadro europeu, diga-se, local de origem, desenvolvimento e projeção de sua epistemologia, sendo esta própria a sua justificativa, afinal, urgentes são as vias adequadas para a solução/redução de problemas.

Antes de tudo, é preciso compreender que a reflexão sobre as potencialidades (limites e possibilidades) do garantismo, a partir da matriz político-criminal de análise, sucede a um dos principais problemas de reflexão criminológica crítica desde as últimas décadas do século passado: *o que fazer?* é a indagação que penalistas e criminólogos críticos passaram a realizar em níveis de saber-poder e em termos de pauta positiva instituinte de políticas criminais alternativas em subsídio à pauta de negação (crítica e desconstrução) dos pressupostos do modelo oficial de ciência penal, é dizer, positivismo ortodoxo estruturado no paradigma causal-determinista (MARTINEZ, 1999; LARRAURI, 2009; ZAITCH & SAGARDUY, 1992; CARVALHO, 2013).

Para tanto, faz-se uma abordagem contextual da inserção do projeto garantista na questão criminal, suas principais pautas enquanto retrato de um minimalismo de bases constitucionalista e democrática. Nos dois momentos centrais dialoga-se duas questões fundacionais para um saber crítico sobre a questão criminal: (a) a *legitimidade* dos processos de importação teórico-cultural de teorias produzidas em países do centro global e seus reflexos na conjuntura marginal latino-americana e brasileira e (b) a *necessidade* da fundação de um modelo integrado crítico de ciências criminais que comporte o atual panorama do criticismo em criminologia, notadamente as contribuições do rotulacionismo e das teorias críticas conflituais. Por fim, problematiza-se um garantismo cujo pressuposto partiria da crítica criminológica, sendo esta, então, a hipótese consentânea ao *status quo* marginal brasileiro.

Sem qualquer pretensão de esgotamento da questão de fundo, intentando-se fomentar o debate acadêmico, objetiva-se, por tudo, diagnosticar o potencial das ferramentas de contenção punitiva oriundas do garantismo desde as lentes da lupa criminológica crítica na busca pela resistência e proteção de direitos humanos diante da perda de legitimidade do sistema penal.

1. O GARANTISMO E A QUESTÃO CRIMINAL: MODELO DE LIMITAÇÃO DO PODER PUNITIVO

Ao contrário do que se pensa, apesar de o termo "garantismo" ter se consolidado com a publicação de *Diritto e Ragione: teoria del garantismo penale* (Laterza, 1989) – por sinal, decorrente de escritos anteriores, a exemplo de *Il diritto penale minimo* (Dei Delitti e delle Pene, 1985) –, com destaque para a apropriação realizada pelos profissionais forenses, juristas teóricos e faculdades de Direito na América Latina, a expressão encontra raízes na tradição iluminista clássica do século XVII-XVIII (com Mario Pagano, Cesare Beccaria etc.) remontando a um neologismo do século XIX cujos antecedentes se encontram, dentre outros, em Charles Fourier ("um estado de evolução civil direcionado a realizar a harmonia social"), Guido de Ruggiero ("a concessão da liberdade política como liberdade do indivíduo do e frente ao Estado"), Giovanni Sartori ("doutrina constitucional de garantia das liberdades fundamentais"), Nicola Matteucci ("um componente essencial do constitucionalismo moderno") e Salvatore Battaglia ("doutrina político-constitucional que enrijece instrumentos jurídicos com a finalidade de assegurar o cumprimento das normas pelo poder público") (IPPOLITO, 2007 & 2011). Desde já, é um pressuposto a existência de diversos *garantismos*.

O modelo garantista de Luigi Ferrajoli constitui uma revisão crítica da epistemologia jurídica iluminista[3] que instituiu um modelo de garantismo penal que teria entrado em crise nos séculos XVII e XVIII em vista de sua fragilidade epistemológica e de seus fundamentos axiológicos e evidenciou um "racionalismo utópico", confirmou uma forma conservadora e autoritária de se compreender o direito penal enquanto técnica de controle social, desde bases idealistas, ético-estatais, positivistas,

3. Por sinal, segundo Aniyar de Castro: "Muita das coisas que hoje se alegam desde a criminologia crítica estão orientadas à reconsideração do pensamento clássico, ainda que sobre as bases de uma epistemologia diferente, que se caracterizou por rasgar os véus do discurso legal, e assinalar as zonas antagônicas entre seu pensamento e a realidade" (ANIYAR DE CASTRO, 1992, p. 224).

irracionalistas, espiritualistas, correcionalistas, tecnicistas e pragmatistas. Ferrajoli repensa os fundamentos axiológicos externos ao direito penal a partir da crítica ao sistema e ao processo penal na busca pela proteção dos valores de civilidade moderna: respeito à pessoa humana, valores fundamentais da vida e da liberdade, legalidade e liberdade, separação entre direito e moral, tolerância, limite das atividades do Estado e a função do direito do cidadão como fonte primária de sua legitimação (FERRAJOLI, 2011, p. XVIII).

Admitindo as três possíveis dimensões conceituais[4], nas lições de Ferrajoli o garantismo, com efeito, significaria precisamente:

> (...) a tutela daqueles valores ou direitos fundamentais, cuja satisfação, mesmo contra os interesses da maioria, constitui o objetivo justificando do direito penal, vale dizer, a imunidade dos cidadãos contra a arbitrariedade das proibições e das punições, a defesa dos mais fracos mediante regras do jogo iguais para todos, a dignidade da pessoa do imputado, e, consequentemente, a garantia da sua liberdade, inclusive por meio do respeito à sua verdade (FERRAJOLI, 2011, p. 330).

4. 1ª dimensão [razão *no* Direito – epistemologia]: Modelo normativo de direito (significado jurídico) e, especificamente quanto ao direito penal, um modelo de "estrita legalidade", próprio do Estado de Direito, e que pode ser compreendido em três planos: como sistema cognitivo ou de poder mínimo (plano epistemológico); como técnica de tutela idônea a minimizar a violência e a maximizar a liberdade (plano político); e como um sistema de vínculos impostos à função punitiva do Estado em garantia dos direitos dos cidadãos (plano jurídico); 2ª dimensão [razão *do* Direito – filosofia do direito]: Teoria jurídica da validade/efetividade (significado sociológico) como categorias distintas, que se distinguem entre si, mas, também, pelas categorias de "existência" e "vigor" das normas, bem como o "ser" e o "dever ser" no direito, deixando bastante clara a complexidade dos ordenamentos jurídicos, e sobretudo, a pretensa distinção entre *modelos normativos* (tendentemente garantistas) e *práticas operacionais* (tendentemente antigarantistas), questão teórica central deste enfoque, interpretando esta divergência como a distinção entre o *fisiológico* e o *patológico*, que naqueles subsiste na antinomia *validade* (e *não efetividade*), e, nestes, *efetividade* (e *invalidade*) – estas polaridades, constantes na teoria garantista, a identificam como uma "teoria da divergência"; e 3ª dimensão [razão *de* Direito – ciência penal]: Filosofia política de legitimação (significado metajurídico) que requer justificação externa do direito e do Estado, com base nos interesses que tutelam e finalidades que almejam alcançar. Neste significado, o garantismo engloba o princípio da laicização, que separa direito e moral, validade e justiça, ponto de vista interno e externo de valoração do ordenamento jurídico, equivalendo a um parâmetro de (des)legitimação ético-política do direito e do Estado, desde o ponto de vista externo.

De base axiológica[5], a construção garantista elabora, deste modo, um modelo de direito penal mínimo de vínculo estrito com o constitucionalismo e ao estado de direito, conformador de um modelo teórico e normativo de direito penal direcionado à contenção e minimização da violência da intervenção punitiva aos moldes da tutela dos direitos do cidadão. É neste momento que exsurgem as bases legitimantes do direito penal e da pena, a partir da "lei do mais fraco":

> (...) a lei penal se justifica enquanto *lei do mais fraco*, voltada para a tutela dos seus direitos contra a violência arbitrária do mais forte. É sob esta base que as duas finalidades preventivas – a prevenção dos delitos e aquela das penas arbitrárias – são, entre si, conexas, vez que legitimam, conjuntamente, a 'necessidade política' do direito penal enquanto instrumento de *tutela dos direitos fundamentais*, os quais lhe definem, normativamente, os âmbitos e os limites, enquanto *bens* que não se justifica ofender nem om os delitos nem com as punições" (FERRAJOLI, 2011, p. 329-330).

Na superação lógica maximalista dos utilitarismos clássicos, o garantismo institui um "utilitarismo (penal) reformado" cuja lógica de funcionalidade (prevenção geral negativa) se resume na sentença: *à máxima felicidade possível aos não desviantes, harmoniza-se o mínimo sofrimento necessário ao desviante*, é dizer, aos não desviantes se direciona o caráter intimidativo da pena criminal e aos desviantes, a efetivação de princípios, direitos e garantias fundamentais (FERRAJOLI, 1985, p. 513). A tese reforça a finalidade preventiva de delitos e penas informais, contenção do poder punitivo e efetivação da tutela da pessoa do mais fraco.

De fato, pode-se dizer que uma das principais virtudes do garantismo aplicado à esfera penal diz respeito à reconsideração da intervenção do

5. Os dez axiomas do SG são: A1 *Nulla poena sine crimine* (princípio retributivo); A2 *Nullum rimen sine lege* (princípio da legalidade); A3 *Nulla lex (poenalis) sine necessitate* (princípio da necessidade); A4 *Nulla necessitas sine injuria* (princípio da lesividade); A5 *Nulla injuria sine actione* (princípio da materialidade); A6 *Nulla actio sine culpa* (princípio da culpabilidade); A7 *Nulla culpa sine juicio* (princípio da jurisdicionariedade); A8 *Nullum judicium sine acusatione* (princípio acusatório); A9 *Nulla accusatio sine probatione* (princípio do ônus da prova); e, A10 *Nulla probatio sine defensione* (princípio do contraditório).

poder punitivo desde a elaboração de um projeto de racionalização e minimização da repressão penal, portanto, um projeto com nítida conotação e conformidade democrática e constitucional, que colocou em questão o sistema penal e o processo penal estruturado na lógica inquisitorial (DEL FRATE; SERGES, 2012).

Assim como em outros países (*v.g.* Itália, Colômbia, Argentina etc.), a importação do garantismo se dá no contexto da "redemocratização", com o advento da Constituição de 1988 e a bandeira da tutela de direitos e garantias fundamentais em contraposição à lógica punitiva herdada da Ditadura Civil-Militar e da importação das codificações europeias, porém que conduziram a uma romantização que projetou uma imagem do garantismo como possível atendedor/solucionador de todas as emergências da questão criminal, o que nas últimas décadas fora apagado pela operacionalidade das agências do sistema penal na produção de massacres, punitivismo e grande encarceramento no Brasil. É preciso problematizar.

2. O GARANTISMO NO MARCO DAS IMPORTAÇÕES CULTURAIS

Como explica Máximo Sozzo (2006, p. 356), os vocabulários teóricos da criminologia, enquanto articulações discursivas, representam racionalidades, programas e tecnologias governamentais sobre a questão criminal, indicando a íntima relação do discurso criminológico com uma determinada concepção de exercício do poder, um exercício de cálculo das forças políticas e tecnologias de intervenção no mundo social. Longe de qualquer concepção asséptica e neutra, *as teorias criminológicas não são inocentes* (ANIYAR DE CASTRO, 2011); são politicamente forjadas e guardam íntima relação com o poder. Veja-se: não apenas pelo fato de a criminologia positivista ter ligação ideológica com o controle social, mas porque a própria crítica criminológica, enquanto resistência ao poder, também é perigosa para os que a exercem.

É necessário compreender que tanto a criminologia positivista como a criminologia crítica são produtos de complexos processos de tradução/importação cultural. Não é em vão que estes pontos nodais propiciaram a composição plural da crítica criminológica (*v.g.* criminologia marginal, radical, da reação social, dialética, mestiça, da libertação etc.), a formulação de novos conceitos próprios da periferia global latino-americana (*v.g.* sistema penal subterrâneo e paralelo, autoritarismo *cool*, vulnerabilidade, policização etc.) e, por fim, a proposição da meta de construção coletiva de um projeto de "criminologia crítica latino-americana" (ANDRADE, 2012, p. 77-124).

Considerando que o positivismo, inclusive do ponto de vista acadêmico, ocupava o *mainstream* das análises criminológicas até a primeira metade do século passado, com o advento da criminologia liberal, rotulacionismo (*labelling approach*) e teorias críticas conflituais, nos Estados Unidos e na Europa, os penalistas e criminólogos latino-americanos tinham consigo naquele momento o seguinte problema: era necessário meramente receber as criminologias críticas produzidas em países centrais ou seria fundamental construir um saber autêntico, *de raiz*? É dizer, quais deveriam ser o objeto e as funções de uma criminologia crítica latino-americana? Indubitável que diversas foram as manifestações e posicionamentos teóricos.

Rosa del Olmo, por exemplo, em seu clássico *América Latina e sua Criminologia* (1987), demonstrava que a bem da verdade não existia uma criminologia latino-americana propriamente dita, senão uma transnacionalização do saber criminológico, não obstante "(...) se falou de 'importação cultural', apesar de a originalidade, obra do exercício de uma inventiva teórica e política de muitos intelectuais que colocaram em marcha a construção da criminologia crítica regional" (ANIYAR DE CASTRO; CODINO, 2013, p. 263), a exemplo, dentre outros, das investigações sobre a doutrina da segurança nacional, os extermínios massivos, imperialismo e teoria da dependência ("periferia-centro") etc.

Em meio a este cenário de definição de um saber crítico sobre a questão criminal e, consequentemente, uma política criminal de projeção transformadora, Sozzo (2006, p. 414) aponta que o garantismo penal foi adotado por muitos criminólogos críticos latino-americanos como uma forma ordenadora das atividades intelectuais que vinham sendo desenvolvidas no marco do que se compreendia por criminologia crítica, tendo sido incorporado como "grande narrativa" na forma de um "monismo explicativo" capaz de deixar os juristas mais ou menos de consciência tranquila quanto às respostas que deveriam ser dadas à questão criminal.

Sozzo (2006, p. 414-417) aposta na possibilidade de reconstrução de um saber crítico sobre a questão criminal na América Latina a partir da recriação de aberturas à teoria social e política. Para tanto, no que se refere ao garantismo, a saída residiria na inventiva teórica que o incorpora às contribuições advindas da sociologia jurídico-penal (*v.g.* Melossi, Pavarini, Mosconi, Baratta, Pitch etc.). O processo de tradução/importação dos vocabulários criminológicos deveriam ser "conscientemente" metamorfoseados, é dizer, a partir de uma escrutínio detalhado e paciente do momento empírico da análise, buscando a prática investigativa e produção de inovações. Desde a empresa da tradução, abrir-se-ia de fato um diálogo, uma conversação cultural entre o "lá" e o "aqui".

Para além dos posicionamentos controvertidos, o fato é que, como ensina Vera Andrade, estamos nos deparando com criminologias críticas latino-americanas e brasileiras que radiografam as especificidades da problemática latino-americana e do drama dos sistemas penais de nossa região, adquirindo aquela uma importância ímpar na identificação dos caminhos do controle penal na esteira dos direitos humanos e da democracia em busca da salvação de vidas (limite negativo extremo do saber criminológico) a construir modelos alternativos e não violentos para responder positivamente a conflitos sociais (limite positivo extremo do saber criminológico) (ANDRADE, 2012, p. 117).

Inserido nesta questão, o garantismo deve abdicar do intento de ser uma "grande narrativa" senão uma potencialidade teórica *middle range* que exerça constantemente a autocrítica e esteja aberta aos debates advindos das ciências sociais, bem como comprometido com o desenvolvimento concreto do momento empírico das investigações materiais.

3. EM BUSCA DE UM MODELO CRÍTICO DE CIÊNCIAS CRIMINAIS

O acúmulo criminológico crítico produzido a partir das décadas de 60 e 70, com a importação e o desenvolvimento teórico do criticismo para o Brasil, propiciou verdadeiro salto qualitativo nas análises sobre a questão criminal. Com o advento do "*destructuring impulse*" (COHEN, 1985, p. 31) – fenômeno caracterizador da insurgência de pensamentos contra-ideológicos e anti-hegemônicos às construções institucionais sobre o controle social, notadamente de matriz positivista-determinista (discurso criminológico oficial desde a segunda metade do século XIX) – rompe-se com o paradigma etiológico-causal (determinista), passando a reação (ou controle) social a ser o novo paradigma orientador da "lupa criminológica".

Ao incorporar o *labelling approach* e as teorias do conflito (e em alguns casos, o materialismo dialético) em suas mais diversas vertentes críticas, a criminologia realiza contribuição empírica no sentido de desvelar as funções reais do poder punitivo, bem como sua falibilidade de objetivos declarados, vale dizer, demonstrou que o sistema de controle social opera de forma desigual e realiza estruturalmente a exclusão social de marginalizados, e por via contrária, não cumpre com o objetivo de redução da criminalidade, de prevenção de delitos e proteção de bens jurídicos, superando radicalmente os pressupostos positivistas.

Neste contexto, a análise teórica crítica redefine o papel do discurso criminológico de um saber auxiliar à dogmática penal (análise microcriminológica) para um saber crítico externo, convertendo a disciplina dogmática em próprio objeto de análise (macrocriminologia). Rompendo com a análise do delito natural, visto que agora desloca o conceito de "criminalidade" (crime enquanto dado ontológico pré-constituído ao ser) para o de "criminalização" (oriundo dos processos primários e secundários de reação social), a função da criminologia crítica será a de realizar problematização fenomênica do sistema penal frente a suas relações de controle e dominação no horizonte do capitalismo neoliberal, algo que o saber oficial sempre buscou legitimar e reafirmar seu potencial seletivo e criminalizador.

Realizando reflexão sobre as possibilidades de um modelo integrado de ciências criminais, que oferte um diálogo inter e transdisciplinar entre direito penal e processual penal, política criminal e criminologia, o grande problema da teoria garantista diz respeito à não incorporação dos elementos empíricos provenientes do desenvolvimento do pensamento criminológico em vista da adoção da Lei de Hume ("*um dever ser não pode resultar de um ser*"). Tal pressuposto, segundo Hélio Gallardo, "(...) ignora as situações e lógicas de poder que percorrem, nacional e internacionalmente, *todas* as situações sociais, *subordina a luta social ao âmbito político* (politicismo e legalismo), torna invisível a necessidade de uma mudança radical ou *revolução* e entrega ao claro-escuro da dominação e do reformismo os direitos sociais fundamentais" (GALLARDO, 2014, p. 307).

No entanto, se utilizado no local em que seu corpo teórico é mais bem elaborado e aplicado, é dizer, se compreendido como paradigma limitador das ciências criminais, tal como a proposta de Salo de Carvalho, o aporte garantista fornece "importantes ferramentas para constrição dos poderes punitivos e abre espaço para a sofisticação das práticas forenses cotidianas voltadas à redução dos danos causados aos direitos humanos", compreendendo verdadeiro "modelo crítico de ciências criminais integradas" (CARVALHO, 2010, p. 128).

Neste sentido, imprescindível que o garantismo abdique da tarefa estéril de legitimar e justificar juridicamente a pena a partir de seu utilitarismo reformado. A questão é oriunda do diagnóstico criminológico crítico que constata a falibilidade das funções declaradas do sistema penal (prevenções geral e especial, positivas e negativas), sucumbidas frente às preponderantes funções reais, não declaradas (difusão de controle, violência e criminalidade etc.).

Diante desta problemática, a *teoria agnóstica da pena* (ou *teoria negativa da pena*) se coloca como uma alternativa, afirmando não existir nenhuma função positiva à pena, sendo agnóstica quanto à sua função justamente por confessar não a conhecer (ZAFFARONI *et al.*, 2011, p. 98). Daí que, se não existe fundamento jurídico legitimamente exercível no mundo prático, parece estar certo Tobias Barreto em sua famosa máxima: "o conceito de pena não é um conceito jurídico, mas um conceito político" (BARRETO, 2000, p. 178).

Admitir a teoria agnóstica da pena enquanto nexo de aproximação e conectividade entre criminologia crítica e garantismo equivale, portanto, à assunção de uma *política criminal de redução de danos*[6], cuja agenda

6. Em sentido semelhante, Baratta diagnostica que "(...) nos encontramos em presença, em toda sociedade ocidental, de uma crise dos sistemas punitivos, que é uma crise de expansão, e não de diminuição, como parece claro pelo fato de que, às suas contradições estruturais, acrescentam-se hoje aquelas contradições emergenciais devidas às atuais transformações no sentido 'funcionalístico' ou

programática teria como vértice a contração máxima do poder político, buscando minimizar dor e sofrimento resultantes das históricas intervenções das agências de controle de punitividade dos sistemas penais.

4. QUE GARANTISMO É POSSÍVEL NA REALIDADE MARGINAL BRASILEIRA?

Ao fazer análise sobre a lógica operacional do controle social e do poder punitivo na realidade latino-americana, Sánchez Rubio conclui que

> (...) na América Latina os estados de direito, de fato e de direito, se assentam sobre um controle social verticalizado e militarizado que castiga os setores mais carentes da população e sobre alguns dissidentes ou diferentes considerados mais incômodos ou significativo frente às oligarquias do poder. As lógicas excludentes patriarcais, sexistas, economicistas, desiguais, xenófobas, racistas e ocidentais-centrais são reforçadas desde o esquematismo do crime-castigo (pena ou sanção) que opera sobre aqueles que são permanentemente vitimizados por essas dinâmicas discriminatória de dominação e império (SÁNCHEZ RUBIO, 2012, p. 144).

Uma vez considerada a potência em que se manifestam a agências do sistema penal na lógica do punitivismo, não é à toa que Zaffaroni (1988) propõe uma política criminal latino-americana pautada em um *realismo marginal*: (a) que leve em consideração a localização da América Latina na periferia do poder planetário, cujo vértice é ocupado pelos países centrais, (b) considerando-se os fatos de poder latino-americanos próprios de sua relação de dependência com o poder central e (c) assinalando que a grande maioria da população latino-americana, marginalizada, é objeto da violência do sistema penal. Segundo o mestre portenho, é fundamental que o saber criminológico de nossa região explique "(...) como operam os controles sociais punitivos de nossa margem periférica, que condutas e atitudes promovem, que efeitos provocam" e, noutro momento conse-

'eficientístico' que elevaram ao mesmo tempo o nível repressivo e simbólico, avassalando, inversamente, aquele das garantias. Parece ser possível, de imediato, somente uma **estratégia de redução do dano**" (BARATTA, 2015, p. 12, grifo nosso).

quente, o quanto é fundamental projetar "alternativas às soluções punitivas ou soluções punitivas alternativas menos violentas que as já existentes e mais adequadas ao processo social" (ZAFFARONI, 1988, p. 20).

Ocorre que a prática de violências (arbitrárias) é na verdade uma constante estrutural dos sistemas repressivos ao longo da história. Não à toa Ferrajoli denuncia que a história das penas (violência pública) constitui o capítulo da história que produziu maiores danos do que a própria história dos delitos (violência privada), porque mais cruéis e mais numerosas, bem como, ao contrário dos delitos, as penas seriam programadas, conscientes e organizadas pelas agências de punitividade, porquanto, frente à função de proteção da sociedade, não seria arriscado afirmar "(...) que o conjunto das penas cominadas na história tem produzido ao gênero humano um custo de sangue, de vidas e de padecimentos incomparavelmente superior ao produzido pela soma de todos os delitos" (FERRAJOLI, 2011, p. 382). Daí constatar-se que, atuando sob o signo da morte, os sistemas penais latino-americanos caracterizariam verdadeiros *massacres*[7], fazendo com que sua gestão maximize níveis de violência sem paralelo.

Dados expedidos pelo Departamento Penitenciário Nacional (DEPEN), órgão do Ministério da Justiça, evidenciam que o sistema penal brasileiro, retrato da realidade marginal latino-americana, até dezembro de 2012, apresentava o quantitativo carcerário equivalente a 548,003 presos (513,713 pessoas presas no sistema prisional propriamente e 34,290 em prisão domiciliar), valor correspondente a 287,31 pessoas reclusas para cada 100.000 habitantes residentes no Brasil, cujo senso à data da pesquisa totalizava 190.732.694 pessoas. Esta população carcerária equivalia a 179,1%, é dizer, valendo ainda ressaltar que da totalidade de pessoas presas 195.036 eram presos provisórios, ou seja, 38% (DEPEN, 2015).

7. Substituindo o conceito de *genocídio* por *massacre*, explica Zaffaroni que: "(...) a definição legal de *genocídio* é produto de um exercício de poder (de uma decisão política de criminalização primária) que não perde seu caráter seletivo por provir do campo internacional, faz-se necessário substituí-la por um conceito *criminológico*. A esse efeito – e acompanhando, com correções, Semelin, que é um estudioso do tema –, usaremos a definição mais ampla de *massacre*, entendendo por tal *toda prática de homicídio de um número considerável de pessoas por parte de agentes de um Estado ou um grupo organizado com controle territorial, de forma direta ou com clara complacência destes, levada a cabo de forma conjunta ou continuada, fora de situações reais de guerra que importem forças mais ou menos simétricas*" (ZAFFARONI, 2013, p. 232).

É interessante notar que segundo recente pesquisa do Conselho Nacional de Justiça (CNJ, 2014, p. 4), a população carcerária brasileira teria aumentado significativamente, abarcando o terceiro maior índice de encarceramento a nível global, totalizando 715.592 mil pessoas encarceradas ao tempo da pesquisa (estando 567.655 pessoas presas no sistema prisional propriamente e 147.937 em prisão domiciliar), ficando tão apenas atrás de Estados Unidos da América (2.228.424) e China (1.701.344), possibilitando confirmação empírica de que se vive no Brasil o reflexo ocular da "era do grande encarceramento" (ABRAMOVAY; BATISTA, 2010). E mais: na então recente pesquisa oficial do DEPEN (2014, p. 11), a população carcerária brasileira atingiu o patamar de 607.731 pessoas encarceradas, a primeira vez que a marca de 600 mil é ultrapassada.

Segundo os dados do Fórum Brasileiro de Segurança Pública (FBSP, 2014, p. 6), no marco do 8º Anuário Brasileiro de Segurança Pública, ao menos 6 (seis) pessoas foram mortas por dia pelas polícias brasileiras no ano de 2013. No mesmo sentido, apontam os registros da Anistia Internacional e da Human Rights Watch que, apenas com a atuação das Polícias Militares dos estados do Rio de Janeiro e de São Paulo, o Estado brasileiro registrou maior índice de letalidade do que todos os países que institucionalizaram a pena capital no mundo (42,16% a mais, em 2011) (ANISTIA INTERNACIONAL, 2009).

Além disso, de acordo com o Mapa da Violência de 2014, o Brasil contabilizou em seu território a marca de 56.337 homicídios em 2013 (WAISELFISZ, 2014, p. 17), sendo que destes números quase 70% das vítimas são negras (CERQUEIRA; MOURA, 2013), concluindo a pesquisa que o negro seria discriminado duplamente no Brasil: pela cor e pela condição socioeconômica.

Como bem explica David Sánchez Rúbio (2012, p. 152), se existe algo em comum entre as perspectivas político-criminais abolicionistas, minimalistas e agnósticas diz respeito à afirmação do fracasso do sistema penal em diminuir a violência, ocasionando exatamente o contrário: violação perversa da dignidade humana por razões de classe, raça, cultura e gênero.

Na verdade, como bem alerta Zaffaroni, uma das grandes contribuições da reflexão abolicionista foi denunciar o erro tático do liberalismo penal ao tentar legitimar parcialmente o poder punitivo: "o abolicionismo nos mostra a gravidade de nosso erro tático ao revelarmos por via teórica o que a história nos mostrou por experiência: nenhuma legitimação do poder punitivo é possível em termos racionais" (2012, p. X). Nas palavras do penalista-criminólogo:

> (...) desde o direito penal de garantias ou liberal, como elemento consubstancial ao Estado de direito (...), o que devemos legitimar é a função mesma de programação limitadora que leva a cabo o direito penal. Esta legitimação provem da constatação de que o poder punitivo, carente dessa contenção jurídica limitadora, acaba com o Estado de direito e desemboca em massacres e genocídios (ZAFFARONI, 2012, p. XIII).

Diante da constatação da funcionalidade das garantias, Baratta defende a hipótese de que "(...) só um novo garantismo, alimentado criticamente pelo conhecimento empírico sobre os sistemas punitivos, pode servir para limitar de qualquer modo a sua contradição estrutural com os direitos humanos fundamentais" (BARATTA, 2015, p. 11-12). No mesmo sentido, Vera Andrade defende a hipótese de um "garantismo criminologicamente fundamentado"[8], de curto e médio prazos, segundo o qual, desde o horizonte de superação do sistema de controle penal, "(...) o principal elo da instituinte interação criminodogmática possa ser identificado no desenvolvimento do aspecto crítico da Criminologia ao encontro do aspecto garantidor do Direito penal dogmático e vice-versa" (ANDRADE, 2012: 233). Assim:

> A saída do impasse com dignidade humana e funcionalidade criminológica crítica passa fundamentalmente – e esta é uma propositura – por um **pacto político-criminal de descontinuidade**, fundado na aliança abolicionismo-minimalismo-garantismo, mais especifi-

8. Segundo Vera Andrade, da parceria criminologia e garantismo: "Reinterpretar a Dogmática penal nesses termos implica assim uma tentativa de olhar o paradigma com uma inserção distinta da tradicional. Implica redescobrir nele potencialidades humanistas e virtualidades, mas implica também falar de poder, violência e dominação enquanto elementos que, embora sistematicamente neutralizados e recusados pelo seu discurso, lhe imprimem significação plena" (ANDRADE, 2012, p. 220).

> camente no abolicionismo como utopia e no minimalismo-garantismo como metodologia (utopia abolicionista com metodologia minimalista-garantista), a partir de controle social para periferia latino-brasileira, indo ao encontro de ampla interdisciplinaridade (...) é preciso urgentemente romper com o separatismo crítico, reativar a memória abolicionista (inclusive da nossa 'escravidão'), fortalecer e amadurecer o debate abolicionista-minimalista-garantista no Brasil (...) (ANDRADE, 2012, p. 299-300).

Em conclusão, o garantismo necessita incorporar a crítica criminológica numa revisão de seu "ponto de vista externo", revisão esta que, segundo Helio Gallardo (2014, p. 309), teria totais condições de fazê-lo, uma vez que a construção teórica garantista aceita o caráter sócio-histórico dos direitos fundamentais, bem como do Direito em si, e também projeta relevância diante do papel desempenhado pelo conflito e pela violência nas experiências sócio-históricas.

5. CONCLUSÃO

Neste breve ensaio buscou-se especificamente problematizar o aporte teórico do garantismo penal construído por Luigi Ferrajoli buscando inseri-lo no campo das ciências criminais desde a realidade latino-americana, como forma de se tentar alcançar uma resposta para o interrogante *qual a atualidade do garantismo no Brasil de hoje?*, tendo sido justificado tal questionamento em vista da forte apropriação do referencial como política criminal alternativa em nossa região.

Diante do filtro do instrumental criminológico crítico de raízes latino-americanas, constatou-se que a utilização do arcabouço teórico garantista enquanto ferramenta de contenção do poder punitivo aos moldes de um modelo crítico de ciências criminais necessita superar dois importantes estágios, que por sinal, representam dois grandes interrogantes do pensamento criminológico do século XXI: (a) a busca pela sua "latinidade" (formulação de um saber cujas formulações digam respeito às raízes conjunturais latino-americanas) em detrimento da mera importação acrítica de teorias centrais, e (b) a necessidade de se incorporar a crítica criminológica ao saber das ciências criminais, almejando, consequentemente, a formulação de políticas criminais alternativas de base integrada crítica.

Em resposta ao tensionamento realizado, conclui-se que o garantismo necessita superar a lógica da Lei de Hume e desconsiderar a pretensão de se tornar uma "grande narrativa". É fundamental, sim, que esteja aberto à contribuição das ciências sociais e seu momento empírico, notadamente, na reflexão sobre a propositura de um modelo crítico integrador das disciplinas penais, que incorpore a grande contribuição das criminologias críticas.

Neste sentido, é preciso abdicar da estéril tarefa de legitimar o poder punitivo sendo tão apenas legitimável o discurso liberal de garantias em resistência à perda de legitimidade dos sistemas penais, em especial o brasileiro, em nossa margem. De posse de uma dogmática crítica, um "garantismo criminologicamente fundamentado", penalistas e criminólogos críticos, diante da realidade do punitivismo e do grande encarceramento brasileiro, dispõe de um refinado modelo de contenção ao poder punitivo no limite de suas possibilidades, tendo como objetivo final salvar vidas diante dos massacres produzidos por aquela máquina burocrático-estatal.

6. REFERÊNCIAS

ABRAMOVAY, Pedro Vieira; BATISTA, Vera Malaguti (Org.). **Depois do Grande Encarceramento**. Rio de Janeiro: ICC/Revan, 2010.

ANDRADE, Vera Regina Pereira de. **Pelas Mãos da Criminologia**: O controle penal para além da (des)ilusão. Rio de Janeiro: Revan/ICC, 2012.

ANISTIA INTERNACIONAL. **Relatório Anual 2011**. Disponível em: http://www.amnesty.org/en/region/brazil/report-2011. Acesso em 04, agosto de 2014; Human Rights Watch. *Força Letal*: Violência policial e segurança pública no Rio de Janeiro e em São Paulo. New York: HRW, 2009.

ANIYAR DE CASTRO, Lola. La Criminología Crítica en el Siglo XXI como Criminología de los Derechos Humanos y la Contra-Reforma Humanística o las Teorías Criminológicas no son Inocentes. **Revista Interferencias**, Córdoba, v. 0, n. 1, p. 15-25, 2010.

______. Rasgando el velo de la política criminal en América Latina, o el rescate de Cesare Beccaria para la Nueva Criminología. *In*: ANIYAR DE CASTRO, Lola. **Democracia y Justicia Penal. Caracas:** Congreso de la República, 1992.

BARATTA, Alessandro. Prefácio. *In*: ANDRADE, Vera Regina Pereira de. **A Ilusão da Segurança Jurídica:** Do controle da violência à violência do controle penal. 3. ed. Porto Alegre: Livraria do Advogado, 2015.

BARRETO, Tobias. Fundamento do direito de punir. *In*: BARRETTO, Tobias. **Estudos de Direito.** Campinas: Bookseller, 2000.

CARVALHO, Salo de. **Antimanual de Criminologia**. 3. ed. Rio de Janeiro: Lumen Juris, 2010.

___________. Criminologia crítica: dimensões, significados e perspectivas atuais. ***Revista Brasileira de Ciências Criminais,*** São Paulo, v. 104, set.-out., p. 279-303, 2013.

CERQUEIRA, Daniel R. C.; MOURA, Rodrigo Leandro. **Vidas Perdidas e Racismo no Brasil**. Nota Técnica, nº 10. Brasília: IPEA, 2013.

CNJ – Conselho Nacional de Justiça. **Novo Diagnóstico de Pessoas Presas no Brasil**. Brasília/Distrito Federal: Conselho Nacional de Justiça. Disponível em: http://www.cnj.jus.br/images/imprensa/pessoas_presas_no_brasil_final.pdf. Acesso em 03, agosto de 2014.

COHEN, Stanley. **Visions of Social Control**: crime, punishment and classification. Cambridge: Polity Press, 1985, p. 31.

DEL FRATE, Paolo Alvazzi; SERGES, Giuliano. Garantismo e inquisizione. Considerazioni sulla giustizia criminale in età moderna. *In*: CAVINA, Marco (a cura di). **La giustizia criminale nell'Italia moderna (XVI-XVIII sec.).** Bologna: Pàtron Editore, 2012.

DEPEN – Departamento Penitenciário Nacional. **Infopen – Estatística: Relatório Estatístico/Análise do Sistema Prisional Brasileiro.** *Dez/2012*. Disponível em: http://portal.mj.gov.br/depen. Acesso em: 11 de maio de 2015.

___________. **Levantamento Nacional de Informações Penitenciárias.** *INFOPEN – Junho de 2014*. Brasília: Ministério da Justiça, 2014.

FERRAJOLI, Luigi. **Diritto e Ragione. Teoria del garantismo penale.** 10 ed. Bari: Laterza, 2011.

___________. Il diritto penale minimo. **Dei Delitti e delle Pene,** n. 3, p. 493-524, 1985.

FBSP - Fórum Brasileiro de Segurança Pública. **Anuário Brasileiro de Segurança Pública**. São Paulo: Fórum Brasileiro de Segurança Pública, ano 8, 2014.

GALLARDO, Helio. **Teoria Crítica**: matriz e possibilidade de direitos humanos. Trad. Patricia Fernandes. São Paulo: Unesp, 2014.

IPPOLITO, Dario. El garantismo penal de un ilustrado italiano: Mario Pagano y la lección de Beccaria. *Doxa*. **Cuadernos de Filosofía del Derecho**, Alicante, n. 30, p. 525-542, 2007.

__________. Itinerari del garantismo. **Videre,** Dourados, ano 3, nº 6, p. 53-67, jul./dez., 2011.

LARRAURI, Elena. **La herencia de la criminología crítica.** 2.ed. Madrid: Siglo XXI, 2009.

MARTINEZ, Mauricio. El estado actual de a criminología y de la política criminal**.** ***Capítulo Criminológico***, Maracaibo, v. 27, n. 2, ago., p. 31-62, 1999.

MELOSSI, Dario. Ideologia e Diritto Penale. Garantismo giuridico e criminologia critica come nueve ideologie della subalternità? **Dei Delitti e delle Pene**, Bari, n. 1, p. 15-34, 1991.

SÁNCHEZ RUBIO, David. Inversión Ideológica y Derecho Penal Mínimo, Decolonial, Intercultural y Antihegemónico. *In*: BORGES, Paulo César Corrêa (Org.). **Leituras de um Realismo Jurídico-Penal Marginal**. Homenagem a Alessandro Baratta. São Paulo: NETPDH; Cultura Acadêmica, 2012.

SOZZO, Máximo. **"Traduttore traditore"**. Traducción, importación cultural e historia del presente de la criminología en América Latina. *In*: Sozzo, Máximo (coord.). *Reconstruyendo las criminologías críticas*. Buenos Aires: Ad-Hoc, 2006.

SUÁREZ, Luisa Leal; PIRELA, Adela García. Criminología crítica y garantismo penal. **Capítulo Criminológico**, Maracaibo, v. 33, nº. 4, oct.-dic., p. 429-444, 2005.

WAISELFISZ, Julio Jacobo. **Mapa da Violência 2014**: Os jovens do Brasil. Rio de Janeiro: FLACSO, 2014.

ZAFFARONI, Eugenio Raúl. **A Questão Criminal.** Trad. Sérgio Lamarão. Rio de Janeiro: Revan, 2013.

__________. **Criminología:** aproximación desde un margen. Vol. I. Bogotá: Temis, 1988.

__________. Prólogo. *In*: POSTAY, Maximiliano E**. El abolicionismo penal en América Latina:** imaginación no punitiva y militancia. Buenos Aires: Del Puerto, 2012.

__________ *et al*. **Direito Penal Brasileiro - I:** teoria geral do direito penal. 4. ed. Rio de Janeiro: Revan, 2011.

ZAITCH, Damián; SAGARDUY, Ramiro. La Criminología Crítica y la construcción del delito: Entre la dispersión epistemológica y los compromisos políticos. **Delito y Sociedad**, Buenos Aires, año 1, n. 2, p. 31-51, 1992.

Capítulo 16

A POLITIZAÇÃO DA QUESTÃO CRIMINAL

Rômulo Fonseca Morais[1]

SUMÁRIO: Introdução - 1. Politizando a questão criminal - 2. As implicações no direito penal e no poder de punir - 3. A punição, o exercício do biopoder e a (des)legitimação da pena - 4. Considerações finais - 5. Referências bibliográficas.

INTRODUÇÃO

Partindo da premissa de que o direito, mais especificamente o direito penal, é um discurso que determina um espaço de poder constituído de múltiplos efeitos, segredos, silêncios e mecanismos de ritualização que ocultam técnicas de manipulação social (WARAT, 2002), contribuindo para a formação de um "sentido comum teórico"[2], que seria a subjetividade modelada pelas instituições sociais, ocultando as formas pelas quais se exerce e se distribui o poder – pretende-se discutir neste trabalho como a naturalização do crime e da criminalidade, tomados geralmente como dados ontológicos[3] e fruto de discursos despolitizados sobre o direito penal,

1. Mestre em Direito pelo Programa de Pós-graduação em Direito da Universidade Federal do Pará - UFPA. Coordenador e Membro-Fundador do Grupo Cabano de Criminologia - GCCRIM. Pesquisador do Centro de Estudos sobre Instituições e Dispositivos Punitivos - CESIP vinculado ao CNPq/PPGD/UFPA. Colaborador do Centro de Defesa da Criança e do Adolescente - CEDECA/PA
2. Warat identifica esse "sentido comum teórico" no direito como "a racionalidade jurídica ocidental que se manifesta subjacentemente como gramática de produção, circulação e reconhecimento dos discursos do direito (especialmente no discurso das ciências jurídicas)". (WARAT, 2002, p. 75-77)
3. A perspectiva ontológica toma os dados como crime e criminalidade como dados naturais, como se fossem elementos da natureza, colocando-os fora de discussão e problematização do pensamento crítico, nesse sentido (BATISTA, 2012, p. 21).

têm contribuído para a legitimação da pena de prisão e a reprodução de ideologias ou "ilusões re" (ressocialização, reintegração, recuperação etc.,) que, consequentemente, ocultam o verdadeiro papel exercido pelo sistema penal[4] na contemporaneidade.

Desvelando os silenciamentos e ocultações do discurso jurídico-penal, almejamos politizar a questão criminal – tomando o crime como um "constructo social" (BATISTA, 2012, p. 21) e a resposta a ele ilegítima, seletiva e violenta – abrindo caminho para a deslegitimação da pena e dos discursos ideológicos em torno de seus supostos fins. A partir dessas premissas pretendemos abrir espaço para estratégias políticas – de redução de danos e contra a violência da punição institucionalizada ou não – que buscam romper com a cultura punitiva e o Estado penal[5] que, através da pena, têm produzido maciças violações dos direitos humanos no Brasil.

É "pelas mãos da criminologia" (ANDRADE, 2013) de base crítica e pelas análises foucaultianas sobre a normalização do direito, mais especificamente do direito penal, que iremos mergulhar nessa empreitada, problematizando, também, práticas e saberes do sistema penal atravessados por discursos do correcionalismo[6], tendo em vista a necessidade de não se cair na ingenuidade desses discursos que continuam legitimando a pena e o poder punitivo, principalmente a prisão. Tal abordagem é imprescindível para que a luta pela não violação de direitos humanos não se afaste de um viés crítico que esteja consciente do perverso papel desempenhado pelas instituições carcerárias e pelos dispositivos penais no contexto do biopoder[7] (biopolítica e disciplina).

4. Apesar de estarmos cientes de que o conceito de "sistema penal" não consegue refletir ou englobar o complexo funcionamento e exercício de poder na atuação das diversas agências e dispositivos punitivos que o compõem, optamos por essa denominação apenas em razão do uso convencional (ZAFFARONI, 1988, p. 15).

5. Um Estado, onde se observa uma diminuição dos serviços das já precárias estruturas previdenciárias e assistenciais e, como contrapartida, um aumento gigantesco de políticas punitivas. (WACQUANT, 2013)

6. Ideologia que ainda hoje perpetua a visão da anormalidade biológica ou social do individuo desviante e concebe a pena com a função de corrigir os defeitos e anormalidades desse indivíduo (BATISTA, 2013, p. 198).

7. Nas raízes dessa noção de biopolítica, Foucault nos mostra uma espécie de "poder sobre a vida" (biopoder) que se desenvolveu ainda no século XVII, quando o poder político assumiu a tarefa de gerir a vida, seguindo basicamente duas formas principais que não se contrapõem, mas que, ao contrário, se interligam por todo

Como podemos, diante de um Estado que propaga a defesa e a realização dos direitos humanos (Estado de Direito), compreender a legitimação e racionalização de um poder punitivo, através do discurso jurídico-penal, que explicitamente promove encarceramento em massa e a exposição de largos segmentos sociais à morte? Para tentarmos nos aproximar dessa questão, será preciso colocar os discursos do direito penal em cheque, tomando-o não somente como uma ferramenta que contribui para a legitimação da punição, mas também como instrumento que, atravessado por estratégias de biopoder, pode operar e ser operado como discurso/dispositivo de normalização, controle e legitimação de morte.

Nessa empreitada, consideramos necessário analisar as relações de poder no âmbito penal não mais pelo viés da tradicional ideia de legitimidade do poder com base no direito, mas a partir das irreversíveis análises sobre os mecanismos e o funcionamento do poder realizadas por Foucault, tanto do ponto de vista do poder sobre o corpo individual (disciplina) quanto do poder sobre o corpo população ou espécie (biopolítica/biopoder[8]). Diante disso, ficou difícil pensarmos sobre o campo do direito sem perceber as limitações das concepções ou teorias fundadas na "lei" e na "soberania", que geralmente oferecem apenas uma representação negativa dos mecanismos de poder ou relações do tipo permitido/proibido,

---

um feixe de relações. Essas duas formas são de um lado uma "anátomo-política do corpo", que caracteriza as disciplinas, e do outro lado uma "bio-política da população", que caracteriza os controles reguladores. A "anátomo-política do corpo" (as disciplinas) que se concentrou no corpo físico agiu basicamente no sentido do adestramento, na ampliação das aptidões e no crescimento da utilidade e docilidade do corpo e sua integração com os sistemas de controle econômicos, já a "bio-política da população" (biopolítica), que se desenvolveu principalmente a partir da segunda metade do século XVIII, concentrou esforços no corpo-espécie transpassado pela mecânica do ser vivo e relacionado aos processos biológicos, como os nascimentos, a duração da vida, sua longevidades, bem assim as diversas condições que podem fazer esses processos sofrerem variações. Desse modo, Foucault assevera que "[...] as disciplinas do corpo e as regulações da população constituem os dois pólos em torno dos quais se desenvolveu a organização do poder sobre a vida." (FOUCAULT, 1985).

Seguindo as análises de Edgardo Castro, nesse trabalho iremos empregar o termo biopoder (poder sobre a vida) ora em um sentido mais estrito como sinônimo de biopolítica, ora em um sentido mais geral, em que o termo biopoder incluirá dois pólos que mantém constante interligação: as disciplinas ou a anátomo-política do corpo dos indivíduos e a biopolítica da população. (EDGARDO CASTRO, 2012).

8. Conceito será desenvolvido ao longo do trabalho, maiores detalhes: (FOUCAULT, 1985; e FOUCAULT, 2010).

passando ao largo dos processos de regulação da vida dos indivíduos e da população que, desde o século XVIII, têm formado o que Foucault chamou de "sociedade de normalização" ou "sociedade normalizadora" (FOUCAULT, 1985, p. 135). Tal sociedade se assenta cada vez mais no domínio da "norma" e não da "lei", o direito vai ter seu campo de atuação invadido pelos "procedimentos de normalização", os procedimentos da lei serão colonizados pela normalização (FONSECA, 2005).

Essas concepções abalam a ideia de legitimidade do poder do direito, que tem embasamento no fundamento racional e consensual do exercício da autoridade. É tortuoso para o exercício do poder advindo do direito admitir forças que atuam ao largo da racionalidade jurídica abstrata, e do que foi objeto de concessão e positivação (FONSECA, 2005). Fica difícil para o positivismo jurídico-penal, por exemplo, aceitar as formas de sujeições e violências que atuam paralelamente e dentro do próprio campo de atuação do direito penal.

A crítica ao direito, mais especificamente ao direito penal, pelo viés da normalização, é importantíssima para que não fiquemos divagando sobre "natureza jurídica" e outra tantas panacéias que assolam a dogmática penal, e que só têm servido para camuflar as relações sociais de dominação e violência decorrentes de uma ordem socioeconômica excludente levada a cabo pelo capitalismo.

A partir de um olhar crítico sobre o papel da prisão na contemporaneidade, das ideologias em torno de suas práticas e saberes, bem como da consciência de que vivemos na era do biopoder, sob a égide de um Estado penal – em que o Estado, no contexto neoliberal, tem cada vez mais a necessidade de excluir muitos indivíduos do convívio social – este estudo vem problematizar/politizar a questão criminal e também nos provocar sobre as possibilidades de rompimento com a cultura da punição na realização e [...] invenção de modos libertários e não-encarceradores de lidar com situações-problema (PASSETI, 2006, p. 114), tratando vítimas e criminalizados em outras perspectivas na contenção da dor e do sofrimento.

O objetivo é também provocar sedição e despertar senso crítico com as seguintes indagações: qual o papel e a função histórica do direito penal e da prisão? Como acreditar no papel ressocializador da pena em uma era em que o capitalismo necessita cada vez mais do sistema penal e da prisão para controlar e excluir os segmentos marginalizados? É possível pensar em estratégias políticas de resposta ao desvio que possua caráter emancipatório e de contra-poder frente a um constante processo de normalização do direito? É possível que os operadores do direito assumam uma pauta que se afaste das armadilhas ideológicas do poder punitivo, da legitimação da punição e do crescente processo de criminalização em curso?

Guiado por essas premissas e perguntas, bem como pelos referidos referenciais teóricos, a análise não deixará de levar em consideração o papel seletivo (classista e racista) e exterminador do poder punitivo no Brasil, fazendo uma leitura marginal da (des)legitimidade do poder punitivo.

1. POLITIZANDO A QUESTÃO CRIMINAL

O primeiro passo para nos introduzirmos além da superfície da questão criminal, adentrando na compreensão dos processos de normalização do direito, e desse objetivo de politização é tomar o crime como uma construção social. Nesse sentido, devemos seguir os passos da criminologia crítica que, baseado na virada criminológica, colocou o direito penal e os órgãos do sistema penal como objetos de estudo.

A criminologia crítica e as irreversíveis análises sobre os mecanismos e o funcionamento do poder realizadas por Foucault, nessa seara, tornam-se insubstituíveis para sustentar as conclusões deste trabalho. Tendo as instituições de controle social e a ação de seus agentes como objeto de estudo, bem assim o processo de normalização do direito penal, a pena de prisão e seu funcionamento, enraizados em bases positivistas, figuram como alvo inevitável da crítica.

Por esse olhar teórico, o direito penal e seus saberes/práticas não são mais pontos de partida para a definição do objeto da investigação criminológica, mas sim objetos da própria investigação (BARATTA, 2002). A crítica não se faz mais do ponto de vista da "lei" e da "soberania" (discurso legitimador), mas do ponto de vista do funcionamento e exercício de poder numa sociedade que se movimenta muito mais em torno da "norma".

A compreensão do objeto da criminologia requer o entendimento da demanda por ordem de nossa formação econômica e social, nesse sentido a criminologia se relaciona com a luta pelo poder e pela necessidade de ordem, em que o poder punitivo age para assegurar uma densa necessidade de ordem (BATISTA, 2012), bem assim o funcionamento de uma sociedade essencialmente normalizadora.

Por isso, é salutar compreendermos que o objeto da criminologia não é ontológico, o crime e a criminalidade não são objetos que teriam aparecido na natureza, como a fauna, a flora etc., (BATISTA, 2012), nessa perspectiva, ressaltamos a necessidade de politização da questão criminal com o entendimento do crime e da criminalidade como construções sociais, e os dispositivos que agem em torno de seu controle como procedimentos de normalização.

Devemos entender que o crescente processo de criminalização vivenciado hoje na sociedade brasileira, impulsionado pelo crescente processo de normalização do direito penal, contribui demasiadamente para a despolitização e naturalização dos efeitos perversos do capitalismo de barbárie que recai principalmente sobre as massas empobrecidas, fazendo com que toda a conflitividade social que atravessa a sociedade seja traduzida em crime e punição.

> Para conter as massas empobrecidas, sem trabalho e jogada a própria sorte, o neoliberalismo precisa de estratégias globais de criminalização e de políticas cada vez mais duras de controle social: mais tortura, menos garantias, penas mais longas, emparedamento em vida. A mídia, no seu processo de inculcação e utilização do medo, produz cada vez mais subjetividades punitivas. A pena torna-se o eixo discursivo da direita e de grande parte da esquerda, para dar conta da conflitividade social que o modelo gera. (BATISTA, 2012, p. 101)

É importantíssimo, então, que atentemos para a relação funcional que existe entre os processos de acumulação de capital e o poder punitivo. Se hoje se assiste a uma fase do capitalismo em que há uma "adesão subjetiva à barbárie" – na qual não existe lugar no mercado de trabalho para todo mundo, mas existe uma crescente necessidade de controlar esse contingente de desocupados – o papel do Estado, longe da exigência liberal da não intervenção, será primordialmente o de gerir e controlar esse contingente com os braços do sistema penal. É o que Loïc Wacquant (2003, p. 20-21) chamou de Estado- Centauro (cabeça liberal e corpo autoritário), que prega a liberdade para o mercado, com a não intervenção do Estado, mas promove seu agigantamento sobre os problemas sociais decorrentes dessa liberdade, administrando autoritariamente suas consequências.

Devemos ficar atentos para as tentativas de escamoteamento dos vínculos existentes entre vida material e fundamentação do poder com as razões da punição (MENEGAT, 2010), principalmente sua legitimidade através da normalização do direito penal, uma vez que as violências do controle punitivo no Brasil se legitimam em nome da lei, mas se exercem através da "norma" (os números alarmantes de assassinatos cometidos pelas polícias estão escancarados) e da manutenção de uma ordem social hierarquizada. Por isso, Marildo Menegat (2010, p. 21) vem nos alertar sobre as consequências nefastas desse escamoteamento, segundo ele, corremos [...] o risco de sermos covardemente coniventes com os novos genocídios que a preservação as sociedade burguesa tardia exige.

As nossas prisões assassinas e o elevado número de assassinatos em nome da "lei" e da ordem contra determinados segmentos (preto/pobre) da sociedade brasileira estão aí para nos mostrar esses novos genocídios e extermínios. Os que insistem em negar essa realidade ou tentar amenizá-la, não observando o vinculo entre punição e estrutura social e o processo de normalização do direito, podem estar seduzidos pelo escamoteamento ou, o que é pior, podem estar exercendo a função de "carrascos" (como simples cientistas ou cumpridores de ordens) nesses campos de morte (as prisões e as periferias), ambos contribuindo na perpetuação de um horror de massacres que nos acompanha ao longo da história do Brasil.

É essa ocultação de realidade e as análises que trabalham seduzidas pela ideia de legitimidade do poder através da "lei" e o "direito" que faz com que temas como a (des)legitimação da pena de prisão escorra pelas mãos de juristas e operadores do direito. A associação perversa entre pobreza, violência, periculosidade e criminalidade que muitos "especialistas" e operadores (re)produzem contribui decisivamente para a escalada alarmante de criminalizações, encarceramentos e extermínios que vitimizam, principalmente, nossos jovens (COIMBRA; NASCIMENTO; 2002).

Desse modo, o que mais nos interessa para esse debate, principalmente para análise da punição, é alertar para o fato de que os problemas gerados pelo capital serão logo abraçados pelo sistema penal. Vera Malaguti Batista (2008) aponta que a opção pela criminalização da pobreza e da conflitividade social desloca tudo o que é público para o penal, fazendo com que uma ordem social excludente e opressora como a brasileira se perpetue sem que haja grandes indignações. Infelizmente grande parte dos movimentos de luta pelos direitos humanos e a tal "esquerda punitiva" (KARAM, 1996) não conseguiu enxergar esse encobrimento da realidade[9]. Nilo Batista (2011, p. 8) dirá que no capitalismo "a questão criminal presta-se eficientemente a esconder o debate político sobre os conflitos sociais".

Esse panorama é o que nos tem impulsionado e nos levado a desconfiar e assumir uma postura de estranhamento, uma espécie de "hermenêutica da suspeita"[10] em relação a grande demanda por pena e ao papel encantador do discurso do direito penal, bem como em relação às práticas e saberes onde seus discursos tem atuado, como é o caso da prisão.

Entende-se que sem essa postura e sem a compreensão do funcionamento do poder, através dos procedimentos de normalização do direito, não seremos capazes de compreender o papel desempenhado pela questão criminal no contemporâneo, dificultando assim a abertura para pensarmos em práticas libertárias interessadas na ruína da cultura punitiva da vingança, do ressentimento, do julgamento e da prisão (PASSETTI, 2006).

Desse modo, devemos perceber que o mais interessante é fazer com o que o tema das prisões não fique apenas restrito ao âmbito dos especialistas e dos juristas, à margem dos procedimentos de normalização do direito penal, mas sim fazer com que esse tema seja público, o que

9. Por aqui observamos movimentos feministas e movimentos contra a homofobia pautarem suas lutas em leis penais criminalizadoras, clamando por mais repressão, quando na verdade não enxergam que os problemas acabam sendo reduzidos ao âmbito penal, assim como acontece com os problemas do capitalismo que não são contestados quando se observa um crescente processo de criminalização dos pobres.

10. Segundo Boaventura Santos a hermenêutica da suspeita seria uma espécie de posição de estranhamento frente às concepções hegemônicas sobre os direitos humanos e seus valores enraizados no mundo capitalista ocidental, recorrendo a ela na busca de realizar uma luta contra-hegemônica que atenda outras linguagens de dignidade existentes no mundo (SANTOS, 2013).

significa politizá-lo, pois é o único caminho para pôr termo, quem sabe, aos martírios e sacrifícios desde sempre praticados por esse dispositivo (MENEGAT, 2010).

2. AS IMPLICAÇÕES NO DIREITO PENAL E NO PODER DE PUNIR

Sabemos que a despolitização/naturalização da questão criminal e os procedimentos de normalização são provocados e ocultados por um discurso encantador do direito penal ou da dogmática jurídico-penal, em que todos fazem de conta que o direito em suas práticas concretas funciona à imagem e semelhança do discurso que dele fala (WARAT, 2002).

Luiz Alberto Warat (2002, p. 57) observou que as práticas em torno do direito (as questões do direito penal não ficam isentas dessa despolitização e normalização) "[...] nos massifica, deslocando permanentemente os conflitos sociais para o lugar instituído da lei, tornando-os, assim, menos visíveis". Por isso o crime e a pena (objeto do direito penal) acabam escondendo toda uma conflitividade social e diversas relações de poder/saber que existe por trás do discurso declarado. Podemos dizer que a lei penal e o crime, tomados como dados ontológicos, conseguem cair na armadilha do "juridicismo" (WARAT, 2002), que provoca nas abordagens sobre a questão criminal uma espécie de "cegueira histérica" nos atores sociais que lidam com ela, isto é "[...] surge uma cegueira como fuga de uma realidade que não se quer ver, que nos faz evitar ver o que não queremos" (WARAT, 2002, 84). Essa é a função principal, por exemplo, da seletividade do sistema penal.

No sentido desse "juridicismo", Salo de Carvalho (2013) analisa o caráter narcísico do direito penal que, desde o seu nascimento, se propôs, através das agencias do sistema penal, dar conta do controle social, através da repressão e combate eficiente ao crime; bem como proteger e tutelar os bens jurídicos. Todavia, as ciências sociais e a criminologia têm demonstrado as suas "feridas narcísicas", pois o direito penal não conseguiu sequer fazer o controle do crime, como revelam as cifras ocultas da criminalidade; nem tampouco se mostrou apropriado para a defesa dos bens jurídicos, pois o que ainda se observa é a crescente violação desses bens pela própria atuação do sistema penal. Em uma crítica criminológica à dogmática jurídico-penal, Salo de Carvalho (2013) observa como – apesar da criminologia ter desconstruído teórica e empiricamente os discursos do direito penal, bem assim da prisão, a partir da análise dos processos de normalização do direito (através do positivismo criminológico) – ainda persiste a "transversalidade ideológica" e a força do positivismo através dos fantasiosos conceitos da dogmática penal. Essa transversalidade e essa força do positivismo contribuem para que a dogmática ("ciência") siga (re)produzindo um discurso que – desconsiderando a seletividade, as violências, a disfunção do controle penal e a sua incapacidade para cumprir as promessas que declara (ressocialização através da pena e defesa de bens jurídicos) – "[...] atribui fins e funções positivas à intervenção, potencializando e relegitimando a intervenção do sistema criminal" (CARVALHO, 2013, p. 190).

Assim, o crime e a pena conseguem naturalizar e despolitizar, por exemplo, uma conflitividade social excludente que no Brasil adquire proporções alarmantes. Enquanto isso, o poder punitivo vai abraçando quase por completo os problemas gerados por uma ordem econômica perversa, fazendo com que a pobreza, os pobres e seus modos de sobrevivência fiquem expostos à criminalização em massa, engrossando as fileiras das prisões e dos extermínios.

> [...] esse olhar criminalizante sobre os pobres, seus bairros e suas estratégias de sobrevivência é muito funcional para o processo de acumulação do capital neoliberal: o "criminal" é um fetiche que encobre a compreensão da conflitividade social. (BATISTA, 2012b, p. 310).

É esse panorama que tem nos levado a aderir subjetivamente à barbárie, aos fascismos e à truculência, em que se observa a crescente demanda por controle e punição. Ela também é fruto de uma cultura punitiva ou "cultura totalitária" (WARAT, 2002, p. 91) que tem feito com que se aceitem punições e condenações arbitrárias, sem respeito às garantias processuais; o inchaço das leis criminalizadoras que não tem dado resultado no plano prático, funcionando ao gosto do populismo punitivo; o aumento e endurecimento de penas; o maior controle social sobre a vida dos pobres e dos que clamam por segurança; e até mesmo que se aceite o assassinato de determinados indivíduos considerados perigosos em nome da "lei"[11].

Esse cenário tem organizado um lugar especial para a pena (punição) "[...] com efeito tranquilizador de uma coerção beatificada, que mantém os protagonistas sociais em um permanente estado de crença sacra" (WARAT, 2002, p. 86) sem atentar para o encobrimento de uma realidade de exclusão social e desigualdade.

> [...] Na cultura totalitária, os lugares da lei, a verdade, o desejo e o poder estão cheios de negatividade e carregados de silêncios sobre as desigualdades sociais, a exploração, as minorias reprimidas e a manipulação institucional de nossas demandas, de nossas necessidades e impulsos. Lugares cheios de rituais que dissimulam os antagonismos da história. (WARAT, 2002, p. 91).

Loïc Wacquant (2013) vai observar esse fenômeno na ordem econômica atual, através da formação do referido Estado penal, que tem contribuído para a exclusão do fator político da esfera do controle social e do processo de criminalização levado a cabo no neoliberalismo, em que o direito penal é colonizado por procedimentos de normalização, relações de saber/poder, que não podem ser captados pelas análises tradicionais dos juristas. Nesse cenário:

> [...] a penalização serve... como uma técnica para a inviabilização dos problemas sociais que o Estado, enquanto alavanca burocrática da vontade coletiva, não pode ou não se preocupa mais em tratar de forma profunda, e a prisão serve de lata de lixo judiciária em que são lançados os dejetos humanos da sociedade de mercado. (WACQUANT, 2013, p. 21).

Uma das grandes problemáticas que contribui para esse processo é o fenômeno que Nilo Batista costuma chamar de "encarceramento de legi-

11. Só na cidade do Rio de Janeiro, por exemplo, cerca de 1.300 execuções anuais são realizadas pela polícia, matança legitimada pela guerra contra as drogas (BATISTA, 2012b, p. 309).

timação", que tenta simular e forjar a ilusão de igualdade dos indivíduos perante a lei penal. Esse fenômeno poder ser percebido nas prisões de alguns colarinhos branco que são espetacularizadas pela mídia, servindo para ocultar ideologicamente a seletividade do sistema penal e fazendo com que se acredite na igualdade do direito penal, camuflando a atuação das relações de poder/saber nesse processo.

Por sua vez, quando olhamos para a situação da juventude pobre nesse contexto, observamos como o Estado penal na racionalidade neoliberal é quem vai dar conta da conflitividade social juvenil, fazendo com que grandes contingentes de crianças e adolescentes sejam desassistidos pelas já precárias políticas públicas e como contrapartida abraçados pela lógica penal. Não é a toa que no Brasil "[...] a população envolvida em conflitos, presa ou assassinada, é constituída basicamente pela população pobre e negra, com idade entre 14 e 24 anos" (BATISTA, 2009, P. 96).

Apesar disso, Salo de Carvalho (2013, p. 201) – mesmo com a demonstração do discurso irreal da ineficiência, pois a regra é a impunidade; e a inapropriação para tutelar bens jurídicos – sustenta a possibilidade do direito penal buscar legitimidade através de perspectivas garantistas que venham se opor à realidade de violências na América Latina, projetando uma "[...] dogmática penal de redução de danos centrada na finalidade única e exclusiva de minimizar violências".

3. A PUNIÇÃO, O EXERCÍCIO DO BIOPODER E A (DES)LEGITIMAÇÃO DA PENA

A partir dessas premissas, a situação alarmante do sistema penal no Brasil e os discursos em torno da legitimidade da pena de prisão serão pontos chaves para problematizar o poder punitivo dentro da lógica do Estado penal e na era do biopoder. Assim essa problematização servirá, em conjunto com a criminologia, para compreender e explicar os motivos da escalada gigantesca da cultura punitiva através da criminalização, do encarceramento e do extermínio, em uma época em que mais se debate sobre direitos e cidadania no Brasil.

Seguindo os passos metodológicos da criminologia crítica, não podemos tomar como objeto de estudo o caso do sistema penal no Brasil sem antes observar processos macros que vem ocorrendo na maioria dos países latino-americanos nas ultimas décadas, onde se observa um encarceramento em massa e um crescente processo de extermínio, principalmente de jovens.

> Pensar a América Latina como gigantesca instituição de seqüestro é o centro de reflexão do jurista e intelectual argentino Eugenio Raúl Zaffaroni. Ele denuncia a situação crítica do sistema penal no continente com um discurso jurídico-penal esgotado em seu arsenal de ficções gastas, cujos órgãos exercem seu poder para controlar um marco social cujo signo é a morte em massa (realidade letal). Ele descreve o sistema de controle social da América Latina como produto da transculturação protagonizada pela incorporação ao processo de acumulação de capital. Darcy Ribeiro denominava os ciclos econômicos, a partir da colonização, como moinhos de gastar gente: índios, africanos, pobres em geral. O marco dessa transculturação tem sido o genocídio. (BATISTA, 2008, p. 7).

É nesse sentido que, à luz do pensamento de Zaffaroni (1991), a prisão nos países marginais representa uma instituição de sequestro menor dentro de outra muito maior, representada pelo nosso continente.

Os corpos negros ensanguentados cotidianamente expostos pela mídia, os extermínios cotidianos nas periferias, bem como as condições desumanas dos presídios e de instituições para adolescentes no Brasil, são sintomas de que a nossa região é de fato uma verdadeira instituição de sequestro, onde o Estado através dos órgãos do sistema penal possui a ação sobre os corpos, através da tortura e da morte, como principal meio de manter uma ordem social hierarquizada e excludente. Nesse contexto, "[...] as classes subalternas mais que compreender, ao nível da razão, foram (e seguem sendo) levadas a ver e sentir o seu lugar na estrutura social" (NEDER, p. 12).

É por essa trágica situação de nosso país e de nosso continente que nos aliamos à posição de Vera Malaguti Batista (2008) quando diz que a questão criminal, e aqui nessa análise a reflexão sobre a legitimidade da pena, é hoje a principal trincheira da luta pelos direitos humanos, bem como na assunção crítica frente à punição.

Atualmente, as periferias e o sistema carcerário no Brasil podem ser descritos como autênticos "paraísos fiscais dos direitos humanos" (BATISTA, 2008), onde se aparta, se maltrata, se tortura e se mata à vontade. No Brasil atualmente quanto mais se fala em direitos humanos mais se mata, mais a vida é banalizada, "[...] é um paradoxo do âmago do liberalismo. O discurso dos direitos humanos escorre pelas mãos porque o sistema é barbárie (BATISTA, 2014).

É por isso que a pauta de deslegitimação da pena se impõe, uma vez que a reflexão sobre as práticas e saberes atravessados pelo discurso dos direitos humanos em um contexto punitivo e biopolítico não pode desprezar as estratégias de apartamento e eliminação exercidas pela pena de prisão na contemporaneidade.

Como podemos falar em direitos humanos dos presos no Brasil se, por outro lado, observamos uma crescente demanda por punição? Não é a toa que o nosso país é conhecido pelas piores condições de cárcere e já se encontra com a terceira maior população carcerária do mundo.[12]

A criminologia crítica, principalmente a partir da sua virada metodológica[13], há muito vem denunciando a prisão no mundo ocidental como verdadeiro instrumento de controle social e depósito de seres humanos cinicamente selecionados pelas malhas dos órgãos do sistema penal.

Alessandro Baratta (2002) observa como o cárcere há muito abandonou e não possui mais qualquer "função real" de reeducação e de disciplina, que possuía em sua origem, acrescentando que essas funções que propagam a ressocialização e reeducação são ilusórias e estão hoje exercendo um papel ideológico.

Nas sendas de Foucault (2009), verificamos, ao contrário das denuncias sobre o fracasso da prisão para a justiça penal, a real funcionalidade da prisão para regular e selecionar comportamentos, produzir delinquência, gerir as ilegalidades, induzir reincidência, enfim, promover um controle social extremamente necessário para o desenvolvimento das relações sociais

12. Segundo dados e informações do Conselho Nacional de Justiça (CNJ) o Brasil tem a terceira maior população carcerária do mundo.

13. Quando o objeto da criminologia é deslocado do sujeito criminoso e das causas do crime para os processos de criminalização e construção social do crime e da criminalidade (BARATTA, 2002, p. 85-86).

capitalistas. Ele faz uma provocação, indagando se o pretenso fracasso não faria então parte do funcionamento da prisão?

> A penalidade seria então, uma maneira de gerir as ilegalidades, de riscar limites de tolerância, de dar terreno a alguns, de fazer pressão sobre outros, de excluir uma parte, de tornar inútil outra, de neutralizar estes, de tirar proveito daquele. Em resumo, a penalidade não reprimiria pura e simplesmente as ilegalidades; ela as diferenciaria, faria sua economia geral. E se podemos falar de uma justiça não é só porque a própria lei ou a maneira de aplicá-la servem aos interesses de uma classe, é porque toda a gestão diferenciais das ilegalidades por intermédio da penalidade faz parte desses mecanismo de dominação. Os castigos legais devem ser recolocados numa estratégia global das ilegalidades. O "fracasso" da prisão pode sem dúvida ser compreendida a partir daí. (FOUCAULT, 2009, p. 258).

Sem dúvida, se a detenção penal nunca foi seriamente questionada e resiste até hoje como principal resposta ao desvio é porque o sistema carcerário exerce um papel importantíssimo e com funções precisas no controle de determinados segmentos sociais. Não se pode cair no discurso sedutor das ilusões 're', que ainda hoje são fortemente sustentadas pelo positivismo criminológico, que toma o criminoso como ser anormal que precisa ser tratado e corrigido. Essas ilusões, resultado dos procedimentos de normalização levados a cabo pelas relações de saber/poder do positivismo criminológico, são discursos que ainda seduzem e encontram adeptos nos diversos campos do saber, principalmente no campo jurídico.

No Brasil, Cristina Rauter (2003), percorrendo a história da criminologia, denunciou o papel de controle social exercido pelo cárcere e a reprodução das ideologias positivistas que ainda permanecem incrustadas nessa instituição, que associam o criminoso com anormalidade social e/ou biológica. Trabalhando com a análise de exames e procedimentos dos saberes da psicologia no âmbito do sistema carcerário, ela desvenda as funções ocultas do cárcere com a reprodução das "ilusões re" numa verdadeira "tecnologia do preconceito" (RAUTER, 2003), em que o criminoso é tratado como um sujeito anormal e doente tanto do ponto de vista social quanto do ponto de vista biológico, os preconceitos sobre família desestruturada e antecedentes de violência no grupo familiar como causas para o crime soam a todo vapor.

É nesse sentido que podemos perceber como a prisão na sua função de reproduzir estigmas sociais que forjam essa associação entre crime e pobreza ou crime e doença – colocando sob suspeita uma grande parcela da população brasileira, na qual o crime aparece como produto de uma individualidade especial de sujeitos anormais e doentes – consegue despolitizar toda a questão do criminal, impedindo que se enxergue a relação entre a função de verdadeiro depósito de seres humanos, exercido pela prisão, com um controle social extremamente necessário ao capitalismo neoliberal, que hoje não mais se interessa por essa mão de obra abundante e desocupada.

> Despolitiza-se deste modo a questão do crime, pois em última análise o que se quer apagar são os parentescos do mesmo com as revoltas populares, com outras formas de ilegalidade que configuram oposição ao Estado burguês e suas instituições. São os parentescos do criminoso "comum" com o chamado criminoso "político", ou, o que seria mais terrível, com o homem comum, que, embora vivendo as mesmas condições de exploração, talvez não tenha tido coragem ou força para se revoltar. (RAUTER, 2003, p. 105).

A prisão, portanto, é uma máquina de selecionar e infligir dor para certos tipos de comportamento entre determinados segmentos da sociedade e também entre os resistentes de cada ordem social (BATISTA, 2012). Por isso deve-ser rechaçar as "ilusões re" que continuam fortemente incrustadas nas falas e discursos dos agentes e operadores do direito que atuam em torno do cárcere.

Segundo Cristina Rauter (2012, p. 72), "[...] multiplicou-se muito cedo entre nós a crença de que havia uma parte da população de tal forma fadada ao crime que poderia ser perfeitamente matável, em defesa da sociedade", é por isso que as análises de Foucault caem como uma luva na compreensão desse Estado penal que caminha lado a lado com os comemorados progressos e avanços dos direitos humanos no capitalismo neoliberal.

No governo do Partido dos Trabalhadores, por exemplo, se falou tanto em cidadania e direitos humanos, mas é esse governo, dito de esquerda, que, segundo Marildo Menegat (2012), mantém e incrementa políticas punitivas de massa – como o uso de tanques de guerra e fuzileiros navais na invasão no complexo do Alemão e mais recentemente no complexo da Maré no Rio de Janeiro.

Para entender como no Brasil, apesar de não existir oficialmente a pena de morte, se tem aplicado massivamente e há bastante tempo esse tipo de medida, é imprescindível que se recorra às análises foucaultianas de biopoder na sua concepção de biopolítica.

Foucault (2000) entende a biopolítica como um controle da vida que busca principalmente a normalização da população e suas práticas, e que podem ser atravessadas por uma espécie de "racismo de Estado", este pode ser caracterizado como um discurso científico que permite, inclusive, a eliminação da vida, legitimada por um discurso de eliminação de um perigo biológico que, consequentemente, fortalece a existência de outro grupo biológico.

Ao descrever como se deu a passagem do poder soberano – como direito sobre a vida e a morte dos súditos "fazer morrer e deixar viver", ou seja, onde "a vida e a morte dos súditos só se tornam direitos pelo efeito da vontade soberana"– para a biopolítica – em que a preocupação é "fazer viver e deixar morrer", onde o poder agora tem a preocupação de aumentar o tempo de vida, deixando de lado o velho "direito de causar a morte ou deixar viver" por um "poder de causar a vida ou devolver à morte" – Foucault (1985, p. 130) observa, por outro lado, como o domínio sobre a vida através das práticas de biopoder introduziu o racismo nos mecanismo do Estado, e como esse racismo de Estado funciona, através de um discurso que fragmenta e cria divisões no interior do campo biológico, permitindo com que o desprezo pela vida e até mesmo a produção da morte de determinados indivíduos seja totalmente compatível com a ideia de "fazer viver" e consequentemente com o exercício do biopoder.

> No continuo biológico da espécie humana, o aparecimento das raças, a distinção das raças, a hierarquia das raças, a qualificação de certas raças como boas e de outras, ao contrário, como infe-

> riores, tudo isso vai ser uma maneira de fragmentar esse campo do biológico de que o poder se incumbiu; uma maneira de defasar, no interior da população, uns grupos em relação aos outros (FOUCAULT, 2000, p. 304).

Esse desprezo pela vida de alguns e esse direito de matar – assentado nessas fragmentações e divisões biológicas (racismo de Estado), em que o extermínio e o genocídio podem ser exercidos na contemporaneidade sem qualquer alarde – não se confunde com o velho direito de matar do soberano, porque agora o poder se situa e se exerce ao nível da vida, da espécie, da raça e dos fenômenos maciços de população, e não mais no corpo do supliciado, onde a pena de morte se constituía como resposta do soberano a quem atacava sua vontade, sua lei e sua pessoa (FOUCAULT, 1985).

Nessa nova dinâmica, a pena capital, por exemplo, apesar de trazer embutida certa incompatibilidade com relação aos avanços das democracias ocidentais e a própria ideia da biopolítica do "fazer viver", pode continuar sendo exercida e compreendida, mesmo em países que não a adotam como sanção penal, não só pelos discursos de periculosidade em torno da atenção dada a gravidade de um crime e da construção de uma monstruosidade do criminoso, mas principalmente pelos discursos de racismo de Estado que sustentam a eliminação do perigo biológico e social, em que a eliminação desse perigo tornará a vida mais pura e saudável.

Foucault (1985) vai dizer que são mortos legitimamente aqueles que constituem uma espécie de perigo biológico para os outros, os inimigos, agora, são os que oferecem perigos externos e internos para a população e que resistem a um processo de normalização, ou seja, os que são degenerados e possuem anomalias genéticas ou fisiológicas, bem como os que vivem uma vida anormal para os padrões patriarcal e burguês. Nessa situação de vulnerabilização se encontram as vidas dos pobres, negros, índios, mulheres, gays, entre outros.

> Em outras palavras, tirar a vida, o imperativo da morte, só é admissível,no sistema de biopoder, se tende não à vitória sobre os adversários políticos, mas à eliminação do perigo biológico e ao fortalecimento, diretamente ligado a essa eliminação, da própria

> espécie ou da raça. A raça, o racismo, é a condição de aceitabilidade de tirar a vida numa sociedade de normalização (FOUCAULT, 2000, p. 306).

A partir do olhar do biopolítica, podemos vislumbrar a importância das análises feitas acima para a compreensão das inquietudes que assolam os que ingenuamente acreditam no caráter recuperador da pena, pois muitas práticas da contemporaneidade possuem claramente características do biopoder, na medida em que permite que exista entre a minha vida e morte do outro, certa compatibilidade.

> [...] quanto mais as espécies inferiores tenderem a desaparecer, quanto mais os indivíduos anormais forem eliminados, menos degenerados haverá em relação a espécie, mais eu – não enquanto indivíduo mas enquanto espécie – viverei, mais forte serei, mais vigoroso serei, mas poderei proliferar. A morte do outro não é simplesmente a minha vida, na medida em que seria minha segurança pessoal; a morte do outro, a morte da raça ruim, da raça inferior (ou do degenerado, ou do anormal), é que vai deixar a vida em geral mais sadia; mais sadia e mais pura. (FOUCAULT, 2000, p. 305).

Os inúmeros extermínios no Brasil podem ser um bom exemplo de um biopoder atravessado pelo racismo de Estado, pois, para que se possa produzir a morte de determinados indivíduos, é necessário a construção de um discurso "científico" em torno de suas vidas (famílias desestruturadas, propensão ao crime, associação entre violência e pobreza, entre outros), bem como a construção da imagem de um inimigo da sociedade, forjando uma dicotomia entre bem e mal.

A morte aplicada massivamente a muitos indivíduos no Brasil faz parte – junto com a difusão do medo da criminalidade, a visibilidade midiática da violência e a busca excessiva por segurança – de fenômenos e técnicas de gestão das massas humanas ou da vida que se coadunam perfeitamente com a estratégia de biopoder nomeada por Foucault (RAUTER, 2012). E mais uma vez retoma-se ao paradoxo dessa nossa tortuosa contemporaneidade, se:

> [...] Por um lado, emerge fortemente a luta pelo "direito à vida, ao corpo, à saúde, à felicidade, à satisfação das necessidades, acima de todas as opressões" (Foucault, 1999, p.136), nem que para isso se tenha que eliminar outras vidas que se interponham a esse projeto. Por um lado e ao mesmo tempo emerge "o racismo em sua forma moderna, estatal, biologizante"(Foucaut, p. 140). (RAUTER, 2012).

Todavia, para a compreensão profunda de nossos massacres, a figura do racismo contra o segmento negro, principalmente, é de fundamental importância nas análises do biopoder que se exerce sobre a vida e os corpos na sociedade brasileira.

Ana Luiza Flauzina (2006), ao analisar o sistema penal no Brasil, percebeu através da análise do racismo que existe um assombroso "projeto genocida do Estado brasileiro" dirigido contra o segmento negro. Ela observa que o racismo, mais do que uma simples variante utilizada para selecionar os indivíduos criminalizados pelo sistema penal, é tomado como o fiel da balança que determina a continuidade da vida ou a morte das pessoas.

O racismo contra o segmento negro é uma variante que se coaduna com o racismo de Estado pensado por Foucault. Portanto, assim como o racismo de Estado é um elemento imprescindível para que se produzam morte na era do biopoder do "fazer viver e deixar morrer" – ao fazer um recorte biológico em certas vidas, enquadrando algumas como inferiores e sem valor – o racismo contra o segmento negro no Brasil tem se tornado um elemento imprescindível para produzir vidas matáveis e sem valor, que funciona como um dispositivo desumanizador, afastando o negro do sentido de humanidade, e onde a inferioridade jurídica do escravismo foi convertida numa inferioridade do tipo biológica (FLAUZINA, 2006).

A compreensão dessas práticas de biopoder, através do racismo de Estado, é extremamente interessante para a problematização do poder de punir, pois, segundo Cristina Rauter (2012), esse racismo é exercido muitas vezes em nome da lei e da ordem, como acontece nos casos das políticas de segurança pública no Brasil que, sob o pretexto de trazer paz, promove uma verdadeira paz de cemitério.

Pelo viés da biopolítica, a prisão exerce atualmente práticas de biopoder, em que não há preocupação sequer com a vida dos presos ("deixar morrer"), sendo comum a exposição desses indivíduos a condições precárias de higiene, saneamento básico, superlotação, exposição a doenças etc.. Essas ações e omissões do Estado seriam uma espécie de "assassínio indireto", que, para Foucault (2000, p. 306), poderia ser visto no [...] fato de expor à morte, de multiplicar para alguns o risco de morte ou, pura e simplesmente, a morte política, a expulsão, a rejeição, etc.

Outro ponto a se destacar, como práticas do sistema carcerário no Brasil, são os relatos das constantes práticas de tortura e a ocorrência de assassinatos de presos, uma prática de biopoder que poderia ser descrita como um "fazer morrer", em que se exerce um racismo de Estado sem precedentes.

Pelos apontamentos de Vera Regina de Andrade (2013, p. 167), podemos dizer que a pena de prisão hoje é um verdadeiro mecanismo exterminador que expõe seus alvos, cinicamente selecionados, a risco de morte indireta. Ela alerta que, enquanto se debate sobre a implantação ou não da pena de morte, a nossa polícia e a prisão continuam praticando massacres. Vera Andrade sustenta que uma sentença condenatória à pena de prisão representa hoje uma sentença condenatória ao risco da pena de morte indireta.

Enquanto a dogmática penal e muitos operadores do sistema ainda (re)produzem as ideias correcionalistas, a realidade é chocante e dói. Os extermínios e as nossas masmorras medievais (prisões) estão ai para nos mostrar que o sistema penal há muito abandonou as "ilusões re", "[...] o Estado agencia o extermínio cotidiano e a intelligentzia trata de mascará-lo" (BATISTA, 2012b, p. 309). Assim, os operadores do direito e até mesmo os cientistas sociais – com suas pesquisas e práticas associando pobreza, violência e criminalidade – seguem produzindo argumentos "científicos" para a expansão do poder punitivo em todas as direções (BATISTA, 2012b).

E qual o papel da e que postura deve tomar a criminologia e o pensamento crítico dentro desse contexto? Como se desprender de respostas que escape das concepções naturalizadas sobre crime e criminalidade, sustentadas pela dogmática jurídico-penal?

4. CONSIDERAÇÕES FINAIS

No Brasil é muito importante alertar para a falta de coragem em assumir um discurso de deslegitimação do Estado penal (BATISTA, 2012b), assim, juristas, operadores do direito, intelectuais, representantes políticos, instituições e sociedade civil – muitas das vezes contaminados pela cultura punitiva ou pelos discursos de recuperação, reeducação, ressocialização etc., – acabam por legitimar a punição (extermínios e encarceramento em massa).

Fugir dessa cilada e tomar coragem para o enfrentamento das violências produzidas pelo poder punitivo também esbarra em peculiaridades históricas do nosso país, onde "[...] o desejo de punir instaurado se ancora em permanências históricas nas quais se imbricam a colonização genocida, a escravidão e a cultura inquisitorial ibérica" (BATISTA, 2012b, p. 311).

Ciente da posição do exercício perverso do poder punitivo no Brasil na era do biopoder, devemos procurar estratégias de fuga que tenham como escopo a politização da questão criminal, bem como estratégias que promovam a deslegitimação da punição através de análise das relações de poder/saber (normalização) que, atualmente, contaminam o direito penal e seus dispositivos, desprendendo-se de análises feitas através da "lei" e da "soberania".

Queremos chamar a atenção para o fato de que enquanto o direito na contemporaneidade não se colocar de forma crítica diante dos mecanismos de poder que agem constantemente nos procedimentos da lei penal, não conseguirá barrar os avanços do poder punitivo e do grande encarceramento em curso. É necessário buscar ou ir além das propostas que se resumem na luta pela defesa de direitos humanos, uma vez que, sem a compreensão dos mecanismos de poder que atuam através da norma, fica difícil estancar o processo de criminalização, a crescente demanda por punição, a cultura punitiva, enfim, o violento controle social seletivo perpetrado pelos órgãos e dispositivos penais.

Desse modo, é necessário liberarmos dos processos e mecanismo de poder e gestão sobre a vida. É imprescindível percebermos o modo como se dá a relação entre direito e norma, ou seja, como eles se implicam e como o direito penal ao mesmo tempo pode ser colonizado por esses processos de normalização e o modo como ele pode se contrapor a essa sujeição normalizadora. Tal percepção e uma possível estratégia de desnormalização só podem ser verificadas no caso concreto, num espaço e tempo, em que os procedimentos da lei (revestido de normalização) são especificamente aplicados (FONSECA, 2005).

As conclusões e críticas realizadas nesse trabalho não tiveram como objetivo a total negação das estratégias de luta que se assentam em uma perspectiva de tradicional do poder, mas colocar em questão e trazer à superfície os mecanismos de poder e de sujeição que não conseguem ser captados por essa visão tradicional do poder e do direito, contribuindo, assim, para que o operador do direito tenha maior possibilidade de produzir um discurso de contra-poder e libertação. Entendemos que a compreensão do funcionamento dos processos de normalização (biopolítica) é a primeira tarefa de um jurista preocupado com a formação de um "novo direito" dessujeitado e desnormalizado, abrindo a possibilidade de desprendimento das ingenuidades e as estratégias de sujeição que permeiam certos universalismos no direito, mais especificamente no direito penal (FONSECA, 2005).

Portanto, entendemos que só a partir de um olhar crítico sobre o papel do sistema penal e da pena de prisão, das diversas ideologias e dos processos de normalização em torno da legitimação do poder punitivo, bem como da consciência de que a prisão exerce estratégias de biopoder, é que se torna possível buscar a realização e evitar a violação dos direitos humanos no âmbito do sistema penal.

5. REFERÊNCIAS BIBLIOGRÁFICAS

ANDRADE, Vera Regina Pereira de. **Pelas mãos da criminologia**. Rio de Janeiro: Revan, 2013.

BARATTA, Alessandro. **Criminologia crítica e crítica do direito penal: introdução à sociologia do direito penal**. 3. ed. Rio de Janeiro: Revan, 2002.

BATISTA, Nilo. **Sobre el filo de lanavaja**. Revista EPOS, vol.2, n.1, 2011.

BATISTA, Vera Malaguti. **A barbárie do capital e suas táticas de perpetuação**. Disponível em: http://www.anovademocracia.com.br/no-22/729-a-bar-

barie-do-capital-e-suas-taticas-de-perpetuacao?tmpl=component. Acesso em: 02/07/2014.

________. Adeus às ilusões "re". In: COIMBRA, Cecília M. B.; AYRES, Lygia S. M.; NASCIMENTO, Maria Livia do (orgs.). **Pivetes: encontro entre a psicologia e o judiciário**. 1ª Ed. Curitiba: Juruá, 2013.

________. Adesão subjetiva à barbárie. In: Batista, V. M (org.). **Loïc Wacquant e a. questão penal no capitalismo neoliberal**. Rio de Janeiro: Revan, 2012b.

________. Direitos (e) humanos no Brasil contemporâneo.**Revista Jura Gentium**, Vol. V, n.2, p. 7-15, 2008.

________. Depois do grande encarceramento. In: ABRAMOVAY, Pedro Vieira; MALAGUTI BATISTA, Vera (orgs.). **Depois do grande encarceramento**. Rio de Janeiro: Revan, 2010.

________. **Introdução crítica à criminologia brasileira**. Rio de Janeiro: Revan, 2011, 2. ed., julho de 2012.

CASTRO, Edgardo. O governo da vida. **Revista Ecopolítica**, n. 3, p. 69-98, 2012

CASTRO, Lola Aniyar; GIDE, André. Matar com a prisão, o paraíso legal e o inferno carcerário: os estabelecimentos "concordes, seguros e capazes". In: ABRAMOVAY, Pedro Vieira; BATISTA, Vera Malaguti (orgs.). **Depois do grande encarceramento**. Rio de Janeiro: Revan, 2010.

COIMBRA, Cecília et NASCIMENTO, Maria Lívia. **Ser jovem, ser pobre é ser perigoso?** 2005. Disponível em: Disponível em: <http://www.slab.uff.br/images/Aqruivos/textos_sti/Cec%C3%ADlia%20Coimbra/texto23.pdf>. Acesso em: 02/07/2014.

CARVALHO, Salo. **Antimanual de criminologia**. 5. ed. Rio de Janeiro: Lumen Juris, 2013.

FLAUZINA, Ana Luíza Pinheiro. **Corpo Negro Caído no Chão: O Sistema Penal e o Projeto Genocida do Estado Brasileiro**. Dissertação apresentada à Universidade de Brasília, para obtenção do título de Mestre em Direito. Brasília, 2006.

FONSECA, Ricardo Marcelo. Foucault, o direito e a 'sociedade de normalização. In: FONSECA, Ricardo Marcelo (org.). **Crítica da modernidade: diálogos com o direito.** Florianópolis: Fundação Boiteux, 2005, pp. 109-110.

FOUCAULT, Michel. **Em defesa da sociedade: Curso no Collège de France (1975-1976)**. São Paulo: Martins Fontes, 2000.

_________. **Historia da Sexualidade I: a vontade de saber**. Rio de Janeiro: Graal, 1985.

_________. **Vigiar e punir: nascimento da prisão**. 36.. ed. Petrópolis, RJ: Vozes, 2009.

KARAM, Maria Lúcia. A esquerda punitiva. In: **Discursos sediciosos:** crime, direito e

sociedade, ano 1, número 1, 1 semestre de 1996.

MENEGAT, Marildo. O sol por testemunha. In: Batista, Vera M. **LoïcWacquant e a. questão penal no capitalismo neoliberal**. Rio de Janeiro: Revan, 2012.

_________. Prisões a céu aberto. In: ABRAMOVAY, Pedro Vieira; MALAGUTI BATISTA, Vera (orgs.). **Depois do grande encarceramento**. Rio de Janeiro: Revan, 2010.

NEDER, Gizlene. Criminalização da miséria e imagens do terror: uma abordagem transdisciplinar. In: **Confluências - Revista Interdisciplinar de Sociologia e Direito**, n. 3, Niterói, setembro de 2005.

PASSETTI, Edson. Ensaio sobre um abolicionismo penal. **Revista Verve**, São Paulo: Nu-Sol, 2006.

RAUTER, Cristina. **Criminologia e Subjetividade no Brasil**. Rio de Janeiro: Revan. 2003.

_________. O estado penal, as disciplinas e o biopoder. In: Batista, Vera M. **LoïcWacquant e a. questão penal no capitalismo neoliberal**. Rio de Janeiro: Revan, 2012.

SANTOS, Boaventura de Sousa. **Direitos humanos, democracia e desenvolvimento**. São Paulo: Cortez, 2013.

WACQUANT, Loïc. **Punir os pobres*: a nova gestão da miséria nos Estados Unidos [A onda punitiva*]**. Tradução Sérgio Lamarão. 3. ed. Rio de Janeiro:Revan, 2013.

WARAT, Luis Alberto. **Introdução Geral ao Direito II:** a epistemologia jurídica da modernidade. Porto Alegre: Sergio Antonio Fabris Editor, 1995/ reimpressão, 2002, pp. 57-99.

ZAFFARONI, Eugenio Raúl. **Criminologia:** aproximación desde unmargen. Bogotá: Temis, 1988.

_________. **Em busca das penas perdidas:** a perda de legitimidade do sistema penal. Trad. Vania Romano Perdrosa, Amir Lopez da Conceição. Rio de Janeiro: Revan, 1991.

Capítulo 17

RAÍZES HISTÓRICAS DO JUSNATURALISMO E SUA CONTRIBUIÇÃO PARA O DESENVOLVIMENTO DA TEORIA ECONÔMICA CLÁSSICA

Carlos Augusto da Silva Souza[1]

Maria Dolores Lima da Silva[2]

Luã Gabriel dos Santos[3]

Fidel Terenciano[4]

SUMÁRIO: 1. Introdução - 2. As diversas abordagens do jusnaturalismo - 3. O jusnaturalismo na antiguidade - 4. O jusnaturalismo na Idade Média - 5. O jusnaturalismo moderno - 6. A influência do jusnaturalismo na formação da economia política clássica - 7. Conclusões - 8. Referências.

1. INTRODUÇÃO

O objetivo da presente investigação consiste em estudar um aspecto relevante para a construção do pensamento econômico, notadamente para

1. Doutor em Ciência Política pelo Instituto Universitário de Pesquisas do Rio de Janeiro - IUPERJ. Professor e Coordenador do Programa de Pós-Graduação em Ciência Política da Universidade Federal do Pará - UFPA.

2. Doutora em Ciência Política pelo Instituto Universitário de Pesquisas do Rio de Janeiro - IUPERJ. Professora do PPGCP em Ciência Política da Universidade Federal do Pará - UFPA. Coordenadora do DINTER/UFPA/UnB de Relações Internacionais.

3. Mestre pelo Programa de Pós-Graduação em Ciência Política da Universidade Federal do Pará - UFPA.

4. Mestre pelo Programa de Pós-Graduação em Ciência Política da Universidade Federal do Pará - UFPA.

a formação dos pressupostos analíticos da Economia Política Clássica, que recebeu grande influência de uma abordagem difundida durante os séculos XVII e XVIII, conhecida como jusnaturalismo racionalista. A influência do modelo jusnaturalista na construção da Economia Política Clássica é reconhecida por Coutinho (1993) em sua obra *"lições de Economia Política clássica"* ao informar que o modelo jusnaturalista ao basear suas explicações do mundo na ideia da existência de uma ordem natural, que pode ser conhecida pela razão, influenciou profundamente os estudos da nascente economia política.

A doutrina jusnaturalista foi utilizada como pressuposto teórico da doutrina jurídica desde as primeiras elaborações desenvolvidas pelos filósofos da Grécia antiga e foi se transformando no transcorrer da história, acompanhando o desenvolvimento da sociedade e das relações sociais produzidas no tempo. Sua contribuição para as análises econômicas só irá, de fato, ocorrer, a partir da transição do sistema feudal para a economia de mercado, datada pelo fim da Idade Média e o início da Idade Moderna.

No campo específico da Ciência Jurídica o jusnaturalismo é visualizado como uma teoria que fundamenta, explica e defende a existência de um Direito Natural anterior a criação do Estado, sendo este inato, inviolável e imutável no tempo e no espaço (XIMENES, 2008). A corrente jusnaturalista adota como premissa a defesa da existência de uma lei natural que antecede a criação de leis positivas. Enquanto as leis positivas são criadas pela própria sociedade (através do Estado) para assegurar a convivência pacífica entre os homens, a lei natural deriva da existência de um direito natural que permite ao homem procurar formas de conservação de sua própria vida independentemente de qualquer norma de conduta criada pelos homens. A existência do direito natural não depende do consentimento de nenhum outro indivíduo, mas está presente na própria essência da espécie humana na luta pela conservação de sua existência, portanto, o direito natural além de anterior é superior ao direito positivo.

Para Barbosa (1988) o jusnaturalismo se contrapõe a corrente do positivismo jurídico, que só admite a supremacia da lei derivada do estado sobre qualquer outra autoridade. Para o positivismo jurídico a justiça só se estabelece na sociedade quando está em concordância com a lei dos homens. Justo, portanto, é o que está posto na lei. Os jusnaturalistas por outro lado, advogam um direito natural, que torna justo as ações humanas quando estas são voltadas para a preservação de direitos inalienáveis e que não podem ser violados por leis humanas injustas. Desta forma, considera-se como direitos naturais: o direito à vida, à liberdade, à propriedade, à segurança, à alimentação, à procriação, à resistência à opressão, entre outros. A lei natural é conhecida pelo homem através da razão é todo homem tem direito de invocar o direito natural para a preservação de sua vida ou de sua família e não cabe a nenhum outro indivíduo e nem mesmo ao Estado contestá-lo.

A teoria do direito natural defendida pelos jusnaturalistas foi se desenvolvendo e sendo modificada, passando por densa e complexa reelaboração ao longo do tempo e com conteúdos diversos. Para alguns autores (XIMENES. 2001; SOARES, 2007; BARROSO, 2001) no decorrer da história da filosofia jurídica é possível identificar três formas interpretativas sob o rótulo de jusnaturalismo: 1) o jusnaturalismo antigo, também chamado de jusnaturalismo cosmológico, ancorava-se na ideia da existência de uma ordem natural que guiaria as ações humanas ditada pela dinâmica do próprio universo, refletindo as leis eternas e imutáveis que regem o funcionamento do cosmos; 2) O jusnaturalismo medieval, também conhecido como jusnaturalismo teológico, advogava a ideia de que sendo o homem uma criação divina, o direito natural relativo à preservação da vida derivaria unicamente da vontade de Deus e não há outro poder superior a este; 3) na fase moderna, conhecida como jusnaturalismo racionalista, o jusnaturalismo passa a ser interpretado como uma lei ditada pela razão humana, pois a lei natural torna os homens livres e iguais e na busca pela preservação da vida, podem usar os seus recursos individuais de poder para esta finalidade.

É justamente na fase racionalista que a economia política clássica encontra um ambiente favorável para se desenvolver. A ideia da existência de uma ordem natural ditada pela razão passa a influenciar profundamente os filósofos preocupados em entender o funcionamento da sociedade de mercado que vai acompanhar o desenvolvimento da produção material a partir do século XVII.

Neste sentido, discutir a influência que a abordagem jusnaturalista apresentou na formação da economia política se torna importante para entender o padrão de relacionamento que a ciência econômica, em sua formação e desenvolvimento, teve com outros campos do conhecimento, o que torna a economia uma ciência, em que pese suas especificidades no que se refere a objetos, conceitos e métodos, intensamente interdisciplinar. O objetivo deste artigo, portanto, deve ser entendido no contexto deste debate, entender a construção da Economia Política, em sua relação com outros campos do conhecimento e, em alguma medida, refletindo o contexto político e social e as circunstâncias históricas que a ensejaram.

2. AS DIVERSAS ABORDAGENS DO JUSNATURALISMO

De acordo com Morhi (2003) do ponto de vista histórico, podemos falar de vários "jusnaturalismos" que divergem em relação à produção de conceitos e no alcance de sua fundamentação. A concepção de direito natural, que dá origem a abordagem jusnaturalista, foi sendo modificada lentamente com o passar dos séculos, acompanhando as transformações econômicas, políticas e sociais que se estabeleciam no decorrer do processo de evolução das sociedades. Assim, não é possível encontrarmos uma homogeneidade doutrinal deste tema. Na verdade existiram diversas escolas jusnaturalistas que foram fundamentando as teses do direito natural (MORHI: 2003).

Muito embora as diferentes abordagens adotem caminhos próprios e às vezes até opostos, há algumas características que formam a base do pensamento jusnaturalista e que podem ser resumidas como a seguir: 1) a presença na natureza humana de direitos naturais que se sobrepõem ao direito positivo; 2) a prioridade da liberdade do indivíduo sobre a autoridade política; e 3) a promoção de princípios de direito que estabeleçam os limites do governo e determinem os direitos dos cidadãos frente a este.

Para efeito deste artigo vamos estabelecer o percurso histórico do jusnaturalismo nas diversas fases de seu desenvolvimento para então chegarmos a sua influência na construção dos pressupostos analíticos da Economia Política Clássica.

3. O JUSNATURALISMO NA ANTIGUIDADE

Bobbio (2007) revela que as primeiras manifestações do jusnaturalismo encontram suas raízes na Grécia Antiga. A figura de Antígona, presente na tragédia escrita por Sófocles por volta de 442 a.c, apresenta clareza na explicação deste pensamento. Antígona recusa-se a obedecer às ordens do rei porque julga, através de sua própria razão, que sendo ordens de uma autoridade humana, não podem se sobrepor as ordens dos deuses, que são eternas e derivam da natureza das coisas[5]. Assim, Antígona invoca leis divinas eternas para justificar a desobediência civil ao poder do Estado. Nesta interpretação o direito natural é um direito justo, que não está imediatamente relacionado às decisões arbitrárias ou à vontade da autoridade política. Este direito está assegurado pela liberdade em fazer o que é justo por natureza, mesmo que para isso seja necessário desrespeitar a autoridade constituída, caso esta autoridade se mostre injusta ou contrária ao princípio do que é justo por natureza.

Esta ideia de um justo derivado da natureza vai encontrar abrigo entre as diversas correntes filosóficas da época, sofistas[6], estóicos[7] e tam-

5. Nesta peça, a personagem Antígona se revolta contra uma norma jurídica outorgada por Creonte, rei de Tebas, norma esta que proíbe que o corpo de Polinice, irmão de Antígona que acaba de morrer em batalha, seja sepultado ou receba qualquer tipo de homenagem fúnebre. Pelo decreto do rei, o corpo deveria permanecer a céu aberto, à mercê das aves de rapina. Inconformada, Antígona decide contrariar as ordens do rei e sepultar os restos mortais de seu irmão. Apanhada pelos guardas do rei, ela é levada à presença de Creonte, onde confessa o feito, confirmando também que sepultou o corpo do irmão sabendo que tal ato fora proibido por lei. O rei então pergunta: "Mesmo assim ousaste transgredir minhas leis?" (SÓFOCLES: 1999, p. 35 apud CURY, 2002). Antígona então responde: "Não foi, com certeza, Zeus que as proclamou, nem a Justiça com trono entre os deuses dos mortos as estabeleceu para os homens. Nem eu supunha que tuas ordens tivessem o poder de superar as leis não-escritas, perenes, dos deuses, visto que és mortal. Pois elas não são de ontem nem de hoje, mas são sempre vivas, nem se sabe quando surgiram. Por isso, não pretendo, por temor às decisões de algum homem, expor-me à sentença divina". (SÓFOCLES: 1999, pp. 35-36 apud CURY, 2002). Em sua defesa Antígona invocou as leis não escritas dos deuses, leis imutáveis que lhe autorizariam a proceder de tal forma (direito das famílias de enterrar os seus mortos).
6. O movimento sofístico surge no século V a. C. e rompe com a tradição filosófica pré-socrática. Os sofistas mais conhecidos são: Protágoras de Abdera, Górgias de Leontini, Hípias de Elis, Pródicos e Trasímaco.
7. Os estoicismo foi uma escola filosófica que floresceu em Atenas no início do século III a.C e perdurou por todo o período de desenvolvimento da história antiga. Os

bém nos ensinamentos de Platão e Aristóteles, que se constituíram nos mais influentes filósofos gregos. Apesar da existência de diferenças entre as diversas interpretações, os gregos partiam de uma premissa comum: proclamavam como justo a liberdade e a igualdade entre todos os homens. Para os filósofos gregos existia uma ordem racional e propositada para o universo, portanto, a natureza, tanto física quanto social, seria regida por leis eternas e universais – a lei natural. "O universo é um cosmos ordenado, governado por uma lei divina derivada da natureza, comum a todas as coisas, e se estenderia até a vida humana" (STEUDEL: 2007).

Esta interpretação vai influenciar a interpretação da filosofia desenvolvida pelos gregos em sua tarefa de entender os elementos constitutivos da vida em sociedade e o papel da autoridade política neste processo. Por esta razão, o jusnaturalismo antigo é associado a uma visão cosmológica do direito natural, cuja fundamentação ancorava-se na ideia de um direito anterior a constituição do estado, derivado da natureza, sendo o mesmo imutável, permanente e estável e completamente fora do alcance da vontade e da razão humana.

Os filosóficos que se alinharam a interpretação do jusnaturalismo cosmológico entendiam que as leis da *polis* (leis positivas), embora consideradas justas pela ótica dos homens, não podiam contrariar a justiça natural do cosmos. Enquanto a lei positiva era fruto da vida em sociedade, convertida em convenção pelo Estado para legitimar padrões culturais e de organização social, a lei natural, ao contrário, derivaria de algo superior (natureza, cosmos, Deus(es), etc.) e, portanto, seria independente de qualquer vontade humana. Por esta razão a lei positiva seria diversa e se manifestaria de forma diferente (e as vezes até antagônica) dependendo da especificidade de cada sociedade. Já a lei natural estaria presente em toda e qualquer sociedade sendo imutável, inviolável e inquestionável.

Para os filósofos gregos só há direito quando ele é justo. Por esta razão, direito e justo se confundem e ambos estão ligados a palavra *"Dikaion"* que significa ao mesmo tempo direito e justo. Para esta interpretação a busca pela justiça deveria ser o elemento que deveria guiar a organização

estóicosafirmavam que o universo era governado por uma razão universal natural. Os sofistas mais influentes foram: Sêneca, Epíteto, Panécio de Rodes, Possidônio, Cleantes de Assos e Crisipo de Solis.

política da *polis*, mas o justo natural antecederia o justo legal, servindo-lhe de limite ético e moral (FERNANDES, 2014)

É válido lembrar que nesta fase histórica desenvolveu-se em Atenas a experiência de governo pautado na democracia direta, que possibilitava a participação popular no exercício do poder do Estado. A experiência democrática estabelecida na época trabalhava com o principio da liberdade e igualdade entre os cidadãos. A igualdade permitia que todos os homens livres tivessem iguais oportunidades de participarem das decisões que influenciavam a vida da *polis* e a liberdade, por sua vez, oferecia aos atenienses a capacidade de exprimir, discutir e defender em público suas opiniões, sem nenhum tipo de constrangimento ou retaliação.

Por esta razão, o debate entre os filósofos gregos admitia como principio de justiça uma convicção que os homens possuem faculdade de julgamento e devem se opor ao poder constituído quando este se mostra contrário ao princípio do justo por natureza invocando a liberdade e a igualdade derivada do direito natural.

Aristóteles procurou em sua filosofia política clarificar melhor o debate entre leis positivas e lei natural ao afirmar que a justiça é em parte natural e em parte legal. Para afirmar esta condição da justiça desenvolveu os conceitos de justo legal *(díkaionnomikón)* e de justo natural *(díkaionphysikón)* para explicar esta complementação. O justo legal é construído por decisão dos homens, deliberadas nas assembléias. Portanto, o justo legal derivava do momento político e seria justo apenas por convenção, uma vez que advinha das disposições criadas pelos cidadãos da *pólis*, com vigência e alcance determinados. No justo legal, escolhe-se um determinado padrão de conduta como modelo, dentre as diversas opções possíveis, sendo, por deliberação da vontade da maioria, convencionada a obrigatoriedade de adequação dos cidadãos a tal padrão de comportamento. Para Aristóteles, no justo legal há uma indiferença inicial entre as possibilidades de comportamento, todas podendo naturalisticamente ocorrer, mas, uma vez convencionada uma das possibilidades de conduta, positivando-a com a criação da lei, deixa de ser indiferente, tornando-se obrigatória e necessária (MORHI, 2003).

O justo natural, por sua vez, não depende para a sua existência de qualquer convenção ou positividade. É algo que existe naturalmente e não há alternativas de variação na sua expressão que possam alterar a conduta humana. Ele é válido e apresenta a mesma eficácia independentemente do tempo ou lugar onde ocorre. O justo natural não depende da opção ou de determinações provenientes das ideias ou juízos de valor de qualquer indivíduo. Ele tem existência em si mesmo, independentemente de que suas prescrições possam parecer boas para alguns e más para outros (MORHI: 2003).

Os estóicos, assim como Aristóteles, também se apresentaram como uma corrente importante para a definição do direito natural. Para estes o universo é governado por um *logos* (ou razão universal) que tem origem divina. Este logos ordena todas as coisas: tudo surge a partir dele e de acordo com ele; graças a ele o mundo é um *cosmos* (que no grego significa harmonia). O homem deve viver conforme a natureza e, sendo essa essencialmente o *logos*, deve-se viver de acordo com a razão do universo, sendo que esta torna os homens livres e iguais na busca pela felicidade e nenhum poder constituído pode mudar ou violar este principio.

Para entender a relação entre lei positiva e lei natural os estóicos desenvolveram o conceito de reta-razão (*recta ratio*), que está associado ao que é justo por natureza e está naturalmente presente na conduta humana. É a justa razão que conduz a vida e os atos humanos na sua convivência coletiva. A justa razão faz com que o homem tome atitudes voltadas para o bem comum. Ela nos diz o que fazer. Ela nos diz que façamos o bem e evitemos o mal. Ela nos diz que vivamos em paz com nossos semelhantes e respeitemos uns aos outros. Portanto, a justa razão fornece sabedoria aos homens derivada da vontade dos deuses (SANTOS: 2003).

Na visão dos estóicos deveria haver nas decisões dos governantes o encontro entre a lei positiva, regida pela razão humana e a lei derivada da razão natural. Desta forma, o homem como ser racional deve viver de acordo com a lei da natureza, pois a razão natural lhe dá a noção do justo e do injusto, que o faz reconhecer as leis naturais. Só haverá justiça quando a vontade humana se dirigir para os fins da natureza, que são naturalmente bons e justos. Assim, o verdadeiro direito não é aquele que se fundamenta em vontades arbitrárias, mas sobre as ideias morais inatas ao homem (SANTOS: 2000).

Segundo Morhy (2003) a filosofia desenvolvida pelos estóicos constituiu-se como um elemento importante para o desenvolvimento do modelo jusnaturalista entre os gregos, marcando o abandono da tradição representada pela filosofia metafísica que se manteve hegemônica até Aristóteles. Essa corrente de pensamento consolidou na filosofia grega interpretações voltadas para uma análise baseada na razão conciliando a explicação cosmológica pautada no direito natural com a razão social derivada do direito positivo.

As teses desenvolvidas pelos estóicos tornaram-se altamente influentes entre os juristas romanos e desempenharam um papel importante na organização social e política da fase imperial. Para os romanos, há dois tipos de direitos: o *jus civile* (direito comum) e o *jus gentium* (direito das gentes ou dos povos). O primeiro é aquele derivado do Estado Romano, aplicado aos homens livres, que gozavam do *status civitatis* (status de cidadão). Já o segundo é comum a todos os homens, algo de tão incontestavelmente (naturalmente) exigível que nem aos estrangeiros poderia ser negado (STEUDEL: 2007). Portanto, os romanos, assim como os gregos também fizeram clara separação entre direito natural e direito positivo.

Steudel (2007) afirma que o pensamento estóico teve grande influência em Roma, por várias razões. Roma surgiu no auge do estoicismo entre os gregos e a filosofia estóica era a mais atrativa para o pragmatismo romano, oferecendo soluções práticas para a vida; ademais, o cosmopolitismo, que era um traço característico do estoicismo, casava-se bem com a concepção romana do Império, entendendo-se já os homens como "cidadãos de um Estado universal" (STEUDEL: 2007).

Na formação do cristianismo, as teses do direito natural foram inicialmente aceitas pela Igreja Católica, que acolheu a ideia da existência de um direito natural ditado pela razão, entretanto, no processo de institucionalização da ética cristã, estas teses encontraram dificuldades de aceitação, pois entravam em confronto com as teses do direito divino: como explicar a coexistência de uma lei natural com uma lei revelada por Deus e como conciliar a aceitação da existência de uma lei moral autônoma com a necessidade da graça divina (BOBBIO, MATTEUCCI & PASQUINO: 2007)[8]?.

8. Durante o Império Romano o cristianismo se consolidou, afirmando a existência de um Deus único, pessoal e criador. Coube ao Imperador Constantino tornar o cristianismo a religião oficial do Império em 313 através do Édito de Milão. Com a reunião do concílio de Nicéia em 325 (primeiro concílio ecumênico da Igreja

4. O JUSNATURALISMO NA IDADE MÉDIA

Se na antiguidade clássica os debates sobre o direito natural giravam em torno da antítese natureza/normas, na Idade Média as discussões pautam-se na antítese direito divino/direito dos homens. Na verdade a própria distinção entre direito natural e direito positivo acaba secundarizando-se, visto que a filosofia dominante na época prescreve como direito válido apenas aquele produzido pela vontade de Deus (FIGUEIREDO: 2005).

Para Nay (2007) do ponto de vista do desenvolvimento do jusnaturalismo, as teses do direito natural do tipo cosmológico foram severamente criticadas a partir do século VI em razão da supremacia da ideologia política defendida pela Igreja Católica. Neste período o poder político perde progressivamente sua autonomia e só é definido em sua relação com a religião. Assim, ao estabelecer uma fronteira entre a ordem divina e a sociedade dos homens, a filosofia difundida pelo cristianismo passou a se apresentar como uma doutrina da salvação dedicada a redenção da humanidade (NAY: 2007).

Para a doutrina veiculada pelo cristianismo, no princípio de tudo está Deus. Este, um ser superior, criou o homem a sua semelhança e criou na terra o paraíso que foi oferecido ao homem como dádiva da sua infinita bondade. Deus também deu ao homem o livre arbítrio para que pudesse usar a sua própria razão e se sentisse livre para usar o paraíso da melhor forma possível. O homem, entretanto, não soube usar sua liberdade para atingir a plenitude das possibilidades de utilização do paraíso e traiu a confiança de Deus, lançando-se ao pecado e aos vícios, o que acabou despertando a ira divina. Assim, como conseqüência de suas atitudes terrenas, o paraíso foi perdido e o homem tornou-se errante e condenado a dor e ao sofrimento. Entretanto, Deus em sua infinita bondade, ofereceu aos homens a possibilidade de redenção, desde que escutem a sua palavra e recuperem o caminho do paraíso, só que não mais na terra, mas no próprio reino dos céus.

Desta forma, a filosofia difundida pela Igreja começa a dar respostas para a miséria humana e a desigualdade social como fruto da desobediência e do castigo divino, que só podem ser modificados se o homem seguir

cristã), o catolicismo se institucionaliza enquanto instrumento de dominação política, econômica e social.

as determinações do criador. Portanto, só ha justiça quando derivada da vontade de Deus e não cabe a nenhum homem ou governo contestar esta autoridade. Na Idade Média não há separação entre direito natural e direito positivo, ambos estão ligados a vontade de Deus e se confundem amplamente nas teses da revelação divina.

O direito positivo derivado da autoridade do Estado só pode ser entendido como uma dádiva de Deus, sendo oferecido ao governante para conduzir os homens à salvação. Portanto, segundo esta interpretação, o poder do governante tem origem divina e não cabe a nenhum indivíduo contestá-lo sob pena de contestar o próprio criador. A tarefa do governante consiste, como emissário da vontade de Deus, fazer com que os homens cumpram a lei divina, reduzindo sua imperfeição de forma a conduzi-los novamente ao paraíso. Nay (2007) afirma "que desde a famosa sentença de São Paulo de que 'todo poder emana de Deus', ninguém no ocidente pensaria em contestar a origem divina dos poderes seculares".

Nestes termos, a doutrina política difundida na Idade Média passou a não considerar a vida terrestre fora da vontade divina. A representação da ordem social passou a decorrer inteiramente da visão cristã de um universo submisso a onipotência de Deus. A lei positiva para ser justa deve estar em sintonia com a lei de Deus e caso esta contrarie a vontade divina o homem será punido por Deus e não chegará ao paraíso, mas será condenado ao inferno, *lócus* de dor, sofrimento e miséria. Nesta interpretação, o político e o religioso se confundem amplamente e o poder temporal se submete ao poder religioso ao ponto do rei ser consagrado como um emissário de Deus para garantir a salvação dos homens. Assim, a obediência civil ao governante se torna uma virtude cristã.

Na Idade Média com a supremacia da Igreja Católica como o único centro decisório, as teses do direito natural transitou de uma ordem ditada pelo cosmos para uma ordem ditada por Deus. Defendia-se a existência de uma lei superior à vontade humana, inteiramente determinada pela vontade do criador e revelada aos homens através das sagradas escrituras.

Para Leal (2001) alguns elementos devem se mobilizados para explicar a mudança na tese sobre o direito natural. Em primeiro lugar com o fim do Império Romano, o território Europeu passou por intensa fragmentação dando origem aos feudos. Estes caracterizavam-se pela sua autonomia econômica e política e por fraca produção agrícola, pequena produção artesanal e, consequentemente, poucas trocas e baixa circulação monetária. A produção, de uma forma geral, "caiu a níveis de subsistência, deixando o homem em constante insegurança e levando-o a atribuir a 'mão de Deus' seu infortúnio, já que eram fatos excepcionais as colheitas que possibilitassem certa estocagem" (FRANCO JÚNIOR & CHACON: 1989). Desta forma, como estabelecer uma ordem filosófica que legitimasse a ordem feudal, constituída pela submissão da mão-de-obra a uma autoridade familiar, pela reduzida capacidade de consumo e pela pobreza generalizada? Quem se ocupará desta tarefa será a Igreja Católica através das teses da revelação e do direito divino.

Santo Agostinho talvez tenha sido o filósofo deste período que mais tenha sintetizado a relação entre direito natural (derivado da vontade de Deus) e direito positivo (derivado da vontade dos governantes), afirmando a supremacia da esfera religiosa frente ao poder político. Para ele os homens devem obediência absoluta a Deus e, sendo o governante um emissário deste, todos são obrigados a obedecê-lo. Quem resistir a autoridade do governante rebela-se contra a ordem estabelecida por Deus.

Na visão de Agostinho a função do governante, consiste em criar leis positivas que levem os homens a seguir a justiça divina. A sociedade está destinada a viver sob a administração do poder temporal porque o homem não soube viver no paraíso seguindo a lei de Deus e cometeu o pecado. Por isso o homem não pode dispensar uma autoridade terrestre dotada de poder que o conduza novamente a se reconciliar com o criador (NAY: 2007). Para Agostinho o Estado tem um objetivo divino e sua principal tarefa é punir os perversos por continuarem pecando e recompensar o justo em sua peregrinação para alcançar a justiça divina (ADAMS E DYSON: 2005).

Por esta razão a lei positiva não pode se sobrepor ou contestar a lei divina. Esta por ser derivada da vontade de Deus, seria superior a qualquer autoridade humana. A elite eclesiástica como intermediária entre Deus e o governante, seria a única a se comunicar com o criador, absorvendo sua vontade, para, então, revelá-las ao governante que as positiva na lei, para então serem conhecidas pelos homens. Por esta razão, o direito natural nesta fase se confunde amplamente com as teses da Revelação Divina.

Para Nay (2007) os filósofos medievais se esforçaram por produzir uma visão de mundo centrada em realidades inatingíveis, indiscutíveis, fixadas na eternidade, como produto de uma ordem do mundo determinada por Deus. Neste sentido, não ofereceram nenhuma possibilidade de discussão, interpretação ou crítica da realidade. Não possibilitaram ao homem submeter as grandes questões ao crivo da razão. Isso significou negar ao homem toda a capacidade de julgamento pessoal. Assim, o homem estava destinado a permanecer na ignorância e aceitar de maneira incondicional as interpretações das escrituras transmitidas pela hierarquia eclesiástica.

A partir do século XIII, entretanto, a relação próxima entre poder temporal e poder religioso começa gradativamente a ser questionada. Cabe, contraditoriamente, a um membro da Igreja Cristã reforçar esta mudança – Santo Tomás de Aquino. Aquino abre um diálogo entre razão e fé ao propor uma separação entre *lei eterna* e *lei natural*, entre o que depende da ordem divina e o que pertence a ordem da natureza. Sem renegar as convicções tradicionais do cristianismo medieval, Aquino propõe-se a edificar uma nova teologia conciliando as teses da revelação divina com as fontes filosóficas de natureza pagã (NAY: 2007). Desta forma Aquino contribuiu para o desenvolvimento do jusnaturalismo moderno ao formular a ideia de que, pela razão, o homem poderia tomar conhecimento do Direito Natural, conforme a Lei Natural *(Lex naturalis).*

De fato, diferente de Santo Agostinho que via uma tensão entre a vida terrena e o plano divino, Aquino não encontra nada que possa conflitar o indivíduo na busca de benefícios materiais e a conquista de bens celestiais. Importante nesta interpretação é a redescoberta da filosofia grega que se constituiu na principal fonte onde Aquino vai encontrar inspiração para a construção de sua interpretação sobre o exercício do poder político.

Adams e Dyson (2005) lembram que a partir do século XIII há uma redescoberta da filosofia grega, através do trabalho de um punhado de tradutores e exegetas que colocam novamente o conhecimento filosófico como uma fonte importante de explicação do universo. A redescoberta da filosofia grega começa a dar acesso a um saber autônomo, que versa sobre a existência de uma ordem natural que dá sentido aos fenômenos do mundo real. Esta visão se distancia da visão teológica tradicional, que reconhece o mundo a partir da transcendência. Para a filosofia Grega a natureza é associada a uma ordem criadora regida por leis imutáveis e não derivada da vontade unilateral de um ser superior. Por esta razão, a Igreja não via com simpatia a redescoberta da filosofia pagã na explicação dos fenômenos que influenciavam a vida terrena.

A despeito da oposição aberta desenvolvida pela Igreja, Tomás de Aquino, durante sua carreira como professor universitário, toma contato com as referencias filosóficas gregas, e passa a propor a possibilidade de complementaridade entre a doutrina cristã e a filosofia antiga. Das leituras realizadas sobre as obras de Aristóteles Aquino adquire a convicção de que a reflexão pagã sobre a natureza é conciliável com numerosos princípios cristãos e passa a defender a ideia de que a filosofia aristotélica e a explicação religiosa se esclarecem mutuamente e se complementam (NAY: 2007).

Para Nay (2007) Tomás de Aquino defende a aproximação entre o direito natural e o direito positivo ao reabilitar a ideia tirada do pensamento de Aristóteles sobre o justo legal e o justo natural. Entretanto, Aquino estabelece uma hierarquia que separa a lei de Deus da lei dos homens, estabelecendo quatro tipos de ordem onde uma se sobrepõe a outra: lei eterna, lei divina, lei natural e lei humana. A lei eterna é aquela a qual tudo se subordina e dá sentido a ordem do universo. Ela está nitidamente relacionada com a criação e a vontade de Deus. A lei divina por sua vez refere-se à revelação. Deus revela aos homens o que fazer através das Sagradas Escrituras. Ela nos guia em nossos deveres civis e religiosos para alcançar a salvação divina. A lei natural diz respeito, especificamente, a conduta humana. Ela pode ser conhecida através da razão e conduz a vida e os atos humanos na sua convivência coletiva. Esta lei faz com que o homem consulte a razão e tome atitudes. A lei humana, por sua vez, se fundamenta na lei natural, sendo criada pelo próprio homem para dar visibilidade a lei natural. Desta forma, para Aquino, o direito positivo deriva do direito natural sendo este o parâmetro para a atuação do governante. Por outro lado, para Aquino, a lei positiva deve ser cumprida mesmo que esteja em desacordo com a lei natural. A desobediência à autoridade do governante só se justifica caso contrarie a lei eterna ou a lei divina, caso contrário a lei humana deve ser imperativamente obedecida (ADAMS E DYSON: 2005). De forma sintética, em Aquino a lei natural é aquela fração da ordem imposta pela mente de Deus, governante do universo, que se acha presente na razão do homem: uma norma, portanto, racional.

Nesta situação, Aquino afirma que a natureza humana não foi totalmente aniquilada pelo pecado original e a busca da salvação não implica afastar o homem de sua natureza. Compreende que a graça de Deus deve permitir ao homem restabelecer suas disposições naturais, particularmente a autonomia da razão e o livre arbítrio, que foram corrompidas quando o homem decidiu desobedecer ao criador. Nesta visão, a natureza humana sob a consulta da razão diz que devemos fazer o bem e evitar o mal. Por isso, Deus deve permitir ao homem buscar sua salvação ao reatar sua relação com uma vida natural virtuosa, dedicada a busca do bem e a conquista de benefícios para si e para a sociedade. Assim, para Aquino, a natureza humana não se opõe a graça de Deus, ao contrário, ela deve se constituir como um prolongamento do plano divino para a construção de uma vida terrena altruísta.

Apesar de defender a submissão do governante a orientação espiritual do clero, para Aquino o governante não é um emissário de Deus para garantir a salvação dos homens, mas apenas um líder que deverá guiar os homens na satisfação de suas necessidades e levá-los ao bem comum. Para ele ninguém é capaz de garantir sozinho a satisfação de todas as necessidades da vida, portanto, o homem precisa ser cooperativo, a fim de assegurar os benefícios da divisão do trabalho (ADAMS & DYSON: 2006). Por esta razão, para Aquino, o governo não existe para tirar o homem do pecado, mas é determinado pela natureza humana que necessita de um comando que a leve a alcançar um propósito comum que leve a felicidade de todos (ADAMS & DYSON: 2006).

As mudanças provocadas por Aquino, apesar de não romper inteiramente com a ética cristã, se tornaram importante para o jusnaturalismo racionalista porque permite a construção de um projeto humano de sociedade ligado à vida natural. A sociedade passa a existir nela mesma e por ela mesma, não sendo mais considerada exclusivamente como resultado da criação e da providência divina. Nesta situação, Aquino retoma a argumentação exposta por Aristóteles na "*Política*" onde afirma que o homem é por natureza um animal político.

5. O JUSNATURALISMO MODERNO

O desenvolvimento da abordagem moderna do pensamento jusnaturalista, não pode ser desvinculada das transformações econômicas e sociais que ocorreram a partir do século XV. Vários acontecimentos atuaram conjuntamente para o desenvolvimento da concepção moderna de direito natural, entre eles os mais importantes foram: o declínio das relações feudais de produção, o desenvolvimento econômico da burguesia, a Reforma Protestante, o Renascimento Científico e a formação do Estado moderno. Estas transformações impuseram mudanças nas interpretações sobre a organização da sociedade, principalmente sobre a origem do poder do Estado, que de uma abordagem que valorizava a concepção teológica do poder, passou a ser compreendido como uma instituição criada pelo livre consentimento dos indivíduos através do *contrato social,* procurando o fundamento de validade do direito natural na própria razão humana. Steudel (2007) sintetiza bem este pensamento ao afirmar que o jusnaturalismo moderno fundamenta-se na ideia de que o direito natural pode ser deduzido apenas da razão. Ainda é a natureza, mas já não entendida como cosmologia ou metafísica e sim natureza racional do homem social[9]".

O precursor desta abordagem foi Hugo Grócio que em sua filosofia procurava privilegiar a supremacia da razão humana como produtora do comportamento social e não mais Deus. Para ele o homem é portador de um direito natural que existe e subsiste independente da vontade de Deus. Em uma passagem de sua obra "De jure belli ac pacis (Das leis de guerra e paz, 1625), Grócio afirma que "O Direito Natural existiria mesmo que Deus não existisse". Utilizou-se do método indutivo, geométrico e matemático, com o fim de alcançar as chamadas imutabilidades naturais, ou seja, a conclusão de que os processos e as regras naturais não mudam, portanto, não dependem da vontade de nenhum ser, seja humano ou divino.

O racionalismo inaugurado por Grócio foi produto de profundas transformações na Europa que permitiram avanços significativos no conhecimento sobre o mundo real. Áreas como a economia, política, biologia,

9. BOBBIO (2007, 658) informa que na literatura existe uma posição que contrapõe o jusnaturalismo moderno ao jusnaturalismo antigo e medieval, entretanto, para ele não existe qualquer fratura entre estas interpretções, existe antes uma substancial continuidade.

física, matemática, astronomia, entre outras, passaram a ser conhecidas sobre o crivo da razão, gerando a base de uma nova cultura laica, que foi se consolidando ao longo do tempo e inaugurando uma explicação do mundo em bases científicas e racionais.

No campo jurídico, começaram a surgir às concepções de poder que alimentaram a formação do Estado absolutista. Para Castro (1998) a transformação na concepção da origem do poder político tem relação direta com o progresso comercial e urbano que deram ao rei a certeza de que, se ele não aceitasse o comércio e se aliasse aos burgueses, certamente não teria sucesso financeiro (CASTRO: 1998). Assim, surgiu a aliança entre a nobreza e a burguesia, dando origem ao Estado Moderno de natureza absolutista. O novo modelo estatal, ao produzir um processo de centralização do poder político, adquiriu uma ascendência sobre as duas mais importantes instituições deste período – o clero e a nobreza. Nesta situação, as estruturas que alimentavam a ordem feudal vão aos poucos desaparecendo na Europa ocidental, sendo lentamente incorporadas ao domínio dos Estados absolutistas, graças as guerras e alianças que reforçaram cada vez mais o poder do governante e ao comércio que desenvolveu cidades e renovou as ideias de um poder temporal distanciado da vontade divina (CASTRO: 1998).

O Renascimento, por sua vez, em virtude da redescoberta e revalorização das referências culturais da antigüidade clássica, norteou mudanças importantes em razão da construção de uma filosofia mais conectada com um ideal humanista e naturalista da realidade social. Para Castro (1998) o renascimento foi marcado pelo homocentrismo, em contraposição ao teocentrismo da Idade Média, abrindo positivamente o homem para o novo e incentivando seu espírito de pesquisa. Junto com o renascimento surge o Humanismo, que faz uso da razão individual e da evidência empírica para descobrir a verdade das coisas. O Humanismo afirma a dignidade do homem e o torna o investigador por excelência da natureza. Na perspectiva do Renascimento, isso envolveu a revalorização da filosofia clássica antiga, com uma compreensão fortemente antropocentrista e racionalista, tendo o homem e seu raciocínio lógico e sua ciência como árbitros da compreensão do mundo (CASTRO: 1998).

Outro fator de contribuição está nas teses defendidas pelos iluministas. Este movimento surgido na França do século XVII defendia o domínio da razão sobre a visão teológica do mundo. Segundo os filósofos iluministas, o conhecimento científico tinha o propósito de iluminar as trevas em que se encontrava a sociedade. Os pensadores que defendiam estes ideais acreditavam que o pensamento racional deveria ser levado adiante substituindo as crenças religiosas e o misticismo que, segundo eles, bloqueavam a evolução do homem. O Iluminismo teve em René Descartes e Isaac Newton, seus precursores. Foram eles que lançaram as bases do racionalismo e do mecanicismo, que parte do princípio de que o mundo é uma grande máquina que pode ser desvendada pela razão (CASTRO: 1998).

Na religião a insatisfação contra a visão teocentrica do mundo era alimentada pela corrupção que se verificava nas ordens clericais. Como representantes de Deus, investidos de poder supremo sobre os homens, e como senhores de terra, as preocupações da hierarquia religiosa se restringiam à interferência na política, à guerra e às artes, ignorando a necessidade das almas que lhes cabia conduzir. A riqueza e o conforto em que viviam desagradava aos crentes, que desejavam uma religião mais próxima dos ensinamentos e exemplos de Cristo. Começava, assim, um caminho fértil para a Reforma Protestante, que ruiu ainda mais as teses do direito divino (CASTRO: 1998).

Para Castro (1998) a mudança no padrão de explicação religiosa do mundo foi assinalada pela busca, amparada pela ciência, de explicações racionais para os fenômenos da natureza; por uma nova forma de ver as relações entre Deus e o homem; pela ideia de que o mundo não deveria ser renegado, mas vivenciado plenamente; e que a salvação poderia ser conquistada também pela busca de benefícios materais[10].

Nestes termos, do ponto de vista político, o jusnaturalismo encontra abrigo entre a intelectualidade da época porque privilegia a reflexão laica e se recusa a abordar a questão do direito e da justiça a partir da ética cristã. O poder jurídico do Estado passa a ser compreendido de forma autônoma, desvinculada da vontade divina e cuja preocupação consiste

10. Deve-se frisar que mesmo com a crescente influência clássica, que era toda pagã na origem, o Cristianismo jamais foi posto em xeque e permaneceu como um pano de fundo ao longo de todo o período, criando-se a síntese original que conhecemos hoje.

em estabelecer instrumentos que possibilitem a convivência pacífica entre os indivíduos e a busca pelo desenvolvimento econômico e social.

Desta forma, as teses do direito divino não mais oferecem oportunidade de explicar a nova sociedade em formação e ressurgem com muita força as teses do direito natural, derivado da razão. É o direito da condição humana, que sai do homem e se traduz em leis formais, que deixa de lado o divino como parâmetro para julgar e punir os homens aqui na terra.

Por outro lado, a teoria que sustentava que o Estado deveria ser independente da vontade divina começava a frutificar e, apesar das divergências, é possível designar que as várias correntes de pensamento tiveram pontos de convergência que possibilitou que se constituíssem como uma escola unitária e homogênea em virtude de que todas comungam da "construção de uma ética racional, definitivamente desprendida da teologia e capaz por si só de garantir a universalidade dos princípios da conduta humana" (STEUDEL: 2007).

Neste sentido, a partir do movimento racionalista, ganha força a interpretação que afirma que o fundamento do direito só tem razão de ser quando voltado para a realização da justiça e do bem-comum, portanto, só é reconhecido como justo o direito elaborado de acordo com a natureza humana, respeitando o ser humano em todas as suas dimensões, preservando seu direito à vida e seu acesso a liberdade e a igualdade. Assim, substitui a tese do direito derivado de Deus para um direito derivado da razão humana.

Na tradição do jusnaturalismo racionalista é possível localizar diversas concepções que retratam o surgimento da moderna concepção de justiça, entretanto, é na interpretação do chamado contratualismo, que encontramos a justificação mais interessante para o surgimento do Estado que se estabelece por meio da celebração de um pacto social, firmado entre os indivíduos para que, através da delegação de autoridade a um poder soberano (Estado), proporcione a organização necessária para o convívio social. Dessa forma, a condição de justo e injusto depende da celebração do Contrato Social.

Thomas Hobbes, John Locke e Jean-Jacques Rousseau se apresentam como os mais importantes ideólogos das teses do contrato social. Para esses, em que pese as especificidades de suas conclusões, o Estado seria fruto de um pacto firmado entre os indivíduos para permitir a vida em sociedade. Os homens, através do contrato social, sairiam de um estado primitivo (Estado de Natureza) para ingressar no Estado Civilizado. Assim, para o jusnaturalismo racionalista, os indivíduos necessitam de organização política e buscam no contrato a autoridade que os tutelaria na preservação de seus direitos naturais.

Em Thomas Hobbes o estado de natureza é caracterizado como um estado primitivo de convivência humana. Neste estado o homem seria possuidor de liberdade absoluta, onde cada um pode usar todo o seu poder (inclusive a força pessoal) para preservar o seu direito natural e satisfazer os seus desejos. A violência é uma possibilidade constante e, para assegurar a paz e a segurança os homens concordam, conjuntamente, em realizar um contrato em que renunciam ao seu direito natural e o transferem para um soberano. Nesta situação, a tese hobbesiana legitima a formação do estado absolutista produtor de leis, mas, devido o soberano apresentar um poder absoluto, isto pode fazê-lo produzir um contrato que desrespeite os direitos naturais (LOPEZ; 1992).

John Locke se constituiu como um teórico que procurou reformular as teses do estado absolutista derivado de um Contrato Social desenvolvido por Hobbes. Locke também concebia a existência de um estado de natureza inicial onde predominava a liberdade e a igualdade, mas, diferentemente de Hobbes, que via neste estado uma situação de conflito, para ele, no estado de natureza predominaria a paz. Locke era radicalmente contra o Estado absolutista, porque com a existência de poderes absolutos o soberano ao invés de preservar o contrato social e respeitar os direitos naturais poderia constantemente violá-los (LOPEZ; 1992).

Locke defende a existência de um contrato social onde os direitos naturais pudessem ser preservados. Para isso, deveria haver certo controle sobre as decisões do governante e as leis só deveriam ser colocadas em prática quando aprovadas por mútuo consentimento dos indivíduos e aplicadas por juízes imparciais. Isto garantiria a preservação dos direitos naturais, principalmente a igualdade e a liberdade que, para Locke, se constituiriam no direito mais básico dos indivíduos e não poderiam ser violados pela vontade unilateral de nenhum governante. O soberano seria apenas o agente executor da soberania do povo (LOPEZ; 1998). Assim, para Locke, o contrato social não implica na renuncia da liberdade e da igualdade estabelecida no estado de natureza, mas, ao contrário, o Estado é criado para preservar os direitos naturais. Além disso, os indivíduos teriam o direito de retirar sua confiança no governante quando este falhasse na sua tarefa de preservar o direito natural.

Rousseau, assim como Hobbes e Locke também parte do estado de natureza para chegar ao estado jurídico, entretanto, para ele o estado de natureza assume um conteúdo de estado de harmonia entre os homens, um estágio no qual todos os homens são livres e iguais, conduzem-se pelas leis da natureza e onde não há diferenciação entre os indivíduos, pois tudo o que existe na natureza é de todos. A evolução da sociedade, entretanto, levou à desigualdade, pois o individuo se tornaria escravo de suas necessidades, o que levou os homens a instituir a propriedade privada e a divisão do trabalho.

Rousseau considera que a propriedade privada foi o marco da mudança do estado de natureza para o estado civilizado, entretanto, a instituição da propriedade levou a destruição dos direitos naturais e instituiu a tirania e a desigualdade. Na interpretação de Rousseau o contrato social foi inicialmente criado para proteger a propriedade e possibilitar o domínio dos ricos sobre os pobres, ou seja, o contrato social surgiu para legitimar a desigualdade e afastar o homem de seus direitos naturais.

Para restabelecer os direitos naturais torna-se necessário restabelecer um novo contrato social, por meio do qual houvesse condições de prevalecer a soberania da sociedade, a soberania política da vontade coletiva. Neste pacto o contrato só se torna legítimo quando feito por todos os indivíduos e respeite os direitos naturais, tanto dos proprietários quanto daqueles que não tem propriedade. Quando o contrato se torna legítimo o indivíduo perde sua liberdade natural, mas ganha a liberdade civil ou cidadania e não renuncia completamente aos seus direitos naturais, mas, ao contrário, entra em acordo para a proteção desses direitos, que o Estado deve preservar. O contrato social legítimo deve fundar-se na vontade geral, derivada do próprio povo e tem como função garantir o bem comum. A tarefa do governante consiste apenas em garantir que a vontade geral seja positivada e cumprida por todos os indivíduos, pois através de um contrato legítimo alcançar-se-ia também um estado de liberdade, visto que a obediência às leis seria condicionada à vontade coletiva. E aqui se deve entender a liberdade não mais como a faculdade de agir que os homens tinham no estado de natureza, mas a liberdade civil, ou seja, aquela que protege a todos da imposição de vontades alheias, a liberdade que garante o bem da coletividade e que estabelece o poder da vontade geral sobre as vontades particulares. Desta forma, no contrato social de Rousseau, os bens são protegidos e a pessoa, unindo-se às outras, obedece a si mesma, conservando a liberdade.

De uma forma ou de outra, no entanto, o dado primordial da abordagem jusnaturalista racionalista, passa a ser o homem, que busca na razão um ideal de justiça, capaz de constituir por si mesmo a regra de sua conduta. Por esta razão o jusnaturalismo, ao reforçar o domínio da razão humana sobre a autoridade, passou a conferir ao homem os princípios de liberdade e igualdade, que se traduziram em importantes referências para a construção da economia política clássica, principalmente nas teses sobre o liberalismo econômico.

6. A INFLUÊNCIA DO JUSNATURALISMO NA FORMAÇÃO DA ECONOMIA POLÍTICA CLÁSSICA

Para Coutinho (2003) se sistematizarmos os traços teóricos mais frequentes dos textos dos precursores da economia política, será difícil deixar de dar razão para aqueles que a consideram um desdobramento da tradição da filosofia do direito natural.

As analogias mecânicas e fisiológicas, por exemplo, difundidas nos trabalhos de William Petty e François Quesnay, cumprem o papel de transpor o paradigma harmonicista, funcional e experimentalista das ciências da natureza para a atividade humana. Isso leva os pensadores da economia a fugir das prescrições escolásticas, que pensam as relações econômicas nos contornos da religião, e passam a conceber a sociedade humana (em particular a organização econômica) com um sistema regido por leis naturais (COUTINHO: 2003).

Feijó (2001) concorda com essa observação ao afirmar que a partir do século XVIII os fisiocratas passam a pensar a atividade econômica a partir de determinações naturais. A palavra *fisiocracia,* por exemplo, significa governo (ou regra) da natureza e parte da ideia de que todos os fatos sociais e econômicos estão intimamente ligados e sujeitos a leis inevitáveis e, portanto, tanto o governo, quanto o setor privado devem entender e observar essas leis se desejarem alcançar resultados ótimos. A ordem natural pode ser alterada levando a resultados inesperados quando os homens criam obstáculos ao seu bom funcionamento (FEIJÓ: 2001)

Por outro lado, derivado da abordagem jusnaturalista surgiu o liberalismo, que se constituiu na principal corrente filosófica em que a economia política vai se alimentar no início de sua constituição. A defesa de uma ideologia regida por princípios individualistas, que preconizava garantias contra os poderes arbitrários, direitos humanos, liberdade, mobilidade social e, principalmente, a limitação da área de ingerência do Estado, entre outras ideias, se constituíram em importantes referências para os pensadores da época.

Adam Smith, por exemplo, baseou grande parte de seus estudos na compreensão do funcionamento da sociedade de mercado, afirmando que o trabalho de cada indivíduo contribui para seu enriquecimento pessoal. Ao defender seus interesses pessoais o individuo também estaria contribuindo para o desenvolvimento da produção social e, portanto, para o bem-estar coletivo. Assim, o Estado, não deveria intervir no processo natural de desenvolvimento do mercado.

Além disso, para Smith, a desigualdade é visualizada não como produtora de injustiça, mas como um incentivo ao trabalho e ao enriquecimento, pois através do trabalho os indivíduos mais pobres poderão ficar mais ricos e isso desestimularia a preguiça e a acomodação. Assim, a liberdade e a igualdade se tornam condição fundamental para que as pessoas façam investimento e tentem atingir níveis melhores de vida.

Smith alega que o homem deve aplicar qualquer tipo de capital (monetário, trabalho ou intelectual) para conseguir o maior benefício possível visando o seu próprio interesse, neste sentido o homem é egoísta. Entretanto, o egoísmo humano acaba por promover o interesse coletivo uma vez que contribui significativamente para a expansão da produção e do progresso econômico global. Em seu livro denominado de "A Riqueza das Nações" Smith firma que "não é pela benevolência do padeiro ou do açougueiro que nós temos o nosso jantar, mas é pelo egoísmo deles, pois os homens agindo segundo seu próprio interesse é que todos se ajudam mutuamente.

Smith defendeu claramente a ideia segundo a qual o mercado age através de mecanismos naturais e não caberia a nenhum governo intervir neste mecanismo, sob pena de impedir que o sistema competitivo exerça seus efeitos benéficos para o crescimento econômico. Para o autor, sempre que o Estado através de seu poder jurídico começa a intervir na lógica natural do mercado, ele acaba privilegiando alguns setores em detrimento de outros, deixando de ser imparcial ou descompromissado.

O liberalismo dessa época caracterizou-se pela defesa do princípio segundo o qual o desenvolvimento econômico far-se-ia em consonância com as leis naturais do mercado, o que levaria fatalmente a uma situação de equilíbrio entre os agentes econômicos (oferta e demanda), com frutos positivos para a sociedade que se desenvolveria naturalmente, sem a necessidade da intervenção de um ser superior.

Na essência do liberalismo econômico a ideia do direito natural repousa essencialmente na oposição entre o que seja o interesse privado e o interesse público, e o confronto entre a liberdade de ação do indivíduo e a do Estado, que teoricamente seria o representante dos interesses coletivos. Assim, o liberalismo econômico passa a exprimir a afirmação do indivíduo ante a sociedade e o Estado. Para Souza (2001) a tônica do liberalismo em sua perspectiva econômica, passa a ser o individualismo, incutido na ideia de liberdade, propriedade privada e limitação do poder do Estado. Nesse sentido, a economia clássica, passou a vincular ou relacionar o desenvolvimento da sociedade com o desenvolvimento do individualismo. Nesta condição o capitalismo defendido pelos clássicos traduz-se como altamente individualista em oposição ao socialismo, que defende uma organização social baseada no coletivismo.

Toda essa ênfase no indivíduo por parte do liberalismo procurava preservar ao máximo o indivíduo tanto da ação do Estado quanto de uma coletividade em permanente competição e conflito. O liberalismo procura promover as condições necessárias para a emancipação dos negócios privados, uma vez que para esta corrente, a busca do bem estar individual canalizaria as energias de toda a coletividade para o desenvolvimento da produção e do consumo, importantes para a felicidade e o bem-estar de toda a coletividade.

Assim, a não intervenção do Estado em assuntos privados (em especial na economia, mas não apenas nela) teria que, necessariamente, vir acompanhada dessa autonomia dos indivíduos capazes de se autodefender. A partir do momento que o indivíduo é livre e igual e possui também autonomia em suas iniciativas, é de se esperar que ele possa alcançar, por si mesmo, as condições para a sua própria sobrevivência, ou seja, que ele possa obter, sem a ajuda do Estado, a sua autonomia econômica.

Para Souza (2001) os direitos naturais defendidos pelos teóricos do liberalismo pode ser dividido em três núcleos: moral, político e econômico. O núcleo moral afirma os direitos básicos do ser humano, como vida, liberdade e dignidade. O núcleo político contém os direitos políticos dos indivíduos, que são a representação, o consentimento individual, a soberania popular e o constitucionalismo. O núcleo econômico traz os pilares do sistema capitalista da época: economia de mercado livre, competição e propriedade privada. Como o liberalismo prega a não-interferência do Estado, a não ser em algumas poucas atividades, ele também é entendido como uma teoria que se aproxima do jusnaturalismo racionalista, principalmente na perspectiva defendida por Locke, ao defender a existência de um limite ao poder do soberano.

De fato, da concepção liberal de separação entre economia e política – com ênfase não só na liberdade individual, mas igualmente na concorrência entre agentes econômicos e na ausência de interferência governamental – derivou a separação entre Estado e sociedade civil e a delimitação jurídica bem definida das atividades do Estado, que para essa corrente se limitariam a funções específicas como justiça, controle monetário e outras. Nessa perspectiva, a autonomia da vontade individual, manifesta-se juridicamente através da liberdade contratual, que, de um lado, se configurava como a única forma de realizar o bem-estar coletivo, através da livre concorrência, e, de outro, é a representação mais bem acabada da igualdade formal, isto é, da formulação então vigente de justiça.

Para Souza (2001) uma questão que está no centro do debate da economia política no processo de sua formação é o alcance da capacidade coercitiva do Estado, pois, o estado, enquanto defensor dos direitos naturais, como a liberdade e a igualdade, deve ser imparcial. Por esta razão, para os clássicos torna-se necessário a minimização da coerção, pois em uma ordem que tem como principal instituição coordenadora o mercado, a coerção implicaria numa redução dos direitos e na ausência de soberania dos indivíduos sobre suas ações. Em outras palavras, a nova ordem econômica deveria permitir aos indivíduos o exercício da maior extensão possível da liberdade (econômica) compatível com igual extensão das liberdades civis.

Neste sentido, como produto das ações livres dos indivíduos, o progresso econômico viria simbolizar e sacramentar a harmonia social compatível com o exercício das múltiplas liberdades. Naturalmente, sob essa noção de justiça formal a ação dos monopólios (que vigorou durante a formação do Estado moderno em sua dimensão absolutista) é considerada como injusta, pois representa uma forma de coerção ilegítima dos interesses do "público em geral". Todas as alternativas ao regime de "liberdade natural" incorreriam em coerção abusiva, sendo, portanto, comparativamente não liberais, e aqui o mercantilismo (ou o "sistema mercantil") e a fisiocracia (ou o "sistema agrícola") são as opções das quais os liberais (Smith principalmente) quer se diferenciar. Os monopólios, favorecidos pelo Estado, agem contra o interesse público: "os legisladores, se fosse possível que suas deliberações sempre se orientassem, não pela clamorosa importunidade de interesses facciosos, mas, por uma consideração global do bem geral, deveriam manter-se particularmente atentos para não criar novos monopólios" (Souza: 2001).

7. CONCLUSÕES

Apesar de pouco discutida no âmbito dos estudos da Economia Política Clássica as teses do Direito Natural que sustentaram a abordagem jusnaturalista foram um elemento importante para entender o modelo teórico de interpretação da realidade econômica que começou a se manifestar a partir do desenvolvimento do capitalismo comercial.

As ideias de que os homens são portadores de determinados direitos derivados da razão, principalmente o direito ao consumo, liberdade e igualdade, vão influenciar decisivamente na construção de uma interpretação da vida econômica mais articulada com a necessidade de desenvolvimento do mercado capitalista.

As teses do liberalismo econômico que defendiam limites ao poder do Estado, a defesa do livre mercado, o direito a propriedade privada e a liberdade de ação individual dos agentes econômicos, estão profundamente articuladas com as teses do racionalismo jusnaturalista.

Com base nos pressupostos jusnaturalistas os teóricos da economia clássica puderam estabelecer um modelo de interpretação da atividade econômica altamente atrelado a exaltação da liberdade individual, seja no campo dos negócios, do consumo ou da vida social. Os economistas clássicos utilizando da bandeira do direito natural puderam defender sem restrições a defesa do trabalho livre e assalariado, em oposição ao trabalho escravo e servil que vigorou nos períodos anteriores, o que se mostrou altamente favorável ao desenvolvimento da economia capitalista.

Além disto, os clássicos defendiam a premissa de que o desenvolvimento do comércio implica em liberdade de circulação que teria alcance internacional, pois a competição implica na compra de produtos a preços cada vez menores o que impede a especulação e a riqueza sem investimento. Assim a liberdade dos negócios deve ser preservada mesmo que isto implique na promoção da desigualdade, pois para os clássicos a desigualdade não implica na perda da liberdade, mas é a grande geradora do crescimento econômico.

8. REFERÊNCIAS

ADAMS, Ian & DYSON, R. W. **Cinquenta pensadores políticos essenciais**: da Grécia antiga aos dias atuais. Rio de Janeiro: Difel, 2006.

BARROSO, Luís Roberto. Fundamentos teóricos e filosóficos do novo direito constitucional brasileiro. **Revista da EMERJ.** Rio de Janeiro: vol. 4, n. 15, 2001.

BOBBIO, Norberto. **O Positivismo Jurídico**: lições de Filosofia do Direito. São Paulo: Ícone, 1995.

BOBBIO, Norberto; MATTEUCCI Nicola & PASQUINO, Gianfranco. **Dicionário de Política.** Trad. Cramem C. Varialeet al; Brasília: Editora Universidade de Brasília, 13 ed., 2007.

CANDOSSIM, Camila Concilio & CENCI, Elve Miguel. **Direito e Liberalismo**: *Análise a Partir do Tema da Intervenção do Estado na Economia*. Disponível em: http://www2.uel.br/eventos/sepech/arqtxt/resumos-anais/CamilaCCandossim.pdf

CARMO, Jefferson Carriello do**. Algumas Considerações Sobre a Gênese do Estado Clássico em Tomas Hobbes, Jonh Locke e Adam Smith.** Disponível em: www. *lua.pop-rs.rnp.br:8001/servlet/SBReadResourceServlet?rid.*

CASTRO, Armando da Silva T. **Direito e Justiça**. São Paulo: EDIPRO, 2000.

CICCO FILHO, Alceu José. **Colaboração do jusnaturalismo para o surgimento do fenômeno da codificação e dos direitos universais**. Disponível em: http://www.planalto.gov.br/ccivil_03/revista/Rev_75/Artigos/Alceu_rev75.htm

COUTINHO, Maurício Chalfin. **Lições de Economia Política Clássica.** São Paulo, Hucitec, 1995.

CURY, Rodrigo Diniz. **Fases do Pensamento Jusnaturalista**. 2002. Disponível em: www.cesuc.br/revista/ed-4/pensamento_jusnaturalista.pdf.

DEL VECCHIO, A. M. **A justiça e o direito natural**. São Paulo: Pioneira,1979.

DIAS, Marcílio Coelho. A noção de justiça segundo os Sofistas e Aristóteles. **Revista Legis Augustus (Revista Jurídica)**, Rio de Janeiro: Unisuam, Vol. 3, n. 1, p. 83-92, setembro 2010

FEIJÓ, Ricardo. **História do Pensamento Econômico.** São Paulo: Atlas, 2001.

FERNANDES, AndréO Problema do Justo na Paidéia Grega. Campinas: Instituto de formação e educação (IFE), 2014. Disponível em: http://ifecampinas.org.br/o-problema-do-justo-na-paideia-grega/

FIGUEIREDO, Messias Cardoso de. **Aspectos da Abordagem Jusnaturalista.** Brasília: Universidade de Brasília. 2005.

FRANCO JÚNIOR, Hilário e PAN CHACON, Paulo, **História Econômica Geral**. São Paulo: Atlas, 1986.

FREITAS, Renato de Oliveira. **Economia, Estado e Sociedade.** II Encontro da Associação Brasileira de Ciência Política.2000

LEAL; Paulo N. G. **Fundamentos Filosóficos do Direito Moderno.** Rio de Janeiro: Imago, 2001

LOPEZ, Marcos de Andrade.**Fundamentos do direito natural.** Porto Alegre: Fabris, 1992.

MATOS. Sônia R. de O. **Pressupostos da Economia Política Clássica.** São Paulo, UNITAU 1991.

MORHY, Renato Tavares. **Fundamentação da abordagem jusnaturalista**. São Paulo: UNESP, Texto para Discussão, 2003

NAY, Olivier. **História das Ideias Políticas**. Tradução de Jaime A. Clasen. Petrópolis, RJ: Vozes, 2007.

PEREIRA, Bruno Limana. **A concepção da vontade geral mediante as perspectivas do pensamento de Rousseau e Hegel.** Universidade Federal de Santa Maria. Programa de Pós-Graduação em Filosofia, Dissertação de Mestrado, 2010.

REIS, Carlos David S. Aarão. A Matematização do Direito e as origens da Parte Geral do Direito Civil.**Revista de Informação Legislativa**. Brasília a. 34 n. 133 jan./mar. 1997

SOUZA, Carlos Augusto da S. *A economia* **Política pela ótica do direito Natural.** Belém: UNAMA, Departamento de Economia, 2001.

SOARES, Ricardo Maurício Freire. **Reflexões sobre o jusnaturalismo: o direito natural como direito justo.** Revista Direito UNIFACS - Debate Virtual, Salvador: Ed. Abril 2007

STEUDEL, Adelângela de Arruda Moura. *Jusnaturalismo Clássico e Jusnaturalismo Racionalista: Aspectos Destacados Para Acadêmicos do Curso de Direito*. Publ. UEPG Ci. Hum. Ci. Soc. Apl., Ling., Letras e Artes, Ponta Grossa, 15 (1) 43-52, jun. 2007

XIMENES, Julia Maurmann. Reflexões Sobre o Jusnaturalismo e o Direito Contemporâneo. Cadernos de Direito. Piracicaba: UNIMEP, v. 1, n.1, 2001.

EDITORA
JusPODIVM
www.editorajuspodivm.com.br

Impressão e Acabamento
Prol
EDITORA GRÁFICA